JN059200

RISK COMMUNICATION
リスクコミュニケーション

排除の言説から共生の対話へ

名嶋義直 [編著]

| 太田奈名子 | 村上智里 | 林 良子 | 西田光一 |
| 韓 娥凜 | 義永美央子 | 野呂香代子 | [著] |

明石書店

はじめに

名嶋 義直

本書の企画に至った背景：過去とのつながり

　2019年の終わりから2020年のはじめにかけて、全世界はCOVID-19、いわゆる新型コロナウイルス（以下、単にコロナと記す場合がある）に大きく翻弄され、あっという間に社会のあり方や人々の生活様式が大きく変わってしまった。2020年初頭の感染拡大から半年ほどの間、日本政府や各地の自治体は、後手に回ったり試行錯誤を繰り返したり、時には的外れな対策で失笑を買ったりしながらも種々の対策を取り、ウイルスの感染拡大のリスクを低下させることで人々の不安を取り除こうとしていたようである。しかしメディアを通して届く政府や自治体からの言説には疑問が浮かぶものもあった。実際には一般的な人々の感染や感染経路不明の事例も多いにもかかわらず、「夜の街」ということばで指し示す一部の社会空間、特定業種の関係者や若者に感染拡大の原因があるかのような言説が社会に流布したが、それには何か他の意図はないのだろうか[1]。また7月・8月の感染者数の増加は、4月・5月のころに比べ検査体制が整って全体検査数が増えたことによって陽性反応者数も比例して増えただけのことなのだろうか[2]。コロナに関する言説の多くは政府やマスコミからの一方向的で限定的な情報発信であり、自分たちが疑問に思ったことを取り上げて双方向で対話し、疑問を解いたり理解を深めたりすることは市民にはなかなかできなかった。

　原発事故のときのリスクコミュニケーションにも同様の面があった。歴史は繰り返すという。新型コロナ感染拡大のなかでそのような権力の実践が行われている可能性もある。今こそ、リスク視され排除されていくもの、排除の実践によって不可視化され覆い隠され批判を受けず温存されていくものに視線を向けることが必要ではないだろうか。そこで新型コロナ時代における「新しいリスクコミュニケーションのあり方」を考えることとした。

本書の狙い：リスクコミュニケーションの実践を可視化し批判的に考える

　本書が焦点を当てて取り上げるのは、権力が発信する「リスクコミュニケーション」の言説である。そのリスク視と排除の実践を批判的に分析・考察する。「リスク」という点に関しては、そのリスク視されたものが本当にリスクなのか、リスクであるならば誰にとってのリスクなのか、他に隠されて言及されないリスクはないのか、それらのリスクを排除することで誰が安心を得るのか、誰かが新たなリスクを負うことはないのか、などを考えてみたい。また「コミュニケーション」の質にも目を向け、双方向性のコミュニケーションなのか、一方向性の教化なのか、社会にとってのリスクを取り除くように装いながら実際は自分自身の安定や継続を揺るがす恐れのあるものを権力にとってのリスクとして位置づけ排除していないか、特定の集団や職種を危険視する言説を繰り出すことで自らの充分ではない対策とその責任を他者に転嫁していないか、それらによって本来のリスクが軽視された結果さらにリスクが大きくなっていないか、などについて考察していく。

　自らとは異なるものをリスクとみなし排除していく実践は純化／純潔／純血を志向する実践でもある。しかしすでにこの世界は、私たちが日々を生きる社会は、異なるものが混じり合い、それによって成り立っている。自分や自分が信じる理念や思想と異なるものをリスク視して排除しようとする実践は、多様化した社会を否定し、個の尊厳を否定するものとなる大きな社会的リスクを有している。本書ではそのことに注意を促し、リスクの存在を指摘する一方向性の言説に無批判に追従することの危うさも論じていきたい。

本書の採る方法論：ことばを通して社会の問題を可視化し批判的に考える

　種々のリスクは、ことばとその周辺（記号や図などの視覚情報も含む）を用いて記述され、提示され、伝達される。そのリスクに関する情報を受け取った人は、それを自分にとって最も有意味になるよう解釈する。したがって、あるものごとをリスクとして見るか見ないかは、人によってその判断や評価、程度の見積もりなどに差があって当然である。しかしことばを介して行われるその判断や評価のプロセス、言い換えれば情報を発信し伝達し解釈するリスクコ

ミュニケーションのプロセスのなかに、なんらかの工夫を凝らして誘導や支配の意図と実践がひそかに、そして巧妙に組み込まれている場合があるとしたら、その誘導や支配の意図と実践を可視化できる知識や手法や経験知を持つのは、やはりことばとその周辺を研究対象としている言語研究者であろう。

ただ言語研究者であれば誰でもよいかというとそうではない。著名な俳優やスポーツ選手が政治的な発言をSNSなどで発すると即座に「政治を語るべきではない」という言説が出てくるように[3]、言語の自律性を前提とする言語学やその周辺の学問領域においては、研究において政治に言及するのは言語学者の仕事ではないという不文律というか前提のようなものがある。したがって、社会を見つめ、社会の問題に焦点を当てて可視化し、議論しその問題の解決や社会変革を目指すためにはそれなりの姿勢や覚悟が求められる。

アメリカのマサチューセッツ工科大学にノーム・チョムスキーという教授がいる。1970年代に生成文法という文法論を展開し言語研究の世界の大きなパラダイムシフトを起こした研究者で「現代言語学の父」と呼ばれている人であるが、ベトナム戦争に反対するなど反戦運動家／社会運動家としても非常に有名である。沖縄の辺野古新基地建設に反対するメッセージを連名で出すなど現在も活動を続けている。日本の研究者のなかでも、政治や政策と結びつく学問領域の研究者のなかにはテレビに出たり本を書いたりして政治的発言を行っている人たちが数多くいる[4]。しかし言語学者はどうであろうか。それが無意味だと言っているのでは決してないが、バラエティ番組に出て語源や若者言葉などについてのうんちくを語る人はいても、ことばという切り口で政治を語る言語学関係者は極めて少数なのが現実である。それは言語学者に対する社会的要請がおおよそそのようなものであるということも要因としてあるが、その背景には、発言する人やそれを伝えるメディア、それを受け取る私たちが、政治におけることばを批判的に検討することをあまりにも軽視している、ということもあるのではないか。ことばに対する鋭敏な感覚を失った時、私たちは確実にそして容易に誰かに誘導され管理されていくだろう。

政治を語る言語学者がいたとしても、学問の世界という象牙の塔の高みに座り、自分自身を安全な位置において発言し論文を書いているならば意味がない。研究の世界以外には届かないからである。そこまで覚悟のある言語学者は決して多くないであろう。一方、この世の中にはリスク視されるものが多くあ

り、そのリスクを排除しようとする言説がある。そして、それによって実践される誘導や支配がある。しかし、それらを編者一人でいくつも取り上げ分析し論じるには時間や力がまったく足りない。そこで批判的談話研究や社会言語学、語用論といった社会と関わる言語学分野を主な専門領域とする研究者のなかから、本書の姿勢に賛同してくださりそうな方々に声をおかけしたところ、幸いにも7人の研究者と一緒に本を作る体制を組むことができた。すでにそれぞれの分野で多くの業績を持つベテラン研究者から博士課程の大学院生や博士学位を取って1～2年という新進気鋭の若手研究者までという幅広いメンバーが執筆することで、さまざまな事象に関わるリスク視と排除の言説を取り上げることが可能になり、本書の多様性も非常に豊かになった。

　各章では執筆者それぞれの切り口で論じるが、すべてに共通する点として以下の4点が挙げられる。まず、リスク視されたり排除されたりしていくものを取り上げる点、2つめは、言説分析を通してそのリスク視や排除の実践を明らかにしていく点、そして3つめは、未来に向けての提言である。権力にとって都合の悪いものをリスク視し、巧妙な言説でそれを排除していこうとする実践があるなら、それを可視化して批判的に論じるだけではなく、そのリスク視と排除の実践に対応していく方策、言い換えれば、「対抗するリスクコミュニケーション」のあり方をオルタナティブとして提示していくことも研究者の社会的責務であろう。最後の4つめは、それらの実践を自らの分析や考察が、これまで行われていたリスク視や排除を承認したりさらに新たなリスク視や排除を生み出したりしないようにする、結果的に権力側に立ったり権力に加担したりしないようにするという姿勢である。

本書が取り上げるテーマ：それは本当にリスクなのか、何が本当のリスクなのか

　あるものをリスク化し排除していく言説はコロナ以前からあり今も厳然として存在する。本書ではそれらも取り上げる。外国人／ジェンダー／障害者／放射能汚染である。

　コロナ以前、外国人はインバウンドや労働力など、日本社会に利益をもたらすものとして歓迎されていたが、コロナ時代においては外国人というだけでリスクと見なされたり排除されていたりしている[5][6]。外国人排除の言説という

と思い浮かぶのがヘイトスピーチである。外国人に対するヘイト言動はコロナ以前から大きな社会問題になっているが、直近の東京都知事選では選挙期間中に選挙活動として外国人排斥の言説を流布した候補が18万票近く得票し、落選こそしたものの前回より6万票近く得票を延ばし5位となった。コロナ時代における外国人に対するリスク視／排除と併せて考えると、今後ヘイト言動はもはや特定個人や団体の言説ではなく、欧州の右翼政党のような存在に発展するかもしれない。多様性に寛容な社会の実現にとって、ヘイトスピーチが名指しする人々がリスクなのか、それともヘイトスピーチを広げる彼らがリスクなのか。

　ヘイトスピーチやヘイトクライムのようなあからさまな暴力で排除を実践する場合もあれば、法を根拠にして法治という民主的態度で粛々と排除を実践する営みもある。民族教育を行う学校や幼稚園などが、法律で定める各種学校の範疇に該当するという理由で教育無償化の対象から除外されている。このことは、特定の外国にルーツを持つという出自、その子どもにとって自分ではどうすることもできない属性というものだけで、自分自身になんの非も責任もなくてもリスク視されたり排除されたりする事実が日本社会には存在することを物語っている。日本国籍を持たない子どもたちは、法律的には義務教育の枠外に置かれ、積極的・明示的には排除されていないとしても、結果的には消極的・暗示的に排除されている面がある。日本の学齢期であるにもかかわらず就学していない外国にルーツを持つ子どもたちの数を把握していない自治体があることが報道を通して徐々に知られ、そういう子どもたちがいることが認知されはじめ、ようやく文部科学省も調査や対応に乗り出したが[7]、学校に通っている子どもたちであっても、合理的配慮が充分に受けられず、進学を断念したり就職に失敗したりする子どもたちが多数いて、その割合は日本人の子どもたちの場合よりも確実に高いと言われている。実質的な排除や放置が今も行われていることがわかる。それは子どもたちにとっても、この社会全体にとっても高リスクである。

　その社会には働く女性をリスクでありコストであると考える会社や上司が以前から存在するが、そこからもわかるようにジェンダーをめぐる問題はリスク視や排除の実践と密接につながっている。男性はこうあるべき、女性はこういうもの、というステレオタイプや性別役割分業といった価値観がイデオロギー

化している社会、特に同調圧力が強いと言われる日本社会では、相対的に少数や弱者に該当する人々は結果的に排除されるか同化や変容を迫られることになる。制度や体制の変革を求めても体制を揺るがし社会を不安定にするリスクとしてみなされ、バッシングを受けたり個人を特定されて嫌がらせを受けたりしてさらに強く排除されることも起こっているし、同化や変容を受け入れることができず、排除にも抗えず、絶望から心を病んだり自死したりする例すらある。このように多数派ではない人々には、ときにはあからさまに、ときには自然を装って排除されるリスクが常に、そして確実に存在する。怖いのは排除する側に排除している意識がない場合もあるということである。例えば「性別によって制服の形状が違うのは当たり前」という前提そのものが、当事者にとっては「排除の論理」なのであるが、それに気づいていない人は多い。

　障害者についても社会のコストという点から同じように考える言説があると言われている。偏見も排除という実践の一形態であると考えることができるし、その種の言説と実践は過去に何度も繰り返されている。例えば、障害者の強制不妊手術の法的根拠となった旧優生保護法は1948年から1996年まで（わずか25年前である！）実際に私たちの社会生活を規定する法律として効力を持って存在していたし、その間に多くの手術が行われ、その非と責任を問う裁判も行われている。本稿執筆時にも、ある政党に属していた人物が「命の選別」に関わる発言をしてその政党を除名されたり、複数の医者が障害者に薬物を投与して死に至らしめたとして逮捕されたりした。4年前にはある施設で悲惨な殺傷事件があった。これらの実際にあったできごとは、障害者をリスク視して排除しようとする言説や実践がこの現代社会に根深く存在し、その不当なリスク視で当事者の生命が脅かされ、リスクにさらされていることを証明する究極の事例ではないだろうか。

　話をコロナ時代に戻そう。コロナを恐れる権力がリスク視するものは目に見えない物質や感染を広げる行動をとりかねない特定の属性の人々だけではない。コロナ時代が生み出した「新しい生活様式」「ニューノーマル」などと呼ばれるものは、瞬く間に日常生活に定着したかのように見えるが、感染防止というメリットがあったとしてもその副作用として人間性を疎外している面がある。それはさらに言えば、人間そのものをリスクとして見なし排除していく実践でもある。仕事に限らず学校などの学びの場においても、日々の暮らしとい

う個々人の生活の場においてもそれは言えることである。しかし私たちは社会のなかで生きていく以上、他者とのコミュニケーションを断つことはできない。人間性を阻害し、人間そのものすら排除していこうというコロナ時代に、私たちはどのようにして他者を受け止め、わかり合おうとし、コミュニケーションを取りながら、人間として共に生きていけばいいのか。単なる批判的考察だけではなく、未来への展望も示したい。

各章の概要：さまざまなリスクコミュニケーションの諸相

　本書は序章から第8章まで大きく4つに分けられる。（　）内は執筆テーマである。

　　はじめに：名嶋 義直（本書の概説）
　　序　章：名嶋 義直（[コロナ×沖縄]の報道にみるリスク視と排除の実践）
　　第1章：太田 奈名子（コロナと戦争メタファー）
　　第2章：韓 娥凜（ヘイトスピーチ）
　　第3章：村上 智里（外国にルーツを持つこどもたちの教育）
　　第4章：義永 美央子（制服をめぐるジェンダー的問題）
　　第5章：林 良子（障害者をめぐって）
　　第6章：野呂 香代子（ドイツのコロナ対策と人間性疎外）
　　第7章：西田 光一（コロナ時代の新しいコミュニケーションのあり方）
　　第8章：名嶋 義直（食品の安全性、放射能汚染について）
　　補　遺：名嶋 義直（汚染水の海洋放出について）
　　おわりに：執筆者全員（読者へのメッセージ）

　序章と第1章では「コロナをリスク視する言説」を取り上げる。
　序章では、2020年7月におけるコロナ状況全般と沖縄の米軍基地で発生した大規模感染をめぐる新聞報道を取り上げ、そのリスクコミュニケーションの諸相とその背後に見え隠れする政府やメディアの意図や功罪について考察する。この序章は、本書の主題「リスク視と排除の実践」のなかから、特に「語られているリスク」と「語られていないリスク」に焦点を当てて一つの分析例を示し、それ以降の各章につなげる働きを持つ章である。

第1章では、戦争メタファーを用いて新型コロナウイルス感染拡大に言及する政治家の言説、特に、安倍晋三前首相が初の「緊急事態宣言」を発令した2020年4月7日の記者会見における発言を分析し、リスクコミュニケーションにおいていかにメタファーが活用されているかを論じる。戦争メタファーは、「ウイルスとの闘い」というように、目に見えないウイルスを危険な「敵」として具現化する。同時に、国を挙げた「闘い」に勝利するため外出自粛などの社会的統制に従うべきだと一方向的に指導する。ウイルスが「敵」としてリスク視されるとき、戦力にならない市民は歪な「私たち」として位置づけられ排除の対象となることを明らかにしたうえで、現在行われているリスクコミュニケーションの問題を乗り越えるため、ウイルスの脱敵化や戦争体験談の参照という視点から、新たなコミュニケーションのあり方を模索する。

　第2章から第5章までは、いったんコロナ関連から離れ、なんらかの「属性」を持つ「人」をリスク視したり排除したりする言説を取り上げ、それによって生じている種々のリスクとそのリスクをどのようにして減らしていけばいいかについて考える。

　第2章ではヘイトスピーチを取り上げる。近年、排外主義団体だけではなく、排外主義をプロパガンダとして掲げる政治政党が現れ、さまざまな政治選挙の場面でリスクコミュニケーションの形をとったヘイトスピーチが行われている。公職選挙法に守られたその政治団体の選挙演説は、真偽が確かな情報がねじ曲げられて不特定多数の有権者に向かって発せられる。そのなかには「敵視」と「排除」を正当化することばのストラテジーが、まるで人々をリスクから救うための「お守り」でもあるかのように巧妙に散りばめられ、差別の扇動に用いられている。本章では、排外主義を掲げる政治団体の選挙演説を分析し、日本社会の構成員である外国人や在日コリアンおよび朝鮮人を誰がどのようにして社会のリスクとみなしているのかを読み解き、その非論理性や欺瞞性を可視化するとともに、そのような言説に流されないようにするための姿勢を提言する。

　第3章では外国にルーツを持つ子どもの学校での受け入れや指導に関する文書等の言説を取り上げる。分析では、日本語習得が最優先とされることで言語以外の支援が不可視化されてしまうこと、日本語指導が必要な外国にルーツを持つ子どもの指導には負担が伴うという認識が前提とされており、彼ら／彼女らが日本の学校に通う意義は「日本人児童生徒」にとってメリットがあるとい

う文脈でしか認められないこと、さらに、彼ら／彼女らの教育は国民を育てるメインストリームの教育とは「別物」として捉えられていることを示し、日本の教育制度から「排除」とも言える扱いを受けていることを可視化する。こうした言説を鵜呑みにすることは、外国にルーツを持つ子どもを取り巻く構造的問題から目をそらし、排除を内包した教育制度の維持につながる。現状を変えていくために、まず教育関係者が「自分自身の持つイデオロギー」に意識的になり、それを相対化することを提言する。

　第4章では、日本の学校における制服とジェンダーとの関わりを、特に女子制服に着目しながら通時的に分析する。また、女子制服の変遷の背景にある社会状況や、人々の価値観についてもあわせて検討する。その結果として、制服から透けて見える今日的な問題の多くが、明治・大正期から表面的な形を変えつつ繰り返されるものであることを主張する。さらに、制服の背後に潜むリスクとして、管理・統制によって自由が制約されるリスク、議論が禁じられ思考停止に陥ってしまうリスク、「女子生徒の制服」が記号化され消費や性的欲望の対象となるリスク、女子と男子の制服を区別することで「女子と男子には明確な違いがあり、その違いは変えたり超えたりできない」というメッセージを伝えてしまうリスクを指摘する。そしてこれらのリスクを乗り越える方策として、制服についての対話を関係者の間で積み重ねていくこと、声を上げやすくすぐに否定されない関係性を構築すること、主体的な選択・決定ができるようになるための情報や判断根拠を日々のコミュニケーションのなかで示していくことを提案する。

　第5章では障害者をめぐる言説を取り上げる。2019年に日本で初めて重度の障害を持つ国会議員が誕生し、「障害」「障害者」の文字をメディア上で目にすることが多くなってきた。一方で「障害」は「障碍」「障がい」とも記されるなど、その語の使用上のためらいや、語の使用自体を避ける場合も見られる。そこでさまざまな「障害」や「障害者」に関する言説を取り上げ、使用表記の乱立やその原因、ともすると避用、無視されてしまうという現状を明らかにすることで、障害者と健常者の世界を分断してしまうリスクについて指摘する。言語障害や発達障害などの「見えない障害」や障害の「当事者性」、パラリンピック報道との関連についても取り上げ、障害を「見える化」し、多くの人々が人生の早期から障害を身近なものとして感じることができる環境を構築していくことを提唱する。

第6章と第7章では再びコロナ時代の社会に目を向け、人間性や人間そのものをリスクとしてみなし排除していこうとする言説を取り上げ、コミュニケーションのあり方を論じる。

　第6章ではドイツのコロナ対策を分析する。メルケル首相の演説とベルリン感染予防条例のテクストを批判的に検討しながら、市民生活の何がどのような形で変化していったかを見る。「市民の命を守る」という名の下に、議論の余地も与えられないまま新たに作られていく「前提」、侵食されていく「自由」について論じ、一人ひとりが主体的にこの問題に向き合い、思うところを述べ合い議論していくことの必要性を主張し、民主主義的な社会への問いかけを行う。日本に住む人々が日本社会の今と未来を考える際のヒントになろう。

　第7章では「コロナ時代の対話」について考える。現在の私たちとコロナのかかわり合いのキーワードは固定化である。第一に、報道内容の固定化、第二に、感染者の隔離や排斥による人々の分断と居場所の固定化、第三に、医療か経済かのような選択の固定化である。第7章では、コロナウイルス感染に関するリスクコミュニケーションにおける固定化や分断の実態を明らかにし、分断が分断を生む負の連鎖に陥らないための3つの視点と方法を提案する。そして未来に向けて、コロナウイルスを通じて見えてきた現代の利点をことばにして発信し実践していくことが持続的なコミュニケーションにつながると述べる。

　最後の第8章と補遺では放射能汚染に関するリスクコミュニケーションを取り上げる。原発事故後、放射性物質や放射能汚染に関する政府自治体主導のリスクコミュニケーションが全国規模で行われてきた。コロナ感染拡大の今、原発事故が起こり放射能汚染が広がった当時の言説とまったく同じ表現のもの、「〜を正しく怖がる」や「〜と戦う」「〜に負けない」という言説が見られるのは単なる偶然ではないであろう。

　第8章では、原発事故のあと政府・自治体主導の形を取り全国規模で展開されている「食品の安全性をめぐるリスクコミュニケーション」の言説の中から2013年のものを分析することで、コロナ時代の今と原発事故後の過去とをつなぐ。そこで行われていたリスクコミュニケーションが、リスクに関わる当事者が双方向でリスクについて語り合い理解を深めていくものではなく、一方向的な認知操作であること、リスクコミュニケーションという名のものに行われていた実践が政府関係機関の専門職員らによるトップダウン的な知識注入型の

教化であることを可視化し、そこに潜んでいる誘導や支配の可能性を指摘する。そしてその教化型リスクコミュニケーションに代わるものとして対話型のリスクコミュニケーションを提案する。

　補遺では復興庁が公開したいわゆる「処理水」のチラシを取り上げる。このチラシは復興庁HPで公開されると同時に批判の声があがり翌日には公開休止となったが、チラシからは本書が指摘し論じてきたリスクコミュニケーションをめぐる諸問題が透けて見えた。そこで限定的ではあるが緊急的な分析と考察を行った。チラシが再公開されてから5日後、東京電力は「浄化処理して排出基準を下回っている水を『ALPS処理水』、排出基準を上回っている水を『処理途上水』と呼ぶ」という「処理水」の定義見直しを発表した。補遺で指摘したように、これまで「処理水」と呼ばれてきたものの中には浄化処理が充分ではないものが存在していたことを、東電が改めて広く認めそれに沿って名称を細分化したわけである。この補遺は短いものであるが、未来に向けて「新しいリスクコミュニケーションのあり方」を考えてきた本書が、最後にもう一度自ら実践する「対抗するリスクコミュニケーション」である。第8章と密接に繋がる部分も多いが、ぜひ本書全体のまとめとして読んでほしい。

「はじめに」のおわりに

　本書は社会を主体的に生きようとする市民に向けて発信されるものであり、気づきを促すという意味で、読者と共に考える一種のガイドのようなものでありたいと考える。言語研究者だけではなく、種々の社会問題に興味関心を持っている市井の人々や批判的態度での社会参加を志向する人々を第一義的な読者として想定して執筆した。それ故に過度に言語研究的論調になることは避け、専門用語等も簡単な説明を付して使うなどの配慮を行ったつもりであるが、不充分な点もあろうかと思う。どうかご寛恕願いたい。本書が、「新型コロナ時代」と呼ばれる社会を「主体的に生きる」人々にとって、自らをとりまく「語られているリスク」と「語られていないリスク」を批判的に考えながら「不当なリスク視」を可視化して適切にリスクコミュニケーションしていくためのヒントになれば幸いである。

注

(1) 読売新聞の記事のなかには以下のような説明がある。「『夜の街』対策、歌舞伎町のホストクラブなど300店対象にキャンペーン」という見出しの記事から抜粋する。全体の約3割が「夜の街」関連なら7割強はそれ以外ということになる。これについては序章でもう一度考えてみたい。

　　「都によると、緊急事態宣言が全面解除された翌日の5月26日以降、今月19日までの間に、接待を伴う飲食店の従業員や客ら『夜の街』に関連した感染者は、全体の約3割に当たる1,246人に上る」<https://www.yomiuri.co.jp/national/20200720-OYT1T50226/>（読売新聞Webサイト2020年7月20日配信）

(2) 「『検査増』では説明つかない　データで見える感染の実情」<https://digital.asahi.com/articles/ASN833Q68N7YUHBI00K.html>（朝日新聞Web版　2020年8月4日配信）

(3) 最近では、小泉今日子氏などの政治的発言が大きな話題になった。

　　「社説　芸能人の政治的発言　個人の意見阻まぬ社会に」<https://mainichi.jp/articles/20200524/ddm/005/070/006000c>（毎日新聞Webサイト2020年5月24日配信）

(4) 2020年の10月には、日本学術会議推薦会員105名のうち、6名が政府に任命を拒否されたが、その6名の人たちはかつて政府や政策に対し批判的な言説を発してきた人たちでもあった。

(5) 個別の具体的な事案についてはこの記事が参考になる。

　　「『父の葬式行けず』『夫婦離ればなれ』『就職どうなる』外国人の悲鳴　日本のコロナ上陸拒否」<https://mainichi.jp/articles/20200722/k00/00m/040/372000c>（毎日新聞Webサイト2020年7月23日配信）

(6) 政府はようやく対応を取り始めるようであるが、オリンピック関連の選手たちの入国を認める政策と同時というのはあまりに政治的であると言わざるを得ない。「政府、アジア12カ国・地域と往来再開協議へ　欧米念頭に『短期間・少人数』も」<https://mainichi.jp/articles/20200722/k00/00m/040/338000c>（毎日新聞Webサイト2020年7月22日配信）；「外国人の再入国制限、段階的に緩和へ　1日500人想定」<https://digital.asahi.com/articles/ASN7R5CJ4N7QUTFK011.html>（朝日新聞Webサイト2020年7月23日配信）

(7) 「外国籍の子『今後の日本を形成する存在』文科省が通知」<https://digital.asahi.com/articles/ASN7X5PXTN77UTIL040.html>（朝日新聞Web版2020年7月30日配信）

リスクコミュニケーション

―排除の言説から共生の対話へ―

目　次

序 章

「語られるリスク」と
「語られないリスク」

―「新型コロナウイルス×沖縄」をめぐる
新聞報道の諸相―

・・・・・・・・・・・・・・・・・・

名嶋 義直

第1節 ┃ 原発事故から新型コロナへ

1.1 東日本大震災と福島第一原発事故があぶり出したもの

　非日常的なできごとや突発的な事件、社会を大きく変える災害などは、いつも今まで見えていなかったものをあからさまに白日の下にさらけ出す。2011年3月11日の東日本大震災とそれに続く福島第一原発事故のときもそうであった。そのときにあぶり出され、私たちの目に触れることになったものには、美しいものやすばらしいものもあったが、そうではないものもあった。原発の安全神話のようにそれまで信じていたものが嘘だったと思い知らされたり、政治家や大企業の責任逃れなど自分本位の意図や実践なども明らかになったりした。

　そのような負の側面が明らかになったとき、それが可視化されることによってなんらかの不利益を被ったり権力を失ったりする恐れを感じた人たちは、慌ててそれらを覆い隠そうとしたり、違う見え方を装ったりしようとした。メディアに優先的にアクセスできる権力を持った人たちはことばを弄して、可視

化されつつあった負の側面はあたかも見当違いや誤解などであって、本来はそうではないかのように繰り返し語った。科学や数字や有識者などの権威を利用したり、同情や哀れみといった情緒に訴えたりして、人々の見方や感じ方に働きかけ、解釈をある方向へ誘導し、人々の意思決定や行動を権力にとって望ましいものになるよう動機づける実践も行った。

　筆者はその実態に批判的な目を向け、権力の自己保身と強化の実践を、共編著『3.11原発事故後の公共メディアの言説を考える』（ひつじ書房）で可視化し、静かな社会の水面に小さな批判的な波紋を生み出すべく世に問うた。そこには、私たち市民の一人ひとりが批判的なリテラシーを身につけ伸ばすことこそが、この社会における政治的成熟や市民的成熟を促すものであり、言語研究者としてその実践の一助を担いたいという想いがあった[(1)]。

1.2　コロナに関するリスクコミュニケーションに批判的な目を向ける

　原発事故時における権力の自己保身の実践は、社会がパニックになり政府が人々をコントロールできなくなることで、権力者たちも自分たちがいままで保持してきた権力や既得権益を失うことに恐怖を感じパニック状態になっていたことによるものと思われる。それは枝野官房長官（当時）の「直ちに健康に影響はありません」ということばによく現れている。そのいわゆる「エリートパニック」[(2)]と呼ばれるに等しい状態を思い返したとき、原発事故に仙台で遭遇した筆者にとって、目に見えないウイルスに右往左往し恐怖する2020年の政府や社会は、暴走を始めたら人の手では容易に制御できない原発と、そこから撒き散らされた、ウイルスと同じく目に見えない放射性物質に翻弄される2011年の政府や社会の姿と重なるものがあった[(3)]。そして今の政府の実践にはもう一つの、そしてもしかするとそちらのほうが本質的に彼らにとって重要だとみなされているかもしれない別の意図があるのではないかという思いに至る。

　その当時の政府や東京電力、そしてそれらの言説を市民に媒介したマスコミといった権力の実践に誘導やごまかしがあったことは今となっては、程度の差こそあれ、誰もが認めるところであろう。であれば、そのときの政府と今の政府とが同じではないにしても、この時代の政府の実践にも批判的な目を向けて

おくことは、市民のリスクコミュニケーションとして、自分自身を守るために
も必要なのではないだろうか。

1.3　新聞報道からリスクコミュニケーションの諸相を読み解く

　この序章では、2020年7月から8月初頭にかけてのコロナに対応する社会状
況を取り上げ、そこに垣間見えるリスクコミュニケーションの諸相とその背後
に見え隠れする政府やメディアの意図や功罪について指摘し、それ以降の章に
つなげることを目指す。もちろん、コロナの感染状況は刻々と変化しているの
で、今後の展開によっては、ここで述べる分析や考察が個別事象レベルでは時
代遅れになることもありうる。しかし、個別レベルの分析や考察を抽象化し、
なんらかの［情報への向き合い方］が導き出せれば、それは時間や空間を超え
て有益なものになるのではないだろうか。そういうものを提示することを目指
したい。
　分析するデータは新聞記事である。このネット時代に新聞など時代遅れだと
いう意見もあるが、大変興味深いことに、このコロナ感染拡大の状況で新聞と
いうメディアは確実に支持されていることが明らかになった[4]。日本新聞協会
がインターネット上で行った調査（有効回答数1,243）の結果が記事になって
いる。全国的な大規模調査ではない点を差し引いても、メディアに対する志向
の一側面を示していると言えよう。

　「コロナ禍の情報収集、信頼度トップは新聞　読む頻度も増」
　<https://digital.asahi.com/articles/ASN873320N86UTIL01B.html>
　（朝日新聞Web版　2020年8月7日配信）

　そこでデータ収集の利便性、遡及性も考慮して新聞記事の分析を行うことと
した。先に述べたように、コロナをめぐる状況は常に変化し続けるので、直接
の分析対象記事は2020年7月から8月初頭にかけて配信されたものとし、必要
に応じてその前後の記事も分析対象に加えることとする。新聞記事は在京大手
全国紙の読売新聞／朝日新聞／毎日新聞／産経新聞、それにブロック紙と呼ば
れるもののなかから関東圏で購読されている東京新聞を加える。日本経済新聞

は専門紙ということで今回は除外した。また地方紙からは筆者が在住する沖縄県内で購読されている沖縄タイムスと琉球新報を選んだ。これは全国紙の報道と比較して分析するためである。

　記事は、筆者が、毎日数回、時間的な空白が生じないよう注意して各新聞社のWeb版の新着記事ページにアクセスして記事を時系列に閲覧し、手作業で収集した。

第2節 ▎ 誰が何をリスク視するのか

2.1　リスクコミュニケーションとは誰が何をすることなのか

　政府のような権力は、「ウイルスというリスクに対して充分な対応を取れないことをリスクと見なす人々」を「自分たちにとってのリスク」とみなし、その「自分たちにとってのリスク」を、つまり「市民の批判的姿勢」を「排除」しようとしているのではないだろうか。「政府の対策に従わない人々への攻撃」を行う人々を「自粛警察／マスク警察」という「警察」の喩え（文字通り国家権力である）で名付ける現象や、関東地方のある郵便局がすでに一般的になっていた「アベノマスク」ということばを使って市民の善意に基づくマスクの自発的提供を呼びかけたところ日本郵便本社（日本郵便も民営化されたとはいえ国家権力の一部である）が回収箱の撤去を指示した出来事などからも、批判的姿勢を排除する意図とその実践が確かめられるであろう[5]。

　誰が最初に言い出したのか今となってはわからないが、すっかり定着した「コロナ禍」という表現の「禍」という語の使用には、今の社会における苦難はあくまで降って湧いてきた「わざわい」であり、誰にもその責任はないと言っているような姿勢を感じる。自らに向けられる批判的言説をリスクと見なし、そのリスクを回避するために、今の状況を「突然降って湧いてきたわざわいのようなもので避けようがなかったもの」という描き方をしているように思える。しかし今の具体的状況を誰が引き起こしているのかと批判的に検討すれば、ウイルスの感染拡大それ自体は私たちにとって降って湧いてきた「わざわい」であっても、それに対する政府の対応の失策は明らかに「人災」である。

よって、政府が自ら「コロナ禍」という表現を使い、マスコミもそれに追従することは、権力による隠蔽と批判のすり替えの実践である。市民側から言えば、そのような政府や政治家が政策を決めるということは確かに不幸なことで「禍」であるが、一般にいう「コロナ禍」の「禍」はそういう意味ではなかろう。

　偶然かそれとも必然か、政府のコロナ対応は筆者にとって2011年3月11日以降の原発事故の時を想起させる。原発事故のあと、急に「リスクコミュニケーション」ということばが目につくようになった。リスクコミュニケーションとは一般的に次のように定義されるという。筆者が執筆する第8章との関連もあるので、研究者による学術的な定義ではなく、ここではあえて厚生労働省の定義を紹介したい。

> リスクコミュニケーションの定義：リスク分析の全過程において、リスク評価者、リスク管理者、消費者、事業者、研究者、その他の関係者の間で、情報および意見を相互に交換することです。リスク評価の結果およびリスク管理の決定事項の説明を含みます。
> 厚生労働省HP「リスクコミュニケーションの定義」<https://www.mhlw.go.jp/stf/seisakunitsuite/bunya/kenkou_iryou/shokuhin/syokuchu/01_00001.html>（2020年12月30日リンク確認）

　しかし、この厚労省HPでは、上で引用した定義の「前」に「『リスクコミュニケーション』とは消費者、事業者、行政担当者などの関係者の間で情報や意見をお互いに交換しようというものです」という記述があり、続けて次の文章が現れる。

> 関係者が会場などに集まって行う意見交換会、新たな規制の設定などの際に行う意見聴取（いわゆるパブリック・コメント）が双方向性のあるものですが、ホームページを通じた情報発信などの一方向的なものも広い意味でのリスクコミュニケーションに関する取組に含まれています。
> <URL同上>（2020年12月30日リンク確認）

「ホームページを通じた情報発信などの一方向的なものも広い意味でのリス

クコミュニケーションに関する取組に含まれています」という言い方は、「ホームページを通じた情報発信などの一方向的なもの」を、定義から読み取れる「双方向性」という条件を欠いているにもかかわらず、リスクコミュニケーションであると理解させようと巧妙に言葉を選んでいるかのようである。まず「広い意味で」という言葉から本来はそうではないものを拡大解釈しようとしていると読める。次にひっかかるのが「に関する」という言い方である。「広い意味でのリスクコミュニケーションである」ではなく、「広い意味でのリスクコミュニケーションに関する」である。そのものではなく「関するもの」である。ここでも対象を広く取って周辺領域をも含めようとしている。続けて「取組」である。このことばを述部に持ってくることで、この文は「ホームページを通じた情報発信などの一方向的なもの」が「リスクコミュニケーションかどうか」という判断を行う文ではなく、「リスクコミュニケーションに関する取組かどうか」という判断を行う文になっている。そしてすでに述べた「広い意味での」「に関する」の効果でその判断はかなり拡大解釈が許されるものとなっている。さらに最後には「に含まれています」という表現が使われている。「AはBという取組です」と「AはBという取組に含まれています」とではどう違うだろうか。明らかに後者の方が「周辺的なものも含む」ことができる言い方である。さらに言えば「含む」と判断した主体が誰かは言及されない。つまり厚労省のリスクコミュニケーションの定義は、本質的なものはもちろん、周辺的なものまでも含む「広くゆるい」定義を主体的に選択し、かつ、その判断の責を負わなくていい書き方で掲載しているのである。

2.2　一方向的なリスクコミュニケーションの意図

　この、双方向性のものだけではなく「一方向的なものも広い意味でのリスクコミュニケーションに関する取組に含まれています」という、慎重にことばを選んでいる説明にはどのような意図があると考えられるだろうか。「広い意味での」ということは、通常の解釈では「一方向的なものはリスクコミュニケーションに含まない」ということではないのか。実際、その下に配置されている、より学術的な文体での定義には「一方向」という言葉は出てこない。また、「リスクコミュニケーションに関する取組」という言い回しからは、それ

自体はリスクコミュニケーションそのものではないのではないか、という疑問も感じる。本来は双方向的なものであるべきリスクコミュニケーションであるが、それを拡大解釈して、双方向性を欠くもの、つまり自分たちの行っている一方向的な実践もリスクコミュニケーションに類するものとして位置づけたい意図があったのではないだろうか。そもそも、「リスクコミュニケーションとは」「リスクコミュニケーションについて」という見出しを掲げながら、「リスクコミュニケーションの定義」の前に、その定義とは微妙に異なる内容を平易な文体の文章で配置するのはなぜなのか。「ホームページを通じた情報発信などの一方向的なもの」もリスクコミュニケーションに含むなら、権威性を持たせた言説による一方的な［教化］や［誘導］であってもリスクコミュニケーションと称することが可能になる。学術的定義としてはリスクコミュニケーションには認められない自分たちの実践を市民にはリスクコミュニケーションと同等だと思わせる意図があったのではないだろうか。

　そして食品をめぐる放射能汚染がそのリスクコミュニケーションの対象となったのである。しかし、詳しくは第8章で述べるが、その実践は、市民が不安を抱いているものについて「リスクはないのだ」と専門家が市民に説明して納得させようとするものであった。そこでは本当にリスクがコミュニケーションされていたのだろうか。そのコミュニケーションは相互のやりとりから成る双方向的なものだったのだろうか、一方向的に終始したのではなかったのか。市民にとって、そのリスクコミュニケーションは、意見が分かれるものについていろいろな立場や考え方に立った多面的な情報やデータが提供されたのか、それとも限定された情報や一面的なデータしか提供されなかったのか。またそのリスクコミュニケーションは当事者である市民が主体的に考え判断できるようなものだったのか、それとも科学者や専門家から、その権威を背景にして一方向的に教え込まれるものだったのか。政府が「リスクコミュニケーション」と呼ぶものとそこにある意図を批判的に検討しておく必要がある。

　なぜこのようなことを言うかというと原発から90キロという距離の仙台で原発事故に遭った者の直感として、今のコロナ時代においても同じようなことが起きているのではないかと危惧するからである。コロナ関連の言説のなかには原発事故のときに見られた表現がそのまま使われているものがある。「正しくこわがる」とか「検査数を増やしたから感染者数が増えた」というようなも

のである。いまコロナに関して行われているリスクコミュニケーションは、はたして誰にとってのリスクを、誰と誰とが、誰のために、何のためにコミュニケーションしているのであろうか。

では新型コロナウイルスをめぐる報道に話を戻そう。

第3節　新型コロナウイルスをめぐる報道の諸相

3.1　感染源をめぐる報道

3.1.1　イメージの構築

　事態は刻々と変化するため、本書が世に出る頃にはその実態も明らかになっていると思われるが、実際には幅広い年齢層に陽性者が出ているにもかかわらず若者がとりわけ高リスクであるように言われたり[6]、感染経路が不明な事例や明らかに別の経路で感染している例があるにもかかわらず接待を伴う飲食店を含む風俗業関連に感染拡大の原因があると思い込まされてしまう報道などが目についたりする[7]。地域によって、また日によって感染状況が異なるため、それが事実である場合もあるが、それ「だけ」が全国での感染の実態であるかのような説明や報道は、結果的に私たちを「狭い見方」に誘導することになる。2020年7月後半の報道を見ると、すでにその誘導にも限界が見えてきているが、それでもまだ新聞記事の見出しにはもっぱら人数の多さや感染者の属性がセンセーショナルに取り上げられ、若者以外、特定の職種以外の感染者がそれなりの割合で存在する事実はあまり取り上げられていない。少なくとも、本文には書かれていても見出しをさっと眺めている読み方ではそのような事実は見えてこない（しかしその読み方はごく普通である）。あたかもいわゆる［夜の街］［接待を伴う飲食業］［ホストクラブ］［キャバクラ］といった業種でのみ感染者が出ているようなイメージが再生産され続けている。

　　「東京で新たに295人が感染　200人超は5日連続」
　　　東京都は25日、新たに295人の新型コロナウイルス感染者が報告されたと

発表した。［中略］新たな感染者のうち20代が119人と最も多く、30代の66人と合わせて全体の約6割。40代は48人、50代は27人で両世代だけでも4分の1を占めた。感染経路が不明・調査中は165人。重症者はいなかった。判明した感染経路は家庭内が40人、職場は14人、会食11人、保育園などの施設内4人。接待を伴う飲食店などの「夜の繁華街」関連は「不明・調査中」を含めて49人。

<https://www.tokyo-np.co.jp/article/44805?rct=national>（東京新聞Web版 2020年7月25日配信）

　保健所や厚生労働省ではなく警察が風俗店の調査に入るという話まで出てきている。下の新聞記事では、下線部にあるように、「法令順守と合わせて感染防止対策の徹底を呼び掛ける」となっている。風営法による立ち入りが第1の目的、感染防止は第2の目的という書き方である。それは逆に言えば、そのようなお店を感染拡大のリスクとみなし、それを奇貨として、今までは簡単には行ってこなかった風営法による立ち入りを行うということではないのだろうか。

　新型コロナウイルスの温床と指摘される接待を伴う飲食店など「夜の街」での感染拡大を防ぐため、全国で風営法などを根拠に警察官が店舗への立ち入り検査を行う考えを明らかにした。法令順守と合わせて感染防止対策の徹底を呼び掛ける。
<https://www.sankei.com/politics/news/200720/plt2007200015-n1.html>（産経新聞Web版 2020年7月20日配信、下線引用者）

　警察の立ち入りが行われた大阪府の状況を取材した朝日新聞の記事によると、そのあたりの権力の意図、政府と大阪府の連携が見えてくる。少々長くなるが引用する。簡単にまとめると、風営法に違反する不法行為などの実態やその恐れがないにもかかわらず、政府が大阪府と協議し、大阪府が風営法本来の範囲を超えて大阪府警に立ち入りを実行させたということのようである。

　立ち入り時、店側にマスク着用や手洗いなどの徹底を呼びかけた。府警の担当者は「府民の安全安心につながるよう、府警としての自主的な判断。捜査や指

導ではなく、あくまで呼びかけ」と説明する。

2日後の19日、菅義偉官房長官は民放番組で、感染が広がるキャバクラやホストクラブに「(警察官が)風営法で立ち入りができる。思い切ってやっていく必要がある」と発言した。

府警内では戸惑いが広がった。感染症対策をメインとした立ち入りは法的根拠がなくできない、との認識だったからだ。風営法上の違反があれば是正を求めることができるが、感染症対策の不備に是正を求めることはできない。ある府警幹部は「感染が広がる『夜の街』への牽制(けんせい)だろうか」と読み解く。4〜5月の緊急事態宣言中に、外出自粛要請を知らせる「声かけ」を街頭で実施したが、これは府からの協力要請があった。

菅発言の翌20日、大阪府の吉村洋文知事は府警側と協議して「風営法の立ち入り時に、感染症対策の周知啓発活動をしていくことで合意した」と記者団に明かした。ある府警幹部は「感染症対策のため」の立ち入りを否定したうえで、「今は感染が広がりつつある状況。店舗への立ち入り時に感染症対策の不備に気づけば、大阪の公務員として指摘しなければならない点は指摘する」と語った。(引用元は次の引用に記す、下線引用者)

事業者側は恐れや不安をいだいていることが同じ記事から読み取れる。権力の意図する一定の効果がすでに生まれているようである。

都内のキャバクラ従業員らでつくる「日本水商売協会」(東京都文京区)の甲賀香織・代表理事は「風営法を根拠に新型コロナ対策を求めるとしたら、『越権行為』になりかねない。[中略]「警察が立ち入ること自体、業界にとって悪いイメージにつながる。夜の街を悪者と決めつけているのではないか」と憤る。

新宿社交料理飲食業連合会(東京都新宿区)の工藤準一・会長代行も「そもそも新型コロナ対策は風営法とは無関係のはず」と疑問を呈する。「強い権限を持った警察による立ち入りは悪い印象を加速させる。なぜ夜の街だけターゲットにするのか納得できないが、やるならせめて制服姿だけはやめてほしい」と訴えた。

「感染対策の協力、戸惑う警察 立ち入り『法的根拠ない』」
<https://digital.asahi.com/articles/ASN7Q732PN7QUTIL03P.html>

（朝日新聞Web版　2020年7月22日配信、下線引用者）

　東京新聞も「夜の街への立ち入り根拠は？　＜新型コロナQ&A＞」という解説記事を配信し、「行政による市民への監視が強まる恐れがある」と述べている。

> 新型コロナウイルス感染症の再拡大を受け、政府は接待を伴う飲食店への立ち入り検査など、新型コロナ特措法以外の法律も持ち出して、感染防止対策を強化する方針です。政府は速やかな対応の必要性を強調しますが、法制定時の想定を超えた解釈や運用で、行政による市民への監視が強まる恐れもあります。＜https://www.tokyo-np.co.jp/article/45178?rct=politics＞（東京新聞Web版　2020年7月28日配信）

　実際には他にも感染源がありうるが、いわゆる「夜の街」という表現に対して社会が持つ負のイメージを活用し、風俗関連産業だけに感染源としての「役割」を押し付け、一種の「生贄（スケープゴート）」を作り出し、さらにそれに対して政府自治体が集中的に対策を講じることで、「政府自治体は感染拡大防止に必死に取り組み、その責任を果たしている」という解釈を作り出そうとしているのでないか。「充分な対応を取っていない。無責任である」という批判が自分たちに向けられることを恐れ、スケープゴートを叩くことで「問題に対処する姿勢」を作り出し、それによって「自分たちがリスク視されるリスク」を避けているのではないだろうか。

3.1.2　イメージを構築する報道が生み出すもの

　風俗産業や若者だけが感染源であるかのような発言には事実を一面的にしか伝えていないが故に誘導の意図があると言わなければならないであろう。現実には感染経路が判明しない事例も多かったり、家庭内感染なども多かったりするからである。年齢層も報道では「20～30代」あたりを若者としているようであるが、それ以外の年齢層にも多くの感染者が出ている。下に引用する7月23日配信の朝日新聞記事にあるように、決して風俗店利用者と若者「だけ」が感染しているのではない。警察の立ち入りが行われた大阪でも、風営法関連

の飲食店での感染は3割という報道もある⁽⁸⁾。

> 「全国で795人感染　大都市圏で拡大、年代も幅広く」
> 　東京都の感染者数は238人で、100人を超えるのは14日連続。238人の
> うち、22日時点で感染経路がわかっていないのは138人。家庭内感染が28
> 人で、接待を伴う飲食店関連での感染21人を上回った。年代別にみると20
> 代、30代で144人と全体の61%を占めた。一方で、40代が31人、50代
> が20人、60代が14人、70代が10人、10代が9人、10歳未満が8人と
> 幅広い世代で感染が広がっている。
> <https://digital.asahi.com/articles/ASN7R012JN7QUTIL00L.html>
> （朝日新聞Web版　2020年7月23日配信）

　実際そのような業種関連の20〜30歳代の人々から多数の感染者が出ている
以上、政府自治体の発表や報道は虚偽ではない。しかし特定の業種と特定の年
齢にだけ焦点を当てた言説を広めることは、その焦点から外れたものが存在し
ないかのような狭い解釈へと私たちを誘導する。他の感染経路で感染した人や
他の年齢層の人々にも一定の割合で感染者がいる以上、感染のリスクは誰にで
も一定の割合で存在すると考えられるが、あたかも「自分たちとは関係のない
世界の話」「自分たちは大丈夫」というような現実世界と切り離された感覚を
生み出し、当事者意識を低減させ、自分たちの持つリスクを過小評価してしま
いかねない。政府自治体や報道が本来のリスクの範囲や程度を限定したり矮小
化したりして［不充分なリスクコミュニケーション］を行うことによって、私
たちはその深刻な事態を自分と切り離して考えたり軽視したりするようにな
り、それによって自分たちの感染リスクが増大し、結果的に確実に感染者数が
増えることになる。言い換えれば、［リスクを軽視させるリスクコミュニケー
ション］が行われていて、それが私たちを大きなリスクに晒すわけである。
　このことは、報道を鵜呑みにせず、少し立ち止まって考えてみれば当然のこ
とだと理解できるものである。百歩譲って最初の感染者が接待を伴う飲食業の
20代従業員だったとしても、その人が普通に他者との関わりのなかで社会生
活をしているならば、自分の家族や親族をはじめ、友人知人といった幅広い年
齢の人や他業種の人とどこかで接触が生じるはずである。仮に最初は［自分と

は無関係の違う世界の話］だと思ってもその世界は確実にどこかで［私たちの世界］とつながっていて、どんな業種の人でもどんな年齢の人でも、つまり誰にでも感染リスクはあるのである。そのような店に行かなければ大丈夫、若者でなければ大丈夫という話ではない。もっと正確に言うなら、2つの世界は別々の世界がどこかでつながっているのではなく、最初から［同じ世界］なのであるが、言説によって分断されて提示され、私たちは別々の世界として認識するよう誘導されているのである。その誘導に気づかないまま無批判に過ごしているといつの間にか社会のあらゆる階層に感染が拡大することになろう。

　この原稿を書いている2020年7月30日現在、すでにそういう状況になっていると言わざるを得ない。それまでは特定業種／若者に限って感染が増えていると繰り返し述べてきたマスコミも、もはや他経路／広い世代での感染をその焦点から外して報道することはできなくなっているようである。新聞記事の見出しを引用する。大手新聞社のなかで最も保守的で政権寄りと言われる読売新聞でも次のような記事を配信している。

「都内の新規感染者367人、56％が感染経路不明…家庭・職場が『夜の街』上回る」
<https://www.yomiuri.co.jp/national/20200730-OYT1T50234/>
（読売新聞Web版　2020年7月30日配信、下線引用者）

　しかし他の記事を見ると、政府は依然としてそのリスクを軽視しているようである。

「国内感染、新たに1305人　過去最多、コロナ拡大止まらず」
　国内で30日、新たに1305人の新型コロナウイルス感染者が確認され、連日千人を超えるとともに、過去最多を更新した。東京、神奈川、兵庫、徳島、福岡、沖縄の6都県で過去最多。埼玉、大阪、愛知でも最多に迫る規模となった。感染は都市部で衰えを見せず、全国的な拡大に歯止めがかからない状況。東京や大阪では営業短縮や休業要請の動きも出始めた。
　菅義偉官房長官は東京都の状況に関し、若い世代の感染者が多く、重症者が少ないことなど「4月の緊急事態宣言時とは異なる」として宣言の再発令に否

定的な見解を示した。（共同通信）

<https://www.tokyo-np.co.jp/article/45983?rct=national>（東京新聞
Web版 2020年7月31日配信、下線引用者）

　8月5日配信の東京新聞の記事を見ると、この［あるものがリスク視される
ことで覆い隠されてしまい、リスクコミュニケーションされなくなるものが生
じるリスク］は確実に顕在化し、私たちをおびやかしていることがわかる。い
わゆる「夜の街」関連の感染者数よりも「家庭内感染」による感染者数のほう
が増えているのである。東京新聞の記事の一部と記事中のグラフを引用する。

　「家庭内感染が東京で増加、『夜の繁華街』を超える」
　　感染経路が判明した東京都内の新規感染者のうち、家庭内での感染が7月下
　旬以降、増加傾向にある。同月中旬までは、ホストクラブやキャバクラなど接
　待を伴う「夜の繁華街」関連が多くを占めていたが、下旬からは「家庭内」が
　逆転して、経路別の感染者数でトップになっている。

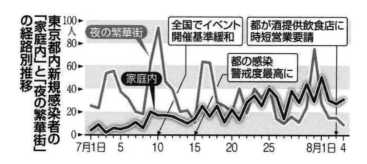

<https://www.tokyo-np.co.jp/article/47252?rct=national>（東京新聞
Web版 2020年8月5日配信）

　記事には2020年7月から8月にかけての、「夜の繁華街」と「家庭内」（共に
東京新聞の使用表現）の経路別推移が折れ線グラフで示されている。それを見
ると、「家庭内」感染は、その数こそ少ないものの当初から生じていて、7月9
日には20％の割合に達し、その後やや低下したが15日には再び20％台とな

り、小さな幅で増減を繰り返しながら全体的には徐々に増加し上昇傾向で今に至っている。つまり当初から「家庭内」感染は存在しリスクであったわけである。しかし［語られないリスク］はそれ自体存在しないものとされ、そのリスクに気がついたときには私たちは当初よりも高リスクに晒されているのである。先に述べた［若者以外の年齢層］についても同じことである。

　しかし、いつかその［語られないリスク］について語らざるをえなくなる時が来る。感染が広がり事実に言及せざるをえなくなった時である。そこで私たちは以前からもっと多様なリスクがあったことに気づくのであるが、気がついたときにはもう遅いのである。下の記事がそれを示している。

　「大学寮、グループ旅行…多様化する感染経路　都が報告」
　　４～１０日の感染者を年代別にみると、２０代が最も多く３８・３％で、３０代２４・８％、４０代１３・２％と続いた。感染経路は２０～３０代は会食や職場内、４０～５０代は同居人や職場内が多くを占めた。一方、７０代以上は同居人からが４割を超えた。
　＜https://www.sankei.com/life/news/200813/lif2008130063-n1.html＞（産経新聞Web版　2020年8月13日配信）

　「２０～３０代は会食、４０代以上は家庭内感染　都が会議」
　　年代別にみると、２０～３０代では会食（２０・４％）が最多で、職場（２０％）と続いた。一方、４０代～５０代で最も多かったのは家庭内（３３・７％）で、次いで職場（１８％）。６０代では家庭内（５６・８％）の比率がより高まり、会食（１８・２％）が続いた。７０代以上でも家庭内（４３・３％）が最多だったが、２番目は施設（３５・０％）だった。７月１日からの累計では、８０代以上は約３分の２が施設内での感染だった。
　＜https://digital.asahi.com/articles/ASN8F61RKN8FUTIL02B.html＞
　（朝日新聞Web版　2020年8月13日配信）

　単なる感染者数と感染経路の事実報道だけではなく、自治体首長によるリスクマネジメントを批判的に論ずる記事も、若者と接待を伴う飲食業に焦点が当てられてから1か月ほどして目にするようになった。しかし、繰り返しになる

が、そのように思い至ったときにはもう遅いのである。

　「『夜の街の若者』強調しすぎて中高年に気の緩みか　重症者増える大阪　医療体制に危機感」
　<https://www.tokyo-np.co.jp/article/49677?rct=national>（東京新聞Web版　2020年8月19日配信、下線引用者）

　2020年12月14日の状況を見ると、残念ながらここで述べたことは現実となったようである。2020年秋冬の感染状況では、クラスターと呼ばれている集団感染発生源は「夜の街」だけではなく、職場・学校・各種施設と多岐にわたり、もはやクラスターを特定できないという声さえ聞こえている(9)。年齢に関しても子どもも含めて幅広い層で陽性反応や感染者が続出している。「気の緩み」ということばで片付けてはいけない。「『夜の街』・『若者』以外にも等しく感染のリスクがある」ということがもっと早期からリスクとして適切にコミュニケーションされていれば、そして私たちがそのリスクを適切に見積もり、リスク回避の行動をとっていればこのような状況にならなかったかもしれない。リスクコミュニケーションとして発信する側にも問題があったが、リスクコミュニケーションとして受信する側にも問題があったと言えよう。

3.1.3　イメージを構築する報道を批判的に読む

　では、私たちは、本来のリスクの範囲や程度を限定したり矮小化したりしている［不充分なリスクコミュニケーション］や［リスクを軽視させるリスクコミュニケーション］に誘導されないようにするにはどうすればいいか。その一つの、そして簡単で確実な方法は、本稿が行ってきたように、複数のリソースから情報を集めることである。同じ日の感染状況を報じる異なる新聞記事を2つ読むだけでも、上でみたようにリスクの見積もりや焦点の当て方の異なるリスクコミュニケーションがあることがわかる。また、今回のコロナ関連のように刻一刻と状況が変化する事態の場合は、継続して情報収集することも大切である。そうすれば、特定業種や若者という属性は感染拡大の初期に顕在化したリスクであり、その時点では潜在的なリスクであった他経路／広い世代という

属性が、現在においては明示的なリスクとして顕在化したということもわかる。過去と現在の状況をつなげることで未来への見通しも予測できよう。

　このように、［不充分なリスクコミュニケーション］や［リスクを軽視させるリスクコミュニケーション］から自分自身を守るためには、横断的かつ縦断的な情報収集を行い、それらの情報を批判的に検討することが役立つ。いわば、自分自身のなかで情報と対話をし、自分なりの［充分なリスクコミュニケーション］や［リスクを適切に見積もるリスクコミュニケーション］を試みるということである。私たちがなすべきリスクコミュニケーションは［専門家からの知識を受け身的に受け取る］だけではなく、それらの情報をもとにして［関連する情報を集め］［リスクについて自分が主体になって他者と対話］し［主体的に考え判断する］ことなのである。

3.2　米軍基地内感染をめぐる報道

3.2.1　米軍基地内感染をめぐる報道 ─全国紙の場合─

　時を同じくして、沖縄にある米軍基地では大規模な感染拡大が進んでいた。7月初旬のわずか数日の間に、ここ数か月の沖縄県内での感染者数に匹敵する数の米軍感染者が確認されたのである。市民としては自分たちの身を守るために詳しい情報を得たいと思うが、そこがなかなか実現されなかった。米軍に対する政府の対応は基本的に「お願い」的なもので効果は期待できない。それは日米地位協定のせいで日本の主権が及ばない部分があるからだが、同じ米軍の同盟国である韓国などと比べても沖縄における米軍の情報公開は限定的である(10)。そのため沖縄県が米軍に要求して在沖米軍基地関係者の感染者情報を公表させたり、基地で働く県民の希望者にPCR検査を行ったりしている。

　にもかかわらず日本政府の反応は鈍かった。日米地位協定の不公平さに言及することはアメリカの反感を買う恐れがあり日本政府にとって大きなリスクである。しかし米軍の行動をそのまま受け入れるならば、それは沖縄にとって、つまり沖縄の人々にとって大きなリスクである。また米軍基地が沖縄だけにあるのではないことを考えれば、同じことが他の基地でも起こりかねず、それは日本全体のリスクでもある。実際、2020年7月20日には東京の横田基地や神

奈川の横須賀基地の米軍関係者に感染者が出たとの報道があった。横須賀基地の事例では、自治体等に事前の相談や報告もなく、米軍が入国後に空港から離れた市内のホテルに移動しそこを待機施設として使用していたようである[11]。沖縄ではそれに先駆けて2020年7月初旬から関係自治体に連絡もなく民間ホテルに米国から到着したばかりの米軍関係者を一定期間留め置いていたことが明らかになり、県や関連自治体、そして市民から大きな非難の声が上がり、その後、新規入国者は基地内で留め置き、帰国予定者だけを基地外で一定期間留め置くように方針を変更するという事件があった。ここからも沖縄のリスクは日本全体のリスクであることがわかる。

　このような大混乱が生じているにもかかわらず政府の対応は依然として消極的であった。全国の米軍基地関係者の感染者数も7月20日になってようやく発表されたが16日時点の情報で最新のものではなかった[12]。その公表に関し河野防衛大臣（当時）は、「地元の皆さんの不安を払拭するということで、在日米軍も色々頑張ってくれていると思う」と述べたそうである[13]。ちなみに感染者は青森県、神奈川県、山口県の米軍基地に及んでいる。沖縄ではすでに同じことがもっと大規模で起こっているが、そこから見ても確実に沖縄のリスクは全国のリスクになりつつあった。

　感染者数が公表されればリスクがなくなるのかというとまったくそうではない。日米地位協定に取り決めがないため、空港などで行われている検疫手続きもその実施が任意となっている。アメリカから日本の米軍基地に直接入る場合は日本の入国管理手続きすら行われない。そして米軍は日本側に関係者の総数や軍人／軍属／それらの家族といった内訳などを公表しなくてよいことになっている。さらに基地関係者は定期的に移動や交代があり常に人数や内訳は変動する。つまり、信じられないことだが、日本政府は在日米軍関係者の正確な人数を把握できていないのである。本質的に同じことが基地のある自治体では起こっている。米軍関係者は基地内に住む人と基地外に住む人とがいるが、いずれも自治体に住民登録をしなくてよいのである。そのため関連自治体は自分の自治体にどのような米軍関係者が何人いるのか正確には把握できていない[14]。そして米軍は、おそらく県や国には多少の情報提供はあると思うが、少なくとも一般市民に対しては、基地関連施設への立ち寄りを除き、基地外での感染者の行動履歴などを公表していない。つまり、私たちにとっては、米軍関

係のどこで感染が起こり、感染者がその後どう行動しどこで感染を広げた可能性があるか、まったくわからない状態なのである(15)。

　一方、日本人の感染者が出た場合、充分には感染経路が明らかにならない場合もあるが、立ち寄った店や接触した人々などを追跡調査し、感染源や感染場所を特定しようとする対応が取られ、必要に応じて接触者に検査を実施し、感染を最小限に抑える試みが行われている。それだけをみても米軍関連の感染では、リスクが充分にコミュニケーションされず、またそのリスク管理も充分に行われているとは言えない。繰り返しになるが日米地位協定の壁は厚く、沖縄県や基地のある自治体の対応には限界がある。であれば、最終的にきちんとリスクをコミュニケーションし、その低減に務めるのは政府の仕事である。

　しかし前ページで引用した河野防衛大臣（当時）の発言に米軍任せの当事者意識の薄さを感じるのは筆者だけであろうか。このように、政府は、ある時は自らへの批判を招きかねないリスクを排除しようと動き、あるときには自らの地位の安定を優先して他者にとってのリスクを放置しているようにさえ思われるのである。

　メディアは連日連夜コロナ感染者数や各地域の感染状況を報道する。米軍基地関係者の感染も報道される。しかし日本全国の感染状況をまとめた数字には米軍関係者の感染者は反映されていない。コロナ感染が問題化した当初、大型旅客船内での感染があった。その感染者数は政府や自治体が発表する感染者数には組み込まれず、いわば別枠で発表されていた。それと同じような扱いであるが、大手新聞社が報道する日本全国の感染者数をまとめた表には、その大型旅客船での感染者数も別枠ながら記載されている。しかし沖縄をはじめ全国各地で確認されている米軍関係者の感染者数は通常は記載されていない(16)。これはなにを意味するのか。本稿の言う［排除］である。なぜ排除するのか。［リスクを軽視している］からである。つまりリスクを語らず、それによってそのリスクを私たちには見えないように操作し、自分たちの世界から排除しているのである。ことばでコミュニケーションしないことでそのリスクは存在しないものになる。リスクをコミュニケーションしないことで、自分たちのリスクをマネジメントしているわけである。米軍関係者の感染を国内感染者に含まないという考え方に「米軍基地は法律的に日本ではないから」という根拠があったとしても、その覆い隠された感染者拡大という事実、つまりそのリスク

も当事者たちにとっては厳然としていまそこにあるものである。なす術がない市民は怒り怯えるしかない。

　沖縄をはじめとする米軍基地が存在する自治体は政府や大手メディアが米軍関係者の感染者数をあまり報じなくても、実際に感染者がいる以上、その感染拡大に対応せざるを得ないし、沖縄の琉球新報や沖縄タイムスのような地方のメディアはその状況をきめ細やかに報道して、地域の人々に情報提供を行っている。一方、大手新聞社の記事では、沖縄の米軍基地で多くの感染者が出たことは一時はセンセーショナルに報じられたが、その後、あとを追って取材する報道は少なくなり、感染者が出た時に時々人数が報じられるだけである。そして忘れられたころにまたセンセーショナルな取り上げが行われ、再度リスク視されることが繰り返され、負のイメージの強化や再生産が実践される。8月5日に配信された朝日新聞はまさにそうであった。

　　「国内の感染、新たに1239人　沖縄で急増、駐留米軍も」
　　　一方、これとは別集計の在沖米軍内での感染も拡大している。米軍の報告を受けた県のまとめでは、7月7日以降の在沖米軍の感染者は、六つの基地で計282人になった。
　　<https://digital.asahi.com/articles/ASN8502W0N84UTIL006.html>（朝日新聞Web版 2020年8月5日配信）

　この種の記事は毎夜日付が変わったころに配信される速報的な記事であるが、この日の配信記事では沖縄県の感染状況が大きく取り上げられ、本文708字のうち沖縄関連の文章の字数は400字、全体に占める割合は56％であった。見出しには「沖縄で急増、駐留米軍も」という表現が入れられ、普段は記事に書かれていない米軍関係者の感染状況も2行で書かれている。しかし記事内の表にはその記述はなく、本文でも「これとは別集計の」とあるように、あくまで米軍関係の感染状況は別扱いである。だが沖縄県民にとっては「すぐ隣にあるリスク」であり、日本人由来の感染リスクと何ら変わりはない。上で述べたように、米軍基地が日本中にある以上、沖縄の米軍基地をめぐるリスクは日本全体のリスクである。にもかかわらず依然としてそれは沖縄県内のリスクに留められ、かつ、沖縄県内でも日本人の感染とは切り離されて報道され、二重の

意味で本来のリスクから切り離されている。次の記事はそのことをよく表している。記事内ではどちらも内訳や数字が出ているが、見出しにおいては、先に言及されている米軍関連の感染者数は示されず、後で言及されている日本人感染者は数字を挙げている。これらの記事では、沖縄の県内感染状況をセンセーショナルにリスク視する実践と、米軍関連の感染状況を排除する2つの実践が同時に行われていると言えよう。

「海軍基地でも感染、在沖米軍のコロナ　県内感染は37人」
<https://digital.asahi.com/articles/ASN8362HLN83TP0B001.html?iref=pc_special_coronavirus_list>（朝日新聞Web版 2020年8月3日配信）

次の記事も同じようにみることができる。見出しに「沖縄」への言及が見られるが、本文では「陽性者を含む3千人以上の乗組員を、沖縄県と神奈川県の米軍基地に移送する計画が浮上していた」とあり、やはり米軍がらみの事象は沖縄だけの問題ではないことがわかる。それにしてもなぜ見出しに神奈川がないのだろうか。神奈川にはそのようなリスクがなかったことにしたいのだろうか。

「米空母の感染兵、沖縄に移送計画　日本との関係を懸念し直前撤回」
<https://www.tokyo-np.co.jp/article/49889?rct=national>（東京新聞Web版 2020年8月20日配信）

ポータルサイトや新聞社からの配信をスマートフォンやパソコンなどで受け取り、興味を持った記事だけクリックして確認するという読み方の広がりを考えると、見出しの持つ重要性（それは逆に言えば、危険性でもある）は紙媒体の新聞以上に大きい。この記事も見出しだけ見れば完全に「沖縄だけ」の問題としか読めない。見出しだけで読者を誘導することはいとも簡単にできるのである。この記事は、見出しにおいて沖縄にだけ言及することで、沖縄以外の地域にも存在するリスクを適切にコミュニケーションしていない。たとえ結果的であっても、少なくとも見出しレベルでは、沖縄の問題は「日本全国の問題」

である、というリスクを不可視化し、それと同時に、沖縄に焦点を当てて報じることで「沖縄だけの問題」に矮小化している。言い方を換えれば、リスクを沖縄に押し付け沖縄を切り捨てているとも言える。沖縄側から見れば、それは太平洋戦争で唯一の地上戦が行われ、東京など日本の他地域に米軍が侵攻するのを遅らせるための防波堤とされた歴史的位置づけと重なるものである。

　そのように考えればある意味当然と言えるかもしれないが、米軍基地の危機管理レベルが緩和されたことは、筆者が確認した限り全国紙の全国向け紙面では報じられていない。Web版で地方欄を確認できた朝日新聞と毎日新聞でも7月28日の朝時点で配信は確認できていない。一方で沖縄の地方紙は翌日には記事を配信している。沖縄タイムス紙の記事を挙げる（下線引用者）。

　　「コロナ警戒に逆行『納得できぬ』『とにかく不安』 一方的な発表に住民怒り
　　米海兵隊が行動制限緩和」
　　　在沖米海兵隊は27日、新型コロナウイルスの基地内での感染拡大に伴い実施している行動制限を28日から一部緩和すると発表した。屋外での運動や、生活に必要な食料品店や銀行の利用などが可能になる。県が警戒レベルを「第2段階」に引き上げるなど、感染拡大への懸念が強まる中での行動制限緩和に、地域住民や基地従業員からは困惑と不安を抱いている。
　　<https://www.okinawatimes.co.jp/articles/-/607293>（沖縄タイムス
　　Web版 2020年7月28日配信）

　地方紙の記事に目が向いたところで、次節では沖縄県で広く購読されている地方紙を分析してみたい。

3.2.2　米軍基地内感染をめぐる報道 ―沖縄の地方紙の場合―

　すでにここまでで触れたように、沖縄の地方紙では、毎日のように、米軍関係の感染者の有無が報じられる。

　　「沖縄の米軍海兵隊で新たに5人感染　新型コロナ」
　　<https://www.okinawatimes.co.jp/articles/-/608970>（沖縄タイムス

Web版　2020年7月30日配信）

> 「沖縄49人感染　累計324人、人口比でワースト5位　石垣では6人【7月31日朝】」
> 　沖縄県は30日、新型コロナウイルスに49人が感染したと発表した。［中略］米軍はキャンプ・ハンセン所属の4人と普天間飛行場所属の1人が感染したと発表した。
> <https://ryukyushimpo.jp/news/entry-1165937.html>（琉球新報web版　2020年7月31日配信）

　このような情報を得ても市民は根本的な問題解決に活用できるわけではない。しかし、リアルタイムでの情報があるのとないのとでは安心感が大きく違う。次の新聞記事の中の写真を見てほしい。東京都医師会会長が掲げているパネルのメッセージには「国が出来ること、しなければならない事を国民に示し、国民を安心させてください。」と書いてある。そこにリスクコミュニケーションの目的の一つが言語化されている(17)。

> 「東京のPCR検査1400カ所に　都医師会が方針表明」
> <https://www.tokyo-np.co.jp/article/45978?rct=national>（東京新聞Web版　2020年7月30日共同通信配信）

　沖縄の地方紙に比べれば、大手新聞社は一時こそ大きく取り上げたもののその後はほとんど米軍関連の感染情報を報じなくなった。そのような大手新聞社の報道姿勢は、沖縄を中心とした米軍基地関連の感染拡大のリスクを過小評価し、それを報じないことで全国レベルではそのリスクを排除して存在しないものとして覆い隠し、全国的な問題として扱わないことで結果的にそのリスクへの対応を沖縄だけに押し付けていることになる。それは沖縄側から言えば、リスク軽減とは逆にリスク強化である。

在日米軍基地別の
新型コロナ陽性者数（人）

沖縄県	キャンプ・コートニー	1
	キャンプ・フォスター	1
	キャンプ・ハンセン	68
	キャンプ・キンザー	1
	嘉手納基地	5
	普天間飛行場	36
神奈川県	キャンプ座間	6
	厚木基地	3
	横須賀基地	7
山口県	岩国基地	3
青森県	三沢基地	3
東京都	横田基地	5
合計		139

※29日午前9時点。在日米軍司令部のホームページから
出典：<https://www.okinawatimes.co.jp/articles/-/
608512＞（沖縄タイムスWeb版 2020年7月30
日配信）

左の表は、沖縄タイムスの記事「沖縄の米軍警戒レベル『C+』に引き上げ　新型コロナ対策で　全国は一段階低い『B』」に掲載されている在日米軍基地別の新型コロナ陽性者数の表である。沖縄以外でも4都県6基地で27人の感染者がいて、全体の約2割を占めていることがわかる。沖縄のキャンプ・ハンセンで68名、普天間飛行場で36名という突出した例を別とすれば、沖縄県外の方が感染リスクが高そうに思える数字である。しかし沖縄タイムス配信から1日が経過した7月31日の時点で筆者が各新聞社のWebサイトで検索した限りでは、同様の情報は全国大手新聞紙の記事として確認できなかった。

　ここで注目したいのは、米軍からの情報発信には沖縄以外の基地関係者の感染状況も含んでいること、沖縄の地方紙はその他県の情報を含めて記事にしていることである。これは米軍基地の問題を沖縄だけではなく日本全国の問題であると位置づけていることの現れと言えよう。そしてそれは先に触れたように、大手全国紙が日々発表する感染状況報道において沖縄のみならず他自治体の米軍関係者の感染状況が発信されていないということと極めて対照的である。大手全国紙はコロナ感染における米軍リスクを適切にコミュニケーションせず、それを存在しないもののように見せることで私たちをリスクに晒している。日本全国が米軍基地問題の当事者であるなら当然全国に向けて発信するのが妥当なリスクコミュニケーションの姿勢であり実践である。

　にもかかわらずそのようにしない大手全国紙のリスクコミュニケーションの動機づけはどこにあるのか。まず米軍基地関連の感染状況を積極的には報道しないということから考えてみる。日本全国の面積に占める沖縄県の割合は約0.6％とされるが、その僅かな土地に日本に存在する米軍基地の約70.4％が置か

れていると言われている[18]。日本に米軍基地があるのは日米安保条約や日米
地位協定が締結されているからであり、沖縄に米軍基地が集中しているのは、
歴史的にみれば、第二次世界大戦で日本のなかで唯一の地上戦が行われ終戦前
から米軍の支配を受けていたこと、戦後処理にあたり1952年にサンフランシ
スコ講和条約が発効して日本が国家主権を回復し正式に戦勝国による占領から
自由になっても沖縄においてはアメリカによる占領が引き続き行われたこと
（沖縄が日本に復帰したのは1972年5月15日である）、それによって復帰後も
米軍基地が温存され今に至っていることなどがある。安全保障上の地理的優位
性という理由をあげる言説もあるが、それは専門家や政治家によって明確に否
定されている[19]。日本と同様にアメリカの同盟国となっている国は自国内に
米軍基地を置いているが、それらに比べると、日本は米国に対し従属的な対応
を取っていると言える[20]。つまり今の沖縄をめぐる状況は歴史的／政治的背
景から生じた構造的問題であると考えられるのである。

　そのような点に着目すると、その構造的問題の負の側面に端を発した米軍コ
ロナ感染拡大の実態を在京大手新聞社がそれほど積極的に報じないことは、そ
の構造的問題を覆い隠し、そこにあるリスクを読者である私たちから見えなく
する効果がある。そしてそれは、アメリカに従属的立場の日本政府、それゆえ
に米軍に対して主体的対策を取ることができない無力と言ってよい日本政府の
姿も覆い隠し見えなくする。大手メディアはそれに言及しない。そしてその構
造的な問題は［沖縄だけのローカルな問題］となる。換言すれば、政府は自分
自身の負うべきリスクを不可視化することで、当事者リスクを負うというリス
クを回避できるわけである。しかし見えなくなったからといって問題にしてい
るリスクがなくなったわけではない。むしろそのリスクは高まり広がってい
る。当初は沖縄で急激な感染拡大が見られただけであったが、下の報道のよう
に、8月中旬には沖縄県外の基地でも感染の広がりが確認されているのである。

　「在日米軍のコロナ感染者数、沖縄の基地が6割」
　　在日米軍司令部は12日、ホームページで公表している全国の基地別の陽性
　者数を更新した。同日午前9時時点で、全国12基地で計119人が陽性だっ
　た。うち県内が75人で全体の6割を占めている。
　<https://www.okinawatimes.co.jp/articles/-/615842>（沖縄タイムス

Web版　2020年8月13日配信）

「米軍コロナ感染、在沖7基地は計62人　全国13基地で計112人」
　　県外では、神奈川県の米キャンプ座間（21人）や横須賀基地（19人）の感染者数が増加傾向にある。
<https://ryukyushimpo.jp/news/entry-1174521.html>（琉球新報Web版　2020年8月15日配信）

　感染者数の6割が沖縄内の7基地ということは、言い方を換えれば、感染者の4割が沖縄県以外に存在する6基地で確認されているということである[21]。そしてその基地が全国に存在する。2つ目の記事の本文にあるように沖縄県外の米軍基地で感染者が増えているようで、リスクは広範囲に存在する形となっている。在京大手新聞は個別の基地で感染者が確認されたことしか報じないが[22]、沖縄地方紙の報道からは日本における全体像を知ることができる。
　このように全国紙だけをリソースとしたリスクコミュニケーションには「語られないリスク」を見逃すリスクが存在する。その2つのリスクを適切にコミュニケーションするためには地方紙の活用が効果的である。

3.2.3　米軍基地内感染をめぐる報道を批判的に読む　―沖縄の地方紙の批判的検討―

　とは言え、沖縄県や県内メディアの対応に問題がないわけではない。沖縄県も県内メディアも、県内での感染者を発表するときに米軍基地関連の感染者を区別して発表する。もちろん米軍基地関連の感染者数や対応は別途報道される。次の記事では、県内の感染者について報告したあとで、米軍関係者の感染者数が述べられている。下線部がその情報である。

「沖縄で1日最多21人感染　コロナ2日連続で更新、累計231人に」
　　玉城デニー知事は28日、沖縄県内で新たに21人の新型コロナウイルス感染を確認したと発表した。1日あたりの発表数としては2日連続で最多を更新した。県内の累計感染者は231人となった。
　　県は27日、1日あたりとしては米軍関係を除き過去最多となる18人の感染

を発表。県の専門家会議は同日、沖縄本島中南部で「流行が始まっている」との認識で一致した。

　県によると在沖米軍でも新たに3人の感染が確認され、県の確認する米軍関係の累計感染者は239人となった。

<https://www.okinawatimes.co.jp/articles/-/607525>（沖縄タイムスWeb版　2020年7月28日配信、下線引用者）

　しかし時によっては、県内感染者数を表面上は少なく見せたい意図が透けてみえることもある。例えば、次に引用する記事などである。最後の部分のみ引用する。

「沖縄知事、来県自粛は求めず　東京への往来『慎重な検討を』　県、警戒レベル引き上げで対応策」

　県内は同日、過去最多となる21人の感染を確認。1日あたりの発表数としては2日連続で最多を更新した。県内の累計感染者は231人となった。

　県は27日、1日あたりとしては米軍関係を除き過去最多となる18人の感染を発表。県の専門家会議は同日、沖縄本島中南部で「流行が始まっている」との認識で一致した。

<https://www.okinawatimes.co.jp/articles/-/607528>（沖縄タイムスWeb版　2020年7月28日配信、波線引用者）

　この2つの記事の内容はほぼ同じであり、2つめの記事の波線を付した文章は一つめの記事のなかでまったくと言ってよいほど同じものが使われている。最初に引用した記事は14時18分に配信され、2つめの記事は14時27分に配信されている。つまり同じ文章は最初の記事からの転載の可能性もある。しかし2つめの記事には、一つめの記事の最後にある米軍関係の情報がない。ということは、字数のせいか他の理由かわからないが意図的にその部分を転載せずに不可視化したということである。

　第2節ですでに指摘した、若者に感染拡大の原因があるとするリスクコミュニケーションの取り方も、全国のそれと沖縄県内メディアのそれとは一致するところがある。次の新聞記事は、見出しをみると20 ～ 30代が感染拡大のリス

クとして捉えられていることが読み取れるが、記事内の円グラフを見ると20～30代「以外」の世代が感染者数の半数を占めていることがわかる。また見出しからは「若者が感染し高齢者に移す」という感染拡大の形が読み取れるが、そもそも若者が高齢者「だけ」に感染を波及させるわけはない。この点で、高齢者以外への感染リスクが可視化されず言説上は排除されている。またすでに指摘したように20～30代「以外」の世代が感染者数の半数を占めていることを踏まえれば、壮年世代が高齢者に移すことも、幼児や低年齢の子どもが高齢者に移すこともあり得るし、高齢者が高齢者に移すことも考えられる。高齢者への感染源が若者だけにあるわけではないことも明らかである。ここでは若者が他にも比して高リスク視されているわけであるが、これも上で述べたように、他のリスクを軽視、またはリスク視しないことになり、若者以外は大丈夫だというような誤解に誘導しかねず、それは社会全体でみればむしろ逆にリスクを高めていると言える。

「『飲み会などでうつす』新規感染の半数超が20～30代　県、高齢者への波及を警戒」
<https://www.okinawatimes.co.jp/articles/gallery/607288? ph=1 >
（沖縄タイムスWeb版　2020年7月28日配信）

　ちなみに同じデータに基づく内容の記事を、もう一つの地方紙、琉球新報は以下の見出しで報じている。「20～30代」とする沖縄タイムスに対し、琉球新報は「40代以下」としている。若者という括り方はできないが、「20～30代」では50%という割合になるところを40代を加えることで「76%」という3分の2以上という大きな数字を出すことができ、それを意図したのかもしれない。しかし40代以下だけが感染拡大のリスクを負っているわけでないことは、すでに見てきたとおり明らかである。

「沖縄の感染『40代以下』7月76%　県『会食・飲み会で拡大』」
<https://ryukyushimpo.jp/news/entry-1163871.html >（琉球新報Web版　2020年7月28日配信）

　感染者の増加を特定業種に原因があるように述べる報道にも同じことが言える。その報道でその社会・地域全体のリスクはあたかも存在しないかのようになり、［一部の社会階層だけの問題］として受け止められるようになる。

　上の例で見たように、沖縄県／県内メディアは、ときには政府／全国規模のメディアの対応と同じように、リスクであるものに言及せず排除するという形のリスクコミュニケーションを取っている。言い方を換えれば、それは、そのリスクに関しては適切なリスクコミュニケーションを取っていないという点において同質であり相似形である。そしてその排除され可視化されなかったものが、社会にとって大きなリスクであるという点も同じである。しかしコミュニケーションされず排除されたリスクに気づくことができなければ、私たちはそのリスクに対応することもできない。

　そこに私たちは2つの［リスクコミュニケーション］の形を見ることができる。一つは［積極的にそれを語る］タイプである。このタイプのリスクコミュニケーションは、「若者」「接待を伴う飲食店」「夜の街」といった特定の属性集団や職種における感染リスクを語ることで、結果的に、それらのみをリスク視すればいいのだという表層的で誤った解釈へと私たちを誘導する。もう一つのタイプは、米軍関係者の感染を国内感染者総数に含まないような［積極的にはそれを語らない］タイプである。語られないことによってリスクは見えなくなり存在しないも同然となる。どうしても語らざるを得ないときだけ最小限のコミュニケーションを行う。この2つのリスクコミュニケーションは表裏一体でもある。複数あるリスクのなかから何かをリスクとして積極的に取り上げて語ることは、同時に他のリスクについては積極的には語らないことになるからである。

　そこからわかることは、積極的にリスクコミュニケーションを取っていることが同時に他のリスクの隠蔽だったり排除だったり自分たちの関与の回避だったり当事者の誘導だったりしうるということである。これは筆者の一方的で偏向した思い込みではない。下の新聞コラムは、コミュニケーションの裏にコミュニケーションされないものがあり、それに言及しようとした者が、それをリスクと見なす権力者から排除されるという、権力によるリスクコミュニケーションの実践について述べている。

「［大弦小弦］逃げる首相　終わらぬ感染」

　　高江の山奥で取材していた沖縄2紙の記者2人が機動隊員に拘束されたのは
2016年。民主主義国家の権力が報道を物理的に妨害するという異常事態は、
4年かけてこの国の中枢に達した

▼朝日新聞によると6日広島市で開かれた安倍晋三首相の記者会見で、質問し
ていた朝日記者の右腕を官邸報道室の職員がつかんで制止した

▼記者は座ったまま手を挙げ、質問を重ねたにすぎない。高江の2記者も米軍
ヘリパッド建設に対する抗議行動を記録していただけだった。どちらも力で押
さえつける理由はない

▼高江で機動隊員が隠したのは抗議を強制排除して進む工事の不都合な実態だっ
た。首相会見で政府職員が見せたくなかった不都合は何か。それは「Go To ト
ラベル」など新型コロナウイルス対策で迷走する首相自身だったのではないか

▼6月までの4カ月に会見を9回開いた首相は、国会が閉じると国内の感染者
が最多を更新し続けても会見に応じなくなった。49日ぶりとなった6日も、事
前に通告された4問への回答をこなすだけで終わろうとしていた

▼政府職員は予定外だった朝日記者の質問を妨害しながら「だめだよもう。終
わり、終わり」と言った。現に失策を重ねている政府が一方的に説明を終わり
にして許されるなら、日本のコロナ禍に終わりの日は訪れない。（阿部岳）
<https://www.okinawatimes.co.jp/articles/-/614442>（沖縄タイムス
Web版 2020年8月10日配信）

　いまここにある社会において問題となっている事象に関する政治家の記者会
見はまぎれもなく社会が必要とするリスクコミュニケーションである。この記
事からは、その実践において不当なリスク視とそのリスクの排除が行われ、そ
れによって温存される別リスクがあり、その別リスクの温存が社会にとって悪
影響を及ぼすということがはっきりと見えている。
　私たちは権力のリスクコミュニケーションを無批判に受け入れるのではな
く、［語られているもの］と［語られていないもの］との双方に批判的な目を
向け、そのリスクコミュニケーションが何を［前景化］し、何を［背景化］し
ているのか、それによって誰がどういう対応をするのかしないのか、というこ
とをよく考える必要がある。リスクコミュニケーションと称される実践が、実

際には権力の維持や再生産、無策に対する責任逃れといった実践になっていることもありうるからである。そして、いまここで私たちは何ができるか、何をすべきかについても考える必要がある。

第4節 ▌ 未来に向けての提言
―リスクコミュニケーション再考―

　ここまで述べてきたリスクコミュニケーションの諸相の分析とその考察の出発点は、原発から90キロという距離の仙台で原発事故に遭い、今は米軍基地負担にあえぐ沖縄に住む一人の市民としての直感に動機づけられたものであった。ここまでの分析や考察の結果明らかになったのは、新聞報道というリスクコミュニケーションの実践のもとで、不当な（または不適切な）リスク視、真っ当なリスクの排除、それらを通して読者の解釈を特定方向に導く一種の誘導というリスクが存在するということであった。それは2011年の原発事故をめぐるメディアの言説を批判的談話研究の姿勢で分析し考察してたどり着いた結果と同じであった。あの当時の社会に広まった脱原発の理念と実践は徐々に勢いを失い、それと反比例するかのように、世界で最も厳しい検査基準をパスしたという「新たな安全神話」による支配と誘導が進行しつつある。

　2020年、「新しい生活様式」「ニューノーマル」というスローガンが社会のなかで急速に広まり、2021年のいま、すっかり定着したかの様相を見せているが、それは権力による一方向性のリスクコミュニケーションであり、「新しい支配様式」の一種なのではないか。コロナ時代の今こそ、あらためて過去から現在に至るまでの権力の言説とその実践を批判的に検討し、未来にむけての展望を立てておくことが重要である。

　権力による一方向性のリスクコミュニケーションに誘導されないようにするためにはどうすればいいだろうか。本稿が示してきたように、新聞で言えば複数紙の記事を参照する、全国紙だけではなく地方紙の記事も参照する、必要に応じて新聞記事以外のリソースも参照する、などがその方法として挙げられる。そしてただ参照するだけではなく、なによりも重要なことは、批判的な態度、批判的な思考で情報に接することである。具体的に言えば、多面的な情報収集と比較対照、そしてその差異の意味するところを自分自身で考えるという

ことになろう。例えば、つぎの2つの記事を見てみよう。これらの見出しを見ると2つの記事は矛盾するように思われる。

「『沖縄の感染、下火に』と尾身氏　衆院厚労委で見解」
<https://www.tokyo-np.co.jp/article/49800?rct=national>（東京新聞
Web版　2020年8月19日配信）

「沖縄の感染状況、飛び抜けて悪く　コロナ分科会、6指標の数値更新」
<https://www.tokyo-np.co.jp/article/50331?rct=national>（東京新聞
Web版　2020年8月22日配信）

　もしどちらか一方の記事見出ししか目にする機会がなく、目にしなかった方の記事の方が事実に近いとしたら、事実とは異なることを信じてしまうし、両方を目にすればどちらが事実なのかわからなくなり、本来そこにあるリスクを軽視してしまう恐れがある。しかし本文を読み、何を根拠にしてその主張を述べているのかを読み取れば、この2つの記事は矛盾しないことがわかる。先の記事では「（感染の広がりを示す）実効再生産数は1を切っている」ことがその見解の根拠であり、後の記事では「最大確保病床の逼迫具合を示す使用率／重症者に限った使用率／1週間当たりの新規感染者数」を判断の基準としていることがわかり、両方の新聞記事になっている判断は共に「政府の新型コロナ感染症対策分科会（尾身茂会長）」の見解であることがわかる。つまり、同一主体の判断であってもその根拠が異なるとあたかも正反対に見える帰結が導き出されるわけである。見出しを鵜呑みにするのではなく、本文を読み、その主張の根拠に目を向けて批判的に比較検討することの重要性がよくわかる。
　では、その沖縄の状況は次の新聞記事の見出しから考えるとどうなるだろうか。沖縄の感染状況もピークを過ぎたという解釈が出てくるであろう。

「感染再拡大『7月下旬にピーク』新型コロナウイルス分科会」
<https://www.tokyo-np.co.jp/article/50341?rct=national >（東京新聞
Web版　2020年8月21日配信）

　すでに上で2つの記事を比較してみたように、沖縄の状況は決してピークを過ぎたから安心という状況ではない。全国規模で話をしている記事のなかでは、個別の状況は不可視化されてしまい、そのリスクも語られなくなってしまうことがある。しかし、全体的な話が常に個別的にも当てはまるとは言えない。大手新聞でも地方版の記事を参照したり地方紙の記事を見たりなどして、多面的な視野で状況を把握し、批判的に考えることが望ましい。

　またそこで言及されているリスクを自分自身が負っているリスクとして考えてみることも重要な批判的思考のあり方の一つである。いわば「自他の交換」である[23]。当事者の立場になってみる、自分をその立場においてみる、そのうえで自分がいまその対象に対して持っている価値観や評価を［その相手の立場に立った自分］に向けてみる、そういう認知的操作を意図的に行うことで［不当なリスク視の実践］や［語られていないリスク］［隠されているリスク］の存在に気づくことができるかもしれない。本来ならコミュニケーションされるべきリスクを覆い隠すことで誰がどのようなメリットを享受しているのかについて考えるきっかけを得ることもできよう。例えば、感染拡大の唯一の原因であるかのように報道されている業種のお店で自分が働いていて感染したと考えてみる。誰から感染する可能性があるだろうか。同じお店で働いている人かもしれないし外から来たお客さんかもしれない。自分の家族のほうが先に感染していたのかもしれない。また、感染した自分がいつどこで誰とどのような場所で接触する可能性があるかを考えてみる。症状が自覚できていない間に友人と食事をするときがあるかもしれない。親兄弟や親族と話をすることがあるかもしれない。スーパーやコンビニ、銀行や郵便局や病院などを訪れて誰かと話すことがあるかもしれない。自分が感染させる可能性のある機会や対象は決して一つに限らないのである。

　コロナには誰でも感染する可能性があるし、自分が感染者になれば他者を感染させる恐れがある。このように考えれば、感染源に関する情報、言い換えれば、［感染するリスク］を語り考えることも重要であるが、それと同様に、当たり前のこと、つまり感染者が持つ［感染させるリスク］を語り考えることも重要である。自分が入手した情報にどちらか片方のことしか言及されていなければ、［語られているリスク］を参照しつつ［語られていないリスク］について考えることが必要である。

皆さんが本書を読んでいるときコロナの感染をめぐる状況はどのようになっているであろうか。良きにつけ悪しきにつけ、おそらく本稿で見てきた状況とまったく同じということはなく、むしろかなり異なる状況となっているはずである。また繰り返しになるが、「沖縄で起こっていることは日本全国で起きる」可能性がある。日本のあちこちに新たなリスクが生じ生活を脅かしているかもしれない。しかし、自分自身が主体となってリスクコミュニケーションに関わっていくためのリテラシーという点では、本稿で述べていることはどのような状況においても充分に当てはまると思われる。

　そもそもそのリテラシーはコロナ感染に関わるリスクコミュニケーションに限ったものでもない。具体的な対象が何であれ、リスク化されたものが本当にリスクなのか、誰にとってのリスクなのか、他に言及されていないリスクはないのか、それらのリスクを排除することで恩恵を受けるのは誰なのか、言及されていないリスクによって誰にどのような影響が出ると予想されるのか、等について、多面的に情報を集め、自分なりに分析し考えていくことがとても重要である。トップダウン的に流れてくる「権力によるリスクコミュニケーション」に対し、自発的にさまざまな情報と対話しながら自分なりに「対抗するリスクコミュニケーション」をボトムアップ的に行っていくことがあらゆる状況において必要である。それはまさに［主体的に生きる力］そのものであり、いまの多元的でグローバルな社会を生きる［市民に不可欠な資質］なのである。

付記

　本稿は科学研究費助成事業「基盤研究（C）批判的談話研究と民主的シティズンシップ教育の融合をめざす実践的研究（代表者：名嶋義直）」の研究成果の一部である。

注

(1)　名嶋（2018）『批判的談話研究をはじめる』（ひつじ書房）も参照願いたい。

(2)　詳しくは、ソルニット（2010）を参照願いたい。

(3)　安倍首相（当時）の発言を取り上げている記事が配信されている。それを読むと、「パニックを防ぐ」ということを考えていたことがわかる。政権が「エリートパニック」的であった可能性が示唆される。以下に引用する。

　　　安倍氏は「難しい判断だった。あのときは二つの理由があった。学校でパ

ニックが起きる、それを防ぐ。もう一つは感染した子どもたちを通じて、おじいちゃん、おばあちゃんが感染するリスクもあった」と振り返っている。「コロナ政府対応は『場当たり的だった』民間臨調が検証」<https://digital.asahi.com/articles/ASNB80SXKNB7ULBJ01C.html>（朝日新聞Web版　2020年10月8日配信）

(4)　見出しから判断すると読売新聞も同内容の記事を配信しているようであるが、有料会員しか閲覧できないため充分に確認はできなかった。「新聞『信頼できる』7割…新聞協会調査　全メディアでトップ」<https://www.yomiuri.co.jp/national/20200808-OYT1T50016/>（読売新聞Web版　2020年8月8日配信）

(5)　「政府配布マスクの寄付箱撤去指示　日本郵便『アベノマスク』表記を問題視　群馬・太田」<https://mainichi.jp/articles/20200610/k00/00m/040/025000c>（毎日新聞Web版　2020年6月10日配信）

(6)　東京新聞の記事には以下のような記述がある。

　　東京都は20日、新たに168人の新型コロナウイルス感染者が報告されたと発表した。［中略］新規感染者の年代別は20代と30代で計108人と6割以上を占め、40代が27人。50〜90代も計30人いた。「東京都で新たに168人の感染確認」<https://www.tokyo-np.co.jp/article/43705?rct=national>（東京新聞Web版　2020年7月20日配信）

(7)　読売新聞の報道では「接待を伴う飲食店の従業員や客ら『夜の街』に関連した感染者は、全体の約3割に当たる」とある。「『夜の街』対策、歌舞伎町のホストクラブなど300店対象にキャンペーン」<https://www.yomiuri.co.jp/national/20200720-OYT1T50226/>（読売新聞Web版　2020年7月20日配信）

(8)　「大阪、過去最多121人感染　夜の街3割、病床計画に影響も」<https://www.tokyo-np.co.jp/article/44220?rct=national>（東京新聞Web版　2020年7月22日配信）

(9)　「クラスターもう追えない…東京都医師会長が緊急会見『真剣勝負の3週間に』医療現場の危機訴え」<https://www.tokyo-np.co.jp/article/75948?rct=national>（東京新聞Web版　2020年12月22日配信）

(10)　琉球新報の「他国との落差　在韓米軍は詳細公表　人数や隔離の経緯も＜米軍大規模感染＞3」という記事には以下のような記述がある。紙幅の都合上、改行せずに引用する。

　　在韓米軍は、国防総省の非公表方針が出されて以降も積極的な情報開示を続けてきた。感染が判明した経緯として検査結果が出るまでにどこで隔離されていたかや、陽性確認後どこの基地で隔離されているかなども記載されてい

る。一方、在日米軍は原則、感染者数を具体的に示していない。日本政府も
それに理解を示している。在沖米軍も感染者数を「複数」とし、公式に公表
してこなかった。特に、2基地でクラスター（感染者集団）を発生させた在
沖米海兵隊は7月に入ってから報道向けに新規感染の通知をやめた。15日に
はクラスターが発生してから初めてフェイスブック上で陽性数を投稿した
が、感染拡大を防ぐために必須の詳細な行動歴は明かしていない。国防総省
の方針に従っているとみられるが、県に対しても「立場上できない」と説明
するのみだ。県には医療情報として感染者数を伝えていたため県が矢面に立
たされた。県は「米軍からもらった感染者数を公表すると情報を得る道筋が
閉ざされるかもしれない」という懸念と、県民に情報を伝えたいという思い
で板挟みとなった。県は米軍から公表の了解を得た今も、米軍自身の責任で
予防に必要な情報を公表するよう求めている。<https://ryukyushimpo.jp/
news/entry-1157261.html>（琉球新報Web版 2020年7月16日配信）

(11) 毎日新聞の記事「横田基地で米軍関係者1人感染　在日米空軍、報道機関向けに
発表文」<https://mainichi.jp/articles/20200720/k00/00m/040/147000c>（毎日
新聞Web版 2020年7月20日配信）

(12) 東京新聞は「在日米軍の感染者数　地元は公表求めるが…米国に追随、後ろ向き
な政府」で以下のように論じている。

　　　在日米軍関係者の新型コロナウイルス感染拡大を巡り、日本政府は実態を把
　　　握しながら明らかにしていない。部隊運用に影響を及ぼす恐れがあるとし
　　　て、各基地の感染者数を公表しない米軍の方針に配慮しているためだ。沖縄
　　　県は県内基地でのクラスター（感染者集団）発生を受け、米軍と交渉して独
　　　自に公表。米軍施設を抱える自治体の議会は感染情報の公開を求める意見書
　　　を採択しており、国の消極姿勢が際立つ。<https://www.tokyo-np.co.jp/
　　　article/43759?rct=politics>（東京新聞Web版 2020年7月21日配信）

　この原稿を執筆中に在日米軍が感染者数を公表した。ただし記事によるとすで
に陰性になった人数は含まれていないようである。「6日時点で、10基地の計140
人が陽性」とのことで、すでに全国の米軍基地で感染が進んでいることが明らか
になった。

　　「在日米軍10基地で140人感染　司令部ホームページで公表」<https://
mainichi.jp/articles/20200721/k00/00m/040/241000c>（毎日新聞Web版 2020年
7月21日配信）

(13)「在日米軍の感染者140人…基地別の公表始める」<https://www.yomiuri.co.jp/
national/20200721-OYT1T50235/>（読売新聞Web版、2020.7.21配信）

(14) 琉球新報の記事「問題点浮き彫りに　検疫、基地外居住情報なし　地位協定＜米軍大規模感染＞8」＜https://ryukyushimpo.jp/news/entry-1159728.html＞（琉球新報web版　2020.7.22配信）

(15) 普天間基地の事例が沖縄の地方紙である琉球新報の記事になっている（下線引用者）。

> 発症2日前から隔離されるまで基地外に出た米軍関係の感染者は、46人に上ることが明らかになった。しかし感染者が訪れた市町村や具体的な場所は公表されず、基地周辺の市民は感染の広がりを懸念する。市民の声に背中を押されて市は17日、市内飲食店従業員らのPCR検査を県に要請した。「フェンス1枚隔てただけの『隣人』　宜野湾市民の不安は増すばかり＜米軍大規模感染＞6」＜https://ryukyushimpo.jp/news/entry-1159447.html＞（琉球新報Web版　2020年7月20日配信）

(16) 例えば、2020年7月29日に配信された、読売新聞「国内新規感染981人、過去最多に並ぶ…東京都内は家庭内・会食が『夜の街』上回る」＜https://www.yomiuri.co.jp/national/20200728-OYT1T50266/＞、朝日新聞記事「全国で982人が感染、過去最多に　大阪、愛知でも更新」＜https://digital.asahi.com/articles/ASN7X74BWN7XUTIL03Q.html＞、毎日新聞記事「全国で新たに995人の感染者　過去最多を更新　鹿児島で初の死者」＜https://mainichi.jp/articles/20200728/k00/00m/040/217000c＞など。

(17) ただし本稿で述べているように、その情報を無批判に鵜呑みにするなら、権力に誘導され都合のいいように支配されてしまうリスクもある点にも注意が必要である。そうならないようにするためには、自分も当事者としてリスクコミュニケーションに参加すること、双方向性を担保することが重要である。ここで言う参加とは、かならずしも同じ時間的空間的な参加に限っているものではない。要はじっくり考えてみるだけでも大きな差があるということである。

(18) 沖縄県HP＜https://www.pref.okinawa.jp/site/chijiko/kichitai/tyosa/documents/p06.pdf＞（2021年3月18日リンク確認）

(19) 元沖縄タイムス記者で国会議員の屋良朝博氏のHP「解決　簡単レシピ」＜https://yaratomo.com/wp-content/themes/yaratomo_v3/images/manga/manga.pdf＞（2020年8月10日リンク確認）では、政治家の発言について何件もの言及がある。特に森本敏元防衛相の発言は明確に「軍事的には沖縄でなくても良いが、政治的に考えると最適の地域だ」と述べている点で注目される。＜https://www.okinawatimes.co.jp/articles/-/ 314151＞（沖縄タイムスWeb版　2018年9月13日配信）

(20) 沖縄県HP「他国地位協定調査　中間報告書<https://www.pref.okinawa.jp/site/chijiko/kichitai/sofa/chuukan.html>（2020年8月10日リンク確認）

(21) 在日米軍司令部発表の感染者数は発表時の感染者数であり、治癒した者を含んだ過去の累計ではないため、13日配信記事内の感染者数より15日配信記事内の感染者数の方が少なくなっている。しかし感染者が存在する基地の数は、13日時点より15日時点で一つ増えていることがわかる。確実に感染は拡大していると言えよう。

(22) 例えば、「米軍岩国基地で新たに1人が感染　基地関係者は5人目」<https://digital.asahi.com/articles/ASN8G53YCN8GTZNB001.html>（朝日新聞Web版 2020年8月14日配信）、「米軍三沢基地で1人感染　チャーター機で到着」<https://www.sankei.com/life/news/200813/lif2008130033-n1.html>（産経新聞Web版 2020.8.13配信）など。

(23)「自他の交換」を批判的思考のあり方の一つとして考えることについては吉村（2018）から発想を得た。

参考文献

ソルニット, レベッカ（2010）『災害ユートピア：なぜそのとき特別な共同体が立ち上がるのか』高月園子（訳）, 亜紀書房.

名嶋義直・神田靖子（編）（2015）『3.11原発事故後の公共メディアの言説を考える』ひつじ書房.

名嶋義直（2018）『批判的談話研究をはじめる』ひつじ書房.

吉村均（2018）『チベット仏教入門』ちくま書房.

第1章

敵はコロナか、みんなか

―戦争メタファーから考えるリスクコミュニケーション―

太田 奈名子

第1節 ┃ はじめに

　2020年8月下旬、本章執筆に向けて準備を進めていた筆者は、横浜にある
ニュースパーク（日本新聞博物館）の緊急企画展「新型コロナと情報とわたし
たち」を訪れた。新型コロナウイルスをめぐる新聞報道の数々もさることなが
ら、校庭で行われた小学校の卒業式や、フェースガードをする新生児など、一
変した日常を捉えた写真の一枚一枚が印象的であった。目が文字よりも画を追
うようになっていたからだろうか、展示の最後に手にした赤十字のパンフレッ
ト「新型コロナウイルスの3つの顔を知ろう！」をめくっていたとき、おもし
ろいことに気が付いた。パンフレットの最後から2番目のイラスト（図1.1）
では、人が6人登場しているのに、最後のイラスト（図1.2）では、5人の手し
か描かれていないのだ[(1)]。

　イラストのまわりの文を読んでみると、感染症対策についてもっともらしい
文言が並んでいる。「このウイルスとの戦いは、長期戦になるかもしれませ
ん。それぞれの立場でできることを行い、みんなが一つになって負のスパイラ
ルを断ち切りましょう！」。パンフレットは、こう締めくくられていた。

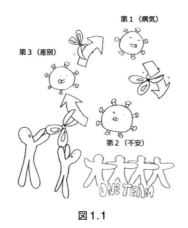

図1.1

図1.2

　文章を読み終え、再びイラストに目を向けてみる。すると今度は、図1.1と
図1.2に共通するone teamという言葉が妙に引っかかった。アジア初開催のラ
グビーワールドカップで躍進した日本代表の「ワンチーム」という合言葉が、
なぜ添えられているのだろう。「みんなが一つに」なるはずなのに、なぜ1人
「チーム」から漏れてしまったのか。「長期戦になるかも」知れぬ「戦い」の相
手は、ビンのなかで閉じ込められて息苦しそうな「コロナウイルス」ではな
く、もしかしたら、フタへ我先にと次々手を伸ばす「みんな」かもしれない。
　もちろんこれは、イラストの間違い探しから始まった邪推に過ぎなかった。
しかし、展示を見たその日から、パンフレットにも記述があった「ウイルスと
の戦い」、さらには「コロナ戦争」や「コロナに打ち勝つ」など、新型コロナ
ウイルス感染拡大とその防止を戦いに擬える表現に触れるたび、その一つひと
つにも、間違い探しを試みる必要があるのではないかと感じるようになった。
　なぜ「ウイルスの予防」ではなく、「ウイルスとの戦い」なのか。「コロナ戦
争」とは実のところだれとだれが、どのような手段を用いて、なにを争ってい
る戦争なのか。「コロナに打ち勝つ」と得られるのは、健康以外になにがある
のか。このような疑問を解き明かすため、筆者は、メディアやSNSにおいて
日々溢れかえる新型コロナウイルス関連の言説のなかから、「緊急事態宣言」
を発令した記者会見での安倍晋三首相の発言に特に着目し、リスクコミュニ
ケーションにおける戦争の比喩、いわゆる戦争メタファーの機能と役割を考え

ることにした。

　目に見えないコロナウイルスを戦いの敵としてリスク視する政治家が、ウイルスのほかにもリスクとみなして排除しようとするもの、さらに、その排除の裏側で守り、温存しようとするものを、本章は以下の流れに沿って明らかにしていく。まず第2節で、リスクコミュニケーションにおいて戦争メタファーを用いることの可能性と危険性を述べ、第3節で、戦いの真の敵を見抜くための分析法を提示する。第4節で、具体的分析を行い、最後に第5節で、戦争メタファーを用いたリスクコミュニケーションへの提言をする。これから本章を読み進める読者にも、感染拡大が本格化した2020年春から今日までの日々を過ごすなかで、自分がいったいなにと戦ってきたのか、どのような戦いをなぜ強いられてきたのかを考えてもらえれば幸いである。

第2節　リスクコミュニケーションで用いられる戦争メタファーの可能性と危険性

2.1　リスクコミュニケーションでメタファーを活用する意義

　特定の災害やトラブルが発生し、そのリスクを政治家や専門家が市民に対して伝達する場合、市民が科学的事実それ自体を理解できるかという情報面とは別に、市民がその事実を冷静に受け止められるか、納得してリスク回避ができるかという感情面に配慮せねばならない。市民の行動変化を目的とするリスクコミュニケーションにおいては、なに（what）を話すかよりもどう（how）話すか、つまり、情報の量や正確さもさることながら、市民の立場に立ってリスクをわかりやすく伝える方法が問われる（岩田 2014、西澤 2018）。

　イメージがわきやすいリスクコミュニケーションの実践例として、例えば、名古屋大学減災連携研究センター長・教授の福和伸夫氏は、「プリンとようかんで地盤の揺れ実験」など、親子向け実験動画の公開を通じて防災教育を試みている[2]。地盤が脆い地域をプリン、台地をようかんに喩えれば、実際に見たり触れたりするのが難しい地盤の固さの違いや、建築物の揺れ方に及ぼす影響を、子どものみならず大人でも簡単にイメージすることができる。専門用語を用いた解説や細かな測定数値の提示よりも、リスクやリスクが生む弊害を身近

ななにかに置きかえるメタファー（隠喩）の活用によって、リスクコミュニケーションはより確実で、市民の腑に落ちるものになる。

　しかし、その一方で、リスクコミュニケーションで用いられるメタファーは、すべての市民に一様に理解されるとは限らない。市民を納得させるどころか、かえって誤解や混乱を招く危険性もはらんでいる。加えて、リスクコミュニケーションは、政府や専門家集団など、政治的・社会的権力を持つ側から持たざる側の市民になされる場合がほとんどのため、権力者にとって都合の良い誘導にメタファーが利用されることも危惧せねばならない。とりわけ、新型コロナウイルス感染拡大という未曾有の事態をめぐるリスクコミュニケーションに関しては、専門家や学者らから、戦争メタファーが市民統制に加担しているとの批判が上がっている[3]。

　ロックダウンなどの強制的措置は高い感染抑止効果を期待できるが、解除後の反動も大きい。政治的手段だけでは万全を期せない感染症対策において、マスクの着用やソーシャル・ディスタンスの維持をはじめとした日々の行動変容は必須であり、そのため市民に向けた政府のメッセージ発信がなにより重要になる。戦争メタファーに対する批判の具体的内容をみるまえに、2.2節、2.3節でその定義と機能を概説し、市民を説得する過程で戦争メタファーはなぜ用いられるのか、そしてそのなにが問題なのかを考えたい。

2.2　戦争メタファーとはなにか

　メタファーという言葉を聞くと、詩や文学を思い浮かべる読者が多いかもしれない。しかし実際は、メディア報道にも日常会話にも、メタファーはあふれている。例えば、「読書をしていると時間の流れが早い」という文をみてみたい。本来時間は、見ることも触れることもできないものである。しかし、この文では、抽象的概念としての時間を、日常で見たり触れたりしたことのある川など、流れのある液体という実質的概念に引きつけて表現している。さらにいえば、表現するだけでなく、この文の書き手は遅速を感じることのできる液体として時間を体感している。このように、人が具体的概念を通して抽象的概念を理解し、経験する際に成立する対応関係をメタファーと呼ぶ。

　1980年に発刊された『レトリックと人生（*Metaphors We Live By*）』で、ア

メリカの言語学者ジョージ・レイコフと哲学者マーク・ジョンソンは、文学的技巧、あるいは単に言葉遣いの問題としてメタファーを捉えてきた従来の理解を大きく発展させ、メタファーは人間の思考や行動にまで深く関わっていると主張した。液体としての時間の例でみたように、レイコフらによれば、「メタファーの本質は、ある事柄を他の事柄を通して理解し、経験すること」にあり、「概念はメタファーによって構造を与えられている」（レイコフ／ジョンソン　1986: 6）。

　この主張の具体例としてレイコフらは、「私の論は粉砕された」など、「議論を戦争として捉えるメタファー（the ARGUMENT IS WAR metaphor）」、いわゆる「議論をめぐる戦争メタファー（WAR metaphors for arguments）」を取り上げる。彼らの主張によれば、人は単に戦争用語で議論の様子を表すのではない。自分がしている議論と戦争という概念を照らし合わせ、議論における一つひとつの行動を、戦争に対して持っている知識体系の部分部分に落とし込むようにして表現し、理解し、経験する。例えば、「議論には現実に勝ち負けがあり、議論の相手は敵とみなされ、相手の議論の立脚点（＝陣地）を攻撃し、自分のそれを守る」。攻守の結果、議論は「優勢になったり、劣勢になったりする」。その状況を受け、「戦略をたて、実行に移す」。このように、議論をめぐる人の行動は「戦争という概念によって構造を与えられている」（Ibid.: 5）。

　注意しなければならないのは、「メタファーによって成り立っている概念というのは、あくまであるものを部分的にあらわすものであって、そのものの全体をあらわすわけではない」（Ibid.: 16）という点である。メタファーを用いて抽象的概念をわかりやすくすることは、同時に、ある問題や現象を特定の観点から捉え、簡略化して解釈することでもある。先の例にもどると、戦争メタファーを通した議論の理解は、ある人が持つ戦争に関する知識の構造に当てはまらない議論の側面を無いものとし、議論に対する解釈を固定してしまう。日頃から議論は「戦わせる」もの、そして「勝つ」ものだと自ら言ったり、周りから聞かされていたりすれば、議論を「深める」「まとめる」「噛み合わせる」などの言葉は出てこなくなり、そのような協調的行動も取りづらくなる。

　これまでみてきたレイコフらの考え方を参考にすると、新型コロナウイルスをめぐるリスクコミュニケーションという本章のテーマに関して、次のようにいうことができる。政治家が用いる戦争メタファーは、市民がウイルスの感染

拡大とその防止という抽象的事象を理解しようとする際に戦争の輪郭を与え、市民の行動変容に影響を及ぼす。言い換えれば、市民は、意識的にせよ無意識的にせよ、戦争に対して持っている知識の構造に当てはめるようにして感染拡大とその防止を日々頭のなかで思い描き、経験し、外出自粛など行動変容の判断を下す。

ここで重要なのは、戦後75年が経った今日、人口の84.5%が戦後生まれの日本市民にとっては、戦争に対し持っている知識や体験が、直接的なものではない場合がほとんどだということである[4]。戦争ではなくスポーツなど、実体験にもとづく知識のある概念が用いられていれば、「その喩えはうまくない、間違っている」などの指摘もしやすいであろう。しかし、戦争メタファーの場合は、戦争に対する知識が充分にある市民が圧倒的に少ないため、今次の感染症対策のどのような側面に政治家が光を当て、その陰でどのような側面を隠しているのか、見極めが難しいと思われる。

政治家の言説やメディア報道などで用いられてきた戦争メタファーに関しては、これまでどのような効果と限界が指摘されてきたのだろうか。次の2.3節で、戦争メタファーの特徴をみてみたい。

2.3　戦争メタファーの特徴

政治的・社会的問題をめぐって用いられる戦争メタファーの機能を考察したFlusberg, Matlock, and Thibodeau（2018）によれば、その特徴は以下の4点にまとめられる[5]。

1点目は、緊急性と緊迫感を強く訴えかけ、人命の損失や資源の喪失といったリスクに対する聞き手・読み手の恐怖と不安を煽る点である。人々の注目を集め、ある問題への関心を高めることのできる戦争メタファーは、聞き手・読み手の記憶に長く残り、思想・行動変容の動機づけにもなりやすい。それゆえ、「気候変動に戦いを挑もう」といった表現は市民を鼓舞し、特定の社会問題に対して注ぎ込まれる予算の増額を容認させることができるという利点がある。一方、体を「侵略」するガンを「撲滅」するなど、ガンをはじめとする病に対して戦争メタファーが使われると、患者の葛藤など闘病の人間的側面がみえにくくなり、病気への恐怖を煽りすぎてしまうという欠点もある。

　2点目は、決まったイメージや知識を聞き手・読み手にすぐさま与えたり、思い起こさせたりする点である。戦争メタファーは、自分の良き仲間の内集団（in-group）と、悪で敵の外集団（out-group）の間で発生する戦いというわかりやすい構図を伝える。その対立的構図のなかで、内集団と外集団は戦いをめぐりさまざまな目的を持っていたり、軍隊にはヒエラルキーがあるように、内集団と外集団にもヒエラルキーがみられたり、戦いに付随して起こる出来事に対して優先順位がつけられたりする。こういったイメージを比較的簡単に共有できるという利点に対し、欠点としては、戦争は必ず勝利または敗北という終わりがもたらされ、永遠には続かないものだという理解があるため、終わりの予想できない物事や、勝ち負けの意味が明確でない物事に対して戦争メタファーが用いられると、聞き手・読み手の関心が長続きしない場合がある。

　3点目は、2点目で指摘した戦争の構図に似通った構図を持つ物事がもともと多いという点である。例えば、議論・政治・ビジネス・スポーツ・恋愛など、対立する個人または集団の間で衝突や競争がくりひろげられる物事であれば、戦争メタファーの応用は容易い。

　4点目は、戦争という言葉を辞書で引くと「激しい競争や混乱」とあるように、聞き手・読み手は武力闘争ではない意味で戦争、または戦争に関連する言葉が用いられることに慣れている。そのため、戦争メタファーは日常のコミュニケーションで伝わりやすいという点である。

　本章では、すでに明らかになっている戦争メタファーの特徴を分析法に反映させて考察を行う。次の2.4節では、新型コロナウイルス感染拡大をめぐって用いられる戦争メタファーへの批判を具体的にみて、分析の焦点を絞っていきたい。

2.4　新型コロナウイルス感染拡大をめぐる言説で戦争メタファーを用いる危険性

　一市民という情報受信側の立場に立つ専門家や学者らからは、政治家が使う戦争メタファーによる市民統制を危惧する声が上がっている。

　星槎大学副学長・教授の細田満和子氏は、病気への対応をめぐり、戦争や闘いのメタファーが用いられるのは珍しくないが、そこには、「戦争に勝つ」という大義名分のために個人の自律性を制限し、健康を目的にする医学的予防手

段を社会的統制手段に変えてしまう恐れが潜んでいると主張する[(6)]。

　ジャーナリスト・神奈川大学特任教授の江川紹子氏は、受験戦争や貿易戦争など、大変なことの喩えに戦争はしばしば用いられるが、それらは「起きている事柄は明らかに『戦争』とは別物である、という前提で、悲惨さや深刻さを強調し、人々に問題のインパクトを与える比喩であった」と述べる。そのうえで、新型コロナウイルスに関して発言する国や自治体の長は、戦争という言葉が与えるインパクトで市民の興味を引きつけ、危機感を煽ると同時に不満を抑え込み、自宅待機指示（ステイホーム）の徹底を図ったと主張する[(7)]。

　細田・江川両氏が指摘した、市民を統制する社会的権力を帯びた戦争メタファーとあわせて考えるべき用語として、国際日本文化研究センター教授の大塚英志氏は、「翼賛体制づくりに多用されたキーワード」であった「生活」と「日常」の2語を挙げる。「贅沢は敵だ」という標語のもと政治運動へ自発的に加わることを促され、女性が家庭菜園を作るなどした戦中の「『家庭生活新体制』などという言い方は、皮肉にもコロナを戦争に例えた今の『新しい日常』『新しい生活様式』と重なる」と大塚氏は述べる。個人の生活は私的領域であるはずなのに、自宅待機を含め自粛生活は「新しい日常」と名づけられ、政治参加・社会参加に繋がる公的領域にすり替えられた。そしてこのすり替えこそが、自粛警察や県外ナンバー狩りを生んだ背景ではないかと大塚氏は推察する[(8)]。

　これまでみた3氏の批判は、（1）危機感を利用した自宅待機の徹底、（2）個人の自律性の制限による医学的予防手段の社会的統制手段へのすり替え、（3）「日常」という言葉を利用した私的領域の公的領域へのすり替え、の3点に集約できる。これらの指摘がなされた戦争メタファーを、政治家は具体的にどのように演説や記者会見で用いて、市民になにを訴えたのだろうか。政治家の真の意図はどこにあり、新型コロナウイルス感染拡大をめぐってだれが敵として排除されているのだろうか。次節で分析方法を説明したあと、第4節で詳しくみていきたい。

第3節　｜　敵はだれなのかを見抜くための分析法

　本章では、2.3節でみた戦争メタファーが持つ4点の特徴を踏まえて、分析

の着眼点を定めることで、戦争メタファーを批判的に読み解き、政治家の意識を浮き彫りにしていく分析法をとる。具体的には、戦争が持ち得る以下の要素に着目した分析を行う[9]。

　　　○どのような恐怖・不安・緊迫感が煽られるか
　　　○対立する仲間と敵はだれか、集団内のヒエラルキーはあるか
　　　○戦略立て・攻撃・防衛・休戦・退却などの段階はあるか、それぞれなにを意味するか
　　　○集団内の特定の人物や、特定の段階が強調される、または隠されることはあるか
　　　○手段・資源として用いられるのはなにか
　　　○勝ち・負けは、なにを意味するか
　　　○勝利ののちに得られる褒美はなにか

　上記のように細分化された要素の一つひとつから政治家の発言を考察することで、政治家が戦争メタファーを用いながら新型コロナウイルスの感染拡大とその防止を語る際、どのような側面に市民の注意を集中させようとしているのか、および、どのような側面から注意を背けようとしているのかを明らかにする。偏りのある、鉤括弧付きの「戦争」を政治家がいかに作り上げ、政府に都合の良い誘導を市民に対して行っているのかを、読者とともに考えていきたい。

第4節 ▌ 戦争メタファーを用いる言説の具体的分析

4.1　2020年4月7日の安倍首相記者会見

4.1.1　「過酷なウイルスとの闘い」のなかの、異質な「私たち」

　2020年4月7日、日本政府は、都市部における急速な新型コロナウイルス感染拡大を受け、東京・神奈川・埼玉・千葉・大阪・兵庫・福岡の7都府県を対象として、新型コロナウイルス対策特措法にもとづく「緊急事態宣言」を発令

した。宣言の効力は5月6日までとしたうえで、安倍晋三首相は、人と人の接触機会を8割削減することを目標に外出自粛をするよう市民に呼びかけた。

　首相の会見は次のように始まった[10]。読者は本会見の一部をニュースで見るなどしたかもしれないが、その際カットされていた、あるいは聞き流してしまっていた発言を、読み物として辿ってみてほしい。引用中の下線は筆者による（以下同様）。

> まず冒頭、全国各地の医師、看護師、看護助手、病院スタッフの皆さん、そしてクラスター対策に携わる保健所や専門家、臨床検査技師の皆さんに、<u>日本国民を代表して</u>、心より感謝申し上げます。<u>新型コロナウイルスとの闘いの正に最前線</u>で、強い責任感を持って、<u>今この瞬間も一人でも多くの命を救うため、献身的な努力をしてくださっている</u>ことに心からの敬意を表したいと思います。<u>世界全体で既に6万人以上が死亡した</u>、この過酷なウイルスとの闘いにおいて、確かな技術と高い使命感を持った医療従事者の皆さんの存在は、<u>私たち全員を勇気付けてくれる</u>ものです。本当にありがとうございます。

　首相は「新型コロナウイルスとの闘い」「過酷なウイルスとの闘い」と会見冒頭から2度くりかえし、感染症の予防、あるいは対応ではなく、「闘い」だと強調して現状を語る。「闘い」という戦争メタファーは、敵と仲間という2つの対立する集団をイメージさせる。制御も撲滅もできない不可視のウイルスが絶対的な敵として具現化されているうえに、敵を立て、その存在を梃子にすることによって、「闘い」にのぞむ「私たち」というこちらも本来は不可視の仲間の集団が形作られることに着目したい。

　1度目に「闘い」に言及する際、首相は「ウイルスとの闘いの正に最前線」にいる医療従事者に「敬意を評したい」と語るだけで、医療従事者以外に誰が「闘い」に参加しているのかは不明確である。しかし、2度目では、「ウイルスとの闘いにおいて」医療従事者は「私たち全員を勇気付けてくれる」と述べているので、あえて戦争用語を使えば、銃後として「私たち」「日本国民」全員が「闘い」に参加していると首相は捉えており、その「最前線」に医療従事者が配備されていることになる。

　首相は、「日本国民」全員を同質の仲間として捉えているわけではない。「心

より感謝申し上げ」「心からの敬意を表し」「本当にありがとうございます」
と、敬語を用いて医療従事者をねぎらう首相は、自身を「日本国民」の「代
表」と呼ぶ。さらに、最後の文で、「日本国民」が抱いている感情には言及し
ないが、医療従事者は「私たち全員を勇気付けてくれる」存在だと発言する。
ここから、「日本国民」は「勇気付け」が必要となるような不安に満ちた「過
酷なウイルスとの闘い」のなかに「全員」置かれている、加えて、日本の長で
あり「代表」の首相が感謝しているのだから、「日本国民」は「闘い」に参加
するだけでなく、その矢面に立つ医療従事者に感謝をして当然である、という
市民に対する意識の方向づけがみえてくる。

　医療従事者の職場、つまり医療現場は、戦場において敵陣に最も近い戦闘区
域を表す「最前線」という言葉で表される。「最前線」が用いられる文では、
「今この瞬間も」「献身的な努力をしてくださっている」という現在進行形の表
現により、医療従事者の職務が「闘い」として臨場感をもって伝えられる。こ
の「過酷なウイルスとの闘い」の緊迫感・危機感は、これまで日本「全国各
地」の医療の話がされていたにもかかわらず、「世界全体で既に6万人以上が
死亡した」と、突如国外にまで視野を広げた「世界」感染死者数「6万」とい
う具体的数値の提示によってさらに煽られる。

4.1.2　「最前線」に立ってこその医療従事者、「負担」になる感染者

　戦争メタファーの特徴である恐怖感の刺激によって市民が思想・行動変容を
しやすくなることは、2.3節ですでに述べた。その特徴をうまく利用するよう
に、首相は以下のようにつづけ、「緊急事態宣言」発令にともなう行動変容を
求める。

　　感染リスクと背中合わせの厳しい状況をも恐れず、ベストを尽くしてくだ
　さっている皆さんを支えるため、できることは全てやっていきたい。医療現場
　を守るため、あらゆる手を尽くします。［…］軽症者や症状のない感染者の皆さ
　んは、医療機関ではなく、宿泊施設などで療養いただくことで、医療機関の負
　担を軽減します。［…］
　　ただ、こうした努力を重ねても、東京や大阪など、都市部を中心に感染者が

急増しており、病床数は明らかに限界に近づいています。医療従事者の皆さんの肉体的、精神的な負担も大きくなっており、医療現場は正に危機的な状況です。［…］

　本日は、この記者会見に尾身先生にも同席いただいておりますが、先ほど諮問委員会の御賛同も得ましたので、特別措置法第32条に基づき、緊急事態宣言を発出することといたします。［…］

　医療への負荷を抑えるために最も重要なことは、感染者の数を拡大させないことです。そして、そのためには何よりも国民の皆様の行動変容、つまり、行動を変えることが大切です。

　ウイルスは病院でなくとも、子どもが遊ぶ公園や高齢者が集まる養護施設など、どこにでも存在する。感染リスクの高いさまざまな場所への対策を並行して行い、資源を分散して対応するのではなく、できることは「全て」行い、「あらゆる」手段を使って「支える」「守る」と会見で第一に宣言されるのは「医療現場」である。

　注意したいのは、首相は医療従事者ではなく「医療現場を守る」と発言した点である。先に引用した冒頭部分と合わせてみてみると、「強い責任感を持って」「命を救うため、献身的な努力をしてくださっている」、「確かな技術と高い使命感」を持って「感染リスクと背中合わせの厳しい状況をも恐れず、ベストを尽くしてくださっている」との医療従事者に対する形容は、すべて彼ら・彼女らが「医療現場」にいる際に当てはまるものであり、「闘い」の「最前線」を離れている際の生活を「守る」ことには言及がない。

　ここで、アメリカの腫瘍学者らが2020年7月に発表した、新型コロナウイルスをめぐって用いられる戦争メタファーをテーマにしたMarron et al.（2020）を参照したい。同論文は、コロナ関連報道における「医療従事者の英雄化（heroization）」はとりわけ問題であると指摘している。戦闘行為の危険を理解し、命をかけて入隊する兵士とは違って、「医療に携わると決めたとき、患者の治療によって自らの命を危険にさらしたり、専門外の診療を強いられたり、何週間も家族に会えなかったり、自身が帰宅することで家族の健康を害してしまったり、同僚が新型コロナウイルスに感染して病いに倒れるのを間近で目撃したりすることを予期していた医療従事者は、ほとんどいないだろう」

（Marron et al. 2020: 625）との主張のほか、次の重要な問題提起もしている。医療用物資が決定的に不足している前線で戦うかわりに、自宅で子どもの世話をすることを選んだら、医療従事者はたちまち「ヒーロー」ではなくなってしまうのだろうか。

　これらの指摘は、「最前線」を「支える」「守る」という戦争メタファーが覆い隠している問題をあぶりだす。医療従事者はその名のとおり医療に従事し、「闘い」の「最前線」に立っていることに対してのみ称賛を浴びており、日々生活を送る市民としての彼ら・彼女らの立場が軽んじられていることがわかる。

　引用部において、医療従事者以外で初めてその存在が言及される市民は、公共交通機関の運転手など、日常的に感染リスクにさらされる職業についており、本来ねぎらわれるべき市民ではなく、「軽症者」と「症状のない感染者」である。「医療従事者の皆さん」と、医療従事者に対して用いられた呼びかけと同様、「軽症者や症状のない感染者」も「皆さん」と指示されるものの、その直後に、感謝すべき医療従事者の「負担」だと言い換えられているとも考えられる。「軽症者や症状のない感染者」よりも症状の重い都市部の市民は「感染者」とまとめられ、感染者の皆さんとは呼ばれない。こういった「感染者」は、「感染者が急増」しているとの発言のあと、「感染者の数を拡大させない」ことが重要だと言及しなおされており、「急増」したり「拡大」したりする「数」としてのみ捉えられているといえる。

　このように、引用部を注意深く読むと、首相が新型コロナウイルスの感染拡大防止という抽象的概念に「闘い」の輪郭を与えるとき、医療従事者は「最前線」で「厳しい状況をも恐れず、ベストを尽くして」いる側面においてのみ称賛を浴びていることが明らかになる。および、医療従事者以外の市民は、感染の重症度、つまり医療従事者の「負担」・「負荷」になるかならないかという一点で認識され、峻別されていることがわかる。

4.1.3　「ウイルスという見えない敵」への責任転嫁

　首相は「緊急事態宣言」を発令したのち、本会見でもっとも重要な、行動変容を具体的に求める訴えに入る。先に引用した発言の最後の一文にあるよう

に、ここで市民は、医療従事者に用いられた「皆さん」を上回る敬意を示す「皆様」という呼称によって「国民の皆様の行動変容」が大切だと呼びかけられ、以下につづく注意喚起をうける。

> 今、私たちが最も恐れるべきは、恐怖それ自体です。SNS（ソーシャル・ネットワーキング・サービス）で広がったデマによって、トイレットペーパーが店頭で品薄となったことは皆さんの記憶に新しいところだと思います。ウイルスという見えない敵に大きな不安を抱くのは、私も皆さんと同じです。そうしたとき、SNSは本来、人と人の絆を深め、社会の連帯を生み出すツールであり、社会不安を軽減する大きな力を持っていると信じます。しかし、ただ恐怖に駆られ、拡散された誤った情報に基づいてパニックを起こしてしまう。そうなると、ウイルスそれ自体のリスクを超える甚大な被害を、私たちの経済、社会、そして生活にもたらしかねません。

　この会見が開かれたとき、市民は、焦り・緊張・息苦しさ・戸惑い・怒りなど、さまざまな感情を抱いていたと思われる。政府の対策不足や、リスクコミュニケーションの欠陥により、市民の不安定な精神状態が引き起こされた可能性は否定できない。しかし、首相は、「ウイルスという見えない敵に大きな不安を抱くのは、私も皆さんと同じ」と述べ、責任回避を行っている。
　この文を細かくみていくと、まず、「ウイルスという見えない敵」を立てることで、市民の敵意を受けとめてくれる身代わりをつくり、自身をはじめ政府側が「敵」になることを避ける。次に、「敵に大きな不安を抱く」と述べ、多様な市民の反応を、ウイルスに対する「大きな不安」という恐れの感情としてひとまとめにする。最後に、「不安を抱くのは、私も皆さんと同じ」と締めくくり、人間ならだれしも感じる恐怖感を共通項にして首相は「皆さん」への同化、仲間入りを果たすことで、感染症対策不備についての責任追及先としての政府という見える存在を消し、「ウイルスという見えない敵」に責任転嫁する。
　引用部の最後で、首相は、「ウイルスそれ自体」以上に政府がリスク視するものがある、そしてそれは「私たちの経済、社会、そして生活」にもたらされる「甚大な被害」である、と述べる。市民の立場から考えれば、生活を一番身近に感じるのが一般的であり、「生活、社会、そして経済」という順番が自然

だと思われる。「経済、社会、そして生活」の並びで付けられた優先順位の意味は、会見が進むにつれ徐々に露呈されていく。

4.1.4 「かつての日常」を「継続」させる「皆さん」、「一変」させる「皆さん」

首相は、行動変容の要請はしても、「社会機能」は「維持」していくと市民に約束する。

> 当然、社会機能はしっかりと維持してまいります。自治体とも協力しながら、電気、ガス、通信、金融、ごみの収集・焼却など、暮らしを支えるサービスは平常どおりの営業を行っていきます。高齢者の介護施設や保育所などで働いておられる皆さんにも、サービスを必要とする方々のため、引き続き御協力をいただくようお願いいたします。食品など生活必需品の製造・加工に関わる皆さん、物流に携わる皆さん、そして小売店の皆さんには、営業をしっかりと継続していただきます。ですから、皆さんにはどうか正しい情報に基づいて、冷静な行動を心よりお願いいたします。
> この2か月で、私たちの暮らしは一変しました。楽しみにしていたライブが中止となった。友達との飲み会が取りやめになった。行きたいところに行けない。みんなと会えない。かつての日常は失われました。ただ、皆さんのこうした行動によって多くの命が確実に救われています。お一人お一人の御協力に心より感謝申し上げます。

会見冒頭では、「闘い」の「最前線」に立つ医療従事者と、その「負担」になる感染者だけが市民のなかで言及された。中盤に入ると、首相が市民という内集団のなかに見ているヒエラルキーが明るみにでてくる。

まず首相は、「電気、ガス、通信、金融、ごみの収集・焼却など、暮らしを支えるサービス」に携わる皆さん、と呼びかけるのではなく、「電気［…］など、暮らしを支えるサービス」は「平常どおりの営業を行って」いくと述べる。「暮らしを支える」労働は、支えられる市民の観点からみた「サービス」「営業」という言葉で表され、「サービス」を「機能」させる市民の存在はかき消されている。

「暮らしを支えるサービス」に携わる市民が軽んじられていることは、後続の文からも指摘できる。「高齢者の介護施設や保育所」はいわゆる3密が回避できず、感染リスクが高い場所である。そこで働く市民は、「働いておられる皆さん」と敬意を示されるも、「サービスを必要とする方々のため、引き続き御協力をいただく」と伝えられる。自らの生活を維持するために「高齢者の介護施設や保育所」にて行われる労働は、「サービスを必要とする」市民を「支える」ことであり、「社会機能」の「維持」という政府の目標に貢献する「御協力」と言い表される。

　次の一文では、「社会機能」の「維持」を託す市民を、「生活必需品の製造・加工に関わる皆さん、物流に携わる皆さん、そして小売店の皆さん」と、首相は3度の「皆さん」のくりかえしで次々に名指したうえで、「ですから、皆さんにはどうか正しい情報に基づいて、冷静な行動を心よりお願いいたします」と述べる。「ですから」の前後で「皆さん」というおなじ呼称を用いるものの、首相の発言の意図は、「暮らしを支えるサービス」に携わる「皆さん」が「社会機能」を「維持」するの「ですから」、それ以外の「皆さんには［…］冷静な行動を」求める、ということになる。

　さらに首相は、「暮らしは一変しました」「かつての日常は失われました」とつづける。2.4節で触れた大塚氏の指摘のとおり、戦争メタファーに加えて「暮らし」「日常」も、その意味を注意深く考えるべき言葉である。首相は、「かつての日常」への訣別を促す発言の直前に、「平常どおり」「引き続き」営業を「しっかりと継続」するなど、「暮らしを支える」市民に対しては「かつての日常」の「維持」を求めていた。つまり、「何よりも国民の皆様の行動変容、つまり、行動を変えることが大切です」との呼びかけとは裏腹に、彼ら・彼女らには感染リスクを冒してでも「かつての日常」を「継続」して「御協力をいただく」という「緊急事態宣言」の矛盾を、本引用部に見出すことができる。

　「かつての日常」をつづけることを求められた市民を「支える市民」、「かつての日常」を失ったと告げられた市民を「支えられる市民」と仮に名づけてみたい。本会見が行われた時点で、首相の外出自粛要請に「支えられる市民」が納得し、政府に従う意思を持って自宅待機をしているか否かは定かではない。しかし、首相は、「皆さんのこうした行動によって多くの命が確実に救われています」と、政府の目指す人命救助に対し、彼ら・彼女らの「行動」がすで

に、現在進行形で貢献していると伝える。さらに、つづく「お一人お一人の御協力に心より感謝申し上げます」という発言では、「支えられる市民」の同意がないにもかかわらず、あたかも一人ひとりが政府に賛同し、自発的に「協力」しているような印象づくりを行っている。

　外出自粛は「行動」ではなく決断と表現することもできるが、おそらく首相は、外出しないという決断を、あえて家にとどまりつづける「行動」と指示することで、「社会機能」「維持」のためすでに汗をかいている「支える市民」に「支えられる市民」も加わって、政府に「協力」するようなイメージを伝えていると思われる。つまり、「支える市民」は「サービス」提供という労働により「社会機能」を「維持」し、「支えられる市民」は外出自粛という「行動」により「多くの命」を「確実に救」うことで、経済および社会の歯車をともに回転させていこうという意識の方向づけが透けてみえてくる。

4.1.5　「命を救う」「守る」「皆さん」

　先の引用は、以下のようにつづく。首相は、「緊急事態宣言」のその名のとおり、現状は「政府や自治体だけの取組」だけではどうすることもできない「緊急事態」なのだと、「爆発的」や「死」という表現により、恐怖感を煽って訴える。

> 　率直に申し上げて、政府や自治体だけの取組では、この緊急事態を乗り越えることはできない。これは厳然たる事実です。感染者の爆発的な増加を回避できるのか。一人でも多くの重症者を死の淵から救うことができるのか。皆さんを、そして皆さんが愛する家族を守ることができるのか。全ては皆さんの行動にかかっています。改めて御協力をお願いします。

　「緊急事態」のため政府だけでは対応がしきれないという前提を作り上げたうえで、首相は「全ては皆さんの行動にかかっています」と、「皆さんのこうした行動によって多くの命が確実に救われています」という直前の発言でも用いられた言葉「行動」を再び使って「改めて御協力」を請う。そして、上記の引用のあと、家にとどまるだけが救命につながる「行動」ではないと言わんば

かりに、「不安」のなかで生まれる「希望」と称して市民の「行動」の実例を
列挙していく。

　　全く先が見えない大きな不安の中でも、希望は確実に生まれています。日本
　　中、世界中の企業、研究者の英知を結集して、ワクチン開発、治療薬の開発が
　　進んでいます。[…] 自動車メーカーは、人工呼吸器の増産を手助けしてくれて
　　います。欠航が相次ぐエアラインの皆さんは、医療現場に必要なガウンの縫製
　　を手伝いたいと申し出てくださいました。学校が再開する子供たちのために、
　　手作りマスクを届けようとしている皆さんがおられます。スーパーを生活必需
　　品で満たすため、昼夜を分かたず、今、この瞬間も物流を守り続けるトラック
　　運転手の皆さんがいます。医療現場のため自分たちができる支援をしたいと、
　　クラウドファンディングを始めた皆さんがいます。看護協会は、5万人を超え
　　る、現在、現場を離れている看護師の皆さんに協力を呼びかけています。私か
　　らも是非お願いをしたい。この国家的な危機に当たり、ウイルスとの闘いに皆
　　さんのお力をお借りしたいと思います。
　　　実際、看護協会の呼びかけに応じ、既に、命を救うため、命を守るため、医
　　療現場への復帰を申し出てくださっている方々がいらっしゃいます。

　これらの「行動」は、「国家的な危機」である「ウイルスとの闘い」におい
て、政府が「お借りしたい」「皆さんのお力」だと首相は発言している。ここで、
「闘い」の手段・資源とされている「行動」の一つひとつが、本当に「国家」ある
いは「政府や自治体」を意識して市民が貸した「力」なのかを考えてみたい。
　「日本中、世界中の企業」による「ワクチン開発、治療薬の開発」は、各
「企業」のそもそもの業務であるため、一概に「国家」への貢献とはいえな
い。次に、「自動車メーカー」による「人工呼吸器の増産」は、異業種への参
入、新たなビジネスチャンスの発見ともいえる。しかし、首相は「手助け」と
表現し、「増産」をあえて献身的「行動」として表現している。
　つづく「欠航が相次ぐエアラインの皆さん」の例は、ANAグループによる
医療用防護服の製造支援に言及したものである。まず、客室乗務員が自ら「縫
製を手伝いたい」と提案したのかは不明である[11]。さらに、旅行需要回復の
見通しが立たないなか、本来の業務とはかけ離れた「縫製」を代行すること

は、「希望」とは対照的な、絶望的状況であるかもしれない。中長期的な減収も危惧され、客室乗務員こそ政府からの補償が必要な立場にあるとも考えられる[12]。しかし、国を挙げた「ウイルスとの闘い」という枠組みのなかで、客室乗務員の生活を揺るがす「欠航が相次ぐ」事態は、医療を支える「申し出」、すなわち自発的「行動」を起こす前向きな契機として捉えられている。

　市民の社会への強制参加を求める統制なのか、あるいは市民による自発的参加なのか、どちらか判断が難しい「エアラインの皆さん」の例の直後には、「手作りマスク」を子供に届けるという、自発的参加としてわかりやすく、市民の誰もができるような例が出される。つづいて言及されるのは「トラック運転手の皆さん」だが、彼ら・彼女らは、自身が生きるために仕事をしており、日本の「物流を守り続ける」ために「昼夜を分かたず」働いているかは不明である。「エアラインの皆さん」の例と同様に、統制の気配が漂ったかと思うと、今度は「クラウドファンディングを始めた皆さん」が引き合いにだされ、再び自発的参加の例が挙げられる。

　このように、「希望」と称される市民の「行動」の列挙は、社会的統制と自発的参加の違いを曖昧にしながらつづき、最後は、「既に、命を救うため、命を守るため、医療現場への復帰を申し出てくださっている方々がいらっしゃいます」という「現場を離れている看護師の皆さん」の例で締めくくられる。ここで首相が用いる「救う」「守る」の組み合わせは、一つ前の引用部の「一人でも多くの重症者を死の淵から救うことができるのか。皆さんを、そして皆さんが愛する家族を守ることができるのか」という問いのくりかえしにもみられた。その間に羅列された「行動」例が、社会的統制と自発的参加の境界を徐々に溶かすはたらきがあることを踏まえたうえで、動詞「救う」「守る」の並行性に着目すれば、首相の究極的な目的は、「看護協会の呼びかけに応じ」て「医療現場への復帰」をする医療従事者のように、政府の「呼びかけ」に応え、「命を救う」「守る」「行動」を「皆さん」にもとらせること、そしてその「行動」をできるだけ命令なしで、積極的に「申し出」させることだと考えられる。

4.1.6　「私たちはみんなで」、「前に進んでいく」

　会見冒頭で、首相は「できることは全てやっていきたい。医療現場を守るた

め、あらゆる手を尽くします」と述べ、政府が支援に尽力することを明言した。しかしながら、会見の最後に至って「あらゆる」「できる限り」という言葉で形容されるのは、政府ではなく「皆さん」の「行動」である。

　　あらゆる分野でこの危機にできる限りのことをやろうと、全国で立ち上がってくださっている皆さんがいる。これこそが希望であります。
　　９年前、私たちはあの東日本大震災を経験しました。たくさんの人たちがかけがえのない命を失い、傷つき、愛する人を失いました。つらく、困難な日々の中で、私たちに希望をもたらしたもの、それは人と人の絆、日本中から寄せられた助け合いの心でありました。今、また私たちは大きな困難に直面しています。しかし、私たちはみんなで共に力を合わせれば、再び希望を持って前に進んでいくことができる。ウイルスとの闘いに打ち勝ち、この緊急事態という試練も必ずや乗り越えることができる。そう確信しています。
　　私からは以上であります。

　この引用部だけ読むと、「あらゆる分野」とは、それぞれの市民がもともと携わっている仕事や領域であり、そこで行われている「できる限りのこと」とは、家庭生活や文化振興や飲食店経営をはじめ、市民が各々の営みを守りつつ外出・営業自粛をすること、という意味に感じられる。
　ここで、前の引用部を読み返してみると、首相が言及する「分野」とは、「ワクチン開発、治療薬の開発」、「人工呼吸器の増産」・「ガウンの縫製」・「手作りマスク」の郵送など医療物資の確保、「生活必需品」をはじめとする「物流」の継続、「クラウドファンディング」による資金支援、「現場を離れている看護師」の復帰による人員確保という、医療現場を機能させるために必須の「あらゆる分野」だということが判明する。つまり、本引用部で首相のいう「できる限りのこと」とは、医療を支えるための異業種・異職種への自発的転換、および外出・営業自粛以上の献身を意味しているのがわかる。4.1.2節の引用では、「医療への負荷を抑えるために最も重要なことは、感染者の数を拡大させないことです。そして、そのためには何よりも国民の皆様の行動変容」が重要ですとの発言がみられた。しかし、首相の求める「行動変容」とは、外出・営業自粛など消極的な行動もさることながら、実質的かつ積極的な行動も

視野に入れた変容であることが明らかになる。

　「全国で」と普遍性を誇張する表現を用いつつ、首相は、「あらゆる分野でこの危機にできる限りのことをやろうと全国で」ボランティアをしてくださっている皆さん、などの言い方ではなく、「立ち上がってくださっている皆さん」と、市民が「闘い」に立ち向かって勢いよく「行動」を起こしているイメージを伝える。ウイルスという敵と実際に交戦することはできないにもかかわらず、首相が「立ち上がる」という言葉を使うメリットはどこにあるのだろうか。

　この疑問を、東日本大震災をめぐる表現と照らし合わせて考えてみたい。4.1.5節の引用部では、感染から「愛する家族を守ることができるのか」との問いかけのあと、「大きな不安の中でも、希望は確実に生まれています」との発言がみられた。「愛する家族」が奪われる可能性に言及し、誘発される「不安」などマイナスの感情に触れたのちに「希望」の存在を語る流れは、「愛する人を失いました。つらく、困難な日々の中で、私たちに希望をもたらしたもの、それは［…］」という震災についての発言にもみられる。この並行性から、首相は、新型コロナウイルスの感染拡大が止まらない現状を、東日本大震災と似通った出来事だと市民に認識させようとしていることがわかる。

　このことは、「今、また私たちは大きな困難に直面しています」という一文からも明らかである。しかし、重要なのは、首相が「困難」を語る際、その勃発時に政府が対処して戦略を立てる段階や、被害を避けたり、防ごうとしたりする段階は飛ばして、「困難に直面し」、「闘い」の只中にあってすでに犠牲者が出ている段階から話が始まることである。東日本大震災であれば津波・原発対策、新型コロナウイルス感染拡大であれば出入国・検疫対策など、国家の責任主体として政府がとるべき初動対応を練ったり実行したりする段階を「闘い」のプロセスに組み込んでいない首相は、「愛する」存在をこれ以上失いたくなければ、市民が自身の「行動」により「不安」を解消して「希望」を生むこと、つまり、市民が自ら「立ち上がってくださ」ることを求めている[13]。

　新型コロナウイルス感染拡大に対処する責任主体を政府ではなく市民へとすり替える姿勢は、「ウイルスとの闘いに打ち勝ち、この緊急事態という試練も必ずや乗り越えることができる」という一文からも明らかである。市民の「闘い」の相手に不可視のウイルスを立ててこそ、「緊急事態」は、政府が権力を行使して発令した「緊急事態宣言」によって市民生活をコントロールする統制

状態ではなく、人間にはコントロールできないウイルスによって市民が試されている「試練」なのだ、という表現が成立する。

　では、「ウイルスとの闘い」あるいは「試練」において、首相をはじめ政府はいったいどのような立場に立ち、いかなる役割を担う存在なのだろうか。その答えは、前段落でみた一文の直前、「私たちはみんなで共に力を合わせれば、再び希望を持って前に進んでいくことができる」という発言に表れている。

　4.1.5節の二つ目の引用部では、「この国家的な危機に当たり、ウイルスとの闘いに皆さんのお力をお借りしたいと思います」と首相は述べており、「闘い」の手段として市民の「力」を「お借りしたい」と謙（へりくだ）っている。この時点では、お願いして「力」を借りる首相と貸す市民という区別があり、前者が後者の協力を得て「危機」に立ち向かう印象がある。しかし、会見終盤の「私たちはみんなで共に力を合わせれば」という発言においては、首相は市民間の結束を呼びかける一方、「私たち」という呼称で市民に仲間入りし、「みんな」とおなじように「力」を出す一員という、市民と対等な立場をとることがわかる。

　裏を返せば、首相は、政府がそうするのと同様、市民も「みんな」「力」を出すことを前提に「私たちはみんなで共に力を合わせれば」と条件を出して、「再び希望を持って前に進んでいくことができる」とつづける。「再び」という言葉から、市民は東日本大震災の際と似通った「希望」を抱くことを期待されていると判断できる。震災時は「人と人の絆」と「助け合いの心」が「希望をもたらした」と首相は述べているので、医療現場に感謝するといった精神的な支援でも「希望」になり得るような印象を受ける。しかし、引用部の1文目で、「全国で立ち上がってくださっている皆さんがいる。これこそが希望であります」と述べていたことを振り返れば、首相の意図する「希望」とは、市民が「絆」と「心」を可視化させ、形にし、政府からのお願いなしでも「最前線」の医療現場を「救う」「守る」「行動」をとることだとわかる。

　首相が持っている「ウイルスとの闘い」の概念に、戦略立てと防衛の段階が抜け落ちているのは先述のとおりだが、会見終盤に至っても、ウイルスの感染拡大が収まってきたら「勝ち」を祝って「緊急事態宣言」を取り下げるのか、その際の感染者数は具体的にどのくらいに設定して感染収束宣言を目指すのか、反対に、感染者数の増加がみられたら「負け」を認めて東京のロックダウンを行うのかなどは説明されない。つまり、「勝ち」の定義が不明確なまま、

そして休戦や退却といった段階を含め「負け」の場合の政府指針も明らかにされないまま、「緊急事態宣言」を発令した本会見は終わる。

　冒頭で「日本国民を代表して、心より感謝申し上げます」と述べていた首相は、最後は市民を「代表」することなく、「私たちみんな」の一員と化し、「希望を持って」、あるいは献身的に医療を支援する「行動」を「持って前に進んでいくこと」を訴える。そのとき市民は、「前」の方向がどちらなのか、「ウイルスとの闘いに打ち勝」つとは何なのか、「試練」を「乗り越え」た先に何が得られるのかも示されないまま、自身で「立ち上が」り、当てもなく「前に進んでいく」しかない。

4.2　安倍首相記者会見における戦争メタファーの機能

　第4節の最後に、2.4節でみた戦争メタファーに対する3点の批判を振り返りつつ、「ウイルスという見えない敵」をリスク視することで安倍首相が排除しようとしているもの、その裏で温存しているものはなにかを考える総括的考察を行いたい。

「ウイルスという見えない敵」のリスク視による政府の不可視化

　新型コロナウイルスをリスク視する利点は、「私たち」という呼称で市民をくくり、連帯を強化することにとどまらない。ウイルスが敵として存在しなければ、行き場のない市民の怒りは、首相をはじめ政府に向かう。身代わりとしてウイルスを立てれば、首相は、第一に、市民の不満が自身に集中することを避けられる。第二に、敵と戦うという共通点を市民と自らの間に作ることで、「過酷なウイルスとの闘い」を統率する役割を捨てて市民に仲間入りを果たし、責任逃れをすることができる。

　おそらく、首相にとっては、感染症対策が後手に回っても政府が「敵」にならない状態、つまり、明確な定義のない「勝ち」に向かって、予測不能な攻撃を仕掛けてくるウイルスと市民が闘いつづける「試練」が長引く状態が望ましいのだと思われる。しかし、2.3節の2点目の特徴で記述したように、勝敗や終わりが明確でない「ウイルスとの闘い」という表現の使用は、市民の関心を高く保ちつづけるリスクコミュニケーションとはいえない。

「大きな不安」以外の感情の排除

　首相は、市民に同化するうえで、「ウイルスという見えない敵」に抱く「大きな不安」という感情を持ち出す。2.4節の「(1) 危機感を利用した自宅待機の徹底」にあったように、首相は不安感や危機感の利用によって自宅待機を徹底するのみならず、政府に対して市民が抱いている可能性のある不満や批判などを、ウイルスに対する「不安」として転換し、昇華することもできる。

「不安」の対極にある「希望」の可視化

　首相は、「大きな不安」を抱えているとして政府に都合よく市民感情を一括りにしたうえで、市民にその対極にある「希望」を生むように、医療支援をする「行動」を自ら起こすようにと促す。2.4節の「(3)『日常』という言葉を利用した私的領域の公的領域へのすり替え」を踏まえれば、本会見においては、「希望」という言葉を利用した私的領域の公的領域へのすり替えに着目することができる。「新しい日常」とは名づけなかったが、首相は、市民が新たに起こすことができる「行動」を「希望」と呼び、自宅でもできる「クラウドファンディング」などを奨励した。「全国で」「希望」が生まれている、という首相の発言から考えれば、うがい・手洗い・自宅待機などを徹底させる「新しい日常」という表現と同様、会見で何度もくり返される「希望」も、「全国」のどこであろうと私的領域を公的領域にすり替えられる言葉である。

　加えて、2.4節の「(2) 個人の自律性の制限による医学的予防手段の社会的統制手段へのすり替え」を受けて考えれば、特定の医学的予防手段を会得させたり、医療に間接的に参加させたりするための感情の支配こそが、社会統制につながる個人の自律性の制限の初期段階であると考えられる。リスクコミュニケーションの受信側として、市民は、感情の一元化、特に「不安」と「希望」という言葉の使われ方に注意を払う必要がある。

「過酷なウイルスとの闘い」における「力」の前提化

　新型コロナウイルスの感染拡大が止まらない状況を、ウイルスから身を守るのではなく、ウイルスと戦うという枠組みのなかで捉えると、必然的に、ウイルスを攻撃するために市民が「力」を出すことが当たり前になる。その「力」は、感染対策のために市民一人ひとりが自分のできることを、自分や家族のた

めに出す「力」ではなく、医療現場を守ることを念頭に、政府に都合よく割り当てられた「社会」の歯車を市民が進んで回す「力」、他の市民からみても明らかな「行動」「力」である。

「力」を出す市民の奨励と温存、「力」を出さない市民の無視と排除

　ウイルスの敵視およびリスク視は、市民は戦力だという認識を生み、「力」を出す市民あるいは「支える市民」の奨励と温存、同時に、「力」を出さない市民あるいは「支えられる市民」の無視と排除につながる。一市民として生活を営むのではなく、医療従事者は「確かな技術」を発揮できる「最前線」の医療現場に立ち、「トラックの運転手」など「支える市民」は「サービス」を提供して「力」を出しつづけることが求められる。

　首相の会見は、市民を戦力としてしかみなさず、社会における彼ら・彼女らの役目やアイデンティティを固定し、さらに、市民その人ではなく、その「力」だけに「感謝」が向けられるような「ウイルスとの闘い」を構築していた。このようなリスクコミュニケーションは、普段の生活を送っており、「力」を出していないときの彼ら・彼女らに対する差別・偏見（例えば、医療従事者の子どもの登校自粛や、配偶者の出勤自粛の要請など）を助長すると考えられる。

　以上のねぎらわれる市民とは反対に、会見冒頭で医療現場の「負担」になる「数」として捉えられていた「感染者」や、感染拡大によって職を失った非正規雇用者をはじめとする困窮者など、他の市民のために「命を救う」「守る」「行動」を起こせない市民は、「ウイルスとの闘い」のなかで存在が無視されている。また、「エアラインの皆さん」が、支援の手を差し伸べられる存在ではなく、「ガウンの縫製」により「希望」を生む存在として言及されることを踏まえれば、「支えられる市民」は自らのために「立ち上が」り、「前に進んで」いくことは許されていないことがわかる。

　つまり、「過酷なウイルスとの闘い」のなかに置かれた市民は、首相をはじめ、政府や他の市民と「共に力を合わせて」医療を支えなければ、「私たちみんな」として認められずに、仲間から排除されてしまうリスクを常に背負っているといえる。

赤十字パンフレットのイラストに触発されて本章の題名に掲げた「敵はコロ
ナか、みんなか」という問いを改めて考えると、困窮者や「感染者」も含め、
安倍首相が新型コロナウイルスの先に見据えてリスク視しているのは、感染拡
大防止と医療支援のために「力」を出さず、「最前線」を支えるための配備に
つかない「みんな」であることが浮かび上がってくる。「ウイルスそれ自体の
リスクを超える甚大な被害を、私たちの経済、社会、そして生活にもたらしか
ねません」との発言にあったように、市民は、自らの「生活」よりも、まず
「経済、社会」を傷つけてはならないのである。

第5節 ｜ 戦争メタファーを用いたリスクコミュニケーションへの提言

5.1　より多くの市民に届くリスクコミュニケーションの模索

　本節では、現在行われている戦争メタファーを用いたリスクコミュニケー
ションに対する提言を行う。2.4節では、政治家が使う戦争メタファーに対し、
一市民という情報受信側の立場の学者らから出た批判をみたが、新型コロナウ
イルス対策の専門家会議構成員という情報発信側の立場からも、戦争メタ
ファーがリスクコミュニケーションの失敗を招くのではないかと憂慮する声が
上がっている。
　会員数1万人超、そのうち約8割が医師の日本感染症学会は、2020年4月18
日、インターネット配信による特別シンポジウムを開催した。シンポジウムで
は、政府が設置した新型コロナウイルス感染症対策専門家会議の構成員を務め
る東京大学医科学研究所教授の武藤香織氏が登壇した。情報源が極めて細分化
されている日本での情報発信の難しさに言及した武藤氏は、正しい情報の迅速
な伝達を妨げる一因として、メディア報道などにおける「ウイルスとの戦争」
や「総力戦」といったメタファーの頻用を挙げた。武藤氏によれば、戦争メタ
ファーにより鼓舞される人々と拒否感を抱く人々との分断が生まれると、多様
な市民を包み込みながら実施されるべき対策がうまく機能しなくなる[14]。2.4
節でみた批判では、市民が戦争メタファーを理解するという前提のもと、その
市民統制への加担が非難されたが、武藤氏は、そもそも戦争メタファーが市民

全体に受け入れられるとは限らないという前提のもと、一部から嫌悪感を抱かれるリスクコミュニケーションが市民の分断をもたらす危険性を指摘した。

　感染症専門医師・神戸大学教授の岩田健太郎氏は、将来起きるかもしれないリスクであっても、現在起きていなければ人は「自分には関係ない」と思いたがる傾向にあるので、リスクコミュニケーションでは「あなたにも関係あるのだ」（岩田 2014: 151）という伝え方をしなければならないと述べる。この点においては、一定の緊張感を出すために、戦争メタファーの使用も一理あるとも考えられるが、武藤氏は、反対に嫌悪感を抱く市民の立場に立って次のように発言している。「過去の戦争で犠牲になってきたのは、指揮官ではなく、たくさんの弱い人たちです。［…］このウイルスとは長く付き合っていかなければならない中で、『戦争』という表現は適切とは思えません。どううまく付き合って、どううまく逃げるかというメタファーに変えていかなければならないと思います」。さらに武藤氏は、「戦争メタファーを嫌うのは女性が多いのではないでしょうか」とつけくわえ、ジェンダーだけでなく視覚・聴覚障害などにも配慮した、多様な市民を想定するリスクコミュニケーションを目指さねばならないと主張した。

　武藤氏が参加している専門家会議は、記者会見だけでなく、Twitterや投稿フォーマットnoteなど、さまざまなメディア・SNSを通じて情報発信を試みている。現代における多角的かつ効率的な情報発信のあり方の探究も重要だが、市民の反応に配慮しながら政治家の発言やメディア報道で用いられることばを変えていくことは、ノーコストでリスクコミュニケーションの改善を望める、素朴ながらも画期的な方法だといえる。

　新型コロナウイルス感染拡大とその防止という抽象的概念が、戦争メタファーにより構造を与えられ、市民に経験されるならば、異なるメタファーを用いて新しい構造を与え返し、感染拡大とその防止をめぐる認識を改めることも可能なはずである。読者も、家族をはじめ身近な人と話をするなど、リスクコミュニケーションの発信者にいつでもなりうる。政治家の言説の批判だけで終わらず、より多くの市民に、そして、より確実に読者の周りの人々に届くリスクコミュニケーションを模索するため、つづく5.2節では、新型コロナウイルスを脱敵化する言説をみて、「ウイルスとの闘い」を異なる視点から考える提案をしたい。さらに5.3節では、戦争経験者の体験談から、「ウイルスとの闘

い」など現状を戦争メタファーにより語ることが適切かどうかを考えたい。

5.2　異なる視点から考える

　2020年5月10日に放送された、毎日放送・TBS系列のドキュメンタリー番組『情熱大陸』に、大阪大学微生物病研究所教授の塩田達雄氏が出演した。番組中盤で、ナレーションが「長年の学究生活から塩田はいかにもウイルス研究者らしい考え方を身につけている。ウイルスの立場からものをみることもできるのだ」と流れたあと、塩田氏は次のように話した[15]。

> ウイルスにとってみれば宿主を殺してしまうというのは、あの、なんて言うんでしょう、全然得じゃないんですよね。ウイルスにしてみれば宿主の体の中で営々と生きていけたら、他の人にうつることもなく、それが一番、幸せなはずなんだけど。[…] 前、全然違うところで生きていたやつが急に人間の体の中に入ってきて増えられるようになって。まあ双方慣れてないんですよね。ウイルスのほうもやり過ぎてしまったりとか。まあウイルスにしてみると放り込まれたと思っているかもしれない。まあ人間にしてみればとんでもないものが入り込んできたということですけど。

　インタビューのなかで、塩田氏は、「ウイルスにとってみれば」「ウイルスにしてみれば」「ウイルスにしてみると」と、ナレーションにあったように「ウイルスの立場からものをみる」前置きを3度くりかえして、人間の立場からみたウイルスへの感染という事象を、ウイルスの立場からみた人体内での生存として説明する。
　1文目からみていくと、まず人間は、ウイルスに罹患した感染者ではなく、ウイルスという生き物が生きる場所としての「宿主」という言葉で表される。そして、不本意だ、困った、などの感情をつけくわえる補助動詞「しまう」をともなって、人の死はウイルスが感染者を殺す行為ではなく、ウイルスが「宿主を殺してしまう」という、ウイルスにとって不本意な行為として表現される。さらに、この行為はウイルスには「全然得じゃない」との説明がなされ、つづいて2文目では、「宿主の体の中で営々と生きていけ」ること、つまり人

間とウイルスがともに「生きていける」ことが「一番、幸せなはず」だと、塩田氏は人間とおなじように損得や幸福を感じる生命体としてウイルスを擬人化する。

　感染症について話す際、語り手である人間の立場をとることの方が本来は容易だが、塩田氏は違う。新型コロナウイルスと人間の接触を「双方慣れていない」出来事だと述べたあと、「双方」の立場を交互にとって、一方で「ウイルスにしてみると放り込まれた」出来事は、他方で「人間にしてみればとんでもないものが入り込んできた」出来事だと語る。「放り込まれた」という受け身の表現に着目すると、人間ばかりがウイルスの被害を受けているのではなく、ウイルスも「急に人間の体のなかに」予期せず「放り込まれ」て被害を被っているともいえるので、ある意味お互い様かもしれないという見方が明らかになる。

　塩田氏のように、生命体という共通点を人間とウイルスの間に見出し、ウイルスも、その立場をとろうとすればとれる人間と対等な存在だと認識することは、人間を殺す「とんでもないもの」としてウイルスを敵視する視点の転換につながる。「ウイルスにしてみれば」こんなふうに「思っているかも」と、ウイルスを人間のメタファーで捉え、擬人化し、ウイルスの気持ちに想像をめぐらせることも、頻繁に見聞きする戦争メタファーによって知らないうちに固められた「ウイルスとの闘い」の構図を打破するきっかけになるかもしれない。

　塩田氏は、生命体という共通点において人間とウイルスとの対等性を見出し、人間の外にいる敵としてではなく、人間の内で生きる生命体としてウイルスを捉えた。塩田氏の見方を社会というより大きな枠組みに位置づけ直すように、2020年4月17日、NHKの報道番組『ニュースウォッチ9』に出演した医師・長崎大学教授の山本太郎氏は、人間とウイルスはともに「自然のなかの一員」であることから、人間は「ウイルスと共生していく」ことが必要だと語った[16]。

　　私たちが自然の中の一員である限り、感染症は必ず存在する。［…］撲滅できないところで感染症とつきあうにはどうすればよいか、それは全面的な戦争をすることではなくて、ウイルスの感染に対して、人的被害を最小化しつつ、ウイルスと共生していくことなんだろうと考えています。［…］我々はウイルスの被害を最小化したいんですけども、ウイルスを我々の社会の中に取り込んで社会全体が免疫を持つことによって、社会自体が強固になっていく。そんな視点が

必要なのかなと思います。目指すべきはウイルスに打ち勝つことではなくて、被害を最小化しつつ、ウイルスと早く共生関係に入っていくということではないかなと思います。

　塩田氏の語りでは、自身は人間でありながらもウイルスの立場をとる前置きのくりかえしが印象的であったが、山本氏の語りでは、「ウイルスと共生していく」「社会全体が強固になっていく」「ウイルスと早く共生関係に入っていく」という3度の「ていく」のくりかえしが特徴的である。接続助詞「て」に補助動詞「いく」がついた「ていく」は、物事が時間をかけて段階的に進展したり、実現したりする様子を表す。物事の結果よりも、その結果に至るまでの経過に意識を向ける表現である。

　最初に「ていく」が用いられる2文目をみてみると、ウイルス、あるいは感染症は「撲滅」するものではなく、「つきあう」ものとして提示される。「撲滅」は、感染症を完全に滅ぼすことを指すが、引用した語りの前で山本氏は、ペスト・エイズ・SARS・MERS・エボラウイルスなど、未知のウイルスがパンデミックを起こした歴史を振り返り、今も、そしてこれからも感染症の「撲滅」はできないと明言している。相手に合わせて行動するという意味を持つ「つきあう」は、塩田氏の語りでもみられたような、ウイルスを擬人化する表現であるとも考えられる。相手あっての関係構築は、すぐに達成できるものではない。互いに「自然の中の一員」として人間がウイルスの存在を認め、時間をかけて良い関係を築くこと、つまり、ウイルスと共生するというより「共生していく」重要性を山本氏は説いていることがわかる。

　「撲滅できないところで感染症とつきあう」ことが大切だと語る山本氏は、ウイルスとの「戦争」を否定しているわけではない。ここで、今までみてきた2文目と最後の文を比較してみると、「〜ことではなくて、（人的）被害を最小化しつつ、〜ていく」、という似た文の作りを持っていることがわかる。まず、「〜ことではなくて」の部分に着目すると、2文目の「全面的な戦争をすること」は、最後の文で「ウイルスに打ち勝つこと」に変化している。この言い換えから、山本氏は「全面的な戦争」を「ウイルスに打ち勝つこと」、言い換えれば、社会からウイルスを完全に排除する「撲滅」を目的とした「戦争」だと考えていると推察できる。

　「〜ことではなくて」につづくのは、人が一定の「被害」を被ることを認める「（人的）被害を最小化しつつ」の部分だが、2文目と最後の文の間で、山本氏は「ウイルスの被害を最小化」するという発言の補足説明をしている。先にみた『情熱大陸』の塩田氏はウイルスの視点を持っていたのに対して、山本氏は「社会全体」からウイルスと人間の関係を考える視点を持っており、個人個人が「免疫を持つ」か否かではなく、ウイルスを個人の総和としての「社会のなかに取り込んで社会全体が免疫を持つ」重要性を訴える。塩田氏は「まあ人間にしてみればとんでもないものが入り込んできたということですけど」と述べたが、「入り込んで」ではなく「取り込んで」という表現を用いるところからも、山本氏は、個々の人間の視点よりも「我々の社会」という大枠の観点から感染症対策を捉えていることがわかる。

　人間一人ひとりが感染症にかかり、やがて病いを克服して免疫を獲得することは比較的短期間で起きる話であるが、異なるタイミングでウイルスに感染する「我々」で構成される「社会全体が免疫を持つ」には時間がかかり、「社会自体が強固になっていく」のを長い目で見ていかなければならない。山本氏の語りは、人間が己とウイルスの存在を「自然のなか」で認識しなおし、ある程度長い時間をかけて「共生関係に入っていく」のを目指すことが、普段は意識することのできない他者、換言すれば、「社会」の「みんな」に想いを馳せることに繋がる可能性を示唆している。

　4.2節でまとめたように、戦争メタファーを用いて構築される「過酷なウイルスとの闘い」という概念に従って日々生活をしていると、ウイルスを攻撃し、「力」を出すことが当たり前になってしまう。そしてこの「力」の前提化が、感染拡大防止のため「力」を出していないと捉えられる人物・態度・行為を過度に排除するなど、市民同士の軋轢を生む可能性も十分に考えられる。

　そこで、新型コロナウイルスを敵視するリスクコミュニケーションに触れたときには、ウイルス・感染症研究専門家の言説に目を向け、ウイルスの存在と居場所を人間の、そして社会の内に認めようと試みることを提案したい。そうすれば、ウイルスと人間の対立からの脱却だけでなく、無理に出していた「力」を一度緩めることにより、人間同士の対立の緩和も達成できるかもしれない。ウイルスをむやみにリスク視して排除・撲滅せずに、ある意味温存し、ともに生きていく覚悟を市民一人ひとりに促すことが、ウイルスも他者もひっ

くるめておなじ生命体としての「みんな」、さらに、「自然の中の一員」としての「みんな」を実感する機会をもたらし得ることを、塩田氏と山本氏の語りは教えてくれる。このように、政治家の「闘い」の視点を凌駕する視点から現状を捉えなおすことも、有用なリスクコミュニケーションだと考える。

5.3 戦争メタファーではなく体験談から考える

　戦争メタファーを用いたリスクコミュニケーションが受け入れられない理由とその改善法を考える際、新型コロナウイルスの感染拡大という現在の状況と過去の戦争との違いを実体験から指摘できる戦争体験者の意見は貴重である。感染症の大規模な流行は、肉体的にも精神的にも人々に深い傷を負わせる。感染症の流行も戦争も、多大な苦痛を強いる耐えがたい状況を生みだす点において似通っているという指摘もできるが、戦争体験者からは、現状と「あの戦争とは違う」と戒めるような意見が上がっている。

　例えば、ジャーナリストの田原総一朗氏は、2020年4月14日のブログ投稿で次のように述べている(17)。

> 4月15日は、僕の86回目の誕生日である。このような「戦時下」で迎えるとは、思いもしなかった。この戦争は敵の見えない、困難な闘いである。ただ、僕が子どもの頃体験した、あの戦争との大きな違いがある。国と国、人間と人間が闘っているわけではない。世界の多くの国々が、ウイルスという敵と共闘しているのだ。技術や情報、データを共有し、世界が協力し、ウイルスに打ち勝てば、必ずまた日常を取り戻せる。

　4月現在を鉤括弧つきの「戦時下」と表す田原氏は、現状で起きている「この戦争」には、幼少期に体験した「あの戦争との大きな違いがある」と明言する。田原氏いわく、国家間・兵士間の争いが繰り広げられていた「あの戦争」では考えられなかったが、「ウイルスという敵」の出現をきっかけに「世界の多くの国々」が「協力」し、「共闘」できるのが「この戦争」である。「ウイルス」を「敵」だと表現するものの、「この戦争」で指示される「戦争」は「共闘」であり、田原氏は子どもの頃の「あの戦争」と86歳で迎えた「この」「共

闘」の「大きな違い」を訴えている。

　田原氏の言説は、リスクコミュニケーションで言及される戦争において、誰が敵になっており、そして誰が仲間になっているのか、一つひとつの表現をケースバイケースで注意深く考える重要性を示唆する。戦争という言葉の響きを聞いたり、その字面を見たりしただけで不安に駆られ、緊張感を覚えるのではなく、第3節でまとめた戦争が持ち得る要素のリストと照らし合わせながら、戦争メタファーが用いられる言説をゆっくりと聞き直し、読み直すことを提案したい。その特定の戦争では何が誇張されており、何が欠けているのか、ことばで形作られた戦争の歪みをその都度判断することは、メディア・リテラシーを育むうえでも大切である。

　つづいて、代表作『あしたのジョー』で知られる漫画家のちばてつや氏の語りを取り上げたい。ちば氏は、外出自粛の呼びかけにより散歩など日常の楽しみが制限されるなか、仕事場の屋根裏部屋にこもってマンガを描いていると、まだ6歳だった終戦直後、旧満州（現中国東北部）で、屋根裏部屋に潜み家族とともに息を殺すように暮らしていた日々の記憶がよみがえってきたという。食糧不足に喘いだ旧満州での生活と引き揚げ体験を、次のように綴っている[18]。

　　　終戦から1年ほどたってやっと乗った引き揚げ船内でも死者は随分出た。同じ社宅にいたキョウちゃんも、さっきまで一緒に遊んでいたのにあっけなく亡くなった。夏場で腐ってハエがたかり、疫病がはやる恐れがあったから、遺体が4、5体たまると船を止めてすぐに葬られた。ボロ布みたいなのにくるんで、船尾から海に落とした。家族がわあわあ泣き叫んでいた。死が本当に身近だった。人間っていつどうなるか分からない、という考えが、頭にしみついたような気がする。

　　　コロナ禍で経済が落ち込んだ今、世界中が悲観的になっている。だけど、経済がどんなに悪くなっても、道ばたに落ちている物を食べたくなるほど、飢えることはないと思う。[…]

　　　屋根裏の体験が漫画家になる原点だった。逃げる中で、人ってこういうことまでするんだ、と人間の本性も間近に見た。主人公がチャンピオンになって、やったー！みたいなハッピーエンドを、なかなか私が描けないのはあんな体験があるからかもしれない。

死が「身近」だった、極限状態に置かれたときの人の本性も「間近」に見たと、ちば氏は、戦争とその余波がもたらす命の危険がどれだけ自分に差し迫っていたか、人間の倫理が問われる場面をいかに自身の目で目撃してきたかを強調する。その一方で、新型コロナウイルス感染拡大に起因する「経済」状況の悪化は、飢えを「身近」「間近」に感じるような戦争とは別物だとちば氏は認識している。

　戦争メタファーの濫用は、ちば氏が共有してくれたような実際の戦争体験を過小評価してしまう恐れがある。しかし同時に、戦争メタファーを見聞きした市民が触発され、過去の戦争に興味を持ち、現人口のおよそ15％を占める戦争体験者に体験談を聞き直すことにつながれば、現在の「ウイルスとの闘い」というリスクコミュニケーションの妥当性を問うのみならず、過去の大戦に対する理解を深めるきっかけになりうる。

　例えば、安倍首相の会見においては、「6万人」という死者数が市民の不安を煽るように提示され、「この過酷なウイルスとの闘い」における「行動変容」のための動機づけに利用されていた。このまま数字の増減で危険か安全かを判断する癖が市民に付いてしまえば、今後、1日の死者数や感染者数が減少してきた際、もう外出自粛やマスク着用はしなくてもよいのだという緩みが出てしまうことも考えられる。しかし、ちば氏が友だちの「キョウちゃん」の死を鮮烈に覚えているように、本来は数字ではなく、一人ひとり名前の付いた命が失われることの重大さを考えたうえで、市民生活における日々の判断は下されるべきである。戦争に対する知識の無さを克服する契機として戦争メタファーを受けとめることができれば、「コロナ戦争」で軽視されている命の重さや市民生活の側面を見抜き、話し手・書き手からの感情・行動コントロールを回避できる可能性がある。

　田原氏やちば氏のように、アジア・太平洋戦争と今次の新型コロナウイルスとの「戦争」は異質だという声もある一方で、次のような見逃せない反応の報告もある。

　2020年8月7日の西日本新聞に、「『どこか似ている』コロナと戦争、被爆者が感じた共通点」という記事が掲載された(19)。被爆した築城昭平氏は、「いつも周囲の視線が気になっていた」と、住民同士が「隣組」で監視しあっていた戦中を振り返り、「地獄」を招いた当時の空気感と今は「どこか似ている」と

語ったという。また、長崎市内のある介護施設では、認知症が進んで自分の家や家族も忘れているため、幼少期の戦争体験の記憶はほとんど残っていないと思われる被爆者らが、コロナの話題に敏感に反応するという。例えば、「コロナやけん行けんとよ」と介護士が諭すと、外に行きたがるのをおとなしく諦める。コロナで誰かが亡くなったと聞けば、「怖い」と言って、食後に進んでマスクをする。介護福祉士の徳永海樹氏は、命が脅威にさらされる日常を送るなかで、「戦時下と今の状況が重なっているのではないか」と話している[20]。

　戦争をめぐる肉体的・精神的記憶は、戦争メタファーを用いたリスクコミュニケーションからも想起されるのかなど、戦争体験者が過去の大戦と現在をなぜ「どこか似ている」と感じるのかの検証は重要である。そのためにも、市民の一人ひとりがあえて戦争体験談を聞き直し、アジア・太平洋戦争と「コロナ戦争」の共通点・相違点を考えつづけることは、世代間隔差を乗り越えた「みんな」のためのリスクコミュニケーション達成につながるであろう。

5.4　戦争メタファーの使用をめぐる今後の課題

　ここまで、市民が戦争メタファーを発信する、および受け止める際の注意点を含め、リスクコミュニケーションに対する提言を行ってきた。最後に、戦争メタファーの使用をめぐる今後の課題を記述したい。

　今現在ではコロナウイルスが敵視されているが、不可視の敵を立てる方略は、戦時中の標語「ぜいたくは敵だ」でも用いられていた。見えないなにかをリスク視すべき敵として排除する言説の歴史的連鎖を考察することは、今後の課題である。

　本章では、安倍首相の一つの会見しか分析対象として扱えなかった。首相は、「ウイルスとの闘いに打ち勝ち」、「試練」を「乗り越え」たあと、一体なにが褒美として得られるのかに関して触れなかったのに対し、小池百合子都知事は、2020年6月の都知事再選出馬会見において、オリンピックの延期開催が「見えない敵でありますコロナウイルスとの戦いに打ち勝つという、ある意味目標でもございます」と発言した。この会見など、他の政治家の言説と安倍首相の言説の比較考察をすることは重要である[21]。

　こういった考察を行う際は、国外の言説にも目を向ける必要がある。2020

年3月20日の朝日新聞朝刊11頁に、「首脳、コロナ例えて…トランプ氏『戦争に勝つ』メルケル氏『大戦以来の挑戦』マクロン氏『戦争状態』」という記事が掲載された。ロックダウンをはじめとした市民生活の制約措置に理解を求めるため、感染症対策を語る際に戦争メタファーを用いたのは日本の政治家だけではない。トランプ大統領は自らを「戦時大統領」と名乗ったなど、会見全体の発言のなかで印象的な部分だけが切り取られ報道されるが、第4節で試みたように、当該箇所の前後を含めて細かな分析を行い、安倍首相の会見は海外首脳の発言の影響を受けたものなのか、日本の戦争メタファーは海外のそれとどう違うのかなど、国内外言説の比較を行うことも有益だと思われる。

第6節　おわりに

　本章では、目に見えない新型コロナウイルスが敵としてリスク視されるとき、その発言の裏側でいったいなにが起きているのかを明らかにしてきた。安倍首相の言説は誘導的であるという前提に立ち、筆者は、記者会見における発言の考察を行った。しかし、一貫性をもった主張の展開を目的に執筆された本論考もまた誘導的であることを、筆者は自覚している。

　赤十字パンフレットの図1.1と図1.2を比べてみると、図1.2では1人の手が消えているという間違い探しに本章の冒頭で触れた。「おわりに」まで辿りついた今、「はじめに」のページを再び開いてみると、2つのイラストがさっきまでとは違うように見えるであろう。図1.1に登場する6人は、誰を表しているのだろうか。なぜ2人だけが濃い線で描かれ、無表情でハサミを入れているのだろうか。薄い線で描かれた残りの4人は、後ろを固めて何をしているのだろうか。図1.1と図1.2の合間で「みんな」から漏れてしまった、あるいは、「みんな」から手を引いた1人は誰なのか。パンフレットと安倍首相の会見に直接的な関連性はないが、本章を叩き台にして、ぜひ読者にも、イラストとことばの間を往還する間違い探しを実践してみてほしい。

　敵はコロナか、みんなか。その答えは、筆者と読者の一人ひとりに委ねられている。新型コロナウイルス感染拡大をめぐるリスクコミュニケーションについて、本章が市民間の対話を生むきっかけになることを、願ってやまない。

付記

　本章は日本学術振興会特別研究員奨励費（課題番号20J00227）の成果の一部である。

注

(1)　日本赤十字社新型コロナウイルス感染症対策本部発行のパンフレット『新型コロナウイルスの3つの顔を知ろう！〜負のスパイラルを断ち切るために〜』（2020年3月26日発行）<http://www.jrc.or.jp/activity/saigai/news/pdf/211841aef10ec4c3614a0f659d2f1e2037c5268c.pdf>（2020年11月1日閲覧）

　　本文中の引用はp.18より、図1.1はp.18より、図1.2はp.20より引用。

(2)　以下のリンクで試聴可能。名古屋大学減災連携研究センター「地震の揺れや仕組みを実験動画で学んでみよう！（防災・減災WEBピクニック）」『一般社団法人日本損害保険協会』<https://www.sonpo.or.jp/about/useful/jishinshikumi/index.html>（2020年9月8日閲覧）

(3)　戦争メタファーの使用が問題視されるのは、リスクコミュニケーションの分野においてだけではない。例えばKueffer and Larson（2014）は、科学技術コミュニケーションにおける戦争メタファーの危険性を指摘している。具体的には、外来侵入種についての記述に「敵（enemy）」「抹殺（eradication）」「戦い（fight）」「戦争（war）」「バイオテロ（bioterrorism）」などのメタファーが用いられることが多いが、これらのメタファーによって思考や解釈が単一化されてしまうことがあるため、聞き手・読み手に知らない知識を伝える際は、混乱を最小限にとどめる配慮や、特別なトレーニングを科学者向けにする必要があると主張する。

(4)　総務省の人口推計によると、2019年10月1日現在、戦後生まれの人口は1億655万人、戦前生まれは1,962万人、戦争を体験した世代の平均年齢は81.8歳である。「戦後生まれ8割　戦争の記憶、令和に語り継ぐ」『日本経済新聞』<https://www.nikkei.com/article/DGXMZO62603010T10C20A8MM0000/>（2020年10月25日閲覧）

(5)　pp.4-5を参考に、本章の趣旨に合わせて筆者が修正を施した。

(6)　細田満和子「新型コロナを『戦争』の隠喩で語るのはやめよう」『論座』<https://webronza.asahi.com/science/articles/2020061700007.html>（2020年8月25日閲覧）

　　細田氏の記事をはじめ、新型コロナウイルスをテーマにした記事では、アメリカ人批評家・小説家のスーザン・ソンタグが執筆した『隠喩としての病い』を引用するものが多い。ソンタグは、同書の後に刊行した『エイズとその隠喩』において、かつて病気に戦いを挑むのは医者であったが、今では世間の人々も巻き込

まれていると述べる。彼女によれば、戦争メタファーは「いかなる犠牲もあたり
まえのものになる緊急事態」を想定させ、「『敵』の打倒を目標としてかかげる」
「集団のイデオロギー的動員」（1992: 144, 145）の手段として有効である。

(7) 江川紹子「コロナ対策は『戦争』ではなく…」『Yahoo!ニュース』<https://news.
yahoo.co.jp/byline/egawashoko/20200505-00177073>（2020年8月25日閲覧）

(8) 毎日新聞2020年8月14日東京朝刊9頁「論点　戦後75年『コロナ禍』への視線」

(9) Flusberg, Matlock, and Thibodeau（2018）に加えて、レイコフ／ジョンソン（1986:
126）も参考にして、本節の分析法を記述した。

(10)「令和2年4月7日　新型コロナウイルス感染症に関する安倍内閣総理大臣記者会
見」『首相官邸』<https://www.kantei.go.jp/jp/98_abe/statement/2020/0407
kaiken.html>（2020年11月1日閲覧）

(11) 西村康稔経済再生担当大臣は、本会見翌日の2020年4月8日、BSフジの番組で
「CA（客室乗務員）さんたちも手伝うという申し出があった」と発言した。客室
乗務員名指しの根底には女性は縫製が得意といった発想があるとして、SNSで
は、「総動員で国民服を縫った戦時下を思わせる」「時代錯誤だ」などの批判が噴
出した。「ANAのCAらが防護服の縫製支援か　時代錯誤と批判も」『朝日新聞デ
ジタル』<https://www.asahi.com/articles/ASN493QMQN49ULFA00H.html>
（2020年11月1日閲覧）；米澤泉「CAは女の鑑？　コロナが浮き彫りにしたジェン
ダー意識」『Yahoo!ニュース』<https://news.yahoo.co.jp/byline/yonezawaizumi/
20200412-00172726/>（2020年11月1日閲覧）

(12)「ANAの冬のボーナス『ゼロ』、JAL『8割減』…雇用維持を条件に受け入れ」『読売
新聞オンライン』<https://www.yomiuri.co.jp/economy/20201130-OYT1T50201/>
（2020年12月1日閲覧）

(13) 首相は、東日本大震災と新型コロナウイルス感染拡大という「困難」の類似性を
指摘すると同時に、対照性にも言及している。具体的年数とともに、心理的に遠
い物事を指し示す指示詞「あの」を用いて表される「9年前」の「あの東日本大
震災」とは対照的に、現状は「この緊急事態」と表される。過ぎ去った昔の「困
難」として東日本大震災は引き合いにだされ、「あの」とき「絆」と「助け合いの
心」があったのだから、「この緊急事態という試練も必ずや乗り越えられる」と首
相は言う。本記者会見は、「東日本大震災」をすでに「乗り越え」た「困難」と
して風化させ、政府による津波・原発対策が施しようのなかった「試練」だった
という認識を築こうとしている点においても、多分に問題のある会見であったこ
とを注記しておきたい。

(14) 武藤氏の発言は、シンポジウムにおける講演内容を追加取材により補足した以下

のリンクから引用。岩永直子「新型コロナ、未だ手付かずの倫理的課題は？ 専門家会議のメンバーが問いかける」『BuzzFeed News』<https://www.buzzfeed.com/jp/naokoiwanaga/covid-19-muto-2>（2020年8月25日閲覧）

(15) 実際にテレビ番組を視聴した筆者の書き起こしから引用。

(16) 「私はこう考える　コロナウイルスとの闘い　『戦争』ではなく『共生』を」『NHK特設サイト　新型コロナウイルス』<https://www3.nhk.or.jp/news/special/coronavirus/interview/detail/opinion_01.html>（2020年11月1日閲覧）

(17) 「緊急事態宣言発令後に、安倍首相に会って僕が確かめたこと」『田原総一朗ブログ』<http://taharasoichiro.com/cms/2020/04/14/>（2020年11月1日閲覧）

(18) 毎日新聞2020年8月14日東京朝刊9頁「論点　戦後75年『コロナ禍』への視線」

(19) 「『どこか似ている』コロナと戦争、被爆者が感じた共通点」『西日本新聞』<https://www.nishinippon.co.jp/item/n/633423/>（2020年11月1日閲覧）

(20) 海外の事例をみてみると、例えば、パリのコリーヌ国立劇場芸術監督であるワジディ・ムアッド氏は、ラジオ番組『隔離日記（Lettres d'intérieur）』で、幼少期に体験したレバノン内戦における戦時隔離をコロナ禍のなかで回想し、かつて感じた強い不安がいかに今甦ってくるかを語った。詳しくは以下を参照。「『新型コロナウイルスは戦争ではありません』フランスの哲学者が語る伝染病と生」『クーリエ・ジャポン』<https://courrier.jp/news/archives/196382/>（2020年11月1日閲覧）

(21) 以下の動画を視聴した筆者の書き起こしから引用。「小池百合子都知事が記者会見　再選出馬を表明（2020年6月12日）」『YouTube』<https://www.youtube.com/watch?v=zCemNjHqlZw>（2020年11月1日閲覧）

参考文献

岩田健太郎（2014）『「感染症パニック」を防げ！：リスク・コミュニケーション入門』光文社.

西澤真理子（2018）『リスクを伝えるハンドブック：災害・トラブルに備えるリスクコミュニケーション』エネルギーフォーラム.

Flusberg, Stephen J., Matlock, Teenie and Thibodeau, Paul H.（2018）War metaphors in public discourse. *Metaphor and Symbol*, 33（1）: 1-18.

Kueffer, Christoph and Larson, Brendon MH.（2014）Responsible use of language in scientific writing and science communication. *BioScience*, 64（8）: 719-724.

Lakoff, George and Johnson, Mark.（1980）*Metaphors We Live By*. Chicago: University of Chicago Press.（ジョージ・レイコフ／マーク・ジョンソン（1986）

『レトリックと人生』渡部昇一・楠瀬淳三・下谷和幸（訳）, 大修館書店.）

Marron, Jonathan M., et al.（2020）Waging war on war metaphors in cancer and COVID-19. *JCO Oncology Practice*, 16（10）: 624-627.

Sontag, Susan.（1978）*Illness as Metaphor*. New York; Farrar, Straus and Giroux.（スーザン・ソンタグ（1992）『隠喩としての病い／エイズとその隠喩』富山太佳夫（訳）, みすず書房.）

Sontag, Susan.（1989）*Aids and Its Metaphors*. New York; Farrar, Straus and Giroux.（スーザン・ソンタグ（1992）『隠喩としての病い／エイズとその隠喩』富山太佳夫（訳）, みすず書房.）

第2章

ヘイトスピーチに見られる「言葉のお守り」

―排外主義団体の選挙演説の分析から―

韓 娥凜

　本章では、政治選挙における排外主義団体の選挙演説を取り上げ、そのなかに見られるヘイトスピーチの実態について述べる。誰が、何を「リスク」として規定し、「排除」はどのようにして正当化されるのかについて考察する。

　分析の結果、「新しい保守」を掲げる新生保守政党の演説には、まるで自分たちが人々をリスクから救うための「お守り」でもあるかのように巧妙に図られたことばが用いられていた。具体的には「善と悪」「ウチとソト」という対比による二分化と曖昧表現、スローガン、断定を示す文末表現などを用いて日本に暮らしている在日コリアンや外国人をリスク視し、排除していることがわかった。在日コリアンを国民の安全を脅かすリスク、外国人社会福祉行政を日本の財政のリスクとみなして差別や排除を正当化する論証を行っていたが、その根拠の多くは事実に基づいていないデマであることを明らかにした。このような言説に流されないためには、ヘイトスピーチを他人事ではない「私たちの問題」として認識し、批判的に向き合っていく必要がある。社会構成員の一人一人がヘイトスピーチに見られる抽象的で曖昧なことばを警戒し、根拠無き主張について自ら真偽判断を行うことによって表現の自由を言い訳に行われる「排除」という名の本当のリスクに対抗することができると考えられる。

第1節 | はじめに

「＃ Black Lives Matter（黒人の命も大切）」

　2020年5月に米ミネソタ州で、アフリカ系アメリカ人のジョージ・フロイドさんが白人の警察官に首を圧迫され、死亡した事件が起こった。この事件をうけてアメリカをはじめ、全世界において街頭デモが行われると同時に、SNS上では「#Black Lives Matter」というハッシュタグをつける人種差別抗議運動が広がった。世界におけるこのような人種差別に関わる報道があったとき、日本では、「日本にはこのような人種差別問題は存在しない」、あったとしても「一部の集団によって行われるトラブル」や「非常識な行動」と単純化する傾向がよく見られる。実は筆者自身もかつては「ヘイトスピーチは一部の右翼団体による異常行動」としてしか捉えておらず、それが韓国出身者である筆者にとってリスクになる可能性があることについてはあまり実感できなかった。今思えば恥ずかしいことだが、自分で直接経験したことがないからそういったリスクは存在しない、または自分とは無関係な一部が抱えているリスクであると軽視していたのである。しかし、そのような認識は自分が直接経験した2回の「嫌な思い」によって錯覚であったと気づかされた。

　一回目は、JR大阪環状線の鶴橋駅に向かっていた電車の中で不意に起きた。スマートフォンのメッセージアプリを使っているとき、韓国語でメッセージを入力していたが、それをみた隣の若い女性が「それは何語なん？」と聞いてきた。何の疑いもなく「韓国語ですよ」と答えた瞬間、いきなり「おーい、チョン！　チョン！」と叫び出したのである。それが韓国・朝鮮出身者を侮辱することばであることも当時は知らなかった。しかし、ことばの正確な意味がわからなくても自分に対する攻撃であることはすぐ気づくことができた。静かな車両の中でいきなり叫び続けるあの人は、同じ車両に乗っていた多くの人の目にはきっと「非常識な」「一部の人」に見えただろう。結局、筆者は何も反論せず、次の駅で降りることしかできなかった。

　その後も電車での出来事は「運の悪かった経験」「嫌な思い」程度としか考

えてなかったが、悲しいことに、次に身の回りで起こったヘイトスピーチは「チョン」のような明示的な文言によるものではなく、暗示的に、さも筆者のことを思ってくれるかのような形で行われた。

　2回目の嫌な思いは、家の近くにある神社で起きた。その神社は初詣に行ってお祈りしたり、お守りを買ったりなどしてずっとお世話になっているところだった。知人から頼まれたお守りを買いに行ったその日は神主さんが直接対応をしていた。探していたお守りが置いてなかったため、神主さんに問い合わせたら「あなた、コリアの人ですか」と聞かれた。そうだと答えると、神主さんから返ってきた答えは衝撃的であった。

　　「ここは日本人のための神社です。コリアにはコリアの神様がいるでしょう。仮
　　にあなたがここでお守りを買って、いくらお祈りしてもあなたには何の御利益
　　もないですよ。それでもよろしいですか」

　まさか、自分が長年暮らしている街の神社の神主さんからこのようなことを言われるとは想像もしなかった。神主さんの言っている「日本人」とは一体どのような人なのかと疑問に思うだけであった。韓国生まれの筆者が帰化して「日本国籍」を有するようになったら日本人と認めてもらえるのだろうか。仮に、海外で生まれた日本国籍の人や生まれてすぐに日本から海外に渡り、ずっとそこで暮らしている人がいるとするならば、その人は神主さんの思う「日本人」にあたるのだろうか。

　外国人であるということそれ自体が「排除」の対象になり、差別の目に遭うことは筆者の個人的な体験に過ぎない問題ではなく、この日本においても長年にわたり、明示的・暗示的に行われてきた社会の構造的な問題である。梁（2016）によると、日本における在日コリアンに対する民族差別は1923年9月に起こった関東大震災の混乱に際して行われた朝鮮人虐殺から戦後1960年から70年代にかけて頻発した日本人高校生による集団的・計画的な朝鮮高校男子生徒への暴力事件、1980年から2000年頃に朝鮮学校の制服であった「チマチョゴリ」を着た女子生徒が攻撃された事件まで続けられてきた。

　このなかで「チマチョゴリ事件」は、2020年11月28日にナイキジャパンが発表した自社のPR動画をめぐって再び話題となった[1]。この動画では、学校

で差別やいじめの対象となって苦しむ10代の女性選手の3人が登場する。このうち、一人は兵庫県尼崎市にある在日朝鮮中級学校に通っている生徒であるが、伝統衣装であるチマチョゴリを着て歩く姿を男性たちが振り向くシーンも登場する。このPR動画のタイトルは「動かしつづける。自分を。未来を。The Future Isn't Waiting」となっており、動画公開から1か月半が経った2021年1月16日現在で約1,100万回の再生回数を記録している。しかし、この動画の公開後、コメント欄には次のような批判が殺到している[2]。

「事実をねじ曲げてでも差別差別騒ぎたてる」
「これってどう見ても日本人への当て付けなんだよなぁ…。」
「これを日本全体がそうみたいにCMで流されたらそりゃ気分が悪いね。」
「アメリカやフランスやらの連中と比べると、わざわざ取り上げる問題か？」
「実体験と言いつつ朝鮮学校でのいじめって、そこには日本人いない」
「北朝鮮人権問題は差別どころでは無いぞ」

このような批判のコメントの多くは、冒頭で述べた欧米の人種差別問題のようなものが「ヘイトクライム」であって日本はそれほどではない、またはあったとしても「一部の人による行為」または「北朝鮮がかかわっているのだからそれは差別ではない」という認識を前提にしていると言えるだろう。

日本における在日コリアンに対する民族差別は上で挙げたような「過去の事件」に留まらず、近年でも頻繁に起きている。その一例として2006年に設立された『在日特権を許さない市民の会（以下、在特会）』によるヘイトスピーチが挙げられる。在特会は、関東や関西などに暮らす在日コリアンを対象に多くのヘイトスピーチを行ってきた。そのなかでも2009年から2017年に至るまで複数回にわたって京都朝鮮学校を襲撃し、拡声機を使って「犯罪朝鮮人」「北朝鮮のスパイ養成機関」「この朝鮮学校の校長が日本人を拉致した」などのヘイトスピーチを繰り返した。この襲撃事件をめぐっては、学校側と在特会の幹部の間で長年にわたる訴訟が行われ、その結果、刑事・民事裁判共に在特会側への有罪判決が下った。

日本では、このような社会情勢を受け、2016年に、「本邦外出身者に対する不当な差別的言動の解消に向けた取組の推進に関する法律」（別称：ヘイトス

ピーチ規制法、ヘイトスピーチ対策法、ヘイトスピーチ解消法）が成立、施行されたが、民法上の不法行為と規定されるに留まっており、ヘイトスピーチを取り締まる根本的な制定はされていないと言われている。

　その後も2017年2月に在特会の中心幹部らは『日本第一党』を立ち上げ、公職選挙法による集会の権利を悪用し、選挙演説を隠れみのにした新しいタイプのヘイトスピーチを繰り返している。

　そこで本章では、排外主義を掲げる日本第一党の選挙演説を取り上げ、そのなかに見られる排除のリスクコミュニケーションについて考察する。談話分析の手法を用いて「誰が」「何を」この社会のリスクとして規定しているのか、どのようにしてリスクを「排除」しようとするのかについて分析する。そして、「新しい保守」というイデオロギーを掲げる新生政党が自分たちの安定を図るため、マイノリティ集団をどのように攻撃し、その排除を正当化しているのかについて具体的な談話の実践を明らかにすることによって可視化する。最終的には、そのなかに隠されたリスクについて考察し、ヘイトスピーチのような「排除」や「差別」の談話に対抗するためのリスクコミュニケーションのあり方について提案する。

第2節 ┃ ヘイトスピーチをどのように分析するか

　法務省の人権擁護機関がヘイトスピーチに焦点を当てた啓発活動の一環として設けているウェブページによると、ヘイトスピーチとは「特定の国の出身者であること又はその子孫であることのみを理由に、日本社会から追い出そうとしたり危害を加えようとしたりするなどの一方的な内容の言動」である[3]。その具体的な表現事例は次の通りである。

　　①特定の民族や国籍の人々を、合理的な理由なく、一律に排除・排斥することをあおり立てるもの（「○○人は出て行け」「祖国へ帰れ」など）
　　②特定の民族や国籍に属する人々に対して危害を加えるとするもの（「○○人は殺せ」「○○人は海に投げ込め」など）
　　②特定の国や地域の出身である人を、著しく見下すような内容のもの（特定の

国の出身者を、差別的な意味合いで昆虫や動物に例えるものなど）

　この定義に従うと、特定の民族や国籍の人々を排除・排斥することを煽り立てるもの、危害を加えようとするもの、著しく見下すような内容のものがヘイトスピーチに該当する。

　本章では、2019年4月の統一地方選挙を前後に日本第一党が行った街頭演説を取り上げ、そのなかに隠れたヘイトスピーチの言語的特徴を分析する。分析に用いた選挙演説のデータはすべて日本第一党の立候補者及び応援弁士によるものである。選挙から1年半以上経った時点でも動画サイトに掲載されたままで誰もが閲覧できるものを選び、筆者が直接書き起こし作業を行うことで演説全文のスクリプトを作成した[4]。

　選挙演説には、支持者を集めて講演会や座談会のような形で集会演説をするものもあれば、不特定多数の有権者が暮らす街中で行われる街頭演説もある。本章の分析で取り上げる演説のデータはすべて後者に該当する。駅前という空間は、必然的に不特定多数の有権者が通る場所であるため、日本第一党の支持者ではなくてもその演説を聴く可能性がある。このようなデータに絞った分析を通して排外主義団体が政治選挙の権利と表現の自由を錦の御旗にして一般市民の生活空間に入り込み、どのようなヘイトスピーチを行うのかについて明らかにする。分析データに関する詳細を以下に示す。

表2.1　分析データの概要

ID	演説者	日時	場所	演説時間（分：秒）	演説タイプ
A	桜井　誠	2019.03.11	福岡県北九州市 八幡西区折尾駅前	14：30	応援
B	桜井　誠	2019.04.02	京都府京都市 左京区修学院駅前	6：48	応援
C	西山たけし	2019.04.02	京都府京都市 左京区修学院駅前	11：12	本人
D	西村　斉	2019.04.02	京都府京都市 左京区修学院駅前	2：30	応援
E	荒巻靖彦	2019.04.02	京都府京都市 左京区修学院駅前	9：16	応援
F	西村　斉	2019.04.06	京都府京都市 左京区出町柳駅前	24：54	応援

　本章の分析では、日本第一党の党首である桜井誠氏と在特会の時から京都支部長として活動してきた西村斉氏による応援演説を各2本取り上げている。そしてもう一人の応援弁士であった荒巻靖彦氏の演説も1本取り上げる。荒巻氏は、本章で取り上げた演説が行われた当時は日本第一党の所属であったが、その後、対レイシスト行動集団（略称C.R.A.C）の一人を殺害しようとした容疑で逮捕されたため、2020年12月に日本第一党から除名された。また、京都市左京区の市議会議員選挙に立候補した西山たけし氏本人による演説を1本取り上げ、計6本を分析に用いた。このなかで4月2日に修学院前で行われた西村斉氏の演説のみ2分30秒と短いが、これは立候補者の西山たけし氏の演説の途中にヘイトスピーチへの反対を主張する聴衆が現れた際にその反論のために割り込んできて発言を行ったためである。自分たちの意見と異なる主張を行う聴衆に向かってどのように対応しているのかが読み取れる貴重な資料であるため、本章の分析でも取り入れることにした。

　分析の手順は次の通りである。まず、6本の演説に共通して見られる言語的特徴について記述する。具体的には、「対比」による二分化、「スローガン」の使用、「文末表現」「曖昧表現」の使用実態について取り上げる。その後、これらの言語的特徴は全体の談話を展開する際にどのような論証構造を作り上げるのかについて考察する。実際の談話から「誰が」「何を」「どのように」リスク視するのか、なぜそのような排除のコミュニケーションが行われるのかについて考察を行う。

第3節 ▍選挙演説のヘイトスピーチで語られているもの
　　　　　　―言語的特徴の分析―

3.1　対比による「ウチ」と「ソト」の二分化

　「AではなくてB」という表現は対比による印象づけに役立つ。今回分析した選挙演説からは「既成政党」「北朝鮮」「朝鮮総連」「朝鮮学校」「外国人」「留学生」が排除する対象とされ、「ソト」の「敵」として位置づけられている。一方、「日本第一党」「日本人」「我々」「私たち」は「ウチ」であり、「味方」として位置づけられ、対比構造が構築されていた。

演説者は、両者を対比する形式を採りながら聴衆に片方の選択肢を取るように促すことができる。このような対比の示し方は、「ウチ」と「ソト」という二分化によく表れ、演説全体を通してみると、対比によって「排除」を際だたせていることがわかる。以下では、各分析で注目する言語項目を四角と下線で示す。また、発言者の情報は前掲した表2.1のIDで表す。

（1）D：①皆さん、自民党って保守ちゃいますよ。②京都、日本で保守は僕ら日本第一党だけ。③そして東京では日本国民党というとこがありますけれども、ここ京都だけでは我が日本第一党だけですからねこれ。④自民党は中道左派ですからね。⑤河野談話も撤回できない。⑥村山談話も撤回できない。⑦挙句の果てに安倍さんはね、韓国、ありもしない従軍慰安婦問題で謝罪と賠償までして我々日本人の尊厳を貶めたんですよこれ。⑧尊厳ちゅうのは日本人の根幹なんですよ。⑨経済みたいなものは確かに必要やけど枝葉なんですよこれ。⑩生きていく上で一番大事な、一番大事な尊厳ちゅうものを貶めとるのが安倍自民党でございます。⑪京都で保守はうちとこだけです皆さん。

　まず、例（1）をみると、「本当の保守」をめぐり「既成保守政党」と「日本第一党」の対比が行われている。自由民主党（以下、自民党）は保守ではない（①）、日本で保守は「僕ら日本第一党（②）」だけであると二分化している。この二分化に用いられた具体的な表現に注目すると、「自民党」は「中道左派ですからね」と理由を表す「～ですから」を用いて定義づけている。その主張の根拠として⑤と⑥の「河野談話と村山談話を撤回できない」こと、⑦にて「従軍慰安婦問題で謝罪と賠償までした」ことを列挙し、その行為が「我々日本人の尊厳を貶めた」と批判している。この⑦で用いられた「我々」という一人称代名詞の複数形は、「ウチとソト」という対比を際立てるストラテジーとして用いられている。「我々日本人」から自民党や安倍総理で代表される従来の保守勢力は排除し、聴衆と自分たちを一体化している。また、⑩にて自民党は「生きていく上で一番大事な尊厳というものを貶めている」存在として述べられ、リスク視していることがわかる。次の例（2）からも「本当の保守」をめぐる二分化の対比が見られた。

(2) B：①ところが、その北朝鮮と北朝鮮から金もらって仲良くやろうとしている人間がいるわけですね。②馬鹿かね君たちは！　③北朝鮮みたいなね。④あんなゴミ⑤あんなクズ⑥これを、これとね、仲良くしようなんていうのはもう人間じゃないですよ。⑦＜筆者注釈：前原誠司事務所を指さしながら＞(5)　それがあれですやん。⑧あそこに事務所あるでしょう。⑨それがあれなんですやん。⑩まさにですね。⑪ねーほんとに多くの日本人を裏切った男でございます。⑫何が保守だちゅうんですよ。⑬北朝鮮ですよ皆さん。⑭その北朝鮮とですね、手を組む、これが保守のやることかい。⑮そんなわけないんです。

　この例では、「ソトの集団」である既成政党を否定的に描写するため、「北朝鮮」というもう一つの「敵」が設定される。①「北朝鮮から金もらって仲良くやろうとする人間がいるわけだ」と述べ、②では「馬鹿か」「君たち」といった俗語と非丁寧体を用いた批判を行っている。その後、「北朝鮮」を「ゴミ」「クズ」といったマイナスイメージを持つ無生物にたとえる。⑥でも「これ」という指示詞とともに「もう人間じゃないですよ」と述べることで非人間化のメタファーを用いた対比が目立っている。
　例（2）では直接的に、人物名を言及することはしなかったが、演説中に特定政党の事務所を指差して「それがあれ」と指示詞を用いた表現を繰り返している（⑦、⑨）。このように非言語的な手段によって特定化された対象を、「日本人を裏切った男（⑪）」「北朝鮮と手を組む（⑭）」と否定的に描写し、外敵と描写される対象と同一化することによって「ウチとソト」の二分化を際立てている。このような二分化の対比は、「新しい保守」を掲げる自分たちの立場を安定化させ、正当化することばの装置として用いられている。
　次に、例（2）でも言及があった「北朝鮮」とそれと戦う「日本第一党」の二分化について検討する。

(3) E：①唯一北朝鮮から名指しして批判されとるのは我が党です。②北朝鮮は悪。③悪いものから批判されとるのは我ら、正義に決まっとるわね？　④そしてもう一つ、韓国とか北朝鮮、そして関西ナマコンとか朝鮮総連、朝鮮学校、ね？　部落解放同盟こういうとこから、あっこはあ

かんで、 あんなとこ あかんでって言われる党は 正しい んですよ。

　上記の例（3）をみると、排外主義団体が何を「敵」と規定し、自分たちに
とって「リスク」と捉えているのかが明らかになっている。まず、北朝鮮の声
明で日本第一党への言及があったことを取り上げ、「北朝鮮は悪」「悪いもの」
であり、その「悪」から批判された「我ら」は「正義」であるという「善と
悪」の対比を用いた二分化が行われている。③にて自分たちのことを「正義に
決まっとるわね？」と聴衆に問いかけることで同意を求めている。さらに④で
は「韓国とか北朝鮮」と述べているが、これは「AとかB」という述べ方か
ら、2つを同等なものと捉えていることがわかる。「韓国」と「北朝鮮」は互
いに対立しているが、排外主義団体にとってみれば両者とも排除の対象となっ
ているのである。その後に列挙される「関西ナマコン」「朝鮮総連」「朝鮮学
校」「部落解放同盟」も自分たちの「敵」と位置づけており、このようなとこ
ろから「あっこはあかんで、あんなとこあかんで」と言われる党、すなわち日
本第一党は正しいのだともう一度「善と悪」による対比が用いられている。事
柄に対する評価を表す「正しい」は「〜んです」という断定の文末表現と共起
し、主張の根拠づけとして用いられている。
　上述した「従来の保守勢力」「北朝鮮」とともに多く用いられたのが「外国
人」と「日本人」の対比である。次の例（4）と（5）を見られたい。

（4）C：①この京都市においても 外国人 が 日本人 以上に優遇されている制度、
　　　②たとえば、先程から言っております国民健康保険制度③これ 日本人学生
　　　にはない制度、補助が 外国人留学生 にはあるのご存じですか。
（5）E：①ねー、皆さん、彼がなんべんも言います②奨学金は 日本人の学生 の
　　　ためにあるんであって決して 留学生 のためにあるんではないということ。

　上記の例（4）と（5）では「Aにはない、Bにはある」「Aのためにあるも
のであって、Bのためにあるものではない」といった肯定と否定を対比する表
現が共通して見られる。いずれも外国人は「社会福祉行政において優遇される
対象」、日本人は「冷遇される」「逆差別の対象」と描写され、対比による「差
別」が際立っていることが確認できた。このような対比による二分化を4.2節

110

で再度取り上げ、その主張の展開に見られる非論理性や発言内容の欺瞞性を可視化する。

3.2　スローガンの使用

　分析対象とした選挙演説には、立ち上げて間もない政党の政治的なアイデンティティを表出する手段として次のようなスローガンの使用が目立っていた。

> （6）C：①まだまだこの京都、この京都左京区にも浸透しておりません。②ほとんどの方が日本第一党ご存じないかと思います。③日本第一主義というものを掲げております。④ジャパン・ファースト、日本第一主義。⑤この日本において日本人以上に外国人を優遇している制度が多々ある。⑥おかしい。⑦間違っている。⑧それを正していこうと唯一訴えているのが私たち日本第一党、そして市会候補の西山たけし、市会候補の西山たけし、ただ一人でございます。

　上記の例（6）によると、「日本第一主義」「ジャパン・ファースト」という政治宣伝のためのスローガンが用いられている。歴史的にみると、「〇〇第一主義」「〇〇ファースト」といったスローガンは、第二次世界大戦のときにも用いられ、当時はアメリカの戦争参加に反対するスタンスを表すためのものであった。以後、ナチ党出身の一部の政治家が立ち上げたFPÖ（オーストリア自由党）が1990年代から掲げてきた「オーストリア第一主義」をはじめ、2017年1月にアメリカ大統領に就任したドナルド・トランプ大統領による「America First（アメリカ第一主義）」など、近年再び登場し、用いられている。いずれも外国人の移民に反対し、自国優先主義を掲げる排他的政策を反映しているものであるが、「日本第一党」の演説からも同じ傾向が確認できた。例（6）の「日本第一主義」「ジャパン・ファースト」は文字通り「日本人を優先する」という解釈ができるが、演説者による説明に注目すると、その「優先」には「外国人」というリスクの排除が前提として潜んでいることがわかる。
　まず、「日本第一主義」「ジャパン・ファースト」というスローガンの内容に

関する直接的な説明は行われていない。例（6）の⑤にて「この日本において日本人以上に外国人を優遇している制度が多々ある」と「外国人優遇制度」を問題として取り上げ、直後に「おかしい（⑥）」「間違ってる（⑦）」と批判している。⑧の「それ」は「おかしくて間違っている外国人優遇制度」を指しており、「正していこうと訴えている」のは日本第一党と自分しかいないと述べている。この間接的なスローガンの説明をみるとわかるように、日本第一党の掲げる「日本第一主義」とは、日本人以外の人、つまり外国人をリスクと捉えており、その問題を「正していく」と言いつつ、リスクとして排除することを正当化するものであると考えられる。

3.3　文末表現の特徴

　文末表現とは、文の最後に用いられ、話し手の態度を示すことができる表現である。例えば、「〜と思う」「〜べきだ」「〜だろう」「〜かもしれない」「〜なければならない」のように話し手が言いたい内容または論じたい事柄（命題）について持っている意図・義務・許可・禁止・判断などの「捉え方や態度」を表すものである。次の例を見られたい。

（7）　富士山に登るんです。
（8）　富士山に登ると思います。
（9）　富士山に登るべきです。
（10）富士山に登るかもしれないです。
（11）富士山に登らなければならないです。

　（7）から（11）で示した例は、それぞれ「〜んです」「〜と思います」「〜べきです」「〜かもしれないです」「〜なければならないです」と異なる文末表現を用いることによって「富士山に登る」という内容に対する意志・義務・判断・禁止などの話し手の捉え方や態度を表明しているのである。
　マスコミによる報道の談話に見られる特徴とそのなかに潜んでいるイデオロギーについて考察したFowler（1991）の研究では、上述した態度表明のあり方を「事実性の判断（truth）」「義務（obligation）」「許可（permission）」「望

ましさの評価（desirability）」の大きく4つに分類している。このなかで「事実性の判断（truth）」は、話し手が「確信」または「疑問」などを表すものであり、「義務（obligation）」は、談話のなかで言及された人物（話し手自身またはここでは聞き手となる聴衆も含まれる）がそこで述べられている通り行動しなければならないことを規定するものである。例えば、（11）の「富士山に登らなければならない」は「富士山に登る」という行為を「しなければならない」こととして義務づけているのである。

　本章で取り上げる排外主義団体によるヘイトスピーチには、どのような文末表現が用いられているのだろうか。

　分析の結果、いずれの演説者も例（7）のように強い確信を表す「～んです」といった表現を多用する傾向が見られた。一方、日常会話や他の政治家の選挙演説において自分の意見を述べる際によく用いられる「～と思います」のような婉曲表現は、本章で取り上げた分析データからはほとんど見られなかった。理解を助けるため、以下の例（12）では、排外主義団体ではなくヘイトスピーチ規制を主張する日本共産党の街頭演説から抜粋した用例を挙げる[6]。

　　（12）この間、私たちは共闘の力で政治を変える、この道に取り組んで参りました。それは確かな成果を上げてきたと思います。

　例（12）は、過去に行ってきたことについて述べており、「参りました」という謙譲語、そして「成果を上げてきた」と自評しつつも「成果を上げてきました」「成果を上げてきたんです」ではなく「～と思います」のような婉曲表現を用いている。一方、本章で取り上げる日本第一党の演説からは同じ文脈であるにもかかわらず、次の例（13）のような文末表現の使用が目立つ。

　　（13）F：もう10年ぐらい前から手弁当で一銭ももらわず、拉致被害者奪還の署名活動、そして数々のデモ、行政交渉やってきたんですよ。

　次の表2.2は、上述した「～と思います」や「～んです」を含むさまざまな文末表現の使用傾向を示したものである。各演説における文末表現がどれぐらい用いられているかを表中のセルに示している。

表 2.2 主な文末表現の出現回数（単位：実数）

文末表現 ＼ 演説者ID	A	B	C	D	E	F
～んです（よ）	43	18	15	6	16	56
～です（よ）	19	16	11	1	13	39
～ます	16	9	19	3	9	38
～でしょう	6	3	0	2	0	7
～と思います	2	1	4	0	1	0
～でございます	2	1	11	0	0	3
～致します	2	1	1	0	0	0
～参ります	1	0	3	0	0	0
～おります	8	7	11	2	3	2
～ください	4	0	0	1	5	3
～てはならないんです	0	1	1	0	0	0
～なきゃいけないんです	4	2	1	0	0	0
～な	4	1	0	0	0	0
～せえ	1	0	0	0	0	0
～なさい	4	2	0	0	0	3
～か	4	4	14	3	6	12
合計	120	66	91	18	53	163

　上記の表2.2の結果からわかることは、「～んです」と「～です」の使用が最も多く、「～と思います」や「～でしょう」のような推量の表現はあまり用いられていないということである。このことから排外主義団体による選挙演説においては、ある事実や主張を述べる際に「断定」や「確信」を表す文末表現が多用されることが読み取れる。また、これらの表現はその主張の内容を聞き手が知っているべき情報として表す終助詞の「よ」と共起して、「～んですよ」の形で用いられることもあった。詳細は次の例の下線部に注目されたい。

（14）B：①拉致被害者を取り戻す、犯罪を、国家テロを行ったあの北朝鮮に対してのね。②北朝鮮、あの北朝鮮に対してのね、われわれのスタンス、われわれは断固として戦う方針です。③今の日本は異常です。④その拉致被害を及ぼした朝鮮学校がのうのうと日本にあり、さらにはですね、その朝鮮人のために生活保護を与えましょう。⑤あるいは、健康保険もやりましょう。⑥こんなバカなことをやってる国なんですよ。⑦自分た

ちと同じ同胞を見捨てる国、それが日本なんです。［中略］⑧今のわが国にできること、北朝鮮と戦争してでもそれでも拉致被害者を取り戻すということなんです。

　例（14）の演説のなかでは、北朝鮮という存在をリスクとして規定し、「日本人を拉致した」「テロ国家」などと批判的な立場を表明している。また、③のように「今の日本は異常なんです」と政府に対する批判も行っているが、その主張の事実性を高めるために「今の日本は異常だと思います」ではなく「異常なんです」という断定を示す文末表現を選択していると考えられる。④～⑤では「朝鮮人のために生活保護を与えましょう、健康保険もやりましょう」のように第三者の発言を再現しつつ、引用を通して主張を展開しているが、この被引用文は実際あった発話というよりも演説者の政府に対する批判的な態度を示すために意図的に再構成されたものである。Linell（1998）はこのような再構成による意味変化のプロセスを「再コンテクスト化（recontextualiztion）」と定義している。話し手は自身のイデオロギーに基づいてことばを選択し、直接引用を用いた再コンテクスト化を行うことによって聞き手に自分の主張の証拠性が高いという印象を与えることができる（Matoesian 1999: 82）。その後、⑥でも断定を表す「んです」とともにその主張について聞き手の注意を促そうとする終助詞「よ」が用いられ、真偽判断のできない一方的な主張がまるで事実であるかのように述べられている。

　このように話し手の確信を強調する文末表現の使用は、⑧でも確認できる。「今のわが国にできること（は）北朝鮮と戦争してでも拉致被害者を取り戻すということなんです」という文においてもう一度「～んです」が用いられており、拉致問題の解決のために日本第一党としては「戦争」も辞さない覚悟であることを表明しているのである。このような文末表現の「～んです」は談話の全体を通して表れており、リスクとみなすものを排除しようとする自分たちの主張を正当化する言語的手段として利用されている可能性がある。排外主義者たちが追究するイデオロギー（例えば、外国人社会福祉行政の廃止・排除、日本人の権利保護）を伝える際にこれらの表現が主張に証拠性があるかのようにみせかけることを可能とするのである。詳細については、第4節で改めて触れることにする。

排外主義団体による選挙演説においてもう一つ注目したい特徴は、文末表現の選択から読み取れる「国民に対する態度表明」である。歴代首相の所信表明演説を分析した東（2007）によると、政治家たちはある程度の個人差が見られるものの、全体的にフォーマルで堅苦しい演説口調の「～あります」を多用する傾向がある。また、東（2007: 106）では戦中、戦後間もない頃は、政治家が国民に向かって謙譲語「～ございます」を使用することはほとんどなかったと述べ、その理由について「首相が国民の下ではなく、上に立ち、国民をリードしていくという意識の表れ」であると指摘している。つまり、「～ございます」「～致します」「～参ります」のような謙譲表現は、政治家が国民との関係をどのように捉えているのかを把握するための一つの手がかりになりうるのである。本章で取り上げた排外主義団体による選挙演説でも「～ございます」「～参ります」などの謙譲語を用いた文末表現が一定数見られたが、その多くは次の例（15）と（16）のように政党や人物名に言及し、自己紹介を行う際に用いられていた。

　（15）E：こちらは日本第一党、日本第一党でございます。
　（16）C：大接戦で圧勝し、あの橋下徹さんを打ち負かしたあの桜井誠でございます。大きく報道されました。その桜井誠党首が立ち上げた政党、政治政党が日本第一党でございます。

　上記のように慣習的な謙譲表現の使用が見られる一方、有権者のことを「君たち」と指し示し、「～な」「～せぇ」のような禁止・命令を表す非丁寧体の文末表現が使用されることもあった。このような非丁寧体へのシフトは、すべて日本第一党の党首である桜井氏（ID：A、B）の演説から見られた。次の例（17）と（18）を見られたい。

　（17）A：①日本人が置き去りになってるんです。②日本人がね、置き去りになるような政策を進めてる。③売国政策と言います。④これをやってるのが自民党なんです。⑤だからこそわれわれは今声を上げています。⑥自民党なんかに一票を入れるなや。⑦君たちが入れたんだろうよ。⑧自分たちの責任を痛感せぇ。

　例（17）をみると、①にて「日本人が置き去りになっている」という主張を強い確信を持つ文末表現の「んです」を用いて述べている。その後、②自民党政権の政策運営を批判しつつ、それを③「売国政策」と命名し、④でもう一度その「売国政策」の主体が自民党であるという主張を展開している。この①から④の間では、丁寧体を用いた文末表現が見られるが、有権者が主語として取り上げられる⑥以降からは、文末表現が非丁寧体に切り替わる。具体的には、⑥において主語を明示しない背景化を行いつつも「自民党なんかに一票を入れるなや」と「禁止」の態度を表している。その後、⑦にて「君たち」と働きかけの対象となるものが明示化され、「君たちが（票を）入れたのだ」という主張とともに「だろう」という推量の表現を用いている。自民党だけではなく、自民党に投票したと予想される「君たち（有権者）」も悪いという主張を、⑧にて「責任を痛感せぇ」といった「命令」で示すことによって聴衆に働きかけているのである。このような有権者への責任転嫁は、在日外国人をリスク視し、排除を正当化するための手段としても用いられる。

（18）A：①しかしね、今の日本人はあまりにも弱い。②あまりにも弱すぎてね。③朝鮮人には舐められるわ。④シナ人にはバカにされるわね。⑤こんなね、ふざけた国にしてしまったのは他でもない君たちです。⑥君たち日本国民の責任なんです。⑦だからこそ訴えているんです。⑧君たち日本国民一人一人がね、もっともっと強くならなきゃいけないんです。⑨たかだか朝鮮人ごとき、たかだかシナ人ごとき、そんなものに舐められるなよ。⑩われわれのね、この活動が少しずつ実ってきております。⑪ほんのちょっとずつですけれどもね。

　上記の例（18）をみると、「今の日本人は弱い（①～②）」と述べ、「強くならなきゃいけないんです（⑧）」と主張している。そのなかで特定の在日外国人を「たかだか朝鮮人ごとき」「たかだかシナ人ごとき（⑨）」と見下す描写から敵対視していることがわかる。聴衆を「君たち」と呼びかけ、「君たち日本国民の責任なんです（⑥）」「君たち日本国民一人一人が強くならなきゃいけないんです（⑧）」と有権者に責任転嫁を行っている。ここでも断定を示す「～んです」の使用が目立っており、⑧では、義務を示す「～なきゃいけない」と

「～んです」が共起し、聴衆に直接働きかけていることがわかる。このような働きかけは、⑨にて「～なよ」という禁止・命令を表す非丁寧体へのシフトによって強調される。

　「～ございます」のような謙譲語を用いた文末表現はほとんど用いられておらず「～んですよ」のような断定の表現が多用されること、そして「～な」「～せぇ」などの非丁寧体の禁止・命令の文末表現が有権者（君たち）に向けて用いられるという特徴は、前掲した東（2007）で述べた戦時中の政治家のことばの使用傾向とも共通するところがある。排外主義団体による選挙演説においては「われわれに投票してください」という直接的な訴えはなく、投票権をもつ有権者でさえ責任を問われるべきリスクとして捉え、自分たちを国民の上に立ち、リードしていく存在として認識していることが読み取れる。公職選挙法に守られ、選挙演説を隠れみのに社会的少数者を脅迫、蔑視するこのようなヘイトスピーチが本当のリスクとして潜んでいるのである。

　上述したなかで「～なければいけない」のように聴衆に対して義務づけ、働きかける文末表現は、戦争を正当化するための主張の展開にも見られる。次の例（19）を見られたい。

　　（19）B：当然拉致被害者を取り戻すためにもうとっくに昔に立ち上がらなきゃ
　　　　　　いけないんです。北朝鮮と戦争しなきゃいけないんですよ。

　上記の例（19）は「立ち上がる」「戦争する」という主張が「～なきゃいけない」といった義務を表す文末表現で示されている。このような表現は、演説のなかで取り上げている他の主張を支える機能をもち、全体的には論理性と説得力を高める効果を果たしている。

　Simon-Vandenbergen（1996）によると、政治家はよく自分の「正しいイメージ」を作り上げるため、「知識」「信頼性」「責任感」「目的意識」などを暗示し、表現しようとする。つまり、ヘイトスピーチにおいて用いられる確信を表す文末表現の「～んです」や「～なければならない」のような義務づけは、排外主義者たちの主観的判断をまるで「真偽判断の結果得られた事実」かのように見せかけ、すり替えることで聴衆を幻惑する可能性がある。

3.4　曖昧表現

　一方、北朝鮮をリスクと規定する具体的な根拠を示す際は「〜だろう」「〜かもしれない」などの不確実さを表す文末表現が目立つ。また、一見するとそれが何を意味するのか把握しにくい抽象的な名詞や文の意味を曖昧化する副詞などが共起していることがわかった。

> (20)　C：①特定失踪者、日本人の特定失踪者という人たちがいます。②少なく見積もっても１千人、おそらく２千人、３千人もの日本人が拉致されたであろう。③この京都府においてもそうです。④多くの日本人が拉致されたそのテロ国家、その出先機関である朝鮮総連、その朝鮮総連と唯一戦っているのは私たち日本第一党でございます。

　例（20）をみると、①で「日本人の特定失踪者という人たちがいる」と述べているが、その具体的な失踪者数に言及する際は②のように「少なく見積もっても〜であろう」という仮定文で表現されている。そして「１千人、おそらく２千人、３千人」のように推定値の幅を広く設定しており、正確な失踪者数に関する情報は与えていない。さらに、「おそらく」という副詞が共に用いられ、この推定値が曖昧であることを示している。「拉致されたであろう」という表現は「日本人が拉致された」という断言ではない。そこに見られる不確実さを示す文末表現「〜であろう」の使用は、「んです」のような強い確信を表す文末表現を多用していたこととは対照的である。また、後続する③では「この京都においてもそうです」のように、再び「〜です」という文末表現が用いられており、指示詞の「そう」が何を指しているのかも明確ではない。この①〜③の主張をまとめると、以下のとおりである。

　日本人の特定失踪者がいる【事実の表明】
　↓
　少なく見積もっても１千人おそらく２千人、３千人の日本人が
　拉致されたであろう【仮定に基づく推測】

↓

この京都においてもそうだ【根拠を示さない断定】

　特定失踪者が存在する「事実」について述べる際に、その根拠は「おそらく」という曖昧さを表す副詞や「1千人から3千人」と幅の広い推定値の設定によって示されている。この仮定に基づいた推測は、「この京都でもそうだ」という表現で聴衆を扇動する「手段（根拠）」として用いられていると言えよう。④にて「多くの日本人」という曖昧表現が再び登場し、「テロ国家」「朝鮮総連」というリスク（ソト）と戦っている「日本第一党」（ウチ）という対立構造を作り上げる。このような扇動のことばは暗示的に国民の不安を煽り、対立を際立たせることで排外主義団体が主張する「排除」を正当化する。
　ナチ党集会で行われたヒトラーの演説を分析した高田（2014）でも上述したような数値の誇張、曖昧表現を用いた捻じ曲げなどが国民を扇動し、幻惑させる手段として用いられていたと指摘している。具体性がなく、内容に乏しいこの曖昧表現は、演説のなかでさまざまな形で繰り返し用いられており、在日朝鮮人をリスク視する手段として働く。次の例（21）を見られたい。

　　（21）C：①そこになぜ日本人を拉致した、そしてミサイルを日本に向けている、核兵器も作っているかもしれないそんなテロ国家。②世界中からテロ国家として非難されている朝鮮、北朝鮮の出先機関、朝鮮総連。③その朝鮮総連と深い関係のある朝鮮学校になぜ多額の私たちの大切な税金を投入しなきゃならないか。④投入してはならないんですよ。

　北朝鮮を「テロ国家」と命名し、「日本人を拉致した」「ミサイルを日本に向けている」と列挙するなかで「核兵器も作っているかもしれない」と述べている。可能性の存在を表す「～かもしれない」で示された曖昧な批判の根拠は、自問自答の修辞的表現を用いた③から④までの「なぜ投入しなきゃならないか」-「（私たちの大切な税金を）投入してはならないんですよ」という主張と結び付いている。話し手の評価的な捉え方を表す「～してはならない」と強い確信度を示す「～んです」が共起し、聴衆に働きかけることによって朝鮮学校の存在をリスク視する主張を貫き通そうとしていると考えられる。

　北朝鮮は「世界中」から批判されており（②）、朝鮮学校は朝鮮総連と「深い関係」があるため「多額の私たちの大切な税金」（③）を投入してはならないと主張しているが、この場合も「世界中」「深い」「多額」といった抽象的で曖昧な描写に頼っており、具体性に欠けていることがわかる。このような抽象的で、漠然とした曖昧表現の使用は、Cのみならず、他の演説でも目立っていた。例えば、「平和」「強い心」「当然である」「当たり前」「真っすぐなこと」「ちゃんとしたこと」「正しいこと」「日本人の国益」などが挙げられる。このような表現は一見、前向きで肯定的なイメージとして伝わるものの、それぞれが具体的に何を指しているかは端的に把握しにくい、曖昧な表現である。

（22）B：①北朝鮮と戦うためにまず必要なのは自衛隊がどうのこうの、改憲がどうのこうのじゃないんです。②強い心です。③北朝鮮と戦うんだというその強い心を持った政治家、それがここにいる西山たけしその人です。

（23）E：①やはりね、こうやってごくごく当たり前のこと、みんなが言わないタブー、タブーでね、えー迎合して事なかれ主義の政治家では絶対に言わないそのことを政治家になる前から何年も前から声高に叫んでいく。②こういった真っすぐ、ちゃんとしたこと、正しいことをやり続けるとやはり人から支持が得られるんです。

（24）A：①ぜひですね、今一度この日本の国益、日本人の利益を考えて、②そして日本人の利益を最優先する、日本の国益を最優先する政治家を選んで頂きたいと思います。

　また、このような曖昧表現はその指示対象や内容が明確でない一方、同語反復や類義語による言い換えによって談話のなかで繰り返し用いられている。
　まず、例（22）の①〜②をみると、①にて、北朝鮮と戦うために必要なのは「自衛隊や改憲どうのこうのじゃないんです」と強い確信度を示す文末表現を用いて否定し、②にて必要なのは「強い心」であると述べるというように「（必要なのは）AではなくBである」と後続するBを強調する構造になっている。
　しかし、あるものの属性を表す形容詞の「強い」と被修飾語である「心」が

具体的に何を意味するのかは漠然としている。さらに、この曖昧な「強い心」を修飾語として取りあげ、立候補者である西山氏がどういった人物であるかを説明し、有権者の支持を求めていることがわかる（③）。

　例（23）でも「当たり前のこと」をやってきたと述べつつ、それが「真っすぐ」であり、「ちゃんとしたこと」「正しいこと」であるというように類義語の列挙が確認できる。しかし、「何」を「当たり前」だと評価するのかは明示的に述べられていないにもかかわらず、②の文末には「〜んです」が用いられており、中身のない主張を聞き手に認識させようとしていることがわかる。最後に、例（24）においても「日本の国益」「日本人の利益」という表現が繰り返し用いられている。

　鶴見（1946）は、われわれが使っていることばのなかにはその意味をよくわからずに習慣的に用いられるものがあると指摘し、そのようなことばの使われ方を「言葉のお守り的使用法」とした。お守りを持っているだけで安心できるように、人々がある特定のことばを深く考えずに、とにかく使うという行為である。鶴見（1946）は戦時中に用いられた「大日本帝国」という命名や、日中戦争の際に流行った民衆歌謡にある「日本」「日本的」などの表現も言葉のお守り的使用法の一つであると述べている。「日本」には「にほん」と「にっぽん」という2つの呼び方があるが、戦時中に扇動のために用いられる際はすべて「にっぽん」と発音されており、「大戦争に深入りするにしたがって『にっぽん』が『にほん』をしのいでつかわれるようになった」と指摘した（p.17）。排外主義団体による演説で用いられた「日本」「日本人」の多くは「にっぽん」「にっぽんじん」と発音されており、主に「国益」や「利益」「愛国心」などの語と共起していた。

　以上のような分析から、排外主義団体によるヘイトスピーチには、その主張の根拠を具体的に説明することなく、曖昧表現をまるでお守りのように都合よく駆使し、聴衆に訴えようしていることを確認した。

　次の第4節では、各言語実践がどのようにして「排除」と「差別」を正当化しているのかについて考察を行う。

第4節 ┃ 「排除」と「差別」を正当化する論証構造

　第3節では、排外主義団体の政治選挙におけるヘイトスピーチを取り上げ、外国人（主に、在日朝鮮人）をリスクと位置づけ、排除することによって新しい保守政党としての安定と持続を図ろうとする際の言語的表現を分析した。本節では、どのようにして「排除」と「差別」を正当化するのかという論証構造について取り上げる。

　Reisigl and Wodak（2001）によると、論証を結論及び主張と結びつけるものには「内容に関わる論拠（Content-related warrants）」と「結論規則（conclusion rules）」がある。つまり、論証とは話し手が自分の主張や意見を正当化するために、何らかの「理由付け」を行うということである。

　例えば、「日本はアジアで最も安全な国だ」と主張する場合、なぜ安全だと思うのかついて「凶悪犯罪の発生件数が少ない」「効率的な司法システムが整っている」などの理由を挙げることができる。しかし、「落とし物をしてもすぐ返ってくるから」のように、ある論拠には主観的な経験や判断に基づくものもあり、すべての理由づけが常に「真」に基づき、客観的に提示されるとは言えない場合がある。

　この考え方を用いて、本節では排外主義団体が日本社会におけるマイノリティ集団に対する「排除」と「差別」をどのようにして正当化するのかについて分析・考察を行う。具体的には、4.1節で「危険・危機を与える存在」、4.2節で「経済・財政にとって負担となる存在」としてリスク視する論証構造に注目する。

4.1　リスク①：国民安全に危険・危機を与える存在

　排外主義団体による選挙演説において外国人、特に在日朝鮮人は繰り返し日本の安全を脅かす存在として描写され、リスク視されている。その正当化の論証構造を一言でまとめると、「危ないものだから取り除く」である。

（25）D：①大阪朝鮮学校のキン・ギョクは日本人を拉致しております。②国
　　　　際指名手配されております。③朝鮮学校下関の校長先生ソウ・ケイセイ
　　　　これ覚せい剤、一度にですよ。一度に250kg密輸してこれも指名手配さ
　　　　れています。④それが日本に流れて覚せい剤中毒の方がね、事件を起こ
　　　　して日本の治安を乱している。⑤その学校に抗議してるだけなんですよ。

　上記の例（25）をみると、「朝鮮学校の関係者」について①日本人を拉致し
ている、②国際指名手配されている、③覚せい剤を密輸していると根拠を述べ
た後、④で「それが」覚醒剤犯罪を誘発し結果的に日本の治安を乱していると
いう批判に結びつけている。⑤では、「〜んですよ」という文末表現を用い、
自分は「危険な存在」に抗議しているだけであるとヘイトスピーチを正当化し
ている。つまり、過去にあった朝鮮学校関係者の犯罪事実という「部分」を
もって朝鮮学校または在日朝鮮人という「全体」に拡大し、悪いイメージを一
般化することによって差別を煽っているのである。このように対象を拡大した
うえでの「朝鮮学校は危ない」というレッテル貼りは、在日朝鮮人コミュニ
ティを日本社会の安全を脅かす存在として位置づける明らかなヘイトスピーチ
であると言える。
　このような論証構造は、戦争を正当化する手段としても用いられている。

（26）B：①今の我が国にできること、北朝鮮と戦争してでもそれでも拉致被害
　　　　者を取り戻すということなんです。②いや、戦争なんてとんでもない、
　　　　憲法で禁止されている。③違いますよ。④憲法においても我が国の憲法
　　　　においても、今ね、今この瞬間にも北朝鮮と戦争できるんです。⑤反撃
　　　　権ですね。⑥要するに、 敵 からですね。 敵国 から 我が国の主権 が侵害
　　　　された場合にはそれに対して反撃することができる。⑦これについては
　　　　ですね、左翼も認めております。⑧左翼と言われている連中もこの反撃
　　　　権を認めてるんです。⑨であるならば、であるならばですね。普通に考
　　　　えればね。当然拉致被害者を取り戻すためにもうとっくに昔に立ちあが
　　　　らなきゃいけないんです。⑩北朝鮮と戦争しなきゃいけないんですよ。

　上記の例（26）は、北朝鮮による拉致問題解決のために、「戦争してでも被

害者を取り戻す（①）」ことを主張している。②で「戦争なんてとんでもない、憲法で禁止されている」という反対派の主張を引用し、自問した直後に「違います（③）」と否定している。なぜ、違うのかについて④～⑧ではいくつかの根拠を示している。まず、一つ目は憲法における反撃権である。憲法によると、すぐにでも戦争が可能であると述べ（④）、そしてその「戦争」とは⑤にて「侵害された主権を守る」ための正当な行為として描写されている。このような主張と根拠の提示にはすべて「～んです」といった強い確信を表す文末表現が用いられている。

　2つ目は、⑦と⑧の「（反撃権について）左翼も認めているんだ」という論拠である。新しい保守、行動する保守を掲げる自分たちとは対立する「左翼」でさえ認めているので、拉致被害者を取り戻すための戦争は「当然」であると正当化する。「戦争」は拉致問題を解決するための手段として描写されているが、これはあくまでも演説者が所属する排外主義団体が目指す政治的行為の必要性や重要性を聴衆に強調することによって、対立を正当化するための操作にすぎない。このことばの操作は、⑩にて「北朝鮮と戦争する」という主張を、「～しなきゃいけないんです」と義務であるかのように聴衆に働きかけていることからも確認できる。

　「危険・危機」の論証を作り上げるために用いられた語彙には、「敵国」「我が国の主権」「侵害」「戦争」などが挙げられる。つまり、「敵国」である北朝鮮による日本人の拉致（危険・危機）は、「我が国に対する主権侵害」であるため、「戦争」という手段で解決するという論証であるが、実際は「戦争」そのものが国民の安全を脅かす本当のリスクであることは背景化し、排除している。

　また、このように作り上げられた「危険・危機」のリスクを与える「北朝鮮」は、多くのヘイトスピーチにおいて朝鮮学校支援問題に拡張されていく。

　次の発話は、選挙演説の最中、ヘイトスピーチに反対する意見を表明した聴衆と演説者のやりとりである。

（27）聴衆：「（朝鮮学校への支援は）おかしくないだろ！」
　　　Ｃ：「あなた、前も会いましたよね。」
　　　聴衆：「はい」

C：「北朝鮮は、北朝鮮が日本人をたくさんテロしたのご存じですか。それに対して私たちは戦っております。」
聴衆：「朝鮮学校は各種学校だからって補助金を出さないことにはならない。」
選挙運動員：「あんた、選挙妨害！」

　演説の途中、「おかしくないだろ！」と叫ぶ聴衆に向かって「北朝鮮が日本人をたくさんテロした」と述べ、「私たち」は「それに対して戦っている」と反論する。一人称複数形の「私たち」を用いて抗議する聴衆を排除し、「ウチとソト」という二分化を行っている。その後、聴衆から「各種学校だからという理由で補助金を出さないことにはならない」という批判に対して根拠を挙げて反論することはなかった。選挙活動に参加していた日本第一党の幹部が「あんた、選挙妨害」と叫び、朝鮮学校支援をめぐる議論から離れ、論点をずらしている。明らかなヘイトスピーチであるにもかかわらず、それに抗議する人を表現の自由を侵害する「妨害」と規定し、自分たちに向かう批判を無力化する手段として用いている。これは、選挙演説という場を借りた、従来のヘイトスピーチとは異なる新しいヘイトスピーチが持つもう一つの「社会を脅かすリスク」であると考えられる。
　上記のやりとりが行われている最中に、突然割り込んできた応援弁士のDは以下（28）のように反論している。抗議した聴衆はすでにその場を立ち去ったため、聞き手は再び不特定多数の人々となっていた。

（28）D：①朝鮮学校の子供が可哀想ならば公立高校にいけばいいんですよ。②なら、とっくにもう無料なんですよ。③日本は、京都市は、朝鮮学校の子供たちも差別なく無料で日本人の子供と同じように学ぶことができるんですから。④そうでしょう。⑤普通の学校いけばいいんですよ。ね。⑥そんな日本人拉致したり、覚せい剤をね、日本に持ち込むそんな学校が、学校長している、朝鮮学校に抗議するのは日本人として当然でしょう。⑦これを言うと差別言うんですよ。⑧なぜか知っていますか。⑨北朝鮮が大好きなんですよ、今の妨害者は。

　上記の例（28）では抗議する人を「妨害者」と命名し、「テロ国家」「犯罪集団」などの修飾語を用いて批判してきた「北朝鮮」と同一化する論理の展開が見られる。⑨にて「北朝鮮が大好きなんですよ」と真偽判断のできない事柄についても、まるで事実かのように強い確信を表す文末表現で述べることで相手を自分たちにとってのリスクと規定していることがわかる。このように「危険・危機のリスク視」を煽る論証は朝鮮学校の支援廃止を主張する前提として働き、差別を正当化する。この「危ない勢力は排除して当然である」という論証から「朝鮮学校」への排除は問題ないという結論に至るまで行われた正当化には、「朝鮮学校の関係者が犯罪を起こした」「北朝鮮と関わりがある」ということが根拠として用いられている。

　このような主張の根拠は多くの場合、「〜んですよ」という強い確信を表す文末表現で示されており、演説を聞いている聴衆がその主張を事実のように受け入れる可能性を高める。「危ないもの」対「危ないものと戦っているもの」という二分化の対立構造によるコントラストは、聴衆がそれを自分の安全と直接関わるリスクとして受け入れやすくする。そして、それがなぜ危ないのかについて批判的に考察する機会をなかなか与えてはくれないため、このような論証構造は、排外主義団体の主張を正当化し、聴衆を扇動するための有効な手段として働く。

　「公立学校にいけば、日本人と同じく無料になる」（①〜④）という選択肢があるにもかかわらず、朝鮮学校への補助金を求めることは「在日の特権」であるという排外主義団体の主張は、次節で取り上げる「経済・財政の負担」とも深くかかわっている。

4.2　リスク②：経済・財政への負担

4.2.1　朝鮮学校の教育無償化

　反日勢力と位置づけられた「朝鮮学校」に対する排除の論証は、危機・危険のリスクだけではなく、経済・財政への負担を与える存在として取り上げられる。

（29）C：①朝鮮総連と深い関係にある朝鮮学校、その朝鮮学校はいまだにですね。反日的な教育を行っております。②そこに対し、なぜ|私たちの税金|から補助を|しなければならない|んですか。③|当然|じゃないですか。④それを言うとね、今、差別だと言うんですよ。—中略—⑤北朝鮮の出先機関、朝鮮総連、その朝鮮総連と深い関係のある朝鮮学校になぜ多額の私たちの大切な税金を投入|しなきゃならない|か。⑥投入|してはならない|んですよ。

まず（29）に見られる論証構造をまとめると、次のようになる。

【主張】朝鮮学校の補助・支援のため税金を投入してはならない
【根拠１】朝鮮総連と朝鮮学校は深い関係にある
【根拠２】朝鮮学校ではいまだに反日教育を行っている

　この論証構造には、第3節で確認したさまざまな言語実践が複合的に現れている。まず、例（29）の①にて主張の根拠を述べた後、「なぜ私たちの税金から補助をしなければならないんですか（②）」と聴衆に問いかけている。その後、③にて「〜じゃないか」という修辞疑問文を用いて再び「当然じゃないですか」と問いかけているが、「当然」だと主張する根拠は明示されていない。また、在日朝鮮人も納税の義務があり、税金を払っているにもかかわらず、②にて「私たちの税金」と一人称複数形の「私たち」を用いて「税金を払う私たち（ウチ）」対「補助を求める彼ら（ソト）」と二分化し、排除を際立たせている。反日的な教育を行っている「朝鮮学校」をリスク視する言及は、⑤でもう一度繰り返され、そのような集団に「私たち（日本人）の税金」「多額の私たちの大切な税金」を投入、補助するのはおかしいので「投入してはならない（⑥）」という結論に至り、聴衆に働きかけている。
　経済・財政への負担を根拠に外国人をリスク視し、排除を正当化する論証構造は次の例（30）からも確認できる。

（30）C：①|私たち日本人|の大切な税金を貪る|反日勢力|、|反日外国人|をこの日本、そしてこの京都から排除すべく、戦って|参ります|。②そういった

議員も一人ぐらい必要じゃないですか。③私たちの大切な、真面目に真面目に働いてですね。子育てしてる、されている方もいらっしゃると思います。④そういった方の税金が正しく使われていないんですよ。⑤おかしいじゃないですか。⑥なぜ外国人にばかり税金を使って日本人に、日本人を冷遇するのかおかしいです。⑦だから私たちは声を上げてるんです。⑧ここは日本です。

　例（30）の①、③で挙げられるように「私たち日本人」は「真面目に真面目に働き（③）」税金を納め、「反日勢力」や「反日外国人」はその税金を「貪る」存在であると否定的に呈示している。在日外国人も納税の義務があり、税金を納めているにもかかわらず、「税金を貪る」と述べ、まるで日本の経済・財政に負担を及ぼすようなリスクとみなしていることがわかる。

　そして、このリスクを地域から「排除」するために戦うと訴えつつ、支持を求めている。このような論理の展開は、⑥において、「外国人にばかり税金を使う」ことによって「冷遇される日本人」という逆差別のフレーム（概念）を作り上げ、差別を正当化する認識を植え付ける。「おかしいじゃないですか（⑤）」と問いかけることによって聴衆を巻き込み、「～はおかしいです（⑥）」と自答することも、正当化するためのストラテジーである。⑧の「ここは日本です」は、ソト集団である「外国人」を排除し、ウチ集団の「日本人」から切り離そうとしている。外国人を排除することによって「問題」を解決できるかのように結論づけているが、何が「冷遇」なのか、そして自分がその問題をどのように解決するかについては何も具体的に説明されていない。すなわち、社会におけるあらゆる問題を解決するための具体的な政策や意志が欠けているという政治家にとっての「本当のリスク」は巧妙に隠蔽し、棚に上げつつ実体のない「外国人への優遇」をそれに代わるリスクとして掲げているのである。

4.2.2　外国人留学生への経済支援

　経済・財政の負担を根拠に外国人を社会のリスクとして取り上げる排外主義団体の論証構造は、朝鮮学校支援問題に限られるものではなく、外国人留学生への支援問題にも拡張されていく。

（31）Ｃ：①この京都市においても外国人が日本人以上に優遇されている制度、たとえば、先程から言っております国民健康保険制度。②これ日本人学生にはない制度、補助が外国人留学生にはあるのご存じですか。③日本人の学生には無いんです。④しかしながら外国人留学生にも国民健康保険に加入させ、月々、補助を与えています。⑤おかしくないですか。⑥私は外国人出ていけとか云々とか外国人が好き嫌いという話をしてるんじゃないです。⑦感情論じゃないですよこれ皆さん。⑧感情論ではないんです。⑨この日本、そしてこの京都で日本人以上に外国人が権利をよこせと言うからおかしいんじゃないかと言ってるだけなんです。⑩これのどこが差別なんですか。⑪これを言うと差別だと言われるんです。⑫ここ日本ですよ。⑬ここ北朝鮮ですか。⑭ここ韓国ですか。⑮日本じゃないですか。

　上記の例（31）でも引き続き、「外国人」と「日本人」の二分化による論理が展開されている。具体的には「外国人留学生にだけ国民健康保険制度の補助を与えている（②と④）」が、「日本人の学生はそのような制度、補助がない」と主張し、日本にいる外国人留学生の存在をリスクとして取り上げている。しかし、この主張の根拠はまったく事実に基づいていないいわゆるデマである。実際、国民健康保険制度は外国人だけを優遇するための制度ではない。厚生労働省HPの説明[7]によると、日本の都道府県の区域内に住所を有する者なら、全員が被保険者とされる制度である。逆差別であると主張する根拠として補助の有無が挙げられているが、外国人留学生だから無条件に補助を与えるのではなく、非課税の対象であること、つまり所得がないことが証明できた場合に限って保険料の減額が行われる。日本人の学生の多くは、両親の被扶養者に登録されている場合は扶養者控除の対象となり、補助を受けている。他地域に進学するなどを理由に、独立世帯になった場合も非課税の対象であれば、日本人の学生も同じく保険料減額の補助を受けることができる。
　しかし、②のように「日本人学生にはない制度、補助が外国人留学生にはある」という事実とは異なる内容を根拠として取り上げ、③「〜んです」といった文末表現を用いてまるで逆差別が事実かのように断言している。このようなデマに基づいた主張を、Ｃは「⑤おかしくないですか」という問いかけによっ

て聴衆に投げかけ、同意を求めている。⑥〜⑧は、自分の主張が外国人に対して「出ていけ」「好き嫌い」といった「感情論」や「差別」ではないと否定しているが、続く⑨では「日本人以上に外国人が権利をよこせと言う」と言及し、「おかしい」と評価している。外国人を財政のリスクとして規定し、「日本人以上に権利をよこせと言う（⑨）」などの事実ではないことを根拠とした誹謗中傷を行いながらも「差別」ではなく「ここは日本だから」「おかしいことを指摘している」「正しいことを言っている」だけであると排外主義を正当化しているのである（⑩〜⑫）。

　この用例においてもう一つ注目したいのは、リスク視される対象である。①から④で取り上げられている通り、表面的には「外国人」または「外国人留学生」が対象であるが、段落の最後の⑬と⑭をみると「ここ北朝鮮ですか」「ここ韓国ですか」と特定の国を取り立てて言及している。このことから、結局この排外主義団体が「リスク視」している対象はこれまで「反日勢力」と命名されていた在日コリアンを指していることがわかる。つまり、日本第一党の前身である在特会のイデオロギーをそのまま継承しており、「特定の地域出身者、集団を攻撃するヘイトスピーチ」という批判から逃れるために「外国人」または「外国人留学生」と拡張しているだけである。

　このように外国人を排除するための論証構造は次の例（32）からも読み取れる。

（32）E：①皆さん、皆さんの生活に直結しております。②まず一つ、奨学金制度、先程もありましたけれども大学に入学するときの奨学金、奨学金をもらってその奨学金を卒業したと同時に5年ないしは7年ないしは10年かけて返済していくわけです。ねー。③しかも有利子ですよ。④学生が社会に出て300万、400万の借金を抱えさしてこれでええんですかね。⑤彼はね、西山たけしは、これはおかしいと、⑥じゃ、その、おー例えば利子をなくすとか、その300万を無償にする、返さなくていいとするとなれば言うことは簡単です。⑦でも、具体的な財源はどこにあるんだと簡単なんですよね。⑧西山たけしが言っております。⑨留学生、いわゆる外人の大学生、これ今、お金奨学金返さんでいいですよ皆さん。⑩返さんでいいどころかね17万、小遣いもらってそして自分の田舎の中

131

国、韓国に帰る時にはね、その飛行機代まで出るそうです。⑪もうびっくりします。⑫そのお金をそっくりそのまま、日本の大学生の奨学金制度を利用している大学生に、持っていけば全然問題ないわけですよ。⑬これを西山たけしが言うておるんです。⑭ね、ごくごく 当たり前 のこと、これアメリカのたとえばね、アメリカの国の大学に日本人がいると、アメリカ人が払う2倍から3倍のお金払わなんだあかんですよ。学費は。⑮これはごくごく 当たり前 のことです。⑯世界で 当たり前 のことじゃないですか。⑰でもこの日本ではそれが真逆、世界から笑われているんですよ。⑱なんでこんなにね<u>中国人や韓国人</u>や媚びへつらわなんだあかんのですか。⑲皆さんは一生懸命に働いた税金、日本人のね、ために、やっぱり役立ててほしいと思いませんか。⑳なんで、何の因果で、<u>中国人や韓国人</u>に<u>皆さんの血税が支払われ</u>なんだいけないか。㉑それは 当たり前 、ごくごく 当たり前 のことを、この西山たけしは、もう何年も前からこの街角で立ち、左京区の街角に立ちね、訴え続けてきたんですよ、みなさん。

　上記の例をみると、「奨学金制度」において日本人の学生は逆差別をされていると主張している。冒頭の②〜④において日本人の学生は「大学でもらった奨学金を卒業したと同時に5年から10年にかけて、300万、400万の借金を有利子で返済する」のに対し、留学生は「奨学金の返済義務がない」「17万のお小遣いをもらっている」「帰る時に飛行機代まで出る」（⑨〜⑩）と述べている。しかし、この発言には情報の意図的な操作が行われている。つまり、一部の事実と事実ではない嘘の情報を巧妙に混ぜ、扇動に用いているのである。

　日本学生支援機構（2020）によると、現在日本には約31万人の留学生が滞在している。このなかで日本政府から学費・生活費の支援を受ける国費留学生は、9千人に留まっており、これは留学生全体の約3％に過ぎない数値である。この約3％に選ばれた国費留学生は、授業料を免除され、毎月約14万円の奨学金を受けることができる。帰国経費は、この国費留学生が正規生としての学業を終えた直後、本国に完全に帰る場合に限って支給されるものであり、卒業後も帰国せず、日本に在留する場合は受けられない。

　多くの留学生は「私費留学生」であり、この私費留学生は日本人の学生が利

用できる日本学生支援機構の貸与型奨学金も受けることができないため、学費と生活費に関しては自分で解決しなければならい状況である。

　しかし、このような事実については一切言及せず、ごく一部の国費留学生に対する支援制度、しかも真偽が紛れた情報を都合よく捻じ曲げ、まるで留学生全体がそのような支援を受けているかのように述べている。

　差別と排除の主張は、対象をどのように命名しているのかからも確認できる。⑨では「留学生、いわゆる外人の大学生」と述べ、「外国人」ではなく差別用語的に使われることがある「外人」と言及している。また、この「留学生」・「外人の大学生」は後続する⑩「田舎の中国や韓国に帰る時」と⑱「中国人や韓国人」のように特定の国の出身者を取り立てて指していることがわかる。

　日本学生支援機構（2020）の国費留学生の国籍分布をみると、中国人留学生は11.6％、韓国人留学生は6.8％であり、国費留学生全体の2割にも満たない。この事実から考えても、排外主義団体の「中国人、韓国人留学生は財政負担のリスク」という主張は、何の根拠もないただの差別行為である。このような根拠の定かでない主張は、談話全体において「当たり前」という曖昧表現を繰り返し用いることによって、特定国出身の留学生への差別を正当化している。また、「一生懸命に働いた税金を日本人のために役立ててほしいと思いませんか（⑲）」や「なんで、何の因果で、中国人や韓国人に皆さんの血税が支払われないといけないか（⑳）」で共通して用いられている聴衆への問いかけは、自分の主張をただ発信することに留まらず、聞き手である聴衆もこの「リスク化」に参加するように働きかけていると考えられる。

第5節　ヘイトスピーチに向き合う「権力」の姿勢

　第3節と第4節の分析結果についてまとめると、選挙活動に隠れたヘイトスピーチには以下のような特徴が見られる。

　（A）排外主義団体によって「リスク」と規定されるものは何か
　　　・「北朝鮮による拉致問題」（危機・危険）
　　　・「従来の保守勢力の態度」（無能・放置）

・「朝鮮総連と朝鮮学校」（犯罪・治安の悪化）

　　・「在日コリアン」（特権維持を主張、経済・財政の負担）

　　・「（中国、韓国から）外国人留学生」（経済・財政の負担）

（B）上記は「何」にとって「リスク」なのか

　　・「（真面目に働く、税金を支払う、冷遇される）日本人」

　　・「日本人の学生」

　　・「日本人の権利」

　　・「日本の国益」

　　・「日本の安全」

（C）（A）は「日本」と「日本人」にとって本当にリスクなのか

　　・「北朝鮮による拉致問題」

　　　→安全を脅かしているリスク

　　・「従来の保守勢力の態度」

　　　→リスクではない（根拠は3.3節を参照）

　　・「朝鮮総連の存在」

　　　→安全を脅かすリスクになる可能性がある

　　・「在日コリアン（在日朝鮮人・在日韓国人）」

　　　→リスクではない（根拠は4.1節を参照）

　　・「朝鮮学校に対する財政補助」

　　　→リスクではない（根拠は4.2.1節を参照）

　　・「（中国、韓国から）外国人留学生」

　　　→リスクではない（根拠は4.2.2節を参照）

（D）隠された「本当のリスク」とは何か

　　・「排外主義団体が戦争を煽る行為」

　　・「改憲と日本の右傾化」

　　・「社会における対立」

　　・「外国人差別の蔓延」

　　・「在日コリアンをめぐるデマの拡散」

（E）「リスク」を排除することで「利益」を得るのは誰か

　　・「排外主義イデオロギーを持つ保守政党」

　　・「表現の自由を盾にヘイトスピーチを行う者それ自身」

　選挙演説の形を借りた排外主義団体によるヘイトスピーチには、その典型的な特徴として挙げられてきた直接的で暴力的な言動は目立っていなかったが、「二分化」や「一般化」、「繰り返し用いられる曖昧表現」などによって潜在的な形の「ヘイトスピーチ的特徴」を作り上げていることがわかった。また、論証構造においても「危険・危機を与える存在」を強調し、身近な危険として前景化して表すことによって聴衆の真偽判断を阻止している。くわえて、事実ではないこと、または誇張され一般化された一部の事実が、ある特定の集団や人物で代表される全体の属性に置き換えられる。真偽判断を阻んだまま捏造や嘘を土台に作り上げられた論証構造は、マイノリティ集団への「排除」を正当化する道具として用いられる。このような新しいタイプのヘイトスピーチの最も大きな問題は、深く考えない限りそこで実践されている「排除」や「嫌悪」に気づきにくいということである。

　従来のヘイトスピーチでよく見られる「○○人を殺せ」「叩き出せ」のような明示的な表現の場合、排除となる対象や嫌悪の意図に誰もがすぐに気づき、警戒することができる。しかし、本章で取り上げたように巧妙な言葉による「リスクコミュニケーション的な言説」は、主観的な意見をまるで情報提供のような説明の形式にすり替えて発せられているため、人々に「潜在的な嫌悪」を植え付ける可能性がある。上記の（A）から（E）のまとめからわかるように、談話実践のなかでリスクとして取り上げられたもののなかには、実際はリスクではないものが紛れている。また、自分たちを外敵からの危険・危機に立ち向かう「唯一の保守」「強い心の持ち主」として位置づけながら戦争を正当化していることを踏まえると、右傾化を図る新興保守集団については、その存在そのものをリスク視して警戒していかなければならない。

　しかし、日本社会がこのような「本当のリスク」について示す姿勢をみると、極めて単純化して捉えているのが現状である。日本におけるヘイトスピーチが議論され始めた2013年頃、安倍晋三首相（当時）は5月7日に開かれた参院予算委員会における答弁で、ヘイトスピーチに関する姿勢を次の（33）のように述べた。以下では、ヘイトスピーチについてどのように把握しているのかを述べるものは下線で示し、その問題に取り組むための姿勢に関する言及は波線で示す。

（33）今委員の御指摘のヘイトスピーチというのは、言わば憎しみをあおるような、人種的な、あるいは性差に基づくそういう誹謗中傷の類いなんだろうと、このように思います。日本人というのは、今、鈴木委員がお話しになられたように、まさに和を重んじ、人を排除する排他的な国、国民ではなかったはずでございまして、どんなときにも礼儀正しく、人に対しては寛容の精神、そして謙虚でなければならないと、こう考えてきた日本人なんだろうと、このように思うわけでございまして、そういう中において、今、一部の国、民族を排除しようという言動のあることは極めて残念なことでありまして、そういう中において、やはり日本人が大切にしてきた寛容の精神、和の精神、そして謙虚さをいま一度見詰め直していく中においてオリンピックの招致を目指していきたいと、このように考えております。

　上記の答弁内容をみると、日本政府のヘイトスピーチに対する認識がどれだけ安易なものかが読み取れる。多くの場合「～だろう」や「～と思う」といった確信度の低い文末表現になっており、答弁の曖昧さを極めている。ヘイトスピーチの加害者も被害者も「日本国民」であるにもかかわらず、「日本人」に対する首相の描写では「一部の国、民族を排除しようという言動をするもの」と切り離した別の存在として取り上げられている。具体的には「和を重んじる」「礼儀正しい」「寛容の精神の持ち主」「謙虚」といった抽象的な表現が多く用いられているが、これらはすべてその意味の把握が難しい曖昧表現である。「寛容の精神」とは、民主主義の基本原理の一つとしてよく取り上げられ、概念的意味としては「他人の言動をよく受け入れること。他人の罪過をきびしくとがめだてしないこと」を表す。この引用句の選択は、ヘイトスピーチによって「リスク視」されている被害者たちを「原罪のない崇高な日本人」という「ウチ」の集団から切り離し、「（我々とは）異なるソトの集団」であるがそれでも「受け入れる必要がある」という意識を含意していると考えられる。その後、「一部の国、民族を排除しようという言動のあることは極めて残念なこと」と述べ、ヘイトスピーチをめぐる問題をまるで他人事のように単純化している。「在日コリアン」または「朝鮮学校の人」といった具体的に被害を受けた対象があるにもかかわらず、「一部の」というように直接的な言及を避け

ている点も、この問題を解決するための積極的な姿勢を有しているとは考えられない。曖昧表現が散りばめられた答弁の後半は、「日本人が大切にしてきた寛容の精神、和の精神、そして謙虚さをいま一度見詰め直していく」ことを求めている。この発言は極めて抽象的であり、具体的にどのような対策で取り組むということなのかまったく伝わらない。

　つまり、政府はこの日本社会において長年にわたり「排除」と「差別」の被害にあった在日外国人（もっと具体的には、在日朝鮮人・在日韓国人）を救済する積極的な措置よりも、「和の精神」で代表される「日本人のイメージを保持する」ことを目的にしているとしか考えられない。

　国会においてヘイトスピーチに関する政府の姿勢を尋ねる質疑応答はその後も頻繁に行われたが、その都度総理の回答は「一部の国、民族を排除しようという言動のあることは極めて残念であり、あってはならないことと考えております」とほぼ同じ文言の繰り返しであった[8]。「ウチ」と「ソト」という二分化による主張の展開や曖昧表現の繰り返し、非論理性などは、本章で取り上げた排外主義団体によるヘイトスピーチの特徴とも共通している。つまり、中身のないまたは真偽が把握しにくい主張ばかりが根拠もなく政治家によって発せられているのである。

　社会構成員に対する「排除」を正当化するヘイトスピーチについて、これ以上自分とは無関係なこととして単純化してはならない。特に、社会問題を解決する権限を持っている権力者が「沈黙」や「無関心」の態度で応じることはもう一つの「暴力」であることを強調したい。

　次の第6節では、ヘイトスピーチによる「排除」にわれわれはどのように対抗するべきかについて提言する。

第6節　ヘイトスピーチによる「排除」にどう対抗するか

　鶴見（1946）は『思想の科学』で次のように述べている。

　「政治家が意見を具体化して説明することなしに、お守り言葉をほどよくちりばめた演説や作文で人にうったえようとし、民衆が内容を冷静に検討することな

しに、お守り言葉のつかいかたのたくみさに順応してゆく習慣がつづくかぎ
り、何年かの後にまた戦時とおなじようにうやむやな政治が復活する可能性が
のこっている。言葉のお守り的使用法を軸として日本の政治が再開されるなら
ば、国民はまた、いつ、不本意なところに、しらずしらずのうちにつれこまれ
るかわからない」(p.20)

　本章で分析した排外主義団体によるヘイトスピーチからも鶴見(1946)の指
摘通り「戦時と同じようにうやむやな政治が復活」していることがわかった。
その一例として「日本第一党」の党首である桜井誠氏は2020年に行われた東
京都知事選挙に出馬し、約18万票を獲得した。これは、初出馬だった2016年
の東京都知事選挙の約11万票よりも7万票も上回る得票数である。もうヘイト
スピーチは「一部の集団による非常識な逸脱」ではなくなったのである。この
ようなリスクを隠しているヘイトスピーチを容認することは、それこそ日本の
平和を脅かす引き金を放置することにほかならない。

　特に、新型コロナウイルスの拡散とともに外国人を「私たちの健康と安全を
脅かす新しいリスク」と捉え、「差別」や「排除」を正当化しようとする社会
的風潮は、以前より明確化してきている。では、われわれはこのような「本当
のリスク」に対抗するため、どう立ち向かうべきだろうか。

　まず、一つ目は「主張」を支える「根拠」を批判的に観察する力を育てるこ
とである。例えば、「1足す1は2です」のような文は、その真偽判断が容易で
あるが、「〇〇人は嘘つきが多いです」のような文は話し手の主観的な判断を
表現したものであり、それが正しい主張なのか否かの判断はこの表現を聞いた
だけは不可能である。

　本章で取り上げた排外主義団体によるヘイトスピーチにも、このようにその
真偽判断の難しい「主張」がまるで「真実」かのように用いられていることが
確認できた。具体的には、事実ではないことを強い確信を表す「〜んです」で
表現すること、または差別を正当化するため、「〜てはならない」と自分の価
値判断を義務づけ、聴衆に働きかける表現が挙げられる。

　ヘイトスピーチは最初から「差別」と「排除」を目的とするため、そもそも
正しい情報の伝達には興味がない。それよりも自分たちの利益を守り、マイノ
リティ集団へのリスク視を正当化するための巧妙なことばの操作に集中してい

ることを意識して批判的に向き合わなければならない。

　2つ目は、抽象的で曖昧な言葉の使用を警戒することである。例えば、「伝統」「文化」「幸福」「国益」「安全」のような語は、なんとなくその意味はわかるものの、具体的に何を指しているのかは一言で説明できない抽象的な概念を表すものである。また、そのことばを使う人がどのような認識を持っているかによっても変わってくる。例えば、筆者にとって「安全」とは、本章の最初に述べたエピソードのように、日本語以外の言語を使っていても周りの目を心配しなくてもいい状態である。しかし、この「安全」ということばがヘイトスピーチで用いられるときは、排外主義団体がリスク視している外国人を排除することによって保たれる状態である。「外敵」「ゴキブリ」「ゴミ」のように否定的な意図が明示的に現れることばを用いたヘイトスピーチは誰もがその危険性に気づき、警戒することができるが、上述したような抽象的で曖昧な表現はその意図性を判断しにくいという特徴がある。つまり、誰が、何を、なぜ、どのように語るのかを常に意識し、そのなかに意味の転用やすり替えはないのか深く考える姿勢が必要である。

　3つ目は「表現の自由」を錦の御旗にし、誹謗中傷する行為を見極めることである。ヘイトスピーチ規制法は制定されたものの、その行為を処罰する実効性は欠けている。政治選挙が行われる度に、排外主義者たちは公職選挙法の後ろに隠れ、堂々と街頭に立ち、ヘイトスピーチを行っている。選挙演説におけるヘイトスピーチを特に警戒しなければならない理由は、選挙演説になった以上、不特定多数の有権者に向かって間違った情報や意図的に捻じ曲げられたデマが発せられても演説の権利が法律で保障されているため、その場でそれを止める手立てがないからである。

　客観的な事実が軽視され、特定集団によるイデオロギーや個人の信念、感情などがまかり通って世論形成に影響を及ぼす状況を表す新語に「ポスト真実（Post Truth）」がある[9]。スナイダー（2017）は、「ポスト真実」はファシズムの前段階であると指摘している。社会におけるマイノリティ集団を排除し、戦争を正当化することが「日本の国益を守る方法」であるという排外主義団体の主張は、日本をファシズム国家に転落させる恐れのある、私たちの社会にとって「本当のリスク」なのである。

　筆者は、ヘイトスピーチにおける言語実践を批判的談話分析の立場から考察

する研究が蓄積されることよって「表現の自由」と「憎悪表現」の境界を明らかにする手がかりを提示できると考えている。

　しかし日本社会からヘイトスピーチを無くしていくことは言語研究者だけの仕事ではない。すべての社会構成員、つまり一人一人の市民がヘイトスピーチを「本当のリスク」として認識し、本章で述べてきたようなことを手がかりにして「ポスト真実」を警戒し、「言葉のお守り」に潜んでいる「巧妙な排除の言説」に批判的に向き合っていくことが重要なのである。なぜならヘイトスピーチは、「私たちの社会」における「私たちの問題」だからである。

注

(1) 『動かしつづける。自分を。未来を。The Future Isn't Waiting. | Nike』<https://youtu.be/G02u6sN_sRc>（2021年1月8日リンク確認済み）

(2) 本章で引用しているコメントは、すべてNIKE社のPR動画のコメント欄から直接引用したものである。ここでは作成者のニックネーム等は伏せ、コメントのみを示す。

(3) 法務省ウェブページ「ヘイトスピーチに焦点を当てた啓発活動」を参照<http://www.moj.go.jp/JINKEN/jinken04_00108.html>（2021年1月3日リンク確認済み）

(4) 本書で引用する用例のスクリプトは、実際の音声を忠実に書き起こしたため、演説者により言い間違いや口語、地域方言特有の文法的な逸脱箇所もそのまま文字化している（例：特に→とっくに）。演説者の発言を筆者の方で勝手に補正・修正することなく、ありのまま伝えるためである。適宜、引用文の意味を推察し、補正しつつ読んでいただきたい。また、本章の分析に用いた排外主義団体による選挙演説には事実関係や論証に問題がある点が多い。スクリプトの全文を掲載することによって再びそのような演説が拡散することは、リスクコミュニケーションの観点からも望ましくないと考える。したがって、本章では分析で取り上げる一部の引用を除き、スクリプト全文とその動画のタイトルやURLなどの詳細情報をあえて非掲載とする点、どうかご理解願いたい。近年、インターネット上にはヘイトスピーチに反対するため、「レイシズム監視情報保管庫」<https://odd-hatch.hatenablog.com/entry/2050/12/09/ 100000>（2021.01.10リンク確認済み）のようなアーカイブページが運営されている。本章で取り上げる選挙演説を含め、日本で行われているさまざまなヘイトスピーチの現状については、このアーカイブページからも参照できる。

(5)　演説者はこの発言の途中に道の反対側を指差していたが、その様子を撮影していた選挙運動員のカメラが「まえはら誠司」と書いてある立て看板がある建物をズームで映す。このような非言語的行動が行われた後、演説の後半で「そこの前原誠司にしてもそう」という言及があることから、その指示対象が衆議院議員の前原誠司氏であることが特定できた。

(6)　例（12）は2017年衆議院選挙当時、日本共産党所属志位和夫氏による街頭演説である。筆者が現場で直接収録した音声データを文字化し、そのなかから抜粋した用例である。本章で取り上げる街頭演説と同じく、駅前の広場にて不特定多数の有権者に向かって行われた選挙演説であった。ここでは、排外主義団体の街頭演説に見られる文末表現の特徴を説明するため、その比較例として用例を取り上げる。

(7)　厚生労働省HP「我が国の医療保険について」<https://www.mhlw.go.jp/stf/seisakunitsuite/bunya/kenkou_iryou/iryouhoken/iryouhoken01/index.html>（2021.01.10 リンク確認済み）

(8)　本章で引用した安倍総理の答弁内容は、その後に開かれた「平成26年10月2日第187回国会参議院本会議」や「平成27年2月17日第189回国会衆議院本会議」などの国会会議でも繰り返されていた。以下は、総理の答弁内容のみを抜粋したものである。重複して用いられた表現を下線で示す。

《平成26年10月2日第187回国会参議院本会議より抜粋》

「個別の団体に関する御質問についてはお答えは差し控えますが、<u>一部の国、民族を排除しようという言動があることは極めて残念であり、あってはならないと考えています</u>」

《平成27年2月17日第189回国会衆議院本会議より抜粋》

「<u>一部の国、民族を排除しようという行動のあることは極めて残念であり、あってはならないことと考えています</u>。いわゆるヘイトスピーチと言われる行動に対する立法措置については、各党における検討や国民的な議論の深まりを踏まえ、考えてまいります。今後とも、一人一人の人権が尊重される、豊かで安心できる成熟した社会を実現するため、教育や啓発の充実に努めてまいります」

(9)　BBC News日本語版「『ポスト真実』が今年の言葉　英オックスフォード辞書」<https://www.bbc.com/japanese/38009790>（2016年11月17日配信）

参考文献

東照二（2007）『言語学者が政治家を丸裸にする』文藝春秋.
スナイダー，ティモシー（2017）『暴政：20世紀の歴史に学ぶ20のレッスン』池田年

穂（訳），慶應義塾大学出版会．

鶴見俊輔（1946）「言葉のお守り的使用法について」『思想の科学』創刊号，pp.15-25，先駆社．

高田博行（2014）『ヒトラーの演説』中公新書．

日本学生支援機構（2020）『2019（令和元）年度外国人留学生在籍状況調査結果』．

梁英聖（2016）『日本型ヘイトスピーチとは何か』影書房．

Fowler, R.（1991）*Language in the News :Discourse and Ideology in the Press*. New York : Routlede.

Linell, P.（1998）"Discourse across boundaries: On recontextualizations and the blending of voices in professional discourse", *Text*, 18(2): 143-157.

Matoesian, G.（1999）"Intertextuality, affect, and ideology in legal discourse", *Text*, 19(1): 73-109.

Reisigl, M. and Wodak, R.（2001）*Discourse and Discrimination. Rhetorics of Racism and Antisemitism*. London: Routledge.

Sarles, Ruth（2003）Kauffman, Bill. ed. *A Story of America First: The Men and Women Who Opposed U.S. Intervention in World War II*. Greenwood Publishing Group.

Simon-Vandenbergen, A.M.（1996）"Image-building through modality: the case of political interviews", *Discourse & Society*, 7(3): 389-415.

第3章

「外国人児童生徒」とは誰のこと？

―言葉の奥にあるものを批判的に読み解く―

村上 智里

第1節 リスクでないものがリスクとみなされる時

　「リスク」とは、「危険の生じる可能性。危険度。また、結果を予測できる度合い。予想通りにいかない可能性」[(1)] のことである。「感染リスク」「重症化のリスク」など、コロナ禍で毎日目にするようになった言葉だが、これまでにも「投資のリスク」「人間関係がこじれるリスク」など、さまざまな文脈で使われてきた。では、人が何かをリスクだと感じるのはどんな時だろうか。さまざまなケース、要因が考えられるが、今自分がいる「居心地がいいと感じている状況」や「それが当たり前だと思っている状況」などを、大きく違う方向へと変える何かに出会った時にも、人はそれをリスクとして認識するのではないだろうか。当然、その裏には、居心地がいい、当たり前だと思っている状況を変えずに維持したい、という思いがあるだろう。しかしこれを逆説的に考えると、私たちは本来リスクではないものをリスク視してしまう可能性があるとも言える。そして私たちがリスク視してしまうのは、物や状況だけではない。本来はリスクのない「人」のことさえも、ときにはリスクとして認識してしまうことがある。厄介なのは、相手をあからさまにリスクだと認めていなくても、「こ

143

のままであってほしい」と思うものをその相手が変える可能性を秘めているとき、自覚のないままにリスクだと認識してしまうということである。

　本来はリスクではない人がリスク視されるという状況は、至るところで起こり得る。リスクという言葉とは一見無縁に思える教育の世界でも、リスクではない子どもがリスク視される現実があるのだ。本稿で取り上げる、「外国人児童生徒」と呼ばれる子どもたちもそうである。「外国人児童生徒」のことをあからさまに「日本の教育制度、学校にとってのリスクだ」と言う人はいないだろう。しかし、従来の日本の教育制度では「外国人児童生徒」への十分な教育が行えないことが露呈した今、その制度を維持したいと考える人にとって、「外国人児童生徒」の存在はリスクとして認識される可能性があるのだ。その結果、日本の教育制度の変容を避けるべく、「外国人児童生徒」への教育はメインストリームの教育とは異なる周縁的なものとして位置づけられてしまう。それと同時に、その教育が保障される「日本人児童生徒」と、保障されない「外国人児童生徒」が学校のなかに存在する、という状況がまかり通っているのだ。学校には通えていても、制度上「排除」とも言える状況に置かれているのである。しかし、その教育制度は多くの人にとって当たり前すぎるために、これが「外国人児童生徒」に対するリスク視に結びつくものだとは気づかれにくい。そしてこのような教育制度のなかで行われる教育実践は、実践者が「外国人児童生徒」のことを心から思っていたとしても、当の本人たちにとって最善の利益をもたらすとは限らないのである。

　本稿では、本来はリスクではない「外国人児童生徒」が日本の教育制度を変容させる可能性を持つ存在としてリスク視されることにより、教育制度のなかで排除とも呼べる扱いを受けてきたことに焦点を当てる。そして、そのような状況のなかで、「外国人児童生徒」教育に携わる関係者にどのような教育的指針が示されているのか、その背景にあるイデオロギーや認識枠組みはどのようなもので、何が不可視化されているのかを言説分析によって明らかにし、そうした状況にどのように向き合っていくべきかについて論じることを目的とする。

第2節 ▎「外国人児童生徒」に対する教育

　ここでは、「外国人児童生徒」とはどのような子どものことを指すのか、日本の教育制度のなかでどのような状況に置かれているのかを見ていく。

2.1　「外国人児童生徒」とは？

　文部科学省ホームページ「学校基本調査―用語の解説」によると、「外国人」とは「日本国籍を持っていない者」[2] と定義されている。つまり、文部科学省で用いられる「外国人児童生徒」とは、外国籍の児童生徒のことを指す。2019年6月現在、在留外国人数は過去最高の282万9,416人[3] であったが、それに伴い、日本の公立学校に在籍する「外国人児童生徒」数も過去最高の10万1,402人（2019年5月現在）に上った（文部科学省 2019a）。「外国人児童生徒」が急激に増加し始めたのは、1989年に改正された出入国管理及び難民認定法（以下、入管法）が翌90年に施行されてからである。この入管法改正により、「定住者」の在留資格が取得できるようになった南米日系人が数多く来日し始め、「外国人児童生徒」の学校への編入・入学が注目されるようになった。

　「外国人児童生徒」と呼ばれる子どもは、一般的に「外国籍で、日本以外の国で生まれ育ち、日本語以外を母語とする子ども」であることが想定される。対極にあるのは「日本人児童生徒」、つまり「日本国籍で、日本で生まれ育ち、日本語を母語とする子ども」である。しかし、この二分法では「日本人児童生徒」に含まれても、現実には「日本人児童生徒」とは異なる教育的配慮を必要とする子どももいる。例えば、国際結婚家庭に生まれて日本国籍を有する子どもは「日本人児童生徒」に振り分けられるが、こうした子どものなかには、文化的背景が異なるために日本の学校文化に馴染みのない子どもや、日本語以外の言語を母語とする子どももいるからである。つまり、「外国人児童生徒／日本人児童生徒」という二分法でどちらかに振り分けられることによって、必要な配慮が行き届かなくなってしまうことがあるのだ。そのため、「外国人児童生徒」「日本人児童生徒」という呼称では一括りにできない、文化的・言語的

多様性を内包していることを表すために、「外国にルーツを持つ子ども」[4]という呼び方がある。これは外国籍の子どもだけでなく、日本国籍で両親のどちらかが外国出身者の子どもなど、何らかの形で外国との関わりを持つ子どものことを指す。具体的に見ていくと、オールドカマーと呼ばれる日本の旧植民地出身者の子ども、親がインドシナ難民だった子ども、中国帰国者の子ども、前述の南米日系人の子ども、留学生の子ども、国際結婚家庭の子ども、日本駐在のビジネスマンの子どもなどが含まれる。(もちろん、「外国人児童生徒」や「日本人児童生徒」というカテゴリーに当てはまる場合もある)。外国籍でも来日背景や目的、出身地や母語は多様であるし、日本国籍でも帰化した子ども、国際結婚家庭に生まれた子ども、外国籍でも日本生まれで日本語が母語など、さまざまなケースがある。また、日本への定着意識も十人十色である。親の短期的な労働や留学などの目的で来日し、日本で数年教育を受けた後に出身国に戻るケースもあれば、外国生まれの外国籍で、出身国の教育を数年受けた後に来日した子どもでも、いずれ家族全員で日本に帰化する予定の家族もいる。どちらのケースも周りからは「外国人児童生徒」というラベルで一括りにされるかもしれないが、前者と後者では日本への定着意識が大きく異なる。

　こうしてみると、「外国人児童生徒」という呼び方は「日本人児童生徒」とは違うということは示せても、国籍以外の個々の多様性までは示せないことがわかるだろう。しかし、先にも述べたように、日本の学校に在籍しているのは「外国人児童生徒」に振り分けられる子どもだけではない。日本国籍、もしくは二重国籍の外国にルーツを持つ子どもの数は統計情報がないためわからないが、梶井（2017）によると、19歳以下の日本国籍で外国にルーツを持つ子どもの数は、42万8,582人以上[5]と推測されるという。日本の学校には、外国にルーツを持つ子どもという、国籍だけでは教育的配慮の必要性が判断できない、文化的・言語的に多様な子どもたちが大勢いるのである。

2.2　「外国人児童生徒」に対する教育

　「外国人児童生徒」が注目されているのは、その数の増加だけによるものではない。教育現場が抱える課題が多岐にわたる点も、注目される要因の一つである。先ほど「外国人児童生徒」の対極に「日本人児童生徒」という言葉があ

ると述べたが、日本の学校が教育の対象として想定してきたのは、まぎれもなく「日本人児童生徒」であった。そのため、「外国人児童生徒」の受け入れは学校現場では想定外のことでもあった。特に、ニューカマーと呼ばれるインドシナ難民、中国帰国者、南米日系人などの子どもは、文化的・言語的背景が多様であったため、「日本人児童生徒」を対象とした教育では、対応が難しい課題が浮き彫りになった。例えば、後述する日本の学校文化への適応や日本語、不就学の問題をはじめ、母語の保持・育成をどう保障するか、国際移動によって分断される学習を保障し、学力をどう育成するか（佐藤 2017）、義務教育以降の進路選択をどう支えるか（宮島 2017a）、同調圧力の強い日本の学校文化のなかで、自身の文化的背景を肯定的に捉え、どのように自尊感情を維持していくか（野崎 2017）、などであるが、ここに挙げたのはほんの一例にすぎない。では、日本の教育制度は「外国人児童生徒」をどのように受け入れ、数々の課題に対し、どのような施策を実施してきたのだろうか。

2.2.1　教育制度の特徴

　教育制度の特徴としてまず指摘しなければならないのは、教育を受ける権利と就学義務のいずれも「日本人児童生徒」に限定されており（丹羽 2017）、「外国人児童生徒」には適用されていないという点である。こうした日本政府の立場は、教育に関する権利と義務は日本国憲法と教育基本法で国民固有のものに限定されているという解釈（佐久間 2016、丹羽 2017）と、オールドカマーの子どもたちに対する戦後の教育施策[6]に端を発する（佐久間 2016）。しかし、「外国人児童生徒」が学校に通えないわけではない。「外国人児童生徒」が就学を希望した場合、日本国内の法ではなく国際人権規約等にもとづき、「日本人児童生徒」と同様の教育機会を保障するという立場が取られているためである[7]。同様の教育機会を保障するといっても、「外国人児童生徒」の保護者には就学義務が課されていないため、就学年齢の子どもの帳簿である学齢簿には載せられず、就学案内についても通知は必須ではなかった[8]。2019年5月の時点で、不就学の可能性があるとされる「外国人児童生徒」の数は1万9,471人にも上っている（文部科学省 2020a）。つまり、「外国人児童生徒」が就学を希望すれば恩恵的に認めるが、権利としては認められていない、とい

うことである。もちろん、権利として認められていないからといって、学校側が「外国人児童生徒」の教育をおざなりにしようとするとは限らない。しかし、権利として認められていないということは、学校側の意識や対応次第でその教育内容が大きく左右されるということでもある。

2.2.2　教育施策の特徴

　では、これまでどのような教育施策が実施されてきたのだろうか。「外国人児童生徒」に対する施策の特徴は、学校への適応指導と日本語指導が中心とされてきたことにある。まず学校への適応指導とは、学校のルール、学習の仕方などに関する指導のことである。具体的な指導内容は、チャイムの合図で授業が始まること、授業中は自分の席に座り、静かに勉強すること（平岡・中川 1993）、体操服、上履き、上履き入れ、文具箱などを用意し、かつ他の子どもと同じ物でなければならないこと（太田 2000）、ピアスや化粧が認められないこと、などである。佐藤（2009）によると、こうした適応指導が重視されたのは、「外国人児童生徒」の教育が国民教育の枠組みに位置づけられたことが背景にあるという。これは、文部省内で「海外・帰国児童生徒教育」を行っていた部署が「外国人児童生徒」教育を担当することになったことによる（佐藤 2009）。「海外・帰国児童生徒教育」は基本的に「日本人児童生徒」を対象とし、「日本人として早く日本の教育に適応していくこと」が目指されてきたため、「多文化教育の対象にはなっていない」（佐久間 2011: 86）のである。もちろん、習慣、価値観、ルールの大きく異なる学校で他の子どもたちとの関係を築き、学習を進めていくためには、日本の学校に適応することは必要である。しかし、宗教的慣習としてピアスを開けている子どもが「品行に問題があるとレッテルを貼られたケース」や、「母国では水泳の授業がなく、プールに入ることに極度に抵抗を示していた生徒が、強要されたがために登校すらできなくなったケース」（櫻井 2018: 10-11）などが報告されている。「外国人児童生徒」の持つ文化的背景が尊重されないどころか、日本のルールのみを強要する指導に対し、太田（2000）は「『奪文化化』としての国民教育」と批判している（p.223）。

　次に日本語指導が重視された理由だが、これは先にも述べたように、言語的背景が異なる子どもが大部分であったためである（佐藤 2009）。日本語が通じ

ない子どもたちに対し、まずは日本語でコミュニケーションが取れるようになることが目指され、1990年代前半は来日直後の子どもに対する基礎的な日本語の指導が中心に行われていた。しかし、ある問題が浮上する。日常会話は比較的短期間で流暢になるにもかかわらず、教科学習についていくことが難しい子どもたちが顕在化し始めたのである（西原 1996）。これは、日常的なコミュニケーションで必要な生活言語能力（BICS：Basic Interpersonal Communicative Skills）が1〜2年で習得されるのに対し、教科学習に必要な学習言語能力（CALP：Cognitive Academic Language Proficiency）の習得には5〜7年という長い年月がかかるためである（Cummins 1984）。このような海外のバイリンガル教育研究の知見が日本国内でも知られるようになり、日本語と教科学習の統合を目指した「JSLカリキュラム」[9] や、言語能力を測定する『外国人児童生徒のためのJSL対話型アセスメントDLA』（文部科学省 2014）が開発されるに至った。また、2014年には学校教育基本法施行規則の一部が改正され、それまで課外活動とみなされていた日本語指導が「特別の教育課程」として実施できるようになるなど、日本語指導体制の整備は一定の成果を挙げている。

　しかし、課題も多い。まず、日本語指導が必要な外国籍・日本国籍児童生徒は5万1,126人（2018年5月1日現在）いるとされているが、そのうち、約20%にあたる1万989人は何の指導も受けられていないことである（文部科学省 2019b）。指導を受けている場合も、文字・表記・語彙・文法、学校への適応や教科学習に参加するための日本語基礎を指導している学校がもっとも多く、先に述べた日本語と教科の統合学習を実施している学校は一部にとどまっている（文部科学省 2019b）。また、日本語や教科学習において「外国人児童生徒」の母語を活用することは心理的負担の軽減、日本語力や認知力の発達、アイデンティティ構築において重要であることが研究者や一部の学校関係者の間では共通認識となりつつあるものの、学校現場には十分浸透しているとは言えないことである。そのため、筆者の知る、ある「外国人児童生徒」は、ボランティアによる母語での支援制度がある地域の学校に通っており、学校側にその支援を要請したものの、「日本にいるからまずは日本語を」と、学校側の判断で支援が行われなかった。

　OECD（2017）は「教育制度が移民に対してどのように開かれているかは、

移民が受入れコミュニティにうまく適応できるかどうかを大きく左右する」（p.29）と指摘しているが、日本はどうだろうか。学校には無償で通え、日本語指導が実施できる体制が整備されてきたとはいえ、実質的に教育が保障されていない状況を考えると、「外国人児童生徒」は教育制度から排除されていると言わざるを得ないのではないだろうか。

2.3　「外国人児童生徒」教育の指針を示すもの

　誤解のないように述べておくが、ここまでに述べた状況は、全国の学校で一様に起こっていることではない。多くの関係者の努力によって、各地の学校で「外国人児童生徒」の受け入れ体制が構築されてきたのも事実であり、数々の先進的な取り組みや実践研究が行われ、現場にも貢献してきた。しかし一方で、教員養成課程でその指導方法を学んでいない「外国人児童生徒」が学校に現れ、サポートをしたくても方法がわからず、学校では日々の業務に忙殺され、「何とかしたくても、どうにもできない」という苦境に立たされている教員が多いのも事実である。「外国人児童生徒」が急増し始めた90年代初めから、そのような現場の教員に向け「外国人児童・生徒をどのように受け入れ、どのように指導していったらいいか、などに関する学校・教師向けの『手引』を要請する声」があることが報告されていたが（平岡・中川 1993: 149）、そうした現場の要請を受け、文部省／文部科学省、地方自治体、教育委員会、支援団体、研究者などによって、受け入れ、教育支援、指導のためのガイドブックが作成されてきた。そしてそれらは「外国人児童生徒」教育の指針を示すものとして現場で活用されてきた。その一つに、2011年に文部科学省が発行した『外国人児童生徒受入れの手引』（以下、手引（2011））がある。

　手引（2011）は、管理職、日本語指導担当教師、在籍学級担任、都道府県および市町村の教育委員会を対象に「外国人児童生徒」を学校に受け入れる際の体制構築や関係者との連携の仕方、具体的な指導方法や配慮事項などが示されたものである。2010年度から実施された「外国人児童生徒の総合的な学習支援事業」の一環として作成されたが、同年度から実施された一連の事業（他に「帰国・外国人児童生徒の受入体制の整備」「帰国・外国人児童生徒受入促進事業」）は「多文化共生、子どもの母語・母文化の尊重、言語能力観と測定方法

の転換、学校の組織的対応、地域のコミュニティ形成、教員の資質向上に言及しており、外国人児童生徒教育の方向性を大きく転換する内容を含むものであった」（山ノ内・斎藤 2016: 86-87）とされる。手引（2011）を具体的に見ていくと、「外国人児童生徒が学級で受け入れられるためには、『異文化理解』『国際理解』『人権の尊重』などの教育が必要不可欠です。違いを認め、互いに助け合える共生を目指した学級、学校であることこそが大切です」（p.9）のように、「外国人児童生徒」だけを指導するのではなく、学級、学校全体が共生を目指すことの重要性や、「教科によっては母語での解答を認め、それを評価する」（p.15）のように、子どもがすでに持っている日本語以外の言語能力を活用することなどが書かれており、佐久間（2014）は「多文化共生に関する認識の深化」（p.38）が見られるとして高く評価している。手引（2011）はその後改訂され、2019年に『外国人児童生徒受入れの手引　改訂版』（以下、手引（2019））が発行されたが、手引（2011）の方向性は手引（2019）にも引き継がれている。

2.4　違和感の正体を紐解く —批判的言説分析との出会い—

　筆者は、来日間もない「外国人児童生徒」の学習支援に学校外で関わっていたことがある。責任とプレッシャーを感じていた筆者は、この手引（2011）を参考にして必要な学習支援を行おうと考えていた。しかし、何度も目を通すうちに、手引（2011）の一部に違和感を覚えるようになった。以下に、その箇所を一つ抜粋する。

> （1）担当する指導主事、担当教員、管理職などは、数年単位で異動するため、それまで対応してきた担当者が異動すれば、新しい担当者が一から取り組むようになります。そのため、外国人児童生徒教育は、各地域や学校では課題として常に存在し続けています。また、外国人児童生徒教育を充実するためには、担当者がそれぞれの立場で個々に取り組むだけでは十分な効果を上げることはできず、担当者同士が協力・連携することが不可欠です。
> 「序章　本書のねらいと構成」（p.1）

これは、冒頭ページの「本書のねらい」という見出しが付けられた文章の一部である。「外国人児童生徒教育が課題として常に存在し続けてい」るのは、担当者が異動すると新しい担当者が一から取り組まざるを得ないことが原因であり、その対策として関係者間での協力・連携が必要だと述べられている。それは確かに事実だろう。しかし、本当にこれが課題として存在し続ける一番の要因だろうか。担当者が一から取り組まなければならないということは、裏を返せば、制度として、教育システムとして、「外国人児童生徒」をどう教育するかが明確に定められていないということであり、根本的な原因はそこにあるのではないだろうか。ほかにも、手引（2011）には前述したように学級、学校全体で共生を目指すべきであると書かれているが、そのための具体的な取り組みや指導例はあまり挙げられていないことである。細かに指導法が書かれている日本語指導とは対照的である。日本語指導は第二言語として日本語を教えるための専門的な知識を必要とするため、日本語指導の具体的な方法を示すことが学校現場にとって有益であることはわかる。しかし、日本の学校が受け入れを想定してこなかった「外国人児童生徒」を迎え、学級、学校全体で共生を目指すことも多くの教育関係者にとって未経験のことであるため、具体的な指導例が必要とされるのではないだろうか。手引（2011; 2019）には子どもの母語を尊重する姿勢、言語、文化、家庭環境、来日目的、将来設計など個々のさまざまな状況を配慮した指導の必要性が記されており、「外国人児童生徒」教育に不慣れな筆者は多くの示唆を得た。しかし、手引（2011）を参考に「外国人児童生徒」の学習支援を行っていくうちに、上に挙げたような違和感を抱くようになり、手引には書かれていない根本的な問題に目を向けずに学習支援を行うことは、「外国人児童生徒」にだけ努力を求めることになるのではないかと思うようになった。しかし、このような違和感をどう解消し、どのように自分の実践を捉えていけばいいのか、袋小路に陥ってしまった。

　そのような悩みに直面していた頃、「批判的言説分析（Critical Discourse Analysis）」(10) というアプローチを知った。批判的言説分析とは、「事実がどのように構成され、そして出来事をどのように述べることが説得力や権威をもつのか」（鈴木 2007: 55）を主要なテーマとする言説分析の一つで、不平等な力関係を内包した言説を批判的に読み解こうとするアプローチのことを指す。詳細は次節で述べるが、「特定の社会階級の利益のため、社会的不平等を支え、

正当化するディスコース（筆者注：言説）の働き」（鈴木 2007: 69）に着目し、その裏にあるイデオロギーの可視化と、「人々が内省することによって、さまざまな形の抑圧から自身を解放することができるという批判的知を生み、伝えること」（ヴォダック／マイヤー 2018: 10）を目指している。批判的言説分析なら、手引（2011）に対する違和感の正体を突き止め、自身の内省を実践につなげられるのではないかと考え、このアプローチで分析を試みることにした。

　では、批判的言説分析はどのようなアプローチで、何を、どのように明らかにできるのだろうか。

第3節 ▌ 言説を分析することで見えてくるもの

　ここでは批判的言説分析について紹介するが、その前にまず、批判的言説分析が対象とする「言説」について見ていく。

3.1 「私」の正義は「私」が作り出したもの？

　言説とは、「何らかの仕方でまとまって、出来事の特定のヴァージョンを生み出す一群の意味、メタファー、表象、イメージ、ストーリー、陳述、等々」で、「一つの出来事（あるいは人、あるいは人びとの種類）について描写された特定の像、つまりそれないしそれらをある観点から表現する特定の仕方」（バー 1997: 74）のことである。簡潔に述べるなら、ある出来事や人などを描写する方法と言えるだろう。言説は、誰かが発した言葉、書かれた文章、作られた映像など（これらをまとめてテクストと言う）に現れる。描写の方法は当然のことながら複数あるため、一つの対象にはさまざまな異なる言説が存在する。そして、私たちは特定のメッセージを伝えるために特定の言説を選んで使ったり、特定の文脈のなかで特定の言説を理解したりする。

　私たちは常に世間にあふれる言説の影響を受けているが、自分が言説から受けている影響を客観的に把握することは難しい。そこで、あるアニメを例に言説の機能を俯瞰してみよう。読者のみなさんは『機動戦士ガンダムSEED』（以下、ガンダム）というアニメをご存知だろうか。2002年から2003年にかけ

て毎日放送で放映されたガンダムシリーズの一つで、人間と、遺伝子操作されて生まれた人間との戦争の物語である。双方の軍を操る者たちは、自軍の兵士たちを戦場に送り込むために言う。「あいつらは敵だ。撃たなければ撃たれる。だから撃たなければならないのだ」と。不運にも人間側の兵士、遺伝子操作された人間側の兵士として出会ってしまった主人公の2人はもともと友人同士だったが、「敵だから撃たなければならない」と信じ、戦闘を交えていた。しかし戦争が泥沼化していくなかで、「敵だから撃たなければならない」という声に疑問を抱き、本当の敵とは何なのかということを自身に問いかけ始める。相手側の兵士を全員殺せば戦争は終わるのか。いや、違う。きっとまた戦争は始まるだろう。では、敵は誰なのか。何と戦わなければならないのか。主人公たちは、自分たちが正義だと信じていた、戦争に駆り立てるものこそ、本当に向き合って戦わなければならないものだと気づいていく。

　ここで考えたいのは、正義だと信じていたものがどのように作られたのか、ということである。私たちはたいてい、何か正当な理由があり、自分で考えをめぐらせたうえで自分の正義が成り立っていると信じているだろう。しかし正義とは、実は自分の頭の中で思考を重ねて作り上げられたものとは限らない。誰かの意見、メッセージ、物事の捉え方を自分のなかに取り込み、それを自分の考え、自分がすべきことだと信じ込み、その通りに行動しようとしているだけかもしれないのだ。これはアニメのなかだけで起こっている現象ではない。私たちは誰かが発した言葉、書かれた文章、作られた映像などに接するなかで、ある出来事や人をどう捉えるか、それらに対してどのような態度を取るべきかなど、思考の枠組みを提示され、知らず知らずにそれを自分のなかに取り込み、自分の考えとして再生産し、その枠組みのなかで考えたり行動したりしているのだ。そして、たいていの場合そのことに無自覚であり、自分が誰かの言葉にとらわれていることに気づくのも難しい。筆者もその一人である。

3.2　ある言説が支配的になる時

　しかし、私たちは複数ある誰かの言葉をすべて受け入れているわけではない。言説にはある時代、ある社会において支配的なものと、そうでないものがあるからだ。批判的言説分析では、社会に受け入れられやすい支配的な言説に

は、イデオロギーが巧妙な形で含まれていると捉える（野呂 2009）。ここで言うイデオロギーとは、「自分を支配している世界の見方」「他者を支配する世界の見方」（名嶋 2018: 6）という意味で、メディア、公的文書、知人との会話など、さまざまな言説のなかに自然な形で埋め込まれ、人々に直接的・間接的に影響を与え、相対的に優位なグループの価値観や利害などを正当化する働きを持っている（野呂 2009）。支配的なイデオロギーは一見中立的なもののように見えるが、誰もが疑わない自明の前提となり、日常的な信念のなかに潜んでいるのである（ヴォダック／マイヤー 2018）。そして、このような言説が用いられることで、相対的に優位なグループとそうでないグループ間の不均衡な関係が生産され、再生産されることにつながるのである。このように、言説は社会的な影響が大きいため、権力と密接につながっていると考えられている。ガンダムのように、軍を操るような者が意図的に特定の言説を作り出し、人々をコントロールしようとすることもあるが、本稿で問題にしたいのは、そのような強大な権力だけではない。ある社会で相対的に優位な立場にある人たちは、相対的に権力を持つ存在である。なぜなら、その社会で支配的な言説が広まることによって、自分たちの優位な立場や自分たちに都合のよい制度を維持できるからである。それは意図的な言説の使用によるものとは限らないが、いずれにしても、支配的な言説は「常識」として受け入れられやすく、その社会の制度や構造と密接に関連し、不平等を維持する働きを持ってしまうのだ。

3.3　なぜ言説を分析するのか？

　3.2節でも述べたように、不平等を維持する言説は必ずしも意図的に使用されているとは限らない。無意識的に使われる場合もあれば、むしろ善かれと信じて使われる場合もある。例えば、教育に関わる言説である。今津は教育言説を「教育に関する一定のまとまりをもった論述で、聖性が付与されて人々を幻惑させる力をもち、教育に関する認識や価値判断の基本枠組みとなり、実践の動機づけや指針として機能するもの」（1997: 12; 2010: 9）だとする。そして、「『聖性』を強く帯びた教育言説は宗教教義のような性格をもち、メディアにたびたび取り上げられるとともに、それ自体についての分析的批判的議論がタブー視されるようになり、教育に関する認識や価値判断の自明の枠組みとな

り、教育実践の動機づけや指針として機能するようになる」（今津 2010: 10）という。つまり、ある特定の言説が人々の教育に対する見方を示し、それにもとづいて人々が行動し、その言説が「常識」で、「正しく」「善い」ものだと信じられると、人々はそれを疑おうとしなくなり、当たり前のものとして受け入れてしまうというのである。筆者が手引（2011）を参考にしていた当初は、まさにこの状態であったと言える。言説にはこのような側面があるため、批判的な目を持って向き合うことが求められるのだ。

　では、批判的言説分析では、言説をどのように分析し、何を明らかにできるのか。まず、批判的言説分析の「批判的」とは、これまで述べてきた言説の特徴を踏まえ、言葉の表面的な意味だけではなくコンテクストも含めてその言葉の潜在的な意味を読み取ろうとすること、また、表面上は見えないように言葉に埋め込まれた権力性を社会との関連のなかで問題視することを指す（野呂 2009）。また、批判的言説分析の分析対象はテクスト（書かれたもの、話されたもの、映像など）である。私たちはテクストを通して知識やメッセージを受け取るため、テクストは私たちの信念や態度、行動、社会的関係などに影響を与えることができる（フェアクラフ 2012）。ここで言う影響とは、イデオロギーを教化したり、維持したり、変容させることを指す（フェアクラフ 2012）。そして、テクストの解釈にはコンテクストも影響を与えるため、テクスト分析にはコンテクストも重要となる。分析対象とするテクストについては、その言語的特徴をはじめ、テクストと言説のさまざまな側面に対する分析が行われる。そして、テクストの裏に潜むイデオロギーがどのようなものであり、それが社会のなかでどのように機能しているのかを可視化し、どうすれば不平等な構造の変化に寄与できるかを提言することを目指す。

第4節 ▌ 『外国人児童生徒受入れの手引　改訂版』の分析

　本稿で分析対象とするのは、第2節でも紹介した、文部科学省によって2019年に発行された『外国人児童生徒受入れの手引　改訂版』（以下、手引（2019））である。この手引（2019）を取り上げたのは、筆者が違和感を持っていたという主観的な理由によるものだけではなく、次の3つの理由による。第

一に、文部科学省が作成した、最新の公的なガイドブック的資料であること、第二にインターネット上で公開されており、多くの関係者が参照可能であること、第三に文部科学省が関係者に活用を呼びかけていることである。2020年6月23日に閣議決定された「日本語教育の推進に関する施策を総合的に推進するための基本的な方針」を受け、同省は「外国人の子供の就学促進及び就学状況の把握等に関する指針」（注8参照）を策定したが、それに関する通知（2020b）のなかでも、この手引（2019）の活用を促している。3.3節で紹介した今津（2010）の言葉を借りるなら、この手引（2019）はまさに「外国人児童生徒」への「教育に関する認識や価値判断の自明の枠組みとなり、教育実践の動機づけや指針」（今津 2010: 10）になるものと言えるだろう。

　本稿では、「外国人児童生徒」の受け入れに関してどのような言説が用いられ、その裏にどのようなイデオロギーがあるのかを明らかにするために、「外国人児童生徒」が誰のことを指すのか、「外国人児童生徒」の受け入れと、それに関わる教師らの役割がどのように表象されているのかに着目する。また、これらの分析には「間テクスト性」「社会的出来事の表象」という概念を用いる。まず間テクスト性とは、あるテクストのなかに別のテクストの要素を取り入れることであるが、フェアクラフ（2012）はこれを広い意味で捉えており、他者の発話の引用も含んでいる。批判的言説分析において間テクスト性は、元のテクストの要素がどのように再文脈化され、再文脈化されたテクストのなかでどのような役割を果たしているのかを分析することが重要だとされる（フェアクラフ 2012）。2点目の社会的出来事の表象は、人、社会的関係、活動の形式などさまざまな要素によって成り立つが、そのなかの「どのような要素がその出来事の表象に含まれ、どのような要素が含まれないか、また、表象に含まれた要素のうち、どのような要素がもっとも大きな注意と注目を集めるのか」（フェアクラフ 2012: 204）を分析する。

4.1　「外国人児童生徒」の範囲

　第1節で述べたように、「外国人児童生徒」は「日本国籍を持っていない児童生徒」を指す。手引（2019）のタイトルは『外国人児童生徒受入れの手引　改訂版』であり、「外国人児童生徒」という呼び方が含まれているが、これは

外国籍の児童生徒という意味なのだろうか。「本書のねらい」には以下のように書かれている。

> (2) 文部科学省では、平成７年に日本語指導が必要な外国人児童生徒の指導資料として、『ようこそ日本の学校へ』を刊行しました。当時（平成５年時点）、日本語指導が必要な外国人児童生徒数は10,450人でしたが、平成28年には34,335人と大幅に増加しています。また、近年は日本語指導が必要な日本国籍の児童生徒も増加し、9,612人に達しています。これらの児童生徒は、全国各地の学校に在籍するようになり、その学校数は7,794校に達し、多くの地域や学校でその対応が求められるようになっています。
>
> 　外国人児童生徒や日本語指導が必要な日本国籍の児童生徒（以下「外国人児童生徒等」という。）の増加と全国各地への広がりとともに、児童生徒の生活・学習背景も多様化しています。
>
> 　　　　　　　　　　　　　　　　　　「序章　本書のねらいと構成」（p.1）

　(2) に示したとおり、平成７年に「日本語指導が必要な外国人児童生徒」に対する指導資料が刊行されたという説明に始まり、日本語指導が必要な外国人児童生徒・日本国籍の児童生徒が増加していること、そうした児童生徒をまとめて「外国人児童生徒等」と呼ぶことが示されている。ここで注目したいのは、タイトルの「外国人児童生徒」がすべての「外国人児童生徒」を指すのではなく、「日本語指導が必要な外国人児童生徒」に限定されて話が進んでいくことである。「日本語指導が必要な外国人児童生徒」とは、文部科学省の『日本語指導が必要な児童生徒の受入れ状況等に関する調査』のなかで使われている用語で、「1. 日本語で日常会話が十分にできない者及び2. 日常会話はできても、学年相当の学習言語が不足し、学習活動への参加に支障が生じている者で、日本語指導が必要な者」[11] のことである。つまり、別のテクストの用語が再文脈化され、間テクスト性を帯びているのである。
　では、別のテクストの要素である「日本語指導が必要な外国人児童生徒」が手引（2019）にどのように再文脈化され、手引（2019）においてどのような役割を果たしているのかについて見てみよう。まず「日本語指導が必要な外国人

児童生徒」は1頁目1行目に現れているため、受け入れ体制の構築や指導について考慮すべきなのは「外国人児童生徒」のなかでも「日本語指導が必要な外国人児童生徒」に限定されること、そしてそれを自明の前提として受け入れることを読者に強いる役割を果たしていると言えるだろう。つまり、「教化」（フェアクラフ 2012）の働きをしているのである。実は初版の手引（2011）は、「全ての都道府県及び市町村の教育委員会、日本語指導が必要な児童生徒が在籍する公立学校に配布」されたという（文部科学省 2016: 13）。つまり、日本語指導を必要としない「外国人児童生徒」が在籍する学校には配布されなかったのである。以上のことから、受け入れにおいて考慮の対象となる「外国人児童生徒」は、「日本語指導が必要な外国人児童生徒」に焦点化されていることがわかる。

4.2　「外国人児童生徒等」を受け入れること

　では、考慮の対象とされた「外国人児童生徒等」の受け入れについて、手引（2019）ではどのように描かれているのだろうか。これについては、間テクスト性と社会的出来事の表象という観点から分析していく。

　「外国人児童生徒」を受け入れることにより、学校教員の多くは、「『手に負えなくて困っている』という切迫した悩みを抱えている」（若林 2017: 116）という。それを踏まえ、手引（2019）では在籍学級担任が持つべき視点として、「国籍にかかわりなくすべての児童生徒を大切にする視点」と「個に応じた指導が必要であるという視点」（p.39）を挙げている。学校への適応を一方的に促すだけでなく、「外国人児童生徒等」の背景や個を重視している点は、「外国人児童生徒等」という言葉では一括りにできない多様性を配慮するうえで重要である。一方、次のように間テクスト的な記述も見られる。

> （3）　学級担任として、外国人児童生徒等を学級に受け入れる際、「言葉が通じるだろうか」、「学級になじめるだろうか」などの心配から、「大変だ」、「面倒だ」などとマイナスに捉えてしまう場合も少なくないようです。（下線引用者、以下同様）
>
> 「第4章　在籍学級担任の役割」（p.39）

(3) では、「外国人児童生徒等」の学級への受け入れを「大変だ」「面倒だ」と捉えた教員の声が挙げられている。つまり、教員のネガティブな声が再文脈化されているのだ。もちろん、ここで引用されている言葉を教員が実際に発したかどうかは確認できない。しかし、かぎかっこを付けた直接話法の引用をすることで「典拠があってそれを忠実にふまえている」（藤田 2000: 23）ことがほのめかされている。このような特定の見方を提示することは、特定の言説を選択することでもある（フェアクラフ 2012）。つまり、「外国人児童生徒等」を受け入れる在籍学級担任が典型的に言う、もしくは言うと思われていることが、「外国人児童生徒等」の受け入れに関する言説として用いられているのである。しかし、学級担任のネガティブな捉え方のみを引用して再文脈化することは、「外国人児童生徒等」の受け入れに対して「大変で、面倒なこと」というイメージを再生産する恐れがあるのではないだろうか。

　次に、(3) のすぐ後に続く文章を見ていく。

　(4) しかし、外国人児童生徒等を学級に受け入れることは、在籍学級の児童生徒にとっても多様な価値観や文化を知り、成長できる大きなチャンスであり、学級を豊かにしてくれるプラスの出来事だということを理解しておきましょう。

「第4章　在籍学級担任の役割」（p.39）

　(4) に示したように、「外国人児童生徒等」の受け入れは、「外国人児童生徒等」以外の「在籍学級の児童生徒」が「成長できるチャンス」であり、「学級を豊かにしてくれるプラスの出来事」だという。これを、社会的出来事の表象という観点から考えてみよう。受け入れの表象において取り上げられ、重視されているのは、「外国人児童生徒等」以外の児童生徒が「成長できる」ということである。このような表象がなされるのは、「外国人児童生徒等」の受け入れを「大変だ、面倒だ」と捉える教員の存在があるからだろう。こうした教員に対して肯定的な認識を持つよう促すには、「外国人児童生徒等」以外の児童生徒のメリットを強調する必要があるのである。その結果「外国人児童生徒等」は受け入れの対象としてしか表象されず、「多様な価値観や文化を知り、成長できる」主体としては描かれていない。このことから、在籍学級担任が「外国人児

160

童生徒等」の受け入れを肯定的に捉えるためには、「外国人児童生徒等」以外の児童生徒が享受できるメリットを全面に押し出す必要があることがわかる。

4.3　在籍学級担任と日本語指導担当教師

　手引（2019）は2.3節でも述べたように、管理職、日本語指導担当教師、在籍学級の担任、都道府県および市町村教育委員会といった関係者を取り上げ、それぞれの役割はどのようなもので、どのような連携が必要かということが示されている。そのため、これらの関係者のなかから、「外国人児童生徒」にもっとも近い存在である在籍学級担任と日本語指導担当教師の役割について、社会的出来事の表象として何が含まれ、示唆されているのかに着目し、分析を行う。

4.3.1　在籍学級担任の役割

　在籍学級担任には、在籍学級の児童生徒が学習や学級活動等を行うために必要な支援、指導が求められる。では、「外国人児童生徒等」に対する在籍学級担任の役割として何が求められているのだろうか。手引（2019）では主に学校の受入れ体制づくり、「外国人児童生徒等」の適応状況に合わせた指導や支援、保護者への対応と進路指導などが示されている。また、学級の国際化においては「（前略）外国人児童生徒等も、日本の児童生徒とまったく同じように扱う」（p.45）という形式的な平等主義の危険性、自身の姿勢や行動を振り返ることの必要性、「学級の雰囲気をお互いの個性を認め合うものに高めていく」（p.45）取り組みの必要性などが挙げられている。受け入れる側の認識や態度を内省するよう促すことは、手引（2019）の重要な役割だと言えるだろう。一方、学級担任の役割を具体的に示した部分には、次のような特徴も見られる。

> （5）学級担任は、（中略）その個性に合わせ、学級での活動や遊びの場面に<u>誘導してあげ</u>たり、友人関係の形成を<u>支援してあげ</u>たりすることも必要です。（中略）学級担任がその児童生徒の個性を幅広く認め、学級での居場所を<u>つくってあげ</u>ましょう。（p.43）

(6) これらのケースの多くは、その児童生徒の持つ母文化と日本の文化の違い
　　に起因しており、なぜ、友人から煙たがられるのか、教師から注意を受け
　　るのか分からないことが多いのです。（中略）なぜ指導しているのか、どう
　　行動すべきだったのか、などを丁寧に分かるように<u>説明してあげる</u>ことが
　　重要です。(p.44)

「第４章　在籍学級担任の役割」

　(5)、(6) で注目したいのは、「あげる」を補助動詞とする構文が使われてい
ることである。例えば「ＡさんはＢさんに傘を<u>貸してあげた</u>」という文では、
Ａさんが傘を貸すことはＢさんにとって好ましいということを意味するが、そ
れは同時に「当事者にとって恩恵的である」（益岡 2007: 52）ということでも
ある。ここで疑問なのは、学級担任の「外国人児童生徒等」に対する行為が恩
恵的であることをわざわざ示す必要があるのか、ということである。例えば、
基本的に「日本人児童生徒」に対する教育活動を想定している「学習指導要
領」[(12)] では、教師の役割について述べるのに「てあげる」は使われていない
が、これは教師として果たすべき役割を述べるのに恩恵的であることを示す必
要がないからであろう。しかし、(5) や (6) のように在籍学級担任の行為が
「てあげる」を使って表象されることによって、「外国人児童生徒等」に対する
指導や支援は本来の業務の範囲を超えており、恩恵的に行われるものだと、読
み手に理解される可能性はないだろうか。

4.3.2　日本語指導担当教師と在籍学級担任の関係性

　次に、日本語指導担当教師について見ていく。手引（2019）における日本語
指導担当教師とは「外国人児童生徒等に直接かかわり、その日本語指導を中心
的に行っている教師」(p.22) を指す。日本語指導は決められた時間に在籍学
級とは別の教室で行われるため、「取り出し指導」[(13)] とも呼ばれる。日本語指
導担当教師は専任の教師である場合もあるが、日本語指導の時間だけ派遣され
る非常勤の教師が担当することも多い。しかし、手引（2019）では、①児童生
徒への教育活動、②校内の連携・共通理解、③家庭との連携・共通理解、④外
部機関・地域との連携・共通理解と、日本語指導にとどまらない多岐に渡る役

割が求められている。特にさまざまな関係者との連携が重視されているが、在籍学級担任との連携に関する記述にはある特徴が見られる。

（7）また、取り出し指導で学習した語彙や表現を、在籍学級の担任に意識的に使ってもらうことが、彼らの学習参加を支援することになります。取り出し指導の学習の成果を、在籍学級で発表する機会を設けてもらうということにも、大きな効果があります。

「第3章　日本語指導担当教師の役割」（p.26）

（7）では、在籍学級担任と連携する行為に「もらう」を補助動詞とした構文が使われている。4.3.1節の「てあげる」と同様、「BさんはAさんに傘を貸してもらった」という文では、Aさんの傘を貸すという行為はBさんにとって好ましく、恩恵的であることを表している。（7）で使われている「てもらう」は、その行為を「実現させるための働きかけ」（益岡 2007: 53）を表しているが、これには別の表象を選択することもできただろう。例えば、連携という側面を強調するのであれば、「在籍学級の担任が意識的に使う」のように授受動詞を使わずに書くこともできる。また、日本語指導担当教師の視点から書くのだとしても、「在籍学級の担任が意識的に使うように促す」とすることもできる。なお、在籍学級担任の役割について書かれた第4章では、日本語指導担当教師との連携に関して「日本語指導担当教師と連携し」「日本語指導担当教師と相談しながら」のような記述はあるが、「てもらう」は使われていない。つまり、日本語指導担当教師だけが恩恵を受ける者として記述されているのである。このような記述は、両者は対等ではなく、同じ教育者であってもその間に境界線が引かれた存在であると、読み手に受け取られる可能性があるのではないだろうか。

第5節　考　察

以上、手引（2019）の分析から明らかになったことを整理し、考察を行う。

5.1　日本語指導が焦点化されることと、それによる懸念

　第一に「外国人児童生徒」が「日本語指導が必要な外国人児童生徒」に限定され、それが自明の前提として教化されていることである。もちろん、日本語指導が重要であることに異論はない。しかし、2.2節でも述べたように、教育的課題は日本語だけではない。それにもかかわらず、日本語指導の必要性だけで教育・支援内容が決められることによって、日本語以外の課題や支援に光が当たらなくなってしまうのではないだろうか。

　日本語指導が焦点化されることによる懸念は、ほかにもある。それは「日本語ができるようになる」ことが「日本語で会話ができて、教員の指示が伝われば、日本語指導は必要ない」と認識される傾向があることである。2.2.2節でも述べたように、子どもたちの日常会話は比較的短期間で上達するものの、教科学習についていくための学習言語能力を身につけるには5年以上を要するとされる。日本語がほとんどわからない受け入れ初期には手厚い支援をしていたにもかかわらず、日常会話が流暢になり、学校生活に適応していると判断されると言語的支援が行われなくなるケース（清水 2006）や、日本国籍であるために日本語指導が必要ないとみなされるケース（宮島 2017b）も報告されている。この生活言語能力と学習言語能力の違いについては教育現場でも共有されるようになってきたものの、受け入れ経験が浅い学校などでは必要な支援に対する理解が得られず、教科学習についていくための日本語指導を必要としているにもかかわらず、学校側の判断で終了されるケースもある。

　実は、これには子どもたちのサバイバル術も影響している。子どもたちは言葉や習慣の異なる学校のなかで周囲と同じように振る舞う術を身につけていくが、同じように振る舞っていても授業の内容を理解しているとは限らない。しかし教員の側から見ると、支援の必要性がなくなったことになってしまうのである。こうした現状について若林（2017）は「困難を回避したのは教員だけで、『だいじょうぶ』になったのは教員自身にほかならない」（p.117）と指摘する。実際に、日本語指導の必要性を判断する方法として、「DLAや類似の日本語能力測定方法により判定している」と回答した学校は2,572校で、「児童生徒の学校生活や学習の様子から判断している」は9,421校、「児童生徒の来日し

てからの期間を対象基準にしている」が3,693校となっている（文部科学省2019b）。つまり、客観的な基準によって必要性が判断されているケースの方が少ないのである。そして、支援の必要がなくなったと判断された子どもたちの学力が伸びなかった場合、それは本人の努力不足の問題だと認識されてしまうのである（清水 2006）。

5.2　「外国人児童生徒等」を受け入れることの意味

　第二に、「外国人児童生徒等」の受け入れが、在籍学級担任にとっては大変で面倒なこととして表象されていること、それに対し、受け入れは「外国人児童生徒等」以外の児童生徒のメリットになるものとして表象されていることである。受け入れた「外国人児童生徒等」に対する在籍学級担任の指導・支援についても分析をしたが、それは恩恵的なものとして記述されていた。国民教育という枠組みでは、その枠組みから外れた子どもは大変で面倒な存在となってしまう。そのため、枠組みに当てはまる児童生徒のメリットを明示し、学校での受け入れを肯定的に捉えるように促しているのだろう。しかし、国民かどうかが基準とされるということは、本人の努力によっては克服できない属性的文化的要因（宮島 1999: 75）によって教育内容が左右されるということである。「差別の禁止」「子どもの最善の利益」を明示した「児童の権利に関する条約」(14)の締約国である日本は、外国籍の子どもの教育を無償とはしているが、それだけでよしとせず、制度面からも学校に入ることを否定的に受け止められないような、インクルーシブな教育のあり方が求められるのではないだろうか。

5.3　日本語指導担当教師と在籍学級担任の間に境界線が引かれることの意味

　第三に、日本語指導担当教師と在籍学級担任の連携において、日本語指導担当教師のみが恩恵を受ける者として表象されていることである。つまり「外国人児童生徒等」に教育を行う者と「外国人児童生徒等」以外の児童生徒を中心に教育を行う者との間に、境界線が引かれているような印象を受ける点である。取り出し指導の形態で行われる日本語指導は、国民を育てるメインスト

リームの教育の外側で行われており、このような日本語指導は、従来の教育を変容せずに維持する側面も持つとされる（太田 2000）。4.3.2節で述べたように、日本語指導担当教師は雇用形態の面でも在籍学級担任とは異なる場合があることから、学校のなかでの両者の位置づけ、および両者が行う教育は「別物」として認識されているのではないだろうか。

5.4　排除と包摂の教育制度

　5.3節までで述べたとおり、手引（2019）は「外国人児童生徒」の言語的・文化的背景などへの理解と配慮、多文化共生の重要性も示した点で、意義のあるガイドブックである。筆者もこのことに異論はない。しかし、そのような手引においても、「外国人児童生徒」を教育の主体としては描けない教育の構造が透けて見えてくる。

　この構造を考えるうえで、倉石（2012）の論考が参考になる。倉石（2012）は在日朝鮮人に対する教育制度が「排除と包摂の入れ子構造」（p.110）になっていると指摘する。これは、「排除と包摂とを対立的にとらえる代わりに、じつは制度的な排除そのもののなかに最初から（部分的）包摂がプログラミングされている」（p.110）構造のことだという。つまり、「包摂は排除を克服するべく現れるのでは必ずしもなく、排除を母体として出現する包摂は、逆説的だがそれによって排除をより完全なものとする」（p.110）というのである。倉石（2012）が指摘する排除と包摂の教育制度は、「外国人児童生徒」にも当てはまる。2.2.1節で述べたように、外国籍の児童生徒が義務教育の対象とされていないことは「排除1」である。しかし、外国籍の児童生徒が就学を希望する場合はそれを認め、日本国籍の児童生徒と同様の扱いをすることは「包摂1」となる（倉石 2012: 107-111）。一方、学校の教授言語である日本語の指導が正規課程として編成可能となったことは「包摂2」と言えるが、日本語指導が必要なければ配慮や支援が不可視化されやすいこと、その日本語指導の必要性は子ども本人ではなく学校が判断するため、実際には必要でも指導が受けられない子どもが大勢いることは「排除2」と言えるだろう。つまり、倉石（2012）が指摘するように、包摂を組み込むことによって排除の壁はより強化されているのである。国民教育の枠組みを基本とした教育制度の下では、排除と表裏一体の

包摂という形でしか、その枠組みに合わない子どもたちを受け入れることはできないのである。そしてこうした「入れ子構造」を持つ教育制度のなかでは、「外国人児童生徒」や外国にルーツを持つ子どもへの支援に尽力しようとしても、その善意が、逆に彼ら／彼女らをさらに構造的に劣位な立場へと追いやってしまうこともあるのである（金 2020）。

　このような日本の教育制度は、「外国人児童生徒」、外国にルーツを持つ子どもたちに対して開かれているとは言えないだろう。近藤（2018）は、日本の移民統合政策指数（Migrant Integration Policy Index）(15) の低さについてその原因を指摘しているが、教育については次のように述べている。「日本では、『異文化に対する理解や、異なる文化を持つ人々と共に協調して生きていく態度などを育成する』国際理解教育への取り組みが、総合学習の時間などに行われている。ただし、諸外国の文化を知ることに力点があ」り、「日本に住む文化的な少数者との共生を考える多文化共生教育への取り組みは少ない」（p.80）。先にも述べたように、手引では多文化共生教育の重要性については述べられているものの、具体的な取り組みについてはほとんど示されていない。日本語指導にだけ焦点を当てた受け入れ体制の整備では、開かれた学校になることはできないだろう。OECD（2017）では、移民の増加と多様化が進むなかで、アイデンティティや文化、シティズンシップなど移民の受け入れに必要なスキルを身につけることの必要性を指摘すると同時に、「統合の成否は、教育システムが移民と受け入れコミュニティの双方にとっての社会化メカニズムとして機能できるかどうか、また相互理解をうながし、敬意や信頼を育むことができるかどうかにかかっている」（p.84）としている。「外国人児童生徒」が日本語をほとんど解さないときには支援をするものの、共生のための取り組みは少なく、学校側がどう変容していくべきかという議論が十分なされていない現状を考えると、開かれた教育制度までの道のりは険しいと言えるだろう。

第6節 これからの教育に向けて
―自分自身のイデオロギーを分析する―

　本稿では、手引（2019）を批判的言説分析のアプローチで分析し、「外国人児童生徒」を取り巻く言説に隠されたイデオロギーや認識枠組みを明らかにす

ることを試みた。本稿で明らかになったイデオロギーや認識枠組みは、「外国人児童生徒」への「教育に関する認識や価値判断の自明の枠組みとなり、教育実践の動機づけや指針」（今津 2010: 10）として関係者のなかで再生産されていくであろう。注意しなければならないのは、多文化共生や子どもの母語・母文化の尊重を重視した手引（2019）であっても、「外国人児童生徒」を排除と包摂によって周縁化し、現在の教育制度を維持したいと思う人にとって、手引（2019）は都合のよいもの、つまり現在の教育制度の維持を支えるものになる可能性があるということである。本来は子どものためを思って作られた資料であっても、根本的な制度、構造の問題に目を向けずに「手引」の内容を鵜呑みにすれば、その制度や構造の維持をもくろむ人たちに加担することになりかねないのである。

　では、今回の分析で明らかになったことを、教育にどのように活用させていけばいいのだろうか。特に、これから手引（2019）を参考にして教育実践を行う人たちは、どのようなことを意識すべきだろうか。まず、ここまでを読んで「手引（2019）を作った文部科学省が悪い」と感じた読者がいるかもしれないが、本稿が主張したいのはそういうことではない。そして、そのような認識では、ここまで述べてきた問題の根本からまた目をそらすことにもなる。この手引（2019）の作成には、学校現場の教員、研究者、文部科学省の担当者など、さまざまな立場の関係者が関わっており、手引（2011; 2019）はそれぞれの立場からの見解を反映させたものになっていると考えられる。つまり、手引（2019）は関係者の「複層的な合理性」の上に成り立っているのであり、文部科学省だけを悪者にし、それを取り除けば教育はよくなるという推論は現実を反映していないのである（寺沢 2019）。また、手引（2019）の言説が自明の前提となるということは、そのイデオロギーを受け入れる土壌が、社会や読み手である私たちの側にあるということでもある。社会や私たちがそれを受け入れない限り、言説は機能しないからだ。つまり、手引（2019）によって教育制度からの排除という構造が見えにくくなっているとしても、その手引（2019）の言説が多くの人に受け入れられ、支配的になるということは、それに共鳴し、支持し、同じように考える人がそれだけ多くいるということを意味する。つまり、自分自身のなかに、手引（2019）の言説が「常識」となる要因があるのである。ここに、言説の怖さ、危うさがあるのである。

　では、自分自身のイデオロギーにどのように向き合えばいいのか。支配的な言説を受け入れている自分の認識枠組みは、どうすれば自覚できるのだろうか。本稿では、本来リスクではないものをリスク視してしまう可能性と言説の働きを結びつけて考えてきたが、何かを、誰かをリスク視してしまう時、なぜそれを、その人をリスク視してしまうのか、自分の心によく問いかけることが必要である。その人が敵だからリスク視しているのか、それとも、自分が利益を得られる居心地のよい制度を維持できないようにする可能性のある人だからリスク視しているのか。自分が「怖い」と感じるもの、つまり、「本当に向き合わなければならないもの」は一体何なのか。それに気づくことが、本来リスクではない人をリスク視してしまう悪循環を断ち切る唯一の方法である。そのために、言葉の表面的な意味だけに惑わされてはいけない。目の前にある言葉の奥に、いったいどのような価値観、思惑、意図が潜んでいるのか。言葉を批判的に読み解き、言葉の奥にあるものが何なのかを考えてみよう。また、自覚しにくい自分自身の権力性にも目を向け、自分が享受している利益に思いを馳せてみよう。そうすれば、さまざまな言説から、まず自分自身を解放することができるはずである。そして、それを踏まえたうえでもう一度世の中を眺める。そうすれば、これまで眺めていた世界が、実はまったく違う様相を呈しているものであることに気づけるはずである。

注

(1)　「リスク」『デジタル大辞泉』小学館

(2)　文部科学省、「学校基本調査 − 用語の解説」<https://www.mext.go.jp/b_menu/toukei/chousa01/kihon/yougo/1288105.htm>（2020 年 12 月 26 日閲覧）

(3)　法務省「在留外国人統計（旧登録外国人統計）」政府統計の総合窓口（e-Stat）<https://www.e-stat.go.jp/stat-search/files?page=1&layout=datalist&toukei=00250012&tstat=000001018034&cycle=1&year=20190&month=12040606&tclass1=000001060399>（2020 年 12 月 23 日閲覧）

(4)　同様の意味を表す呼び方に「外国につながる子ども」や「海外にルーツを持つ子ども」などがある。YSC グローバル・スクールの定住外国人支援事業部責任者である田中宝紀氏は、「特定の国家の国民や国籍といった概念にあてはまらないケース」を踏まえ、後者の「海外にルーツを持つ子ども」を使っている。出典：田中

宝紀（2019年6月17日）「言葉・制度・心の壁に阻まれる海外ルーツの子どもたちの現状―今知っておきたい主な課題とは」YAHOO！JAPANニュース <https://news.yahoo.co.jp/byline/tanakaiki/20190617-00130483/>（2020年12月30日閲覧）

⑸ 1996年から2015年に国際結婚家庭に生まれた子ども41万2,520人に、推測される帰化した子ども1万6,062人を合計すると42万8,582人になり、さらに成人帰化者の出産を考慮すると、これ以上の数の日本国籍で外国にルーツを持つ子どもがいると推測される（梶井 2017）。

⑹ 1952年サンフランシスコ平和条約の発効によって朝鮮人および台湾人の日本国籍は喪失するとされ、外国籍となる朝鮮人児童生徒は翌1953年2月11日の文部省初等中等教育局通達で日本の学校に就学する義務はないとされた。この通達が「戦後日本の外国人の子どもの教育施策の基本を決めた」という（佐久間 2016: 7）。その後、1991年の「日韓法的地位協定に基づく協議の結果に関する覚書」を受け、同年1月30日に出された通達で「在日韓国人以外の日本国に居住する日本国籍を有しない者」も「準じた取扱とする」とされた。

⑺ 文部科学省、「13. 外国人の子等の就学に関する手続きについて」<https://www.mext.go.jp/a_menu/shotou/shugaku/detail/1422256.htm>（2020年10月30日　閲覧）

⑻ 2020年6月23日に「日本語教育の推進に関する施策を総合的かつ効果的に推進するための基本的な方針」が閣議決定されたことを受け、文部科学省は「外国人の子供の就学促進及び就学状況の把握等に関する指針」<https://www.mext.go.jp/content/20200703-mxt_kyousai01-000008457_01.pdf>（2020年10月30日閲覧）を策定し、外国人の子どもが就学機会を逃すことのないよう就学の案内を徹底させることを教育委員会に求めている。

⑼ 文部科学省（2003）「『学校教育におけるJSLカリキュラムの開発について』（最終報告）小学校編」<https://www.mext.go.jp/a_menu/shotou/clarinet/003/001/008.htm>（2020年12月30日閲覧）；文部科学省（2007）「学校教育におけるJSLカリキュラムの開発について（中学校編）」<https://www.mext.go.jp/a_menu/shotou/clarinet/003/001/011.htm>（2020年12月30日閲覧）

⑽ 「批判的談話分析」とも呼ばれる。この「談話」は「言説」を表す。「分析」という言葉が入っているが、分析手法そのものを指すわけではないため、近年は「批判的言説研究／批判的談話研究（Critical Discourse Studies）」と呼ばれることもある。

⑾ 文部科学省、「日本語指導が必要な外国人児童生徒の受入れ状況等に関する調査

170

― 用語の解説」<https://www.mext.go.jp/b_menu/toukei/chousa01/nihongo/yougo/1266526.htm>（2020年10月27日閲覧）
(12) 文部科学省（2017）『小学校学習指導要領（平成29年告示）』<https://www.mext.go.jp/content/1413522_001.pdf>（2020年11月16日閲覧）：文部科学省（2017）『【総則編】中学校学習指導要領（平成29年告示）解説』<https://www.mext.go.jp/component/a_menu/education/micro_detail/__icsFiles/afieldfile/2019/03/18/1387018_001.pdf>（2020年11月16日閲覧）
(13) 日本語指導担当教師などの支援者が在籍学級に入ってサポートする場合もあり、それは「入り込み」指導と呼ばれる。
(14) 外務省「児童の権利に関する条約　全文」<https://www.mofa.go.jp/mofaj/gaiko/jido/zenbun.html>（2020年12月30日閲覧）
日本政府の訳ではchildに「児童」の語が充てられているが、「子どもの権利条約」と呼ばれることも多い。
(15) 移民統合政策指数は、労働市場、家族呼び寄せ、教育、保健、政治参加、長期滞在、国籍取得、反差別の8つの政策分野について測定される。2019年の調査結果によると、日本の総合点は47点／100点で、教育は33点／100点であった。Solano, Giacomo and Huddleston, Thomas（2020）"Japan". Migrant Integration Policy Index 2020.<https://www.mipex.eu/japan>（2020年12月30日閲覧）

参考文献

今津孝次郎（1997）「『教育言説』とは」今津孝次郎・樋田大二郎（編）『教育言説をどう読むか：教育を語ることばのしくみとはたらき』新曜社，pp.1-17.
今津孝次郎（2010）「教育言説を読み解く」今津孝次郎・樋田大二郎（編）『続・教育言説をどう読むか：教育を語ることばから教育を問いなおす』新曜社，pp.1-23.
ヴォダック，ルート／マイヤー，ミヒャエル（2018）「批判的談話研究―歴史、課題、理論、方法論―」野呂香代子（訳）、ヴォダック，ルート／マイヤー，ミヒャエル（編）『批判的談話研究とは何か』野呂香代子・神田靖子・嶋津百代・高木佐知子・木部尚志・梅咲敦子・石部尚登・義永美央子（訳），三元社，pp.1-32.
太田晴雄（2000）『ニューカマーの子どもと日本の学校』国際書院.
OECD（編）（2017）『移民の子どもと学校：統合を支える教育政策』布川あゆみ・木下江美・斎藤里美（監訳），三浦綾希子・大西公恵・藤浪海（訳），明石書店.
梶井縁（2017）「外国人と外国につながる子どものいま―そのさまざまな姿―」荒牧重人・榎井縁・江原裕美・小島祥美・志水宏吉・南野奈津子・宮島喬・山野良一（編）『外国人の子ども白書：権利・貧困・教育・文化・国籍と共生の視点から』

明石書店，pp.21-24.

金春喜（2020）『「発達障害」とされる外国人の子どもたち：フィリピンから来日したきょうだいをめぐる、10人の大人たちの語り〔電子書籍版〕』明石書店.

倉石一郎（2012）「包摂／排除論からよみとく日本のマイノリティ教育─在日朝鮮人教育・障害児教育・同和教育をめぐって─」稲垣恭子（編）『教育における包摂と排除：もうひとつの若者論』明石書店，pp.101-136.

近藤敦（2018）「持続可能な多文化共生社会に向けた移民統合政策」『世界』2018年12月号，pp.77-85.

櫻井千穂（2018）『外国にルーツをもつ子どものバイリンガル読書力』大阪大学出版会.

佐藤郡衛（2009）「転機にたつ外国人の子どもの教育─生活者、社会の構成員という視点から─」斎藤ひろみ・佐藤郡衛（編）『文化間移動をする子どもたちの学び』ひつじ書房，pp.3-18.

佐藤郡衛（2017）「外国人の子どもに対する学習指導」荒牧重人他（編）『外国人の子ども白書：権利・貧困・教育・文化・国籍と共生の視点から』明石書店，pp.121-123.

佐久間孝正（2011）『外国人の子どもの教育問題：政府内懇談会における提言』勁草書房.

佐久間孝正（2014）「文部科学省の外国人児童生徒受け入れ施策の変化」『専修人間科学論集　社会学篇』Vol.4（2），pp.35-45.

佐久間孝正（2016）「戦後日本の外国人と子どもの教育─イギリスの移民の子どもの教育との関連で─」園山大祐（編）『岐路に立つ移民教育：社会的包摂への挑戦』ナカニシヤ出版，pp.2-20.

清水睦美（2006）『ニューカマーの子どもたち：学校と家族の間の日常世界』勁草書房.

鈴木聡志（2007）『会話分析・ディスコース分析：ことばを織りなす世界を読み解く』新曜社.

寺沢択敬（2019）「ポリティクスの研究で考慮すべきこと─複合的合理性・実態調査・有効性研究─」牲川波都季（編）『日本語教育はどこへ向かうのか』くろしお出版，pp.109-130.

名嶋義直（2018）「日本において批判的談話研究はいかに成立しうるか」『批判的談話研究をはじめる』ひつじ書房，pp.1-23.

西原鈴子（1996）「外国人児童生徒のための日本語教育のあり方」『日本語学』15（2），pp.67-74.

丹羽雅雄（2017）「教育を受ける権利と就学義務」荒牧重人他（編）『外国人の子ども白書：権利・貧困・教育・文化・国籍と共生の視点から』明石書店，pp.108-110.

野崎志帆（2017）「異文化接触と自尊感情─少年期の危機をどう乗り越えるか─」荒牧重人他（編）『外国人の子ども白書：権利・貧困・教育・文化・国籍と共生の視点から』明石書店，pp.53-55.

野呂香代子（2009）「クリティカル・ディスコース・アナリシス」野呂香代子・山下仁（編）『新装版「正しさ」への問い：批判的社会言語学の試み』三元社，pp.13-49.

バー，ヴィヴィアン（1997）『社会的構築主義への招待：言説分析とは何か』田中一彦（訳），川島書店.

平岡昌樹・中川喜代子（1993）「在日外国人児童・生徒の学習権保障に関する一考察」『奈良教育大学教育研究所紀要』（29），pp.141-152.

フェアクラフ，ノーマン（2012）『ディスコースを分析する：社会研究のためのテクスト分析』日本メディア英語学会メディア英語談話分析研究分科会（訳），くろしお出版.

藤田保幸（2000）『国語引用構文の研究』和泉書院.

益岡隆志（2007）『日本語モダリティ探求』くろしお出版.

宮島喬（1999）『文化と不平等』有斐閣.

宮島喬（2017a）「外国人の子どもとは」荒牧重人他（編）『外国人の子ども白書：権利・貧困・教育・文化・国籍と共生の視点から』明石書店，pp.16-20.

宮島喬（2017b）「義務教育以降の進路─進学の道をどう開くか─」荒牧重人他（編）『外国人の子ども白書：権利・貧困・教育・文化・国籍と共生の視点から』明石書店，pp.132-135.

文部科学省（2011）『外国人児童生徒受入れの手引』<https://dl.ndl.go.jp/info:ndljp/pid/3525308>，国立国会図書館デジタルコレクション（オンライン・データベース）（2020年12月30日閲覧）

文部科学省（2014）『外国人児童生徒のためのJSL対話型アセスメントDLA』<https://www.mext.go.jp/a_menu/shotou/clarinet/003/1345413.htm>（2020年12月30日閲覧）

文部科学省（2016）「日本語能力が十分でない子供たちへの教育について」<https://www.kantei.go.jp/jp/singi/kyouikusaisei/dai35/sankou1.pdf>（2020年11月26日閲覧）

文部科学省（2019a）「学校基本調査」、政府統計の総合窓口（e-Stat）<https://www.mext.go.jp/b_menu/toukei/chousa01/kihon/1267995.htm>（2020年10月30日　閲覧）

文部科学省（2019b）「『日本語指導が必要な児童生徒の受入状況等に関する調査（平成30年度）』の結果について」（2019年9月27日公表　2020年1月10日一部訂正）<https://www.mext.go.jp/content/20200110_mxt-kyousei01-1421569_00001_02.pdf>（2020年12月30日閲覧）

文部科学省（2019c）『外国人児童生徒受入れの手引　改訂版』<https://www.mext.go.jp/a_menu/shotou/clarinet/002/1304668.htm>（2020年12月30日閲覧）

文部科学省（2020a）「外国人の子供の就学状況等調査結果について」<https://www.mext.go.jp/content/20200326-mxt_kyousei01-000006114_02.pdf>（2020年10月18日閲覧）

文部科学省（2020b）「外国人の子供の就学促進及び就学状況の把握等に関する指針の策定について（通知）」<https://www.mext.go.jp/a_menu/shotou/clarinet/004/1415154_00002.htm>（2020年10月30日閲覧）

山ノ内裕子・齋藤ひろみ（2016）「外国人児童生徒の教育」小島勝・白土悟・齋藤ひろみ（編）『異文化間に学ぶ「ひと」の教育』（異文化間教育学大系　第1巻）明石書店，pp.83-108.

若林秀樹（2017）「『適応指導』とは―学校における教員の役割―」荒牧重人他（編）『外国人の子ども白書：権利・貧困・教育・文化・国籍と共生の視点から』明石書店，pp.116-117.

Cummins, J. (1984) *Bilingualism and Special Education: Issues in Assessment and Pedagogy*. Clevedon: Multilingual Matters.

第4章

学校制服と
リスクコミュニケーション

―ジェンダーの観点から―

．．．．．．．．．．．．．．．．．．．．

義永 美央子

　本稿では、明治・大正期から近年までの日本の学校制服の変遷を、特に女子制服に着目しながら通時的に分析した。また、女子制服の変遷の背景にある社会状況や、人々の価値観についてもあわせて検討した。その結果、制服から透けて見える今日的な問題の多くが、明治・大正期から表面的な形を変えつつ繰り返されるものであることが明らかになった。さらに、制服の背後に潜むリスクとして、管理・統制によって自由が制約されるリスク、議論が禁じられ思考停止に陥ってしまうリスク、「女子生徒の制服」が記号化され消費や性的欲望の対象となるリスク、女子と男子の制服を区別することで「女子と男子には明確な違いがあり、その違いは変えたり超えたりできない」というメッセージを伝えてしまうリスクを指摘した。さらに、これらのリスクを乗り越える方策として、制服についての対話を関係者の間で積み重ねていくこと、声を上げやすく、すぐに否定されない関係性を構築すること、主体的な選択・決定ができるようになるための情報や判断根拠を日々のコミュニケーションのなかで示していくこと、の重要性を主張した。

　みなさんの通った学校に制服はあっただろうか。学生服メーカーのカンコーが2012年に実施した調査では、全国の20歳以上の男女1,255人の実に95.5%が「学生時代に制服を着用したことがある」と回答している（カンコー　2012）。陽光と桜吹雪のなかで、少し丈の長い制服に身を包んだ入学式。長い受験勉強の末に、ようやく入学できた学校の制服に袖を通すときの喜び。そうした記憶を、学生時代の懐かしい思い出として胸に刻む人は多いのではないだろうか。一方で、「暑くても寒くても所定の学生服を着用する」「スカートは膝下5cmの長さと決められ、校門の前で定規を手にした先生が待ち構えている」など、制服が管理教育の代名詞として語られることも多い。良くも悪くも、制服は日本の学校文化の象徴といえる存在なのである。

　日本における学校制服は、明治維新後に構想された近代的な学校制度のなかで登場してきた。1886（明治19）年頃に陸軍下士官の制服を真似た洋装服が男子中等学校の制服として採用されたのち、男子の制服は洋装がすぐに定着した。しかし、女子の洋装が学校制服として広く採用されるようになったのは1920年代末から1930年代にかけてのことで、そこには40年近い差が生じている（佐藤　1976、安東　1997）。後述するように、女子の洋装制服が定着するまでの紆余曲折には、女性の身体を開放することへの戸惑いと抵抗、そして、近代的な国民国家建設のために期待された女性の役割などが色濃く反映されている。また、戦後の民主主義に基づく教育においても、戦後の合成繊維産業の振興、学校への対抗文化としての制服の改造、消費社会化・情報社会化の波に伴い「記号」として消費される女子制服のあり方、そして制服の背後にある「隠れたカリキュラム（本章3.4.2節参照）」の問題など、制服は各時期の社会状況と密接に関連しながら変遷してきた。

　本稿では、明治・大正期から近年までの日本の学校制服の変遷を、特に女子制服に着目しながら通時的に分析していく。また、女子制服の変遷の背景にある社会状況や、人々の価値観についてもあわせて検討する。さらに、制服の機能や役割とその背後に潜むリスクについて検討し、今後必要と考えられるリス

クコミュニケーションのあり方について考える。

　なお、制服は例えば警察官や軍人、消防士、看護師といった職業上の理由で採用されるものや、スポーツ競技のために用いられるものなどもあるが、本稿での制服は教育組織である学校のなかで用いられるものに限定する。

第2節 ▌ 日本の学校における女子制服の導入過程
─明治から戦前まで─

　1867年の大政奉還を経て明治政府が樹立されると、政府は強い政治的一体性を持つ統一国家の創出を企図した。そこでは、武士を基本構成単位とする軍陣組織およびそれと密着した地域的割拠状態の克服、そして、士農工商の階級的人間関係の再編を基礎に、資本主義的発展を担う近代的国民形成の課題が新たに提起された（尹 1982: 45）。こうした課題を受けて、1871（明治4）年に文部省が創設、そして、翌1872（明治5）年には「学制」（文部省布達）が公布され、近代的な学校制度の構想が示された。同年には東京に初めて女子のための学校（東京女学校）が創立され、初期の明治政府が男女を等しく学ばせる国民教育の普及を目指していたことが窺える。

　とはいえ、男女が等しく学ぶ国民教育の普及には、相当の年月がかかることになる。本節では明治から昭和初期までの、女子の学校制服が定着する過程を概観し、その過程に当時の時代背景や、当時の人々の女性観がどのように影響しているのかを検討する。

2.1　袴の着用から洋装へ

　1872（明治5）年に開校した日本初の本格的な女学校である東京女学校の創設にあたり、文部省は太政官正院に対し、生徒に着物ではなく羽織と袴を着用させたいという伺いを出した。しかし、最終的に認められたのは袴の着用のみであった。従来、羽織と袴は苗字・帯刀と同様に士分以上の男性[1]にのみ許されたもので、袴という一部分だけでも男性と同一の服装をとるということは、文字通りに「旧習」へのラディカルな挑戦であった（佐藤 1976: 8）。

　この挑戦は、当時の人々には非常に奇異なものと受け止められたようであ

る。東京女学校と同様に袴をはいた女学生が参加した東京女子師範学校の開校式（1875（明治8）年）の様子について、山川（1972）は以下のように記述している。

> 唐人髷に袖の長いきもので、からだの上半分はやさしい若いお嬢さんたちの、下半分は腰板のついた小倉袴という異様な姿には、皇后も女官たちも笑いをかみ殺すのに骨が折れ、御所へ帰るなり、心ゆくまで笑ったそうで（山川 1972: 49）

　さらに、1874（明治7）年1月15日の郵便報知新聞には、「今日我邦にても婦女子にして袴を着し昂然として毫も恥る意なし甚哉奇異の風體實に國辱とも云べし」という投書が掲載されている。そして、1883（明治16）年には文部省が女性の袴を「異様ノ装」「奇異浮華」として女性の袴姿を禁じる通達を出すに至った（安東 1997: 102）。

　こうして一旦は禁じられた袴姿であるが、欧化主義、そして、啓蒙主義で知られる森有礼が1885（明治18）年に文部大臣になると、また風向きが変わってくる。この時期には袴が再度女学生の制服として登場するが、かつての男性と同じ袴ではなく、中仕切りのないロングスカートのような「女袴」の体裁をとった。1885（明治18）年学習院女子部を分離独立させて発足した華族女学校は、最初の生徒服装心得を次のように定めている。

　　一、本校ノ生徒タルモノハ袴ヲ着シ靴ヲ穿クベシ。
　　一、表衣ハ随意トス。
　　一、袴ハ縞ヲノゾクノ外、色目、地紋随意タルベシ。
　　一、結髪ハ随意タリ。
　　一、西洋服ニテモ苦シカラズ。

　この心得は、特定の学校の女生徒の服装の基準を初めて定めたもので、いわゆる標準服の指定といえる（佐藤 1976: 10）。男性がよく身につけた縞柄の袴を除いた色柄の袴、または洋装（西洋服）の着用が求められている。また翌1886（明治19）年には、東京女子師範学校の後進である高等師範学校女子師

範学科の制服として洋装が採用された。この時期の洋装は、大きな腰当てによってスカートの後ろ半分を大きく膨らませたバッスルスタイルで、日本では鹿鳴館スタイルとして知られている。政府の欧化主義に基づき1883（明治16）年に鹿鳴館が建設され、国賓や外交官との社交や接待の場として使われたが、東京女子師範学校や華族女学校などの生徒たちが鹿鳴館に連れていかれ、不平等条約解消のための外交の一翼を担ったこともあるという（本田 1990: 76）。このことが、この時期に洋装の制服が導入された理由の一つと言えよう。伊藤博文は、ドイツから日本に招かれた医師のベルツが日本女性の洋服着用に反対したのに対して「わが国の婦人連が日本服で姿を見せると、『人間扱い』にはされないで、まるでおもちゃか飾り人形のように見られるんでね」と述べたという（ベルツ 1979: 355）。この発言は、「江戸時代中期以降に武士層女性の衣服として定着する女性の『着物』は、その起源が遊郭女性の服装であったことに端的に象徴されるように、男性の支配を受容しなければならない立場での被鑑賞的非活動的な服装の一つの極点」（佐藤 1976: 8）と捉えられ、欧米に伍する国を代表する女性には洋装が必須であると考えられていたことを示している。

　また別の理由として、安東（1997: 103）は文部省による体操の振興を指摘している。1886（明治19）年の「諸学校令」（1886）によって女子中等学校生徒にも必修科目として「普通体操」が課され、徐々に体操が行われるようになっていたため、和服よりも体を動かしやすい洋装が求められたのである。1888（明治21）年には府県尋常師範学校の制服規定でも洋装制服が採用され、東京女子師範学校や華族女学校だけでなく、より広い階層・地域で洋装制服が認められるようになった。

2.2　和装への回帰と袴への再転換

　前節で見たように、女子の洋装制服は日本の近代化、欧化主義を背景に少しずつ普及が進んだ。しかし1889（明治22）年に森有礼が暗殺され、大日本帝国憲法（1889（明治22）年）や教育勅語（1890（明治23）年）の発布を皮切りに国家主義的傾向が強まるなかで、女子の洋装制服は1890年代前半にすべて姿を消し、和装の制服が復活する。福島県尋常師範学校女子部の第一回卒業

生である須子富子は、当時の様子を以下のように述べている。

　　日本の女子教育があまりにも西洋かぶれになり、心ある者は日本国民精神の
　将来を案じつつある折柄、森文相の暗殺事件がおこり、大臣が代りますと同時
　に、文部省の教育方針が一変しまして殆んど正反対になり、洋式を全廃し凡て
　を日本式に改め、女子教育の眼目を婦徳の涵養におき、師範教育の如きも県下
　の実際に適するようにと地方産業の知識や趣味をえさせんとて寄宿舎内に養蚕
　をした時代もありました。
　　従って服装の如きも洋服などは何処へやら優美に優美にと長袖に帯をお太鼓
　結びにし、小さい子供の枕程ある帯揚げを高々として教壇に立ったものでし
　た。体操の如きも襷掛けで長裾のままで「右向け一右」をしたものです。それ
　はまだしも、駈足などの時はいつも着物の前を右手で押えて駈けるという有様
　で反動も極度になった始末でした。（『福島大学教育学部百年史』1974: 92）

　このような封建的婦徳を維持しようとする流れを再度転換させたのは、近代
国民国家の建設に伴う国民への期待として、衛生状況の改善や体力の増強が国
家的課題とされたことによる。この時期には、1894（明治27）年から1895（明
治28）年の日清戦争における兵士の状況、そして、近代産業の発展に伴う不
衛生な労働状況が大きな社会問題となっていた。日清戦争においては、戦闘に
よる戦死者が1,417名であったのに対し、脚気や凍傷、コレラ、マラリヤ、感
冒などが蔓延し、病死者は1万1,894名を数えたという（山田 1995）。また、
近代産業に従事する人々の間でも、不衛生な環境下で長時間労働を強いられる
人々の間で結核をはじめとする伝染病が蔓延した。このような状況のなかで、
栄養状態や衛生状態の改善、そして国民総ての身体の健康管理に関心が向けら
れ、学校での国民教育、特に体育の重要性が主張されるようになった（安東
1997）。女子に対しても、従来の男性に従う控えめな慎ましさといった封建的
な婦徳よりも、健康な体をもち、健康な子ども＝国民を産むことが務めだと考
えられたのである。「女子は人類の母なればなり、母たるもの強健ならざれ
ば、多く強健の子を得ること能はざる可ければなり」という華族女学校校長の
言葉（細川 1895: 2399）や「是れから日本の領地が段段廣まつて往けば、人
口を繁殖させて、方方に出さなければならぬ、其の時分に教育を受けた女子が

生産力を減ずると云ふことになると誠に心配なことであります」という女子高等師範学校附属高等女学校主事の言葉（篠田 1895: 2401）は、この時代の教育者の見識を端的に表している。

　こうして女子の健康促進、学校における女子体育の充実が国家的課題と位置づけられたものの、和装で自由に体を動かすことは難しく、服装改良の必要性が改めて議論されるようになった。1899（明治32）年にはベルツが私立大日本婦人衛生会の例会に招かれ、「女子の體育」と題する講演を行った[2]。そこでベルツはこれまでの着物や履き物、そして膝を折って座る習慣が日本女性の「不都合なる躰格」（ベルツ 1899: 20）を作ったと述べ、「日本の女子の健康を進めやうと云ふには、どうしても現今の女服を改正しなければならない」（ベルツ 1899: 22）として服装の改良を求めるとともに、具体的な改良の方法として「日本の衣服であるならば、膝切にして袴を穿き、西洋服ならば、短かき服」の着用を主張した（ベルツ 1899: 26）。この講演を契機に、1900年代ごろから女学生の服装として女袴の着用が全国的に普及していく（佐藤 1976）。

2.3　制服による帰属感の創出と管理機能

　ベルツの講演が行われた1899（明治32）年には高等女学校令が公布され、東京で2つ目の府立高等女学校や私立高等女学校が開校し、多くの女学生が袴を着用するようになった。山川（1972: 101）は以下のように述べている。

　　私の姉は、この年（明治32（1899）年：筆者注）創立された東京府立第二高女にはいりましたが、このころから、女の子が袴や靴をはきだしました。鹿鳴館時代の洋装普及は失敗に終り、次の時期には反動的な国粋趣味が流行したものの、たて矢の字[3] の学校通いはむりなので、緋の袴を改良したあんどん袴がまず華族女学校で採用され、ついでその色をじみにしたえび茶袴が民間で用いられ、最初にそれを制服としたのが私立成女学校、一般に普及したのは明治三十三、四年ごろでした。

　2.2節で述べたように、女袴の定着は、丈夫な国民を産み育てる役割を担う女性の健康促進が国民国家構築のための国家的事業の一つと位置づけられ、体

を自由に動かすことのできる服装の必要性が上からの意向として各学校に伝えられたのと軌を一にする。しかし、それは必ずしも強制的に押しつけられただけではなく、女生徒自身が歓迎して受け入れた変革でもあった。袴を着用するようになってからの変化を、附属高女の生徒は以下のように述懐している。

　　漸く体操や遊戯の時に足の出る事を気にしいしいしなくてもいゝ様になつたのでした。それ迄の体操、今考へると変なものです、長い袖に赤だの桃色だののたすきを掛けて赤い帯をしめ、一ツ二ツ三ツ四ツといつて足を前にだす、桃割れの上へ両方の手を鬢にさわらない様に向ひ合せにのばす時などの苦心と云つたら現在学校でやつて居られるあの軽快ななんとも云へない生き／＼とした美しい立派な合同体操などとくらべて全く文字通りの隔世の感じがいたします。(『作楽』45号, 23-24、難波2012: 148より再引用)

　袴などの制服は、動きやすさに加えて、集団としての一体感や学校への帰属意識、それに伴った集団外の人々に対する排他意識を示すものとしても機能する。当初袴を採用した華族女学校では、袴は「朝廷との結縁が強調され、そのゆえの『貴族性・上流性』の象徴」(本田 1990: 87)として採用された。こうした高貴なイメージが付与された袴は、華族の者のみが着用できるという特権性と庶民との差別化という意味合いが含まれており、そうした意味合いが、高等女学校に通うエリート女子生徒の特権性と一般女子の差別化に重ね合わされた面もある（難波 2012: 155)。

　また、教育が普及しさまざまな階層の人々が娘を学校に送り出すようになると、服装が出身家庭の富裕さを示す指標ともなる。そのため、一部の学校では制服の素材やデザインを細かく指定し、豊かな家庭出身者の華美な服装の競い合いや、貧しい家庭出身者の就学しづらさを回避しようとする動きが出るようになった。例えば、中流および下流の女子に対する知識や技能の伝授を主眼として設立された実践女学校・女子工芸学校では、着物と袴の上から着用する授業服が考案され、下に着た衣服を木綿製の授業服で覆い隠すことによって、家庭の貧富の差を見えにくくするように工夫された（難波 2012: 121-122)。

　さらに、当初は東京の上流階級の女子に限定されていた教育の対象が全国に拡大するなかで、制服は学校集団への帰属感の形成のみならず、管理の手段と

しても重宝されるようになる。明治末期の防府高等女学校では「頭髪は巻髪、リボンその他の装飾は禁止、履物は往復途中は下駄［中略］これらの完全実施のため検閲規定を設け、服装は毎日朝会式の初めに風紀係が検査をすることになっていた。また風紀係は、容儀の整否、携帯品、整頓の状況も検閲して記録し、学級主任および教務主任を経て学校長に提出していた。学校長も随時検閲をするなど学校全体でこれに取り組んだ」（山口県立防府高等学校 1979: 483-484）という。

　こうした制服による管理が進む背景には、「堕落女学生」の問題がある。地方から都会へ遊学しにきた女生徒が、保護者の監督が行き届かない生活のなかで男性との恋愛に走り、妊娠・出産し、誰の子かわからない子どもを連れて帰郷するといった内容を典型とするスキャンダルが当時の新聞を賑わせたり、小説のモチーフとなったりした。『二六新報』では「女学生腐敗の真相」が1か月以上にも渡って連載されているが、その第1回目の記事では「其人の清潔なると否とを問はず、女学生なる三字は直に以て生意気淫奔を意味するが如く連想され、海老茶の袴、手束の髪、殆んど嘲笑の具としてよりは他に映ぜざる社会の眼、強ち藪睨みにもあらざるが如し」と述べており、海老茶色の袴と後ろで一つに束ねた髪が女学生の表象とされている（難波 2012: 113-114）。稲垣（2007: 214）は、堕落女学生について「『良妻賢母主義』を柱とした高等女学校の教育を一般化させていく過程で、そこから排除されるものの象徴としてつくりだされたイメージ」であると述べている。良妻賢母を育てる学校に通う「お嬢様」は清く正しく美しい存在であり、未婚の母になるような「ふしだらさ」とは対極にあることが期待される。一方で、西洋の思想や教養を表層的に理解し虚栄心を満たそうとしているとの批判もあり、新しい教育を受けた若い女性への抵抗感が、「生意気淫奔」な堕落女学生という虚像を生み出しているのである。

2.4　洋装制服の定着

　日露戦争、第一次世界大戦と戦争が続いて国家主義的傾向が昂じるにつれて、国民の身体や健康に対する関心もさらに高まっていく。女性の服装に関しても、洗濯がしにくく動きに制限のある着物や袴に代わるものとしてさまざま

な改良服が提案されるが、和服からの離脱に対する抵抗感は根強く、なかなか定着に至らなかった。しかし通勤や職場で機能的な洋服を着用する女性が増え、洋服で通学する女生徒も少しずつ増加していたところに、1923（大正12）年の関東大震災により、和服の動きにくさがさらに批判されるようになった。また当時欧米で子ども服として人気を博していたセーラー服が日本にも取り入れられ、ジャンパースカートにセーラー服の上衣および白のブラウスを組み合わせたものが多くの学校で制服として指定された。1924（大正13）年には島根県の松江高等女学校など数校でも洋装制服が採用されており（桑田1998）、1920年代末から30年代にかけて、全国各地の高等女学校・女子師範学校において洋装制服が成立に至った（佐藤 1976: 21）。

　ここで興味深いのは、男袴、鹿鳴館スタイルの洋装、和服（着流し）、女袴という変遷を経て洋装制服が定着しても、やはりその服装が一部の人々からの批判の的となっていることである。桑田（1998）は、島根県の津和野高女の洋装制服に対して当時書かれた文章を引用している。

　　あの左前、三つボタン、よだれ掛けを後前にしたような上衣に、短いスカートで、勇壮活発に跳ね反る所、寔に勇ましなんどいふ計りなり。こんな卵が巣立して、天晴、一かどの良妻賢母となりすまし、ピョコピョコ産みだしてごらんなさい、国家は正に大盤石。だが、だ、もし日本の女が実利一点張りで、労働者の着るような腰切胖天に、猿又一つで立居するようになったと考えると随分変だぜ。[中略] 軽装も良い動作の活発なのもよい運動もよい、が、しとやかなつゝましい日本婦人の美点を葬り去る事をさえ、時代遅れの思想と一笑に附し去るにはチト早からう。それも一つ、気掛かりなはアンナ尻からげみたいな風をして、大事な腰が冷江はせぬだらうか。（「つむじ風」（コラム）『石州新聞』1925年1月1日、桑田1998: 77-78より再引用）。

　このコラムでは、一見「腰が冷える」のように女性の健康を気遣う姿勢を見せつつも、「しとやかなつつましさ」という日本女性の美徳への執着と、足を出す洋装への批判や不快感が端的に示されている。洋装には動きやすさや機能性といった利点もあるにもかかわらず、津和野高女の制服には女性の美徳を損なうという観点から否定的なまなざしが注がれている。

　安東（1997）は明治・大正期の女子制服を分析するなかで、和装からバッスル型の洋装、女袴、改良服、セーラー服という移り変わりによって衣服による身体への拘束が緩まるのに反比例して、視線による身体の監視、管理が強まったことを指摘している。「衣服はその日常性故、また他者に晒されるものである故に、絶えず視線がそこには注がれ、監視の対象となるのであり、監視者が望む規範を植えつけようとするとき、衣服は恰好の対象となる」（安東　1997:112）。学校のなかの服装規定や教師による管理だけでなく、世間の人々も女子の制服姿に視線を向け、あるべき姿からかけ離れたものになっていないか、監視をしているのである。

2.5　女子制服の定着過程と「望ましい女性像」

　第2節で概観した明治維新以降の女子制服の定着過程を振り返ると、この時期の女子制服は、男袴、和装、洋装、女袴、改良服、と頻繁に姿を変えながら、1920年代末から30年代ごろに洋装が定着するに至った。男子の制服において早々に洋装が定着したのに反して、女子の制服が複雑な変遷をたどったのには、近代国家の国民としての女性のあり方と、従来の儒教的、家父長制的な女らしさという、当時の社会の「望ましい女性像」が影響しているといえる。つまり、体を締め付けず自由に動かすことのできる洋装は、慎ましさやしとやかさといった「女性の美徳」を損なうリスクがあるものと捉えられた。一方、体を動かしやすい洋装を推進した人々も、それは女性の自由を尊重するというよりは、西洋諸国に伍する近代国民国家の一員として、丈夫な子どもを産むための健康な身体を持つという期待に基づくものであった。

　これは決して明治から戦前までだけのことではない。「15 ～ 50歳の女性の数は決まっている。産む装置、機械の数は決まっているから、あとは一人頭で頑張ってもらうしかない」（柳澤厚生労働相（当時）、2007年1月27日）や「お子さんやお孫さんにぜひ、子どもを3人ぐらい産むようにお願いしてもらいたい」（桜田義孝・自民党衆議院議員、2019年5月29日）といった政治家の発言にみられるように、子どもを産むことを女性の社会的責務と捉える価値観は今も脈々と生き続けているのである。

第3節 ┃ 戦後の女子制服

　1945（昭和20）年の敗戦の後、日本は連合国軍最高司令部の指導の下で教育改革に着手した。1946（昭和21）年に公布、1947（昭和22）年に施行された日本国憲法第26条では「すべて国民は、法律の定めるところにより、その能力に応じて、ひとしく教育を受ける権利を有する」、さらに同26条2において、「すべて国民は、法律の定めるところにより、その保護する子女に普通教育を受けさせる義務を負ふ。義務教育は、これを無償とする」と定められた。さらに1947（昭和22）年には教育基本法が公布・施行され、「個人の尊厳を重んじ、真理と平和を希求する人間の育成を期するとともに、普遍的にしてしかも個性ゆたかな文化の創造をめざす教育を普及徹底しなければならない」と謳っている。こうした基本的な原則に基づいて学校制度の改革が行われたわけであるが、戦後の学校において、制服はいつからどのように用いられ、どのような意味や機能を有しているのだろうか。

　山口（2007）は、戦後の学校制服の変遷を表4.1のように示している。山口（2007）のなかでは第Ⅲ期からポスト第Ⅲ期への移行時期は明確ではないとしているが、「現在を含めたここ数年をポスト第Ⅲ期」（山口 2007: 63）としていることから、本稿では第Ⅲ期とそれ以降を2000年で区切り、2000年代以降をポスト第Ⅲ期ではなく第Ⅳ期としたうえで、それぞれの時期の制服の特徴と変遷を概観する。

表4.1　学校制服の変遷（山口 2007: 63、一部改）

＜区分＞	＜第Ⅰ期＞	＜第Ⅱ期＞	＜第Ⅲ期＞	＜第Ⅳ期＞
年	戦後～1970年代前半	1970年代後半～1980年代半ば	1988年以降	2000年代～現在
社会	都市化	産業化	消費化	情報化	高度情報化
学校	学校制度の整備	校内暴力対策	多様化	学校五日制ゆとり教育
文化的側面	学校文化	反学校文化	若者文化化	若者文化
制服の作用	統一	個性	差異化	全体的同化／個人的異化

3.1　第Ⅰ期：戦後～1970年代前半

　この時期の学校制服の状況を見ると、まずその多くが旧制の中等学校を再編して発足した新制高校では、詰襟服とセーラー服という戦前から続くデザインに対して人々が抱く「学生らしさ」「伝統ある象徴」「憧れ」といった感覚や心情をもとに、制服が復活してきた（太田 2002: 75）。一方、戦前からの継続性がない新制中学校の場合、1956年に福岡県八幡市立中学校の校長会が市内全中学校に制服を定める方針を決めたことが新聞に取り上げられ、賛否両論の投書も掲載されている（『朝日新聞縮刷版』1956年2月7日・9日・12日）。この方針は結局、市内の保護者や労組、洋服屋などの反対が強いため変更され、制服ではなく標準服または推奨服とすることになった（『朝日新聞縮刷版』1956年2月16日）。東京においても、1950年代後半はまだ「公立に対して、とくに中学校に対して、制服を着用させようという考え方も、機運もなかった時代」（東京学校服協同組合 1975: 107）だったという。

　こうした状況のなかで、制服の普及に関して大きな推進力となったのが社会経済的な要請である。戦後の産業立て直しにおいては、外貨節約と合成繊維産業の育成のため、内需拡大を通じて量産体制を整備することが喫緊の課題とされた。1954年から55年にかけて、通産省を中心として「合成繊維学生服需要促進の具体的方策の検討」会議が開催され、通産省と文部省連名で「学生服は国産の合成繊維を使いましょう」というポスターを作成し、各種雑誌や新聞紙上でもその趣旨が啓蒙宣伝された。合繊学生服は「文部省推せん」をうたって販売され、日本化学繊維協会が当時の様子を「合繊学生服は政府の異常ともいえるほどの推奨を得た」というほどの状況であった（馬場 2009: 716）。値崩れが少ない上にマージンが高く、需要の予測がしやすい制服は、メーカーから見ても収益性が高く安定した製品であった（東レ 1997: 180）。また百貨店など大手小売業に対して中小の制服業者が団結して対抗することを目的に設立された東京学校服協同組合も、1951年から1955年にかけて「制服着用運動」を展開しており（東京学校服協同組合 1981）、官民挙げて学校制服を普及させる社会的な環境が整備されたのである。

　学校関係者や生徒・保護者の間でも、少しずつ制服の利点や必要性が認識さ

れるようになってくる。その大きな理由は、「服装の乱れへの対応」である。上記の福岡県八幡市の校長会では、制服導入の理由について「ちょうど思春期に当たる中学生のうちには服装にこるものが現われ、乱れがちになる点、全般に服装がだんだん派手になる傾向にあることなどにブレーキをかけ、服装で貧富の差をなくすのがねらい」と述べている。東京学校服協同組合が主催した座談会でも、私立学校の校長から「もし制服がないと、女子校の場合何を着せていったらいいのかということが一番問題で、だんだん華美になって、お互いに競争する。したがって制服が決めてあるということはそういう面で苦労がない。親も経済的にも楽であるし、学校も気を使わなくていい。したがって、制服がある方が便利であるということですね」との発言がある（東京学校服協同組合 1981: 48)。服装が乱れ、華美になってくることは、学校から見れば、規律が保たれず生徒の指導に支障をきたすことにつながる。また保護者の側からは、経済的な負担が大きくなる。また繊維業界・制服業界としては、戦後のベビーブーム以降、爆発的に増えると予想される中学校・高等学校の生徒が制服を着用するとなれば、他にない大口の顧客を獲得できることになる。保護者からみた「経済的な負担の軽減」と学校からみた「服装の規律の維持」の2つを両輪としつつ、さらに繊維業界・制服業界の思惑もあいまって、1960年代後半には、全国のほとんどの中学校で制服が制定されるに至っている（馬場 2009)。

　このように、制定当時の状況から見れば、繊維産業の育成という社会的・経済的課題を背景として、新制高校ではエリート意識や伝統の維持継承という心情的な役割、中学校では規律の維持や経済性といった実利的な役割を大きな理由として制服が採用されたわけである。しかし高校進学率が70%を超える1960年代半ばには、高等学校でも中学校と同様の実利的な役割が期待されるようになった。さらに、1968年頃から学園紛争の影響による高等学校の制服自由化運動が起こり、制服を廃止する高校が出現したものの、1970年代半ばからは再度、高等学校で制服を定める動きが活発化する（馬場 2009: 720)。

3.2　第Ⅱ期：1970年代後半〜1980年代半ば

　1970年代の制服（再）制定の動きについて、馬場（2009: 720）は1960年代

との違いとして「生徒指導上の理由」をあげている。この時期には多くの学校で校内暴力の嵐が吹き荒れ、学校が終わってから、あるいは学校を抜け出して、繁華街などをうろつく生徒の問題が度々指摘された。東京学校服協同組合主催の座談会でも、「生活指導で特に私はいろんな取り締まりをやってるんだけど、制服を着てると非常に都合がいいんです。新宿で制服着てれば、『君、君、君はどこの生徒だろう。いまごろちょっとおかしいんじゃないか。まず、学校からうちへ帰るのがあたりまえだ』と、夕方うろついてたりなんかしてればわれわれも注意する、周りも注意する。［中略］制服を着ておれば、あれは高校生だほっておいちゃいけないということでだれでも注意してくれるし、保護される」といった発言がある（東京学校服共同組合 1981: 49）。そうした背景を受けて、生徒指導上の理由から制服の必要性が認識され、着用指導を強化する体制がとられるようになったのである。

　高校進学率が90％を超え、在籍人数が増えて大衆化するにつれて、生徒の文化は「向学校的」なものと「反学校的」「脱学校的」なものとに分化していく。学校からの管理が強くなり、制服着用の義務化が進むにつれて、それに反抗する生徒たちは裾の長い学生服や引きずるような長さのスカート、脱色した髪に代表される「ツッパリ」ファッションの制服を身につけた。これは学校の押し付けるスタイルや「生徒らしさ」への反抗であったが、制服の着用そのものを拒否するのではなく、学校の制服の改造を通して反抗の姿勢が示されること、しかもそれは学校外での流行とはまったく乖離した「異装」であったことから、この時期の生徒たちは学校に反抗しつつも、自分たちなりの「生徒像」「学校像」を主張して、学校に執着していたとも解釈できる（伊藤 2002：90-91）。

　また松田（2005）は、1970年代半ばから1980年代前半にあたるこの時期を「制服の歴史におけるひとつの画期」（松田 2005: 36）であるとしている。それは、高校進学率が90％を超えることによって大衆教育社会が到来したことに加えて、学校を意図的・自覚的に使いこなす親が増加することによる。子どもの教育に責任をもっているのは自分たちであると考えるかれらの下で、学校は顧客の個人的ニーズに応えるサービス提供機関へと変化してゆくのである。制服に関して言えば、保護者や生徒、受験生から好感をもたれる制服、あるいは就職・進学時の面接で好印象を与える制服といった要望が学校からメーカーに寄せられ、メーカーも率先してそれらを提案するという、制服が多様な社会

的要請に応えるようになる状況への転換点である。この背景には、それまでは地域毎のメーカーや専門店によって生産されることの多かった女子の制服市場に、男子の詰襟服ですでに全国展開していた規模の大きなメーカーが本格的に参入してきたこともある。制服業界内のシェア争いが熾烈になるにつれて、デザインや学校へのサービスをめぐる差別化の動きも加速していったのである（松田 2005: 40-41）。

3.3　第Ⅲ期：1988年〜2000年

　山口（2007）は学校制服の変遷を概観するにあたって、第Ⅲ期の始まりを1988年としている。これは、1988年ごろから全国的に制服のモデルチェンジが行われたことによる。制服のモデルチェンジは、3.2節で示した大衆教育社会の到来と、学校が顧客、すなわち生徒や保護者のニーズに応じたサービスを提供する機関へと変貌していったことを背景に、スクール・アイデンティティ（SI）に関する取り組みの一貫として実施された。1990（平成2）年度から1992（平成4）年度の3年間に制服を変更した高等学校は872校に達するという（山崎 1994）。このモデルチェンジブームの後、女子の制服にはブレザーやチェックのスカートなど、保護者や生徒本人が「可愛い」と評価するデザインが増えていく。制服のモデルチェンジブームをきっかけとして、制服が学校特有のものではなく、一つの消費対象となり、若者文化の一部となっていった（山口 2007: 65）。1990年には、ドラマ『いつも誰かに恋してるッ』（フジテレビ）において、主演の宮沢りえがDCブランド制服を着用し、女子高生ブームを作り出した。さらにこの頃には短いスカートやルーズソックス、ローファーなどを身につけた「コギャル」が注目された。コギャルたちは学校から与えられた制服をそのまま着用するのではなく、制服を自分たちの好みに応じて改造して身につけた。こうした制服ファッションを後押しする小物類も多く販売され、制服を利用したおしゃれのための消費が活発化するとともに、制服をどのように着るかを通じて、他者との差異化を図る傾向がみられるようになった。

　これに関する興味深い事例が宮崎（1993）に示されている。宮崎（1993）は、1991年4月から9月にかけて女子高での参与観察とインタビューを行った。この学校の生徒たちは、成績がよく進学希望者が多い「勉強グループ」、

漫画などの共通の趣味で集まる「オタッキーグループ」、派手好きで反学校的な態度が強く見られる「ヤンキーグループ」、それ以外の"ふつう"の女子が集まる「一般グループ」に分化しており、互いのグループを差異化し、ステレオタイプを付して批判し価値づけし合っていることを明らかにした。そして、そうした批判や価値づけの材料として最も顕著に認識されていたのは「制服の着方を中心とした外見」だったのである。勉強グループやオタッキーグループは、制服を概ね学校の規定通りに着用し、そこに「品のよさ」「貞淑さ」を見いだして肯定的に評価する。そして、ヤンキーグループや一般グループの短いスカートや胸当てが低くなるよう改造した制服を「節操のなさ」や「セクシュアリティの強調」といった点から批判した。逆にヤンキーグループや一般グループの生徒たちは、勉強グループやオタッキーグループを、「かわいくない」「オタクっぽい」など彼女たちなりの女性性に基づいた外見への批判、「世界狭い」「非現実的」など女子のティーンエイジャーカルチャーへの関与が少ない点への批判などによって退けた。宮崎（1993）の分析は、女子高生のグループが、従来の研究で扱われてきた学校への適応の違いや学業上の達成度（成績）の違いという側面だけではなく、性役割や女性性というジェンダーの側面においても分化していることを示している。

　一方で、この時期の女子高生については、男性から性的な対象として捉えられ、女性性を表す一つの記号としての制服が消費の対象にされる面があった。女子高生が着用した制服や体操服などを販売するブルセラショップが社会現象になり、女子高生の制服が1万円から10万円ぐらいの値段で取引され、6割以上の女子高校生が制服を売ってもいいと答えたという調査結果（宮台 1994）が示されている。宮台（1994: 128）は、「女子高生のブランド化」について、以下のように論じている。

> 　結局「女子高生」という性的ブランドを成り立たせているのは、女子高生のふるまいの側ではなく、そこに理想（性的であってはならない）と現実（なのに性的）の「落差」を生み出す「近代学校教育制度」的なタテマエの側なのである。（傍点ママ）

　近代学校教育の枠内では、女子高生には戦前の「良妻賢母」教育から連綿と

続く「清純、清楚」といったイメージ（宮崎（1993）の女子高生の言葉を借りれば「品の良さ」「貞淑さ」）がある。そして、そうした「タテマエ」があるからこそ、「清純」な女子高生の制服の下に性の対象となる生身の肉体があるという落差が作り出される。その落差が男性の性的欲望の源泉となり、消費社会においては、女子高生の象徴である制服が、金銭との交換価値を持つもの（女子高生を性的対象としてみる男性にとって、お金を払う価値のあるもの）となる。この問題については、4.2節で改めて論じたい。

3.4　第Ⅳ期：2000年代〜現在

3.4.1　消費社会における制服

　21世紀に入り、女子生徒の制服を用いたおしゃれは若者文化としてさらに定着していく。山口（2007: 66）は、制服を用いたおしゃれ（制服おしゃれ）を①学校指定の制服を規定どおりに着用せず、リボンやネクタイをゆるめたり、スカート丈を短くしたりするといったもの、②学校指定の制服のなかである特定アイテムのみを、例えばリボンだけを規定外のものとするもの、③学校指定の制服はほとんど無視し、市販のアイテムを多用するもの、に分類したうえで、制服おしゃれの大きな特徴として「自己演出ができる」ことを挙げている。また、制服のない学校の生徒が、ブレザーやチェックのスカートなど制服のような服装をあえて身につける「なんちゃって制服」もある。制服おしゃれは単に差異化の作用を持つだけではなく、女子高校生全体、あるいは友だち集団になじむような全体的同化をしながらも、そのなかで自分だけの着こなしやおしゃれを表現し、細部にわたる自己演出ができるものとなったのである。山口（2007）はこのことを「個人的異化」と呼んでいる。学生服メーカーのトンボが2018年1月に実施したアンケートでは、「さとり世代（1993 〜 1999年生まれ）[4]」の女性が学生時代の制服に満足していた理由について「可愛い」「アレンジが自在だった」「組み合わせが豊富だった」と、本来のデザインの良さと自分なりの選択に基づいた着こなしができることを挙げている（トンボ2018）。1980年代後半以降の制服のモデルチェンジによって、生徒自身が好むような可愛いデザインの制服が増えたことに加えて、制服のアレンジの多様化

が進み、自分の好みに応じて着こなせることが、こうした満足感の一つの原因といえる。

　「制服おしゃれ」（山口 2007）の台頭は、近代学校教育制度の培ってきた「規律」や「教育的価値」を反映するものであった制服が、情報化・消費化社会への移行によって、「かわいらしさ」や「ジェンダーを演出する手段」へと読み替えられたと捉えることもできるだろう（松田 2005）。すなわち、制服はファッション化され、消費される記号となったのである。

3.4.2　性的マイノリティと制服 —隠れたカリキュラム—

　もう一つ、ジェンダーにまつわる制服の問題として近年指摘されているのが、男女が異なる制服を着ることによって、「男性と女性の区別がある」ことが厳然と立ち現れることに伴うリスクである。戸籍上の性別と異なるジェンダーアイデンティティを持つトランスジェンダーの人々が、自分の自己認識とは異なる性別の制服の着用を強いられることへの抵抗を示す声を上げ始めている。土肥（2015: 58）は、男性から女性への性別移行（Male to Female: MTF）、つまり出生時には男性とみなされたが女性としての自己認識を持つ人（D）の中学時代の経験として、以下のような記述を行っている。

　　Dは中学校に入り制服を着ることで「今まで名前で呼んでいたのが男子、女子ってな」り、自分が男子として扱われている現実に直面させられた。しかし、制服のもたらすものはそれだけではない。さらにDが「学ランとか制服でわかれると、一気に男女ってなるんですよ」と述べているように、制服の存在は、男女混合であったそれまでの人間関係に分断をもたらす。そして、その人間関係の分断は「小学校のときに仲よかった女友だちもちょっと疎遠になっちゃって」とDが語っているように、自らがありたい性とは異なる性別の人間関係の中に自らをカテゴライズしなくてはならないことにつながる。[中略]このことは、初等教育段階の性別カテゴライズによるジェンダー葛藤に加え、ジェンダー葛藤をより強くする。

　女性から男性への性別移行（Female to Male: FTM）を経験したトランス

ジェンダー青年4名の調査を行った吉川（2018: 8）も、中学校での女子制服の着用義務について、4名全員が「苦痛以外の何物でもなかった」と語ったことを報告している。また中塚（2020）は、岡山大学ジェンダークリニックを受診した性同一性障害当事者（トランスジェンダーのうち医学的な治療を求める人々）約1,000名のデータから、約9割が中学生までに性別違和感を持ち、約3割が不登校を経験、さらに約6割が自殺願望（自殺念慮）、約3割が自傷・自殺未遂の経験を持っていると述べている。そして、中学生の頃の自殺願望の原因として「制服」を挙げたトランスジェンダー当事者は約25％にも及ぶという。特にトランスジェンダー男性（FTM）は、スカートをはくことに大きな苦痛を感じている。心の性と身体の性とが一致しないトランスジェンダーの人々にとって、心身ともに大きく変化していく思春期・第二次性徴の時期に、自身の希望しない性別の制服の着用を強いられるのは非常に辛いことなのである。

　教育学や教育社会学の分野では、以前から「隠れたカリキュラム」の問題が指摘されている。隠れたカリキュラムとは、顕在的に計画され準備されたカリキュラム以外に、学校や教室において関係者が持っている常識や前提を、非明示的に学習者に伝えることを指す。氏原（2009: 23）は、名簿、列、呼称、制服など持ち物、生徒の学校での役割、学校組織、教科書・教材、教授＝学習活動を通じて、性別に関する知識、すなわちジェンダーがメッセージとして伝達されると述べる。例えば男女別に、かつ男子が先に女子が後に並べられた名簿や、女子だけが学習する家庭科、生徒会長は男子が、副会長は女子が務めるような事柄から、男性と女性の区別があることや、それぞれに期待される役割が異なることを暗黙のうちに伝えているのである。上で例として示した「名簿」や「教科」「生徒の役割」などではすでにかなりの変化が生じているものの、制服に関しては、まだ多くの学校で男女別の制服が採用されているのが現状である。制服はすべての生徒が毎日身につけ、またその姿が生徒の自己認識や他者からの評価に強く関係するという点で、特に影響力が強く、配慮が必要な「隠れたカリキュラム」だといえるだろう。

第4節 ┃ 制服とリスクコミュニケーション

4.1　制服の管理機能とリスクコミュニケーション

　第3節では、戦後の学校における制服の変遷を4つの時期区分ごとに見てきた。第2節と合わせ、女子制服の変遷を明治期から通時的にみてみると、制服から透けて見える問題の多くが、実は明治・大正期から続くものだということがわかる。安東（1997）が指摘していたように、「衣服はその日常性故、また他者に晒されるものであるが故に、絶えず視線がそこには注がれ、監視の対象となるのであり、監視者が望む規範を植えつけようとするとき、衣服は恰好の対象となる」（安東 1997: 112）。多くの学校が明治時代から今日まで変わらず、生徒の服装を厳しく管理し制限している。2020年12月23日付の西日本新聞によると、性別によらない制服の選択が可能になるように新標準服が導入されたにもかかわらず、約3分の1の24校が男女を明確に分け、男女別に制服の着方を推奨していた。さらに、中学生や保護者、教職員対象に実施した聞き取り調査では「女子生徒が男の先生から下着の色を指摘され、学校に行けなくなった」「廊下で1列に並ばれ、下着をチェックされる」といった実態に加えて、校則について生徒が疑問を呈しても「内申に響くぞ」と脅されたり、「政府がそう言っている」とはぐらかされたり、校則の議論そのものを禁じられた場合もあったという。

　議論を禁じ、ただ力で押さえつける姿勢は、「個人の尊厳を重んじ、真理と平和を希求する人間の育成を期するとともに、普遍的にしてしかも個性ゆたかな文化の創造をめざす教育を普及徹底しなければならない」という戦後の教育の基本方針からも大きく外れたものと言わざるをえない。1970年代の終わりに、制服を着ないという選択をして中学校に通った生徒の母親は「自分から『制服は着たくない。』と主張する人達もいる。その少数者を、犯罪者のように、排除、または矯正しようとするところに、今の日本の教育の、最大の問題点があるのではないだろうか」（久世 1984: 9）と述べているが、こうした状況は2021年現在でもまったく変わっていないように思われる。「ノー」の声を

あげる人々、自分で自分の身につけるものを決めたいと考える人々に耳を傾けず、学校の権威や数の力で排除してしまうことには大きなリスクがあるといえるだろう。高校の制服に焦点を当てて、戦後の変遷を多くの事例に基づき分析した小林（2020: 270-271）は、以下のような問題提起を行っている。

> 制服に限らず、校則について教師の言うことにまったく疑問を抱かずそのまま受け入れてしまう。それでいいのだろうか。あまりにも受け身になりすぎると、自分でものを考える習慣が付かなくなる。つまり、思考停止状態になってしまうことを危惧する。

ここで指摘されている「思考停止状態」は、生徒がもともと受け身で考えないということではなく、幼い頃から「自分でものを考える習慣」を付けていない結果といえるだろう。制服に引きつけて言えば、校則で規定する必要があるのか、必要があるとすればどのように規定するのが適切なのか、に関して生徒と教師、保護者が議論する場をつくり、そこでの対話を続けるという地道な積み重ねこそが「自分でものを考える習慣」につながるのではないだろうか。

4.2　性の対象とされる女子制服とリスクコミュニケーション

安東（1997）は衣服に視線が注がれ、監視の対象となることを指摘したが、女子生徒や女子生徒が身につける制服を、性の対象とみなす視線もある。2.3節で論じた「堕落女生徒」や、戦後のブルセラ（3.3節参照）などの問題である。こうした問題については、ふしだらな行動をとる女子生徒や、自分の商品価値を熟知して制服などを売る女子生徒がしばしば批判の対象となる。彼女らに「堕落」「不良」といったラベルをつけて批判することはたやすい。しかし、宮台（1994: 136）は「彼女たちに利用可能な商業的資源をもたらしたのは、彼女たち自身ではなく、あくまで彼女たちを観察する周囲の視線」であり、「『転落』『不良』といった『無害な物語』に回収しようとする。いったいそのような鈍感すぎるまなざしのほうに、問題はないのか」（傍点ママ）と厳しく反論している[5]。ここで求められるのは短絡的な犯人探しではなく、なぜこのような状況がうまれてきたかの論理的な考察であろう。これについて宮台

196

（1994: 85-87）は、私たちの社会を支配しつづけてきたのは「自分と周囲がちがわないことによる安心」（近接的確かさ）をコミュニケーションの支えにする作法であり、近接的確かさを満たす伝統的な共同体が消失していった結果、道徳すなわち「世間のまなざしによってみずからを規範する作法」が消滅したと主張する。若者のコミュニケーションがより小さな単位に分解して閉じてしまい、たがいに無関連・無関心になる一方で、他者のまなざしをふるまいの方向づけとして利用する姿勢そのものは維持された結果、「あの子がやっているなら私もやっていい」というように、ごく近い仲間内でどのような行動が行われているかによって、自らの行動が規定されるのである。こうした傾向は決して女子生徒だけのものではなく、日本社会全体にあてはまるものでもある。

　宮台（1994: 277-279）はさらに、何が良いか悪いかといった価値判断を伝えることは何の意味ももたないという。しかしそのかわりに、不特定の男性を相手に金銭を媒介とした性的な関係を持つことで、男性に対する感覚の変容（男なんてみんな同じじゃん、どうせエッチしか考えてないじゃん、結局バカじゃん、と考えるようになる）が生じること、この変容は不可逆的で、特定の男性を特別な存在とみなすことが困難になっていくことを伝えることの重要性を説く。それによって彼女たちが「不特定者との性的な出会い」に踏み込んだときに、そのまま先に進むのか、引き返すのかをいったん立ち止まって自分で選べるような判断の根拠を提供することが必要だということである。

4.3　性的マイノリティと制服 —望ましいリスクコミュニケーションとは—

　性的マイノリティと制服の問題に関しては、3.4.2節で紹介したトランスジェンダーの人々からの声に対応する形で、2010年には文部科学省より性同一性障害の児童生徒を視野に入れた「児童生徒が抱える問題に対しての教育相談の徹底について」、さらに2015年に「性同一性障害に係る児童生徒に対するきめ細やかな対応の実施等について」が発出されている（文部科学省 2010; 2015）。2015年の「性同一性障害に係る児童生徒に対するきめ細かな対応の実施等について」では、対応の対象を性同一性障害の診断に至っていない性的マイノリティの児童生徒にも広げたうえで、服装に関する支援の事例として「自認する性別の制服・衣服や、体操着の着用を認める」ことを明記している。

このように、制服が「隠れたカリキュラム」として伝えるジェンダーメッセージや、多様性尊重の必要性についての理解は着実に進んでいるようにみえる。しかし、実際にトランスジェンダーをはじめとする性的マイノリティの人々が制服を自分の思う通りに選択できているかというと、そこにはまだ課題があるように思われる。例えば、筆者が現在居住している大阪府では、2020年4月に「性の多様性の理解を進めるために」という教職員向けの啓発冊子が作成され、服装等について、「制服／標準服・体操着・水着・スリッパなど、身体の性により服装等が異なる場合は、児童生徒等の申出により、希望するものを着用できるようにする」（大阪府教育庁 2020: 10）という記述がある。府立高校に通う家族に尋ねたところ、確かに女子生徒には「ズボン等の着用を希望する場合は申し出ること」という通知がされているが、全校生徒1,000人のなかで、ズボンを着用する女子生徒は皆無だという。もちろん、そうした希望をもつ生徒がまったくいなかった可能性も考えられるが、LGBT・性的マイノリティに該当する人が約10％存在するというLGBT総合研究所の調査結果（2019年）を考えると、何人かの生徒はそうした希望を持ちながら、実際には申し出ていないと考えるほうが適切なのではないだろうか。

　生徒の立場で考えてみれば、そうした希望を申し出ることは、自らの性自認を関係者すべてにさらけ出すことにつながる。性的マイノリティの人々の「カミングアウト」にさまざまな問題があることは従来から指摘されている（鈴木 2018）が、必ずしもすべての人々が性自認の多様性に寛容ではない現状で、「ズボンを履きたい」という意思表明をすることは、相当に勇気のいることだろう。大阪府の場合は「児童生徒等の申出により、希望するものを着用できる」（傍点筆者）ことになっているが、地域によっては保護者による申請が必須であり、親に打ち明けることができなかったり、親に理解がなかったりして変更がかなわないことも多い（高木 2017: 46）。

　奥村・加瀬（2016: 15-16）は、性的マイノリティに対しては、カミングアウトした児童・生徒に対して直接的にアプローチする「支援」と同時に、見えない当事者、つまりまだカミングアウトの前段階にいる性的マイノリティ（奥村・加瀬（2016）のなかでは「セクシュアルマイノリティ」、以下同）の児童生徒に向けた間接的アプローチである「配慮」も重要であることを指摘している。つまり、教員が性の多様性に関する肯定的な情報を積極的に発信していく

198

ことによって、まだ自身の性の在り方をはっきりと自覚できていない、あるいはそれに否定的な感情を抱いている性的マイノリティの児童・生徒のセクシュアリティの受け入れを促したり、当事者以外のクラスメイトの児童・生徒が同性愛嫌悪の姿勢を持つのを防いだりすることである。「着たくない人は申し出てください」として、当事者からの申し出を認める姿勢を示したのは一つの進歩といえるかもしれないが、それに加えて、声をあげやすい環境、声もあげても否定されず、ちゃんと聞いてもらえる関係性を学校のなかで保証することが求められるのではないだろうか。氏原（2009: 23）は「隠れたカリキュラムが性に公正なメッセージやセクシズムを顕在化し、それを是正する方策を生徒に考えさせるようなメッセージを伝達するなら、隠れたカリキュラムはジェンダー再生産を『修正』する効果を発揮することができる」と述べている。高木（2017: 47-48）は教員の日常的な心がけとして「性別二分法に囚われない言動をする」「女は女らしく男は男らしくするのがよいという立場に立たない」「恋愛の対象は異性であると決めつけない」「性的マイノリティに対して理解があり聴く準備があることを示す」の4つを挙げているが、折に触れて、性の多様性への寛容な態度を示していく必要があるだろう。

　また、身につけるものの選択権を性的マイノリティの生徒だけでなく、すべての生徒に開いていくことも重要である。2018年に新設された千葉県柏市立柏の葉中学校は、性的マイノリティにも配慮した制服を採用したことで注目されている（朝日新聞2018年2月19日）が、創立時の校長である菅原英一氏は、制服制定の経緯について以下のように話している[6]。

　「制服は必要か」というところから、保護者や子どもたちとも一緒になって決めました。男女とも上はブレザーです。中はワイシャツかブラウス、下はズボンかスカート、小物はネクタイかリボンで、いずれも性別に関係なく着たい方を選べ、組み合わせは自由です。トップスに関しては、夏はポロシャツを選ぶこともできます。珍しいのはボトムスを選べる点でしょう。性的マイノリティーへの配慮という点ばかりが大きく取り上げられましたが、一番に考えたのは機能面のメリットです。「冬にスカートは寒い」「ズボンのほうが動きやすい」といった意見が反映されました。

「自分の着たいものを着たい」という希望は、性的マイノリティの生徒だけがもつものではない。「着たくない」という声をあげる人々を少数者として排除し全員に同じ服を着せるのではなく、あるいは声をあげた人々だけを特別扱いするのではなく、すべての生徒がデザインや機能性を考えながら好きな服装が選べる環境を作っていくことが望まれる。

第5節 ┃ おわりに

　本稿は、日本における学校制服の変遷を、特に女子の制服に焦点を当てながら通時的に分析し、制服の移り変わりに当時の社会状況や、人々の価値観、女性に関する期待や欲望が大きく影響していることを明らかにした。本書の統一テーマである「リスクコミュニケーション」の観点から言えば、女子の制服には、管理・統制によって自由が制約されるリスク、議論が禁じられ思考停止に陥ってしまうリスク、「女子生徒の制服」が記号化され消費や性的欲望の対象となるリスク、そして、女子と男子の制服を区別することで「女子と男子には明確な違いがあり、その違いは変えたり超えたりできない」というメッセージを伝えてしまうリスク、などがあるといえるだろう。

　これらのリスクを乗り越えるためには、まず、制服についての対話を関係者の間で積み重ねていくことが必要であろう。こうした対話は、特別な時期と場所だけではなく、ちょっとしたやり取りのなかで日常的に行われることが望ましく、そのためには、日頃から声を上げやすく、もし反対の声をあげてもすぐに否定されない関係性が構築されていることが重要である。さらに、生徒が主体的な選択・決定を行う機会の保証に加えて、選択・決定ができるようになるための情報や判断根拠を、日々のコミュニケーションのなかで示していくことも大切である。

　鷲田（2005: 64）は「制服はひとの＜存在＞を＜属性＞に還元する」というが、自分が属したい＜属性＞と外部から与えられる＜属性＞にギャップがある場合、その服を身につけることには多くの苦痛を伴うものとなる。また＜属性＞の境界がどんどん曖昧になっていくと同時に、＜属性＞がどんどん細分化されていくのが今日の多様化された社会であるともいえる。そんななかで、私

たちは自分を表すものとして何を身につけるのか。この問いの先に、「制服」のこれからの姿があるのではないだろうか。

注

(1) 江戸時代後半からは士分に準ずるものとして豪商・豪農層の正装としても認められた（佐藤　1976: 8）。

(2) 正確には、ベルツの説を医者であり学校衛生（学校保健）の生みの親でもある三島通良が代演したものである。

(3) 御殿女中や近代の少女の帯の結び方。背中に肩から斜めに「や」の字をたてにした形に結ぶもの。(精選版日本国語大辞典)

(4) 2013年の「新語・流行語大賞」にノミネートされたことばで、上の世代に比べて上昇志向や消費意欲が少なく、無欲で悟りを開いているようにみえる世代を指す。

(5) このように、わかりやすい因果帰属をおこない本質的な意味で自分自身を無害で安全な場所に温存することを宮台（1994）は「外部帰属化」と呼んでいる。外部帰属化によって、私たちは攻撃すべき他者を見出し、心理的な感情浄化（カタルシス）を得ることができる。しかしこうしたカタルシスだけでは、実際に何が問題なのかを理解し、具体的な処方箋を得ることは不可能である。

(6) 柏の葉キャンパスライフ「2018（平成30）年開校の新設校。小中連携に取り組む『柏市立柏の葉中学校』の魅力とは。」<https://chiba.itot.jp/kashiwanoha/interview/interview13>（2020年12月26日閲覧）

参考文献

安東由則（1997）「近代日本における身体の『政治学』のために─明治・大正期の女子中等学校の服装を手がかりとして─」『教育社会学研究』第60集, 99-116.

伊藤茂樹（2002）「青年文化と学校の90年代」『教育社会学研究』第70集, 89-103.

稲垣恭子（2007）『女学校と女学生：教養・たしなみ・モダン文化』中央公論新社.

氏原陽子（2009）「隠れたカリキュラム概念の再考─ジェンダー研究の視点から─」『カリキュラム研究』第18号, 17-30.

LGBT総合研究所（2019）「LGBT意識行動調査2019を実施、公表」<https://lgbtri.co.jp/news/2410>（2020年12月26日閲覧）.

太田蓉子（2002）「学校制服が象徴するものとその歴史的変容（4）─詰襟型・セーラー制服の復活と背広型制服の登場─」『家庭科教育』76巻10号, 72-77.

大阪府教育庁（2020）「性の多様性の理解を進めるために」<http://www.pref.osaka.

lg.jp/attach/38307/00000000/seinotayouseinorikaiwosusumerutameni.pdf>（2020年12月26日閲覧）.

奥村遼・加瀬進（2016）「セクシュアルマイノリティに対する配慮及び支援に関する研究―学校教育現場に対する当事者のクレームを手がかりに」『東京学芸大学紀要総合教育科学系Ⅱ』第67集, 11-19.

カンコー（2012）「学校制服の着用状況」カンコーホームルーム Vol.83 <https://kanko-gakuseifuku.co.jp/media/homeroom/121225>（2020年12月26日閲覧）.

久世礼子（1984）『中学生になぜ制服か』三一書房.

桑田直子（1998）「女子中等教育機関における洋装制服導入過程―地域差・学校差・性差―」『教育社会学研究』第62集, 69-91.

小林哲夫（2020）『学校制服とは何か：その歴史と思想』朝日新聞出版.

佐藤秀夫（1976）「学校における制服の成立史―教育慣行の歴史的研究として―」『日本の教育史学』19集, 4-24.

篠田利英（1895）「女子の高等教育と其の健康と」『大日本教育會雑誌』第百六十一號, 2400-2402.

鈴木綾（2018）「FTMトランスの『カミングアウト』における、可視化と受容のポリティクス」『岩手大学大学院人文社会科学研究科紀要』第27号, 35-54.

高木紀子（2017）「性的マイノリティ生徒への対応と支援―教員はどう考え、何をすべきか、何をしてはいけないか―」『清泉女子大学教職課程紀要』第2号, 39-49.

東京学校服協同組合（1975）『東京学校服協同組合の歴史』.

東京学校服協同組合（1981）『教育と制服、一元化への座標』.

東レ（1997）『東レ70年史』.

土肥いつき（2015）「トランスジェンダー生徒の学校経験―学校の中の性別分化とジェンダー葛藤―」『教育社会学研究』第97集, 47-66.

トンボ（2018）「トンボ学生服が『各世代』に聞きました！ 制服は時代を映す鏡!?世代間の差に見る制服文化」<https://prtimes.jp/main/html/rd/p/000000004.000024412.html>（2020年12月26日閲覧）.

中塚幹也（2020）「新型コロナで男女別の分散登校―追い詰められるトランスジェンダーの子どもと制服の選択制―」<https://news.yahoo.co.jp/byline/mikiyanakatsuka/20200728-00190151/>（2020年12月26日閲覧）.

難波知子（2012）『学校制服の文化史：日本近代における女子生徒服装の変遷』創元社.

馬場まみ（2009）「戦後日本における学校制服の普及過程とその役割」『日本家政学会誌』Vol.60, No.8, 715-722.

福島大学教育学部百年史編纂委員会（1974）『福島大学教育学部百年史』.

ベルツ，トク編・菅沼竜太郎訳（1979）『ベルツの日記（上）』岩波書店.

ベルツ（1899）「女子の體育」『東京茗渓會雑誌』第百九十八號, 1-26.

細川潤次郎（1895）「華族女學校運動會に於ける講話」『大日本教育會雑誌』第百六十
　　一號, 2397-2399.

本田和子（1990）『女学生の系譜：彩色される明治』青土社.

松田いりあ（2005）「学校制服の『生産』と『消費』―ファッション化の経緯および着
　　用の現状―」『ソシオロジ』50巻1号, 35-50.

宮崎あゆみ（1993）「ジェンダー・サブカルチャーのダイナミクス―女子高におけるエ
　　スノグラフィーをもとに―」『教育社会学研究』第52集, 157-177.

宮台真司（1994）『制服少女たちの選択』講談社.

文部科学省（2010）「児童生徒が抱える問題に対しての教育相談の徹底について」
　　<https://www.mext.go.jp/a_menu/shotou/jinken/sankosiryo/1348938.htm>
　　（2020年12月26日閲覧）.

文部科学省（2015）「性同一性障害に係る児童生徒に対するきめ細やかな対応の実施等
　　について」<https://www.mext.go.jp/b_menu/houdou/27/04/1357468.htm>（2020
　　年12月26日閲覧）.

山川菊栄（1972）『おんな二代の記』平凡社.

山口晶子（2007）「若者文化としての学校制服―女子高校生の制服おしゃれに着目して
　　―」『子ども社会研究』13号, 62-71.

山口県立防府高等学校（1979）『山口県立防府高等学校百年史』.

山崎保寿（1994）「高等学校の制服変更に関する事例的考察」『学校経営研究』第19
　　巻, 101-109.

山田一郎（1995）「日清戦争における医療・衛生」奥村房夫（監修）・桑田悦（編）『近
　　代日本戦争史 第一編 日清・日露戦争』東京堂出版.

尹健次（1982）「明治前期国民形成論の展開―伊沢修二の教育思想にみるその一研究
　　―」『教育学研究』第49巻第2号, 195-204.

吉川麻衣子（2018）「トランスジェンダー青年が抱く性別違和感の思春期・青年期にお
　　ける変容過程―複線経路・等至性モデル（TEM）による分析―」『沖縄大学人文
　　学部紀要』第20号, 1-16.

鷲田清一（2005）『ちぐはぐな身体：ファッションって何？』筑摩書房.

第5章

「障害」の表記とその言説をめぐって

．．．．．．．．．．．．．．．．

林 良子

第1節 | はじめに

　2016年7月に神奈川県相模原市の知的障害者福祉施設「津久井やまゆり園」で相模原障害者施設殺傷事件[(1)] が起こった。折しも同年4月に障害者差別解消法（正式名称：障害を理由とする差別の解消の推進に関する法律）が施行されたばかりであり、社会における「不当な差別的取扱い」の禁止及び「合理的配慮」の提供が求められるようになった矢先であった。それ以来毎年7月頃にはこの事件を振り返る記事が書かれ、その際に障害者をめぐるさまざまなトピックやその問題点などについての言説が見られるようになった。2019年には日本で初めて重度の障害を持つ国会議員が誕生したこともあり、現在に至るまでますます「障害」の字を目にする機会が大きく増えている。

　相模原障害者施設殺傷事件の犠牲者となった障害者やその家族はいまでも匿名で報じられている。同年同月に起き、日本人7人が死亡したバングラデシュ人質事件では「過剰なくらい被害者の情報が出」ているのとは対称的で、「明らかに障害のある人と障害がない人の場合が別で、違和感がある」という日本障害フォーラムの原田潔氏のコメントを、ロイター 2016年9月22日の記事[(2)]

は紹介し、加害者を犯行に駆り立てた障害者への偏見や優生思想が実は社会の根底に蔓延しているものであり、障害者やその家族はいまだに偏見と恥辱に苦しんでいることを指摘する。このように障害者に関する言説には、さまざまな配慮が背景に存在することが、「報じられない」という側面からも知ることができるのである。

　障害や障害者に関する報道を多く目にするようになるにつれ、気になることが2点出てきた。1点目は、さまざまなメディアで使われる「障害」の表記のゆれがますます大きくなってきたことである。最も使用されている「障害」の表記の他に、それまではあまりなかった「障がい」や「障碍」という表記が増加し始めた。

　もう1点は、相模原障害者施設殺傷事件や障害者の表記について、東京オリンピック・パラリンピックとの関連で記事にされることが多いことである。前出のロイターの記事でも、冒頭に「東京パラリンピック開催まで4年を切るなか、同事件とその犠牲者の身元をめぐる沈黙は、障害者に対する姿勢について日本がどう取り組むべきかを迫っている」という書き出しで報じられる。このことは、1点目の表記の揺れの問題とも実は連動している。その点について次節で述べる。

　本論では、「障害」の表記をめぐる言説を取り上げ、用語の言い換えや東京オリンピック・パラリンピックとの関連で障害を語ることによって、障害者差別というリスクを一見回避しているように見えるが、そこには実は別のリスクが生じている可能性があることを指摘していきたい。

第2節 ▌「障害」の表記をめぐって

　2019年11月22日の第1441回NHK放送用語委員会では、「東京オリンピック・パラリンピックの開催を前に、『障害』の表記について、前回に引き続き検討をし」た。これは、2018年に、マイナスイメージを持つ「害」の字を用いずに法律で障害を「障碍」と表記できるよう「碍」の1字を常用漢字表に加えるように求めた衆参両院の委員会決議（衆院文部科学委員会5月、参院文教科学委員会6月）が出され、2018年11月22日に文化審議会国語分科会で検討

されたという一連の流れを受けたものであった。文化審議会参考資料には、この「二つの委員会決議は、来る東京オリンピック・パラリンピック競技大会をきっかけとする法律の改正に併せて行われている」と明記されている。文化審議会国語分科会では、これらの決議を踏まえて検討を行ったが、「まずは急ぎこの通り」、「障害」と異なる「障碍」「障がい」「しょうがい」などの表記を用いることを常用漢字表が妨げるものではないことを確認するにとどまった。「まずは急ぎこの通り」とは、「オリンピックが迫っているため当面のところ」ということに他ならない。「碍」の字を常用漢字に入れるかどうかという決議に関しては、結論を先送りした[(3)] わけであるが、実際にはこの委員会において、「常用漢字表は、地方公共団体や民間の組織において、常用漢字表にない『碍』の字を用いて表記すること等を妨げるものではない。それぞれの考え方に基づいた表記を用いることが可能である」[(4)] という確認を公にしたことにより、かえってさまざまな表記が許容されることになった。そのため、各メディアにおいても「障害」の表記は、すでに固有名詞にさまざまな表記のバリエーションがあったのに加え、どの表記を用いるかは伝え手の判断に委ねられることになり、ますます多くの表記のゆれを生み出すこととなった。

　「碍」を早速用いる地方自治体も現れた。兵庫県宝塚市は2019年4月から公文書等において「障碍」の表記を使用することを決定した。宝塚市では、もともと障害者等の「害」には「害する」のほか「わざわい」の意味もあることから「害」の使用を控え、「がい」とひらがな表記してきたが、これを「碍」の方が適しているため変更することについて、以下のように説明している。

　　「碍」には「さまたげ」や「バリア」の意味がありますが、このバリアは、個人ではなく、道路や施設、制度、慣習や差別的な観念など社会的障壁との相互作用によって創り出されているもので、この社会的障壁を取り除くことが大切です。
　　本市は、この「障碍」の本来の意味について知識を普及させ、障がいの有無に関わらず、誰もが人格と個性を尊重し支え合う「心のバリアフリー」を推進し、暮らしやすい社会の実現を図るため、「障碍」に表記を改めます。（宝塚市HP）[(5)]

「障害」「障碍」「障礙」の表記について、平成22（2010）年5月19日の国語

分科会では以下の6点が整理されている[6]。

(1) 「障害」は戦前から用いられており、江戸時代末期の辞書でも確認できること
(2) 「障害」は「障碍（礙）」と明治期から同じ意味で用いられており、明確な使い分けが無かったこと
(3) 大正期には「障害」の方が多く用いられるようになったと考えられること（表5.1参照）
(4) 戦後、当用漢字表、常用漢字表に「害」が入り、その他の表記が少なくなっていったこと
(5) 「障害者」という言い方が広く用いられるようになったのは、戦後になってからであると考えられること
(6) 「障碍（礙）」という言葉は「障害」より以前からあったものの、明治期までは「しょうげ」と読まれる場合も多く、その経緯等を踏まえる必要があること

　障害を持つ者に対し、「障害者」という呼称が定着した歴史が浅いことにも驚くが、ともあれ『日本国語大辞典（第二版第七巻)』（1972年刊）によれば、「障礙・障碍」は「しょうげ」と読み、「仏語。ものごとの発生、持続などに当たって妨げになること。転じて、悪魔、怨霊などが邪魔をすること。さわり。障害。」という意味を持つとしている。

表5.1　太陽コーパス（書き言葉コーパス）における「障害」「障碍」「障礙」の出現頻度

太陽コーパス（雑誌『太陽』日本語データベース）
（国立国語研究所編 CD-ROM 博文館新社）
「障害」「障碍」「障礙」の出現頻度

出版年	障害	障碍	障礙	総計
1985（明治28）年	22	17	10	49
1901（明治34）年	48	21	19	88
1909（明治42）年	13	8	5	26
1917（大正 6）年	20	14	6	40
1925（大正14）年	25	8	1	34
総計	128	68	41	237

出典：2010年5月19日国語文化会　資料4[7]

　これらのことも踏まえて、改めて宝塚市の「障碍」表記の選択理由を見てみると、さわり、わざわいを示す「碍」が表すのは、障害やそれを持つ個人ではなく、それを取り巻く社会環境によるものであるとする立場が明確に示されている。これは、障害における2つのモデル、「個人モデル」と「社会モデル」のうち後者をとることを表明しているものと考えられる。

第3節　個人モデル・社会モデルと「障害」の表記

3.1　「障害」か「障碍」か「障がい」か

　障害の原因を個人に求め、障害のある人が社会に適応するためには、治療したり、改善したり、目立たなくすることが必要とする見方を、障害の「個人モデル」または「医学モデル」と言う。それに対して、障害を個人の属性ではなく、社会の障壁としてとらえ、「機会と結果の不平等」問題として扱う、「障害」というものの本質を外部に求める考え方を「社会モデル」と言う（小川ら2014）。

　宝塚市の立場は、「このバリアは、個人ではなく、＜……＞社会的障壁との相互作用によって創り出されているもの」と、障害のありかを個人ではなく社会に求めることを明言するためにわざわざ表記も改めたものと考えられる。このような考え方は、障害者団体からも以前から表明されているもので、例えば東京青い芝の会では、「『碍』は電流を遮断する『碍子』などで用いられるように、壁を意味する言葉であり、社会が壁を形成していること、当事者自らのなかにもかべに立ち向かうべき意識改革の課題があるとの観点を踏まえ、『碍』の字を使うよう提唱してきた」という意見表明や、精神障害関連法人の芦屋メンタルサポートセンターからは「『障害』の表記は『医学モデル』であるのに対し、『障碍』の表記は『社会モデル』そのものではないか」という「碍」の字への肯定的意見が出されたりしている[(8)]。いずれにせよ、宝塚市の表記の変更は、「碍」の字を用いることで個人モデルから社会モデルへの変換を強く訴えかけ、地方自治体の障害者問題への姿勢を明確にする意図があると考えられる。

　「害」の字がネガティブなイメージを持つとして避けられる傾向は、「障がい」

と言う表記の増加にも現れている。内閣府の障害者施策のうち、「地方公共団体の取組み−施策」には、「『障害』に係る『がい』の字に対する取扱いについて（表記を改めている都道府県・指定都市）」[9] として、平成26（2014）年度までに「障害」を「障がい」と改めた都道府県一覧が掲載されており、16都道府県および5指定都市[10] が挙がっている。このような「障害」の「がい」の部分にひらがな表記を使う傾向に関して、杉野（2007）では次のように述べている。

> イギリス障害学における社会モデルは、「障害」disabilityを社会制度に起因する「障害物」としてとらえ、個人の属性としての障害は、インペアメント（impairment）と呼んで区別している。個人を障害化／無力化disablementするものが社会のディスアビリティdisabilityであり、障害者disabled peopleとは、社会のディスアビリティによって「無力化された人々」と言う意味として用いられる。これを意訳するならば、「障害者」とは「社会的障害物によって能力を発揮する機会を奪われた人々」となる。このようなイギリス障害学の用語法が日本でも浸透すれば、「障害」を「障がい」と書き換える意味はなくなるだろう。しかし、実際に多くの障害者が書き換えを望んでいるとすれば、日本において社会モデルが障害者当事者運動の間にすら充分に浸透していないことを示唆している。(杉野 2007: 6)

　上記内閣府の障がい者制度改革推進会議においては、障害の「害」の字がマイナスイメージを持ち、障害者差別につながると思うかどうかを問う大規模調査の結果が示されている[11]。これは全国9,000人を対象とした「障害」および「障害者」の表記に関するアンケート調査で、「障害の『害』の字はイメージが悪く障害者差別につながるので、『障害』の表記を改めるべきとの意見があります。この意見についてどう思いますか」という問いに対し、「そう思う」は21.9%、「そう思わない」43.0%、「どちらともいえない」は35.1%であり、「そうは思わない」という回答が最も多かった。この問いの回答者が「障害がある」（464人）場合には、「そう思う」が22.4%、「そう思わない」44.6%、「どちらともいえない」が35.1%、回答者に「障害がない」（8,536人）場合にはそれぞれ21.9%、42.9%、35.2%となり、回答者の障害あるなしによる大きな差が見られなかった。また、「障害」の表記を改める必要はないとの意見について、

「そう思う」が全体の42.6％と最も多く、「そう思わない」はわずか19.8％のみであった。「そう思う」という回答は、回答者の障害のあるなし別ではそれぞれ40.9％と42.7％と大きな差は見られない結果となったが、「そうは思わない」の回答が障害がある場合に25.0％、障害がない場合には19.5％と、障害がある回答者にとっては「そう思わない」と感じる割合が大きいことも示された。

　「障がい」とひらがな表記することに対しては、障害者団体から否定的な意見も出されている。認定NPO法人DPI日本会議は、社会モデルに則った考え方から、また障害者の権利に関する条約[12]においては、障害者はpersons with disabilitiesと表記していることから、現段階では、「障害」の表記を採用することが適当であるという意見を表明している。同会議は、当面は表記の問題よりも、障害者制度改革を推進し、社会の在り方を医学モデルから社会モデルへ変換することに時間を費やすべきであるとも述べている。

　筆者がかつて勤務していた厚生省の研究機関である国立身体障害者リハビリテーションセンターは、英語の表記がかつてNational Rehabilitation Center for the Disabled またはfor the Disabled Personsとなっていたため、当時、所属機関を英語で書くたびにこの表記で良いのだろうかと躊躇いを感じていたが、平成20（2008）年9月24日付けの「厚生労働省組織令の一部を改正する政令」により、10月1日より「国立障害者リハビリテーションセンター」（National Rehabilitation Center for the Persons with Disabilities）と改称された。これも障害者の権利に関する条約の表現に倣ったものと考えられる。

　ちなみに、「障害」を個人の属性と社会環境との相関として捉えられる考え方が主流であるアメリカ障害学においては、「障害を持つ人（people with disabilities）」という表記が用いられている。「障害（disability）」は個人の「障害」と環境上の「障害」と両方の意味で用いられ、この表現においては「障害者であるよりもまず人間である」という意味が強調されている（杉野2007: 12）。アメリカにおいては、障害者はマイノリティ集団であるという見方が強いことにもつながっていると言える。

3.2 「障害者」に代わる表現を求めて

　「障害者」という表現そのものを変えようという提案も多くはないがなされ

てきている。平成22（2010）年11月22日の内閣府障がい者制度改革推進会議の「障害」の表記に関する作業チームの報告書「『障害』の表記に関する検討結果について」[13] においては、「障害」「障碍」「障がい」に並んで「チャレンジド」という用語の検討も行われた。報告書に掲載された第一生命保険株式会社の肯定的意見によれば、「チャレンジド」は、「障害に負けることなく、社会進出をしていこうとする人たち」という「障害者」に代わる前向きかつ可能性を示唆する表現であるという。その他に、朝日新聞社からは、「健常者」とその対向にある「しょうがいしゃ」という固定的な言い方はやめ、お互いが「支援し支援される」立場になりうるという考え方のもと、互いに支え合う社会を目指すため「要支援者」という言い方を採用してはどうかという意見も記載されている。

「『障害者』に変わる新しい言葉を考えて―」という駒澤大学の授業課題には、参加学生等からパラパーソン、多様生活者、パラレル、十色、パーソナリーカラー、援護必要者、手助けが必要な人、ケアド、ニーダー、パイオニア、オーバーカムなどさまざまなアイディアが寄せられたという記事が朝日新聞2020年2月に掲載された[14]。それぞれの名称案の理由まで考えさせるという、このような試みは現在の「障害」および「障害者」の呼称が含んでいる社会の問題をとらえる良いきっかけとなるであろう。朝日新聞では、「碍」の字は、使用頻度や造語力が低く、また表記の変更が根本的な解決にはつながらないという考えから用いておらず、基本的には「障害」としている[15] が、この記事を含め、長年に渡って障害者問題の記事を担当してきた上田真由美記者は「取材考記」[16] で自身の迷いを吐露している。本稿の冒頭で触れた2018年11月の文化審議会国語分科会の取材では、そこでの議論が「碍」の常用漢字入りの可否という枠を超えて、福祉施策などもっと広い視野から障害者に替わる言葉を考えるべきではないか、という方向に進んでいったためである。同記者は、「『障害者』に替わる言葉を正面から考えてみようという試みなら、単なる表記の問題や言葉の置き換えではなく、暮らしやすい社会を考えることにつなげられないだろうか」との思いも寄せている。

用語の変更と言えば、「精神分裂病」を「統合失調症」への変更、「痴呆」を「認知症」への変更が思い出される。前者は、全国精神障害者家族連合会が日本精神医学会に名称の変更を要望したのが契機となっており、「精神が分裂する病気」というのは人格否定的であって、本人にも告げにくいという訴えから

であった。その後、「病」ではなく「症候群」であること、また「精神分裂病」という病名自体が当事者の社会参加を阻んでいる可能性があることが調査によって明らかになったため、2002年に変更が行われた[17]。後者は「痴」「呆」ともに「愚か」「くるう」または「ぼんやり」という意味を持つ漢字であり、差別的な意味を含んでいるという問題提起から始まり、厚生労働省の検討会を経て2004年に改称がなされたものである[18]。

　この厚生労働省の検討会報告書には、かつて「精神薄弱」を「知的障害」に変更した際の3つの要件が挙げられており、「痴呆」の名称変更はそれを参考にしている。代替用語を探す際には、1）概念を変えないこと、2）疾病名、障害の種類のいずれとしても適切に通用すること、3）不快語、差別語でないこと、かつ、価値中立的に表現するものであることの3点である。「障害」の場合、表記の一部の文字が問題とされているため、1）と2）は問題とはならず、3）の不快、差別がなく、中立かどうかという点のみが問題となる。「害」の漢字に不快な意味が含まれるという点では、「痴呆」に通じるものがあるものの、「がい」と平仮名で表記することで、不快、差別がなくなり、中立的となるかについては疑問が残る。

　ここまでの議論で指摘したいのは、障害に関する表記のあり方をめぐる議論が、当事者の心情に配慮し、社会的不利（ハンディキャップ）を被らないようにするべきという当初の目的から、いかに不快感を減らして多くの人に受け入れられる表記とするかという方向へ向い、かえってそのことにより問題の所在を見えにくくし、社会的背景を覆い隠すことにならないかという懸念である。つまり、障害者差別と他者から指摘されないようリスクを回避するコミュニケーションにおいては、そのことによって、かえって問題の本質を見えなくし、無関心や分断を招いてしまう、別のリスクを伴っていないかということである。この点に関しては、第6節でパラリンピックの広報という観点からも指摘する。

第4節　「見える障害」と「見えない障害」

前節3.1で、国立身体障害者リハビリテーションセンターが国立障害者リハ

ビリテーションセンターへと改称したことに触れたが、ここには、もう一点、障害についての重要な論点が含まれている。「国立身体障害者リハビリテーションセンター」と勤務先名称を書くたびに私が感じていた違和感は、障害者と身体が結び付けられていることであった。当時、研究所で自分の研究の対象としていた聴覚障害をはじめとする言語障害は、肢体不自由など器質的障害を主に指す「目に見える障害」ではなく、器質的障害であっても他者からは見えにくいか、または機能に障害があるかといった「見えない障害」である。「見えない障害」とは、通常の行動や表情からはわからず、障害者本人が実際に行動し、誰かと話した時にはじめて障害があることがわかるもので、場合によっては、まったく周りに気がつかれず、本人から申告を受けたり、長期に渡ってコミュニケーションをとったりすることによってようやく明らかになることもある。

　日本学生支援機構（JASSO）による障害のある学生の修学支援に関する実態調査を見ても、「見えない障害」の多さは明らかである。平成元（2019）年度の調査結果[19] によれば、全国の大学、短期大学および高等専門学校における障害者学生数は、3万7,647人（全学生数の1.17%）で、その内訳は、多い順に「病弱・病気」（32.9%）、「精神障害」（25.8%）、「発達障害」（18.8%）、「その他の障害」（7.3%）、「肢体不自由」（6.4%）、「聴覚・言語障害」（5.3%）、「視覚障害」（2.4%）であった。このなかでは、明らかに目に「見える障害」は、肢体不自由のみ（6.4%）で、その他の93.6%は程度の差はあれ「見えない障害」であると言える。2016年に施行された障害者差別解消法により、「不当な差別的取扱い」の禁止と「合理的配慮」の提供が求められるようになった。このため、障害者学生が在籍する教育機関では、合理的配慮に関するチェックシートが当該学生の履修する授業担当教員に配られるようになるなど、これまで目に見えなかった障害を可視化、意識化することになった。

　「見える障害」「見えない障害」という表現は、2013年10月21日にテレビ放送されたNNNドキュメント「見える障害のあなた　見えない障害の私」がきっかけとなり、一般に広く知れ渡るきっかけとなったと思われる。このドキュメンタリーでは、脳性麻痺で小児科医である熊谷晋一郎氏と、彼の生活のパートナーでアスペルガー症候群のある綾屋紗月氏が、身の回りに起こったトラブルを研究し、発達障害を解明しようとする試みについて報じられた。熊谷氏の研究は、その後、「当事者研究」[20] として確立するに至り、2015年に東京大学の

先端科学技術研究センターに、彼の研究室が置かれ、当事者研究が一つの学問領域として扱われるようになった。

第5節　障害と当事者性

　非障害者が障害について語るのは難しい。非障害者（＝健常者）は、常に障害は自分とは遠いところにあると思いがちであり、もしも身近にあるとしてもなるべく目を背けようとする。障害者とは誰なのかという問題が未解決なのと、障害が含む内容が多岐にわたっているためでもある。それでは、自分は障害者の当事者になり得ないのかと問われると、「そうだ」と答える人はごくわずかであろう。近い将来、自分がいつか例えば事故に遭ったり、脳卒中を起こしたりして障害者となる可能性は誰にも否定することができない。または障害のある子どもを持つことになるかもしれない。障害との対峙は常に将来の不安とも結びついているとも言える。

　しかし、一体どこからが「障害」と言えるのだろうか。自閉症スペクトラム（ASD）に代表されるように、特に「見えない障害」の重症度は連続的であり、軽症と健常との境界領域は広く複雑で、個人や状況によっても変わり得るものもあるように思われる。身近な例を挙げれば、忘れ物を時々するのは健常であるが、毎日すれば障害であるし、声帯や神経の疾患により声の高さを調節することが難しい場合には発声障害であるが、カラオケで音痴であるのは発声障害とは言えない。突き指をして、ピアノを弾くことができなくなったり、足を捻挫してバレーボールの試合やクラブ活動に参加することができなかったりするのは、社会的な参加への制約という観点からは、障害と言えるはずであるが、もしその期間が限られていることが本人や周りにも自明であれば障害ではなく怪我となり、ある一定期間以上続けば障害となる。それではその期間とはどのくらいなのだろうか。おそらく少なくとも半年以上、数年続けば障害と言えるのではないだろうか。私は3年前に原因不明の顔面神経麻痺を発症したが、現在ではほとんど「見てわからない」「（本人から）言われなければわからない」状態へと徐々に回復した。しかし、片目を閉じたり、ストローを吸ったりするのは、未だ困難であり、食物を噛んだり、写真を撮影するときに微笑ん

215

だりといったちょっとした動作に不便を感じることが多い。これは「障害が残った」という状態と言えるのではないかと思う。これらの例は、事故や疾病を契機とする障害であるが、発達障害、言語障害などの症例を細かく見ているうちに、これらの症状はもしかしたら自分にも当てはまるのではないかという疑念を抱くことがある。私が担当する大学での言語障害に関する講義へは時たま、学生から授業の感想に、「先生の授業を聞いていて自分も実は言語障害者なのではないかと思った」というコメントが寄せられる。障害者かそうでない健常者かという境界は、見えない障害においては特に、思いのほか曖昧で、身近なものに思われる。

　さまざまな障害を考えるうえで、障害の当事者からの視点は必要不可欠である。しかし、非障害者にとっても、「私がもしそうであったら」と自分自身の立場を障害者に置き換えて物事を考える行為を通して当事者の視点に近づくことができるはずである。これはアメリカの障害学の立場と近い考え方であると言えるかもしれない。アメリカ障害学は、医療社会学をもとにしているが、そこでは主として「患者視点」を基本としてきた。医療の研究に当たっては、誰もが患者であり、当事者の視点に立つことができ、アメリカの障害学はその延長に成立しているので、障害と慢性病を区別する意識が低く、その代わり誰もが「潜在的慢性病者」あるいは「潜在的障害者」といった当事性を持つことができるのである（杉野 2007: 3）。

　一方で、生まれたばかりの日本における障害学（Disability Studies）[21] について、障害者と非障害者の立場は微妙なバランスの上に成り立っていると杉野（2007: 2）は述べる。その理由として、障害学の成立に不可欠となる当事者である障害者からの支持は、現在は一部から得られたに過ぎないこと、さらに、日本の障害学に関心を持つ非障害者のアイデンティティが、「サービス供給者」と「利用者」のいずれかの側にあるか、「供給者」側だけではなくどれだけ「利用者」の立場にアイデンティティを保持していけるのかという点はまだ明白ではないことが挙げられている。もしも非障害者が「利用者」ではなく「供給者」側に傾けば、治療や症状の改善を目的とするリハビリテーション学との相違は曖昧なものになり（杉野 2007: 3）、結果として非障害者の障害学への接近は難しくなる。障害学に興味を持つ非障害者は、多くは障害者支援に関わっていることもあり、「支援側＝サービスを供給する側」の視点にとらわ

れがちとなる。このことは、障害の現場だけではなく、介護の現場においてより端的に現れる。被介護者は、「利用者様」であり、介護職員は「利用者様へ寄り添い、満足していただけるサービス」を目指す[22]。このような表現を見る限り、介護者に当事者性はほとんど感じられない。障害をめぐる問題においても、当事者の視点を意識し続けていかなければ、支援者が「サービス供給者」側に偏り、実際は曖昧で身近であるはずの障害、非障害の境界を明確に分断してしまうリスクを伴う。

第6節　パラリンピックと障害者

　2020年7月の東京オリンピック開催予定を目標に、都市のインフラ整備のみならず、2016年4月の障害者差別解消法の施行や、2019年4月の外国人労働者の出入国管理法の改正、さらには入試改革と連動した小学校での英語教育の教科化が2020年4月から行われ、多岐にわたる分野においてさまざまな改革目標が設定されてきた。コロナウイルスの感染拡大を受けて、東京オリンピック・パラリンピックが延期されるという事態を誰も事前に想定することができなかったにしても、オリンピックが延期されたことで、いずれも効果的なスタートを切り、順調に施行していくタイミングを逃しているように感じられる。本稿の冒頭で、障害に関する報道が2016年ごろから大きく増えたことを述べたが、その大きな要因は言うまでもなく東京2020オリンピックであった。このオリンピック・パラリンピック大会は、実は、「ダイバーシティ＆インクルージョンを、大会ビジョンの実現、ひいては東京2020大会成功の原動力として、大会計画・運営準備を進めて」いたことはあまり知られていない。東京2020オリンピック競技大会公式ウェブサイト[23]には以下のように記されている。

　　私たちは、「Know Differences, Show Differences. ちがいを知り、ちがいを示す。」のアクションワードのもと、ダイバーシティ＆インクルージョンを、大会ビジョンの実現、ひいては東京2020大会成功の原動力として、大会計画・運営準備を進めています。

ダイバーシティは「多様性」「一人ひとりのちがい」、インクルージョンは「包括・包含」「受け入れる・活かす」という意味を持ちます。多様性は、年齢、人種や国籍、心身機能、性別、性的指向、性自認、宗教・信条や価値観だけでなく、キャリアや経験、働き方、企業文化、ライフスタイルなど多岐に渡ります。

　上記ウェブサイトにはイメージ映像もあり、肢体不自由な障害者がスポーツに励む映像に時折さまざまな人種、性別、性的指向を暗示する映像が織り込まれており、オリンピックを機にさまざまな種類の差別や偏見を一緒くたに並べ、大会の歴史的意義を強調しようとする意図が読み取れて興味深い。障害は「障がい」と表記され、なるべくこの語を避けて記述しようとしていることも窺える。藤田（2020）による調査（図5.2）にあるように、パラスポーツ関連記事はこの10年ほどで劇的に増えている。1964年の東京パラリンピック開催前に報道が行われた後は、しばらくはほとんど記事にされることはなかったのが、1998年の長野パラリンピックを前に再び増え出し、過剰と思えるほどの記事が書かれ、現在に至っている。藤田（2020）は、このような圧倒的な報道量により、東京2020パラリンピックにおいては、従来の＜儀礼的無関心＞から、真の関心が構築される可能性があると期待を寄せている。

図5.2　藤田（2020: 9）によるパラスポーツ関連記事数調査結果

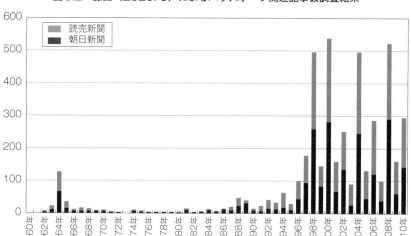

出典：朝日新聞社聞蔵II、読売新聞ヨミダス歴史館より作成。

　しかし、障害者を対象としてパラリンピックの受け止め方について調査を行った山田・大野（2020）では、パラリンピックに対する関心度について、「大変関心がある」または「まあ関心がある」と答えた割合は、視覚・聴覚・肢体障害者でそれぞれ47%、64%、43%なのに対し、健常者では28%と、健常者による関心の低さが顕著であった。パラリンピックはいろいろな障害者がいることを周知できる唯一の大きな機会であるという肯定的な意見もあるが、言語聴覚障害のうち最も多い聴覚障害者からは、パラリンピックには聴覚障害者が含まれないし、デフリンピックは放映されないという不満や、そもそもオリンピックとパラリンピックを分けることが障害者、健常者の隔たりを意味しているという否定的意見があったことも報告された。パラリンピックで主に脚光を浴びるのは「見える障害」の持ち主であり、パラアスリートにはどちらかと言えば事故などで後天的に障害者になった人が多い。このことから、スポーツに参加できて試合に出られる障害者とそうでない障害者という格差・差別を生むだけであるという懸念も表明された。このような意見からわかるように、パラリンピックによる報道は、見える障害と見えない障害の分断をかえって進め、障害ごとの個別の問題を不可視化する役割を果たしてしまうリスクをかかえる。それだけでなく、パラリンピックを機に、障害と、マイノリティ（人種、性別、宗教等）もすべて引き合いに出し、ダイバーシティやインクルージョンという言葉で大々的に共生を語るパラリンピックは、感動ポルノ（inspiration porn）[24]と紙一重であり、これまでの社会モデルを踏まえた障害者をめぐる環境の整備等によって徐々に深まってきた障害への理解が水泡に帰してしまう危険性さえはらんでいると考えられる。第3節にも述べたように、障害者をめぐる言説においては、表記の工夫など、いかに差別者（側）というレッテルを張られないようにするかという回避に力点がおかれ、その結果、本質的な問題や社会背景が覆い隠されてしまうリスクを伴う。その上、他の差別、偏見に関する社会問題とも混合されて別の目的（例えば東京オリンピックの成功）に結びつけられようとしている。そこで呼び起こされるものは、障害問題への薄っぺらい好奇心、あるいは無関心、そしてさらなる障害者・非障害者間の分断であろう。

第7節 ┃ おわりに

　本論で取り上げてきた障害をめぐる報道や表現の問題については、まだまだ未解決の部分が大きい。障害者差別解消法や、パラリンピックといった社会背景により、障害者をかつてのように見て見ぬ振りすることはもはやできなくなり、行政は社会的障壁を取り払い、合理的配慮の具体例データ集[25]を作るなどの施策を積み重ねてきた。これらの取り組み自体は歓迎するべきものであるが、「障害」の表記問題に見られるように、障害に関するマイナスイメージを取り払い、パラリンピックの広報に見られるように、目立って活躍する障害者だけを取り上げて、イメージアップを図るといったイメージ操作に終始し、問題の背景や本質を見えにくくしてしまうリスクが常にある。また行き過ぎた施策や広報により、健常者と障害者はあくまで異質なものであるという考え方をかえって強めてしまうことにならないだろうかと心配される。特に見えない障害への偏見、異質さはそのまま取り残される。近年の過剰な報道により、非障害者は、障害者との距離感が摑めず、問題の所在を認識することさえもやんわりと避ける風潮が出来つつあるように感じる。

　これらのリスクを避けるには、前節で述べた当事者性に関して健常者からのより積極的な歩み寄りが必要となろう。当事者研究における「生きづらさへの着目」という観点は示唆に富む。現代社会において生きづらさを経験しているのは障害者だけではなく、人種、宗教、ジェンダー、貧困と言ったさまざまな側面において誰にでも生きづらさがあることを想像する力が必要となる。障害に対して、遠くから見つめる傍観者にならないための工夫である。

　具体的にはどうすれば良いのだろうか。もっとも効果的なのは、障害を「目に見える」化し、より身近なものと感じさせること、できれば人生の早期からそのような環境をつくることであろう。教育の現場において、近年実践・導入が行われつつある障害のある者とない者が共に学ぶ「インクルーシブ教育システム」（inclusive education system）は、当事者研究にも通ずるところがあり、今後の進展が大いに期待される。

　「インクルーシブ教育システム」は、2014年に批准された障害者の権利に関

する条約の第24条において、「人間の多様性の尊重等の強化、障害者が精神的及び身体的な能力等を可能な最大限度まで発達させ、自由な社会に効果的に参加することを可能とするとの目的の下、障害のある者と障害のない者が共に学ぶ仕組み」[26] を指す。文部科学省は、2013年から、「インクルーシブ教育システム構築モデル事業」を開始し、その成果や実践例については、国立特別支援教育総合研究所から「インクルーシブ教育構築支援データベース（インクルDB)」[27] として公開されている。このような活動の発展を通じて、より早期から障害を身近なもの、自分が関わる環境にあるものとして実感することができる機会が増えるのは好ましい。

　もう一つ重要なことは、本論で指摘したように、障害をめぐる表記、報道内容には、障害そのものへの接近を妨げたり、ダイバーシティという名のもとに他の問題と統合、混合されて問題の所在をわかりにくくしたりするような方向性が含まれていることを意識していくことであろう。このような方向性を意識しなければ、差別というリスクを避けているように見えて、自分が社会の分断に寄与してしまうという別のリスクが生じてしまう。東京オリンピック・パラリンピックがどのような形で終わるにせよ、すべての問題を混合して美辞麗句で障害を語る方向性が加速しないよう、今後も細心の注意を払っていく必要がある。

注

(1) 2020年1月18日に初公判、3月に死刑判決が確定した。

(2) 「アングル：障害者殺傷事件、匿名性が日本に突きつけた現実」<https://br.reuters.com/article/idJPKCN11R0P7>（2020年11月25日閲覧、以下本稿にて記載するURLはすべて同日閲覧）

(3) 内閣府障害者施策において、「障害」の表記については数度にわたり検討されている。第10回障がい者制度改革推進会議（平成22（2010）年5月）においては、常用漢字には、出現頻度が2,501位以下の漢字については個別に検討を行い、入れるかどうか決定するが、「碍」は頻度が低く（出現頻度3,461位）、電柱の上にある碍子、融通無碍（ゆうずうむげ）と障碍以外はほとんど用いられないことから、常用漢字として採用するのは、難しいという議論がなされていた。<https://www8.cao.go.jp/shougai/suishin/kaikaku/s_kaigi/k_10/pdf/s5.pdf>

(4) 下線は原文の報告書通り。

(5) <https://www.city.takarazuka.hyogo.jp/shisei/1010515/1028821.html>

(6) 「要望の多かった「玻・碍・鷹」の扱いについて」（国語分科会 資料4）<https://www.bunka.go.jp/seisaku/bunkashingikai/kokugo/kokugo/kokugo_44/pdf/shiryo_4.pdf>

(7) 前注に同じ。

(8) 「障害の表記に関する検討結果について」第26回障がい者制度改革推進会議資料2（平成22（2010）年11月22日）<https://www8.cao.go.jp/shougai/suishin/kaikaku/s_kaigi/k_26/pdf/s2.pdf>

(9) <https://www8.cao.go.jp/shougai/suishin/h26jigyo/pdf/toriatsukai.pdf>

(10) 北海道、岩手県、山形県、福島県、富山県、長野県、岐阜県、三重県、大阪府、鳥取県、島根県、岡山県、徳島県、熊本県、大分県、宮崎県および札幌市、新潟市、静岡市、浜松市、大阪市、福岡市、熊本市。うち条例（規則）の表記を「障がい」に改めているのは、山形県、新潟市、宮崎市の3つである。

(11) <https://www8.cao.go.jp/shougai/suishin/kaikaku/s_kaigi/k_10/pdf/s5.pdf>

(12) Convention on the Rights of Persons with Disabilities, 2006年国連総会採択、2008年発行。日本は2007年9月に外務大臣が署名、2014年1月に批准、同年2月に効力を発生。

(13) <https://www8.cao.go.jp/shougai/suishin/kaikaku/s_kaigi/k_26/pdf/s2.pdf>

(14) 朝日新聞2020年2月29日

(15) https://www8.cao.go.jp/shougai/suishin/kaikaku/s_kaigi/k_26/pdf/s2.pdf

(16) 朝日新聞2020年4月6日夕刊

(17) 日本精神神経学会「統合失調症について」<https://www.jspn.or.jp/modules/advocacy/index.php?content_id=57>

(18) 平成16（2004）年12月24日「『痴呆』に替わる用語に関する検討会」報告書<https://www.mhlw.go.jp/shingi/2004/12/s1224-17.html>

(19) <https://www.jasso.go.jp/gakusei/tokubetsu_shien/chosa_kenkyu/chosa/__icsFiles/afieldfile/2020/04/02/report2019_0401.pdf>

(20) 当事者研究は、2001年、精神障害をかかえた当事者の地域活動拠点である「浦河べてるの家」で生まれたもので、仲間の力を借りながら自分のことを自分自身がよりよく知るための研究をしていこうという実践である。<https://touken.org/aboutus/>

(21) 日本では、1999年に『障害学への招待』（石川・長瀬編）が刊行され、2003年に障害学会が設立された。

(22) 例えば、社団福祉法人のHPなどで多く明記されている。<https://kiboukai-

nozomi.jp/concept/>

(23) <https://tokyo2020.org/ja/paralympics/games/diversity-inclusion-para/>

(24) 障害者が、障害を持っているというだけで、あるいは持ちつつ物事に取り組み奮
闘する姿が健常者に感動をもたらすコンテンツとなることを指す人権アクティビ
スト、ヤングの言葉。<https://web.archive.org/web/20160531092623/http://www.
abc.net.au/news/2012-07-03/inspiration-porn/4106992>

(25) <https://www8.cao.go.jp/shougai/suishin/jirei/>

(26) 文部科学省中央教育審議会初等中等教育分科会、特別支援教育の在り方に関する
特別委員会「共生社会の形成に向けたインクルーシブ教育システム構築のための
特別支援教育の推進（報告）概要」<https://www.mext.go.jp/b_menu/shingi/
chukyo/chukyo3/044/attach/1321668.htm>

(27) <http://inclusive.nise.go.jp/>

付記

　本稿は、科学研究費助成事業基盤研究（S）「非流暢な発話パターンに関する学際
的・実証的研究」（課題番号20H05630）の研究成果の一部である。本稿をまとめるに
あたり、有益なご助言をいただいた齊藤公輔氏、吐師道子氏、石川慎一郎氏に感謝の
意を表する。

参考文献

石川准・倉本智明（編著）（2002）『障害学の主張』明石書店.

石川准・長瀬修（編著）（1999）『障害学への招待：社会、文化、ディスアビリティ』
　　明石書店.

小川喜道・杉野昭博（編著）（2014）『よくわかる障害学』ミネルヴァ書房.

ジョンストン, デビッド（2008）『障害学入門：福祉・医療分野にかかわる人のため
　　に』小川喜道他（訳）, 明石書店.

杉野昭博（2007）『障害学：理論形成と射程』東京大学出版会.

藤田紀昭（2020）「パラリンピック開催による障がい者に対する意識変容に関する一考
　　察」『パラリンピック研究紀要』第14号, 1-14.

山田潔・大野敏明（2018）「パラリンピック放送に対する身体障害者の声―ピョンチャ
　　ンパラリンピック放送に関するWEB調査より―」『放送研究と調査』2018年11月
　　号, 58-82.

渡正（2007）「障害者スポーツによる儀礼的関心の構築―1970年代の『運動』とパラリ
　　ンピックの表象―」『千葉大学日本文化論叢』8号, 106-93.

第6章

コロナパンデミック・ロックダウンと 「私たち(市民)」

―メルケル首相の演説と感染予防条例にみる リスクコミュニケーション―

野呂 香代子

第1節 　 はじめに

　コロナパンデミック（コロナ禍）とは何か。それにより私たちのコミュニケーションがどのような形で変化していったかをドイツのメルケル首相の演説やベルリンのSARS-CoV-2感染予防条例（以後、感染予防条例）を基に観察していく。コロナウイルスというリスクから「市民の命を守る」という名目の下に人々の間に議論の余地も与えられないまま、さまざまな事態の「前提」が作られていく。それに伴い、人々の「自由」が大きく浸食していく。メルケル首相の演説やベルリン感染予防条例を批判的に見つめ、民主主義的な社会への問いかけを行いたい。それは、日本のコロナ禍の未来を予測する際のヒントにもなるかと思う。

　本稿の構成について述べる。まず、ロックダウンの実施にあたり、市民への連帯を訴えたメルケル首相の演説を紹介し、その内容の構成や特徴を観察する。次に、その演説の前後に出されたベルリンのコロナ関連条例を比較対照し、ベルリン市（州）当局がどのような方向へ進んでいったか、そして、進んでいくのかを見る。また、2020年10月3日発効の感染予防条例とその一か月

後の、二度目のロックダウンが始まった直後の2020年11月3日に出された感染予防条例も比較し、市民のコミュニケーションが強く制限されるようになった事態を示す。

続いて、このコロナ対策が講じられるさまざまな前提について考察する。その次に、政府のコロナ対策への反対を訴えて、次第に大きくなっていく市民デモの様子とメディアの動きを伝える。最後に、今後私たちはどのような健全なリスクコミュニケーションを図ればいいのかを提案したい。

第2節 ┃ 市民に連帯を呼びかけるメルケル首相の演説

2020年3月11日に世界保健機関（WHO）がパンデミックを宣言した。WHOによると、インフルエンザパンデミックは新たなウイルスが出現し世界規模で広がりを見せ、多くの人々に免疫がない場合に生じる[1]。メルケル首相、シュパーン保健大臣、ドイツ連邦保健省下にあるロバート・コッホ研究所（RKI）所長のヴィーラー氏はドイツにおけるコロナの流行を知らせた。この3名およびウイルス学者のドロステン氏が繰り返し大手メディアに登場するようになった。この人たちの発言が権威あるものとして扱われ、コロナ対策に大きな影響を与えた。

2.1 メルケル演説の全体的な印象

2020年3月18日にメルケル首相はテレビでロックダウンを徹底させようと、市民に向け、連帯を強く訴えた。以下で、その演説の全内容を和訳で示す。できるだけドイツ語に近い内容を伝えようとしたため、多少読みづらい直訳調の日本語になっている。なお、段落番号は、この演説全体が文字化された南ドイツ新聞の段落分けに従っている。

表6.1：メルケル首相の演説（2020年3月18日）[2]

段落番号	
1	市民の皆様へ コロナウイルスは今、私たちの国の生活を劇的に変えようとしています。私たちの考える日常、公共生活、社会的共同生活、これらすべてがこれまでにないほどに試されています。何百万人もの人が仕事に行けず、子どもたちは学校や保育園にも行けず、劇場や映画館、店舗も閉まっています。一番困難を極めるのは、普段ならまったく当たり前の人との出会いが私たちみんなに欠けてしまっていることです。
2	もちろん、このような状況では、これからどうなるのか、それぞれが多くの疑問や不安を抱えています。私は今日、この異例の形で（＝テレビ演説という形で）みなさんにお伝えします。なぜならば、このような状況のなかで、首相としての私と連邦政府の同僚の皆が何をしているのかをお伝えしたいからです。私たちが政治的決定を透明にし、それらを説明すること。自分の行動をできるかぎりちゃんと根拠づけ、わかりやすく伝えること。これは開かれた民主主義の一部です。市民の皆さんがそれらを本当に自分の課題として捉えてくれれば、成功すると確信しています。
3	だから、言わせてください。事態は深刻です。本気で受け止めてください。ドイツの統一以来、いや、第二次世界大戦以来我が国に、これほどまでに一致団結して連帯して行動することが重要となる試練はありませんでした。私は、私たちのこの流行のなかで今どこに立っているのか、国と州の政府は、私たちのコミュニティのすべての人を保護し、経済的、社会的、文化的な被害を抑えるために何をしているのかをあなたに説明したいと思っています。しかし、なぜそのために皆さんが必要とされているのか、皆さん一人ひとりが何に貢献できるのか、ということも説明したいと思います。
4	流行に関して、そして私があなた方に話すことはすべて、ロバート・コッホ研究所の専門家、他の学者、ウイルス学者と連邦政府の継続的な協議から来ています。研究は世界中で大きなプレッシャーのなかで行われていますが、コロナウイルスに対する治療法もワクチンもまだありません。そうである限り、やるべきことはただ一つで、これがすべての行動の指針となっています。ウイルスの拡散を遅らせること、数か月間延ばすこと、それによって時間を稼ぐためです。それは、薬剤やワクチン開発のための研究の時間です。しかし、何よりも、病気になった人が最高のケアを受けられるようにするための時間です。
5	ドイツは医療制度が充実していて、おそらく世界でも最も優秀なうちに入ると思います。それが安心につながります。しかし、私たちの病院もまた、コロナ感染の重篤な患者があまりにも多く、一度に病院に運び込まれると、崩壊してしまうでしょう。これは統計上の抽象的な数字ではなく、父親や祖父、母親や祖母、パートナーなんです。人なんです。そして、私たちは、すべての命と一人ひとりの人間が大切にされるコミュニティなのです。
6	何よりも先に、この場を借りて、私たちの病院、そして医療分野全般で医師、看護師、あるいはその他の仕事で働いているすべての人たちに言わせてください。この方たちは、この戦いの最前線にいます。そして最初に病人を、また、感染がどれほど厳しいものかを見ることになります。そして、毎日仕事に行っては、人々のために働いてくれています。あなた方のされていることは想像を超えるもので、心を込めて感謝します。
7	もう一度言います。目的はドイツを通過するウイルスの速度を遅らせることです。そして、これは存在意義に関わることですが、一つのこと、つまり、公共の生活をできるだけ停止するということに賭けなければならないのです。当然、理性とのバランス感覚をもって取り組みましょう。というのも国家は機能し続けるし、供給はもちろん確保され続けるし、経済活動はできるだけ温存しておきたいです。しかし、人を危険にさらす可能性のあるすべてのも

	の、個々人だけでなくコミュニティにも危害を加えかねないすべてのもの、それを今、私たちは減らさなければならないのです。
8	一人の人間が他の人間に感染させるリスクをできる限り制限しなければなりません。もうイベントもミサもコンサートも、当面は学校も大学も幼稚園も、運動場で遊ぶこともできないという、どれだけ劇的な制約があるか、私は知っています。連邦政府と州政府が合意した閉鎖がいかに私たちの生活や私たちの民主主義的な自己イメージに厳しく踏み込んでいるかを私は知っています。
9	連邦共和国にはかつて存在しなかったような制限です。私のように、旅行や移動の自由が、勝ち取った権利であった者にとって、そのような制限は絶対的な必要性がなければ正当化できないことはわかります。そのような制限は民主主義国家においては、決して軽率に決めてはいけません。ただ一時的なものであるべきです。しかし、目下、命を救うためにどうしても欠かせないものなのです。そのため、国境管理の厳格化や最も重要な近隣諸国の一部への入国制限が週明けから始まっています。大企業だけでなく中小企業、店舗、レストラン、フリーランスにとっても、経済的にはすでに非常に厳しい状況にあります。これからの数週間はさらに大変なことになりそうです。
10	連邦政府が、経済的な影響を緩和するために、そして何よりも雇用を維持するために、できる限りのことをすることを私は保証します。私たちは、この困難な試練を乗り越え、企業や従業員を支援するために、できる限りのことをしていきたいと考えています。
11	そして、食料の供給は常に確保されており、1日でも棚が空になれば補充されるので、安心してください。スーパーに行く皆さんに言いたいです。備蓄は、意味あることです。常にそうでした。しかし、節度を持ってやってください。二度ともう手に入らないかのように買い込むのは無意味であり、実際、まったく連帯感に欠けます。
12	そして、あまりめったにお礼を言われない人たちにも、ここで感謝の気持ちを伝えさせてください。この時期にスーパーのレジにいる人や棚に商品を並べる人たちは、目下一番大変な仕事をしてくれています。仲間の市民のためにそこにいて、文字通り営業を続けてくれていることに感謝しています。そして、今、現在最も緊急だと考えることについて述べます。私たちがあまりにも速いウイルスの拡散に対して最も効果的な手段を用いなければ、すべての政府の対策は無に帰するだろうということです。そして、その手段とは私たち自身だということです。私たちの誰もが無差別にウイルスの影響を受けうるのだから、今は誰もがお互いに助け合わなければならないのです。
13	何よりもまず、現在の状態を真摯に受け止めることです。パニックに陥る必要はありません。しかし、また、実際には自分には関係ないと一瞬でも考えないでほしいのです。誰も無用な存在ではありません。誰もが大切です。そのためには私たちの努力が必要です。流行が私たちに教えてくれていることは、私たちは皆、いかに脆弱であるか、他者の思いやりのある行動にどれだけ依存しているか、また、それゆえ、一緒に行動することでいかにお互いを保護し、強くなることができるかということです。
14	個々人にかかっています。私たちはウイルスの拡散を受動的に受け入れるほど愚かではありません。私たちにはそれに抗する手段があるのです。お互いに配慮して距離を置かなければなりません。ウイルス学者のアドバイスは明確です——もう握手はしない、徹底的に頻繁に手を洗い、隣の人から少なくとも1.5メートル離れて、できれば、高齢者は特にリスクがあるので、ほとんど接触しないことです。私は私たちに求められていることの難しさを知っています。まさに困難な時こそお互いに寄り添いたいものです。
15	私たちは、愛情を身体的な親密さや触れ合いとして知っています。しかし、今は残念ながらその逆が正しいのです。それを皆がまさに理解しなければならないのです。今は距離を置くことでこそ、思いやりが表現できるのです。善意の訪問も、必要のない旅も、すべては伝染

228

	する可能性があり、今は本当にやってはいけないことなのです。祖父母と孫が今、会ってはいけないのはなぜか、それには理由があるのです。専門家が言っています。
16	不要な出会いを避ければ、病院で毎日多くの患者に対応しなければならない人たちを助けることになります。こうやって私たちは命を救うのです。励ましと頼りを必要としている人を一人にするということは、多くの人にとっては難しいことでしょう。私たちは家族として、社会として、他に助け合う方法を見つけていきます。すでに、ウイルスとその社会的結果に抵抗する多くの創造的な形が存在しています。
17	すでに、祖父母が寂しくないように、祖父母のためにポッドキャストを録音している孫がいます。私たちは皆、愛情と友情を示す方法を見つけなければなりません。スカイプ、電話、電子メール、そして多分また手紙を書くなど。郵便物は配達されます。自分で買い物に行けない高齢者のために行う隣人たちの支援の素晴らしい事例を聞くようになりました。さらに支援は増えると思いますが、お互いに孤独にさせないことを私たちはコミュニティとして示していくでしょう。
18	当分、今適用されているルールを守るよう、私は訴えます。政府として、修正できることはもちろん、どうしても必要なことだけを常に見つめ直していきます。これは刻一刻と変化する状況で、常に考え直して対応できるように、これからも柔軟に対応していきたいと思います。そう考えています。だからこそ、いかなる噂も信じないようにあなた方にお願いします。私たちが常に多くの言語に翻訳している公式の情報だけを信じてください。
19	私たちは民主主義国家です。私たちは強制で生きるのではなく、知識を共有し、協力することで生きています。これは歴史的な課題であり、協力し合って成し遂げるしかないのです。私たちは絶対にこの危機を乗り越えると確信しています。しかし、犠牲者はどれほどになるのでしょうか。私たちは何人の愛する人たちを失うのでしょうか？　それは多くの場合、私たち自身の手にかかっています。今こそ全員が一致団結して対応するのです。現在の制限を受け入れて、お互いに寄り添うのです。
20	この状況は深刻で、見通しが不明です。つまり、いかに一人ひとりが規律を守って実践するかにかかっているのです。このような経験をしたことがなくても、私たちは誠実に、理性的に行動し、それによって命を救っていることを示さなければなりません。それは例外なく個々人、ひいては私たち全員にかかっているのです。
21	あなたたちとあなたたちの愛する人を大切にしましょう。ありがとうございました。

　これは、政府の実施しているロックダウンを市民に納得させ、市民の連帯を訴えるテレビ演説となっている。この演説について、例えば多和田葉子氏が「理性へ　彼女は静かに訴える」という見出しで、短いエッセイを書いている。その一部を紹介したい。

　　ウイルス研究所や科学者たちの意見を参考にしながら次々と具体的な対策を打ち出していくメルケル首相が広い層の信頼を取り戻した。
　　　　　　　（朝日新聞、多和田葉子のベルリン通信、2020年4月14日付）

　移民政策で支持を落としていたメルケル首相だが、この演説で実直に市民に

協力を求めるメルケル首相に対する信頼や存在感が大きく増した。しかし、政府が二度目のロックダウンを2020年11月より実施し、一か月の期間限定としていたのが、期限を次第に延ばしていく中(3)、今一度、当時の演説を振り返り、政府の実施したロックダウンの特徴や社会的意義を浮き彫りにしていきたい。

2.2 段落ごとの特徴

　以下に示す表6.2の段落番号は、表6.1の段落番号に相当する。

　2.2節は、以下の4点に注目しながら、事態や行動がどのような言語的な手段を用いて描かれているかを段落ごとに見たものである。2.3節から2.6節では、段落ごとに見た（1）から（4）の内容が演説全体の流れのなかでどのような形となって現れるかを見る。表6.1は和訳なので、表6.2の分析と多少合わない箇所が現れるが了解していただきたい。

　　（1）コロナパンデミックおよびロックダウンをどう描いているか。
　　（2）政府と民主主義をどう描いているか。
　　（3）首相は自分自身をどう描いているか。
　　（4）私たち・身近な人たちをどう描いているか。

　まずは、段落ごとに言語的手段を詳細に見るという作業をすることで、演説全体を通した（1）から（4）の特徴を浮き彫りにしていきたい。この段落ごとの作業は、演説全体の傾向を見る準備作業として位置づけられる。

表6.2　メルケル首相の演説：段落ごとの特徴

段落番号	
1	ロックダウンの状態が述べられる。ロックダウンを実施しているのは政府であるが、コロナウイルスを主語に立てて、私たちの国の生活を「劇的に」変える行為者と位置づけている。「これまでにないほど」の強調表現、「行けず」など可能形の否定が続き、ロックダウンを悲惨な「状況」として述べている。人との出会いを禁じた行為者（政府）については言及せず、一番困難を極めるのは、私たちみんなに「出会いが欠けてしまっている」ことだとして、その大変な「状況」を描写する。政府が行うロックダウンを悲惨な状況として描写したうえで、私（首相）も被害者としての「私たちみんな」に含め（「包括の私たち」）、市民と一体化して、もはや普段の日常生活を送れない悲惨な状況に対し、悲しんでいる様子を伝えている。

2	「私たちの誰もが」と「包括の私たち」を用いて、市民の疑問や不安を一旦受け止めたうえで、「私が」と政府の方針を述べるのだが、ここにおいても政府は主語ではなく、「私（首相）や私たち（政府）を導くもの」という表現をとる。「私たち（首相たち）」は決定事項を透明性をもって説明する、自分たちのとる行動の根拠を示す、つまり民主主義的に行動していると訴える。そして、「私たち」と「市民」を対比させて、すべての市民がそれ（＝ロックダウンの実行）を自分の課題として理解すれば、「私たち（政府）」は成功する、と「私」は確信する、と表現している。「私」を主語においた強い意志を表す表現が以下でも数回現れる。
3	ここは、「私」の「あなたたち」への呼びかけとなっている。事態の深刻さ（ernst）について述べ、「あなたたち」に本気さ（ernst）を求めている。同じernstという言葉を繰り返し使って韻を踏むことで、その深刻さを聞き手に印象づけ、事態への対応を強く促している。コロナパンデミックの深刻さを前提視し、かつ、ロックダウン対策を当然視している見方である。また、政府は「私たち」のコミュニティのすべての人を保護するためにやっているのだから、それには「あなたたち」の貢献が必要だと述べている。（市民）一人ひとりが、「貢献する」主体となっている。ここで見えてくるのは、政府が市民を保護するためにロックダウンを行うが、市民の貢献なしには成功しない、という構図である。
4	「政府」は常に専門家たちのアドバイスを聞いていると民主的手続きをアピールしている。未だ治療法もワクチンも確立していないから今できる唯一のことはコロナの拡大を遅らせて、開発のための時間を稼ぐことだとしている。つまり、ロックダウンが唯一の方法で、治療薬やワクチンができるまでパンデミックは続く、したがって、それまでこの対策は続けられるというメッセージを暗に伝えている。ロックダウンと期日の関係が治療薬とワクチンを通して現れる。
5	「ドイツ」を主語に、安全性を訴えるためドイツの優秀性を強調しながら、他方で医療崩壊の危機を訴える。感染は数値上のものではなく、あなたたちの親族で起こると親族名を挙げ、「私たち」はすべての命と一人ひとりが大切にされるコミュニティなのだと民主主義的な国家を主張する（一方で感染と親族を結び付け、不安を煽り、一方で命が尊ばれる民主主義を提示する）。
6	「あなたたち」は素晴らしいと医療関係者への労いの言葉を送っている。
7	「私たち（市民）」がしなければならないことは、一つのことで、公共空間での生活をできる限りなくすことだと述べている。「国家」は機能し続けると市民に安心を与える一方で、人を危険にさらす可能性のあるすべてのものを「私たち（市民）」は減らさなければならないとする。
8	「私たち（市民）」は感染のリスクをできるだけ制限しなければならない。劇的な制約があることを「私」は知っていると同情、理解を示す。国と州が合意した閉鎖が民主主義に反すると暗に言っているが、「閉鎖」が民主主義的な自己イメージに踏み込む主語となっている。ここにおいても、名詞の否定形を並べることで、ロックダウンを劇的な状況として述べている。
9	「私」のような個人的な東独時代の統制の経験を語り、今回の異常さを「私」は理解しているとして制限の正当化を図ろうとしている。つまり、民主主義を軽視してはいけないし、一時的なものでなければいけないが、今は命を守るため致し方がない緊急事態だと述べている。ここにおいても政府が決定した各種の厳しい対策は厳しい状況として述べられる。
10	経済的な悪影響が出ないよう、あらゆる努力をすると「政府」が主語になり、次に「私たち（政府）」が主語になって、その強い意志を述べ、「私」はそれを保証すると述べている。
11	食料は確保されていると市民を安心させ、買いだめ（をする人）を連帯感の欠如だと強く非難している。

12	スーパーで働く人々に労いの言葉を述べる。同時に、「私たち（市民）」が最も効果的な手段を使用しなければ、「政府の対策」が無駄になる、それは「私たち自身（市民）」だとする。「私たち」の「誰も」が感染する可能性があるのだから、「一人ひとり（市民）」の互助がなければいけないと、市民に法に従うよう訴えている。ここも、段落3同様、ロックダウンを行うのは政府だが、市民の貢献なしには成功しないという構図である。また、段落5同様、感染の不安を煽り、協力を訴えている。
13	「私たち（市民）」が事態を真摯にうけとめることが重要で、一瞬たりとも無関係だと思わないように注意している。みんな一人ひとりが大切だと民主主義について語り、「私たち（市民）」は連帯することで「私たち」を保護すると語る。ここも、感染しやすさ（脆弱＝不安）と協力の必要性をセットにしている。
14	「個々人（市民）」の行動次第だ、コロナの拡大を防ぐ手段（人との距離を置くこと）を「私たち（市民）」は持っているとする。ウイルス学者のアドバイスを列挙して（権威に訴えて）、「私たち」に求められる非常に困難なことに理解を示す表現（「私は知っています」）が用いられている。
15	身体を用いた愛情表現に理解を示し、今はちょうど逆が正しいと主張。距離を置くことが愛情だと理解しなければならない、目下、距離を置く以外に道がないとその緊急性を主張。祖父母と孫が会ってはいけない理由は「専門家」が言っている（権威に訴える）と、その合理性を主張している。
16	「不要な出会いを避ける人」は、病院の負担を下げる、つまり「私たち（市民）」が命を救うとしている。人を孤独に追いやることに同情を示す一方で、家族として、コミュニティとしての「私たち」は他の助け合う方法を見つけていくとし、解決法を見つける主語は「私たち」になっている。「ウイルスとその社会的結果」と、ロックダウンを「社会的結果」だと表現することで、ロックダウン実施の政府の意志は現れず、当然の結果としての状況として描かれている。
17	「私たちはみな」別のコンタクトの形を見つけなければならないとする。コミュニティとしての「私たち（市民）」の役割はお互いに孤独にさせないことである。政府によるロックダウンで生まれる孤独を防ぐのも市民の役割だとする。
18	「私（首相）」は「あなたたち（市民）」にルールを順守するよう訴える一方で、「私たち（政府）」の学習能力、柔軟な対応を主張。そのために噂（レッテル化）を信じず、「私たち（政府）」が多言語で出す公的情報のみを信じるよう「あなたたち」に懇願して、他の情報源、そして、情報提供を否定している。
19	「私たち（ドイツ）」は、民主主義国家だから強制ではなく、情報を共有し協力することで生きていると、ロックダウンの強制を否定する。ロックダウンを歴史的課題と表現して、「私たち」は協力により危機を乗り越えると「私（首相）」は確信すると主張する。「私たち」は何人の愛する人たちを失うのかと、それを制御するのは「私たち（市民）」だとして、制限を受け入れさせようとしている。ここにおいても感染死という不安を煽り、協力を受け入れさせようとしている。
20	状況は深刻で、「一人ひとり（市民）」がいかに規則を守るかによっている。「私たち（市民）」が誠実に、理性的に行動することで命が救われる。それは例外なく「一人ひとり」、ひいては「私たち（市民）」全員にかかっているとする。ここにおいても命を持ち出し（不安を煽り）、その救命の責任は市民が担うとする。
21	首相が「あなたたち」と「あなたたちの大切な人」に呼びかけて演説の締めとしている。ここでも、感染死（不安を煽ること）と協力との関係が読み取れる。

　以上、段落ごとに4点の描き方を見てきたが、演説全体で、コロナパンデミック、ロックダウン、政府、民主主義、首相自身、市民をどのように描いているかを2.3節から2.6節でまとめる。数字は演説の段落番号を示す。

2.3　コロナパンデミック・ロックダウンの描き方

　まずはコロナパンデミックをどう表現しているかについて見てみよう。

　コロナパンデミックという言葉自体は登場しない。関連する語として「コロナウイルス」（1・4）、「ウイルス」（4・7・12・14・16）、「流行」（3・4・13）、「コロナ感染」（5）がある。

　（1）の「コロナウイルス」は、私たちの国の生活を劇的に変える行為者と位置づけられている。（16）の「ウイルス」も、社会的結果をもたらすものとして現れる。

　（3・4・13）の「流行」は、現在の状態として描かれるが、その原因の「コロナウイルス」（4）や「ウイルス」（4・12・14）は、「拡散するウイルス」、あるいは「ドイツを通過するウイルス」（7）、つまり、（危険な）動きを伴ったものとして、（4）の「ウイルス」や（5）の「コロナ感染」は、人に影響を及ぼす対象として描かれている。一方で、コロナウイルスは、ロックダウンという事態を生じさせた原因、他方で、感染源となって現れる。コロナパンデミックが現実に存在するものとして、その存在がロックダウンという帰結をもたらすものと提示されている。演説全体で事態が深刻であることが伝えられるが、それが幾度となく明示的に言語化されている（1・3・5・13・20）。

　ロックダウンという言葉自体は現れない。名詞的に指名されるものとして「制限」（8・9・19）、「閉鎖」（8）、「このような状況」（2）があるが、多くはロックダウンが状況として描かれる。ロックダウンは政府が決定したものである。ロックダウンに伴う事態は、政府の対策によるものである（それは（8）で「合意」という言葉で認めている）が、すべてがその結果「生じた大変な事態」として描写される。（1）ではコロナウイルスが事態を引き起こした主語となって、ロックダウンにより人々が途方にくれている様子が描かれる。（8）や（9）において政府が行う制限だと認めてもロックダウンは状況説明となっている。主体としての政府が登場しない。（16）では「ウイルスとその社会的結

果」という表現で、ロックダウンが必然的結果として示される。

　このように、政府の行うロックダウンは、一つは「事態、状況」として提示され、もう一つは「唯一存在する手段」として提示される。ロックダウン以外のコロナ対策の可能性は全面的に否定されているのだが、「否定」という形で否定されているわけではない。他の可能性は存在しないのである。「やるべきことはただ一つ」(4)、「一つのこと、つまり、公共の生活をできる限りなくすこと」(7)、「命を救うためにどうしても欠かせないもの」(9)、「私たちにはそれに抗する手段がある」(14)、「今は残念ながらその逆が正しい」(15) などの表現を用いて、命を守るための唯一の手段としての、人との接触を制限するロックダウンが描かれている。

　ロックダウンの目的は、すべての人を保護すること (3) だが、ここでは治療法もワクチンもまだ存在しないからそれまでの時間稼ぎ、病気の人が最高のケアを受けられるようにするための時間稼ぎとしている (4)。ここで読めるのは、コロナウイルスの拡散の実態とロックダウンの関係ではなく、薬剤やワクチンの開発との関係である。薬剤やワクチンの開発までロックダウンが続くということが前提視されている表現である。通常ワクチンの開発に何年もかかると言われているが、それまでロックダウンが続くことを考えてはおらず、ワクチンの開発が最短距離で行われていることを示唆するものである。

2.4　政府・民主主義の描き方

　政府が主語になる場合、すべての人を保護する、経済的、社会的、文化的な被害を抑えるなど、その強さや正義を主張し、ロックダウンの正当性を説明しようとしているのがわかる (3)。国家は機能し続ける (7)、政府はできるかぎりのことを（市民に）する (10)、食料は確保されている (11)、などの発言を通して強い政府をアピールしている。また、政府のやっていることは正しいことだということを示すのに専門家が権威づけとして用いられる (4・5・14・15)。また政府は学習能力があり柔軟性もあって、しっかりと対応しているから、いかなる噂も信じないようにと忠告している (18)。「政府が柔軟に対応すること」と「公式情報のみを信じること」とは論理的につながらない。ここでは、政府の「公式の情報」に対峙するものとして「噂」が用いられている。つ

まり、政府の情報以外は「噂」としてレッテルを貼り、否定的に叙述することで、暗に他の情報が存在することを伝えるとともに、その情報、そして言論の自由を抑えたい意図が見え隠れする。政府が抱く恐怖もここから感じ取ることができる。

　ロックダウンと民主主義の関係についてもメルケル首相は何度か言及している。ロックダウンを実行するということは、民主主義が保障するさまざまな自由を市民から奪うことを意味する。したがって民主主義を論じるには常に自らを正当化する発言が不可欠となる。それがいろいろな形でディスコースに現れる。

　民主主義の描かれ方には3通りあることがわかる。一つは、（A）ロックダウンのなかでも政府は民主的に振る舞っているという叙述、2つ目は（B）民主主義に反するが限定的措置であるという叙述、3つ目は、（C）民主主義を前提視する叙述である。

(A) ロックダウンのなかでも民主的に振る舞っているという叙述
　　（2）では、民主的手続き（政治的決定を透明にし、説明する。行動を根拠づけ、伝える）を踏んでいると発言している。また、（ロックダウンという措置は）専門家、学者との継続的な協議から来ている（4）と、民主的に対策を決定している旨が述べられる。
(B) 民主主義に反するが限定的措置であるという叙述
　　閉鎖がいかに民主主義的なイメージに踏み込んでいるかを知っている（8）が、あくまでも一時的なもので命を救うためには致し方がない（9）とする。
(C) 民主主義を前提視する叙述
　　私たちはすべての命と一人一人の人間が大切にされるコミュニティである（5・13）から、命を守るためにロックダウンに協力するように、という流れと、ドイツは民主主義国家だから今やっていることは強制ではなく市民の協力により成り立つものだとする（19）流れが見られる。

2.5　首相自身の描き方

　この演説は聞いていて、一見、理性的だとか、思慮深いとの印象を受ける。

だからこそ、市民の間にメルケル首相に対する支持が広がったと思われる。実際、筆者も当時、しっかりした首相に安心したものである。そのようにポジティブな印象を聞き手に与え、ロックダウンによって生じる大きな行動の制限を表現上柔らかくする、さまざまな言語的「緩和テクニック」とでも言えるものがいくつか見られた。その一つに同情や理解を伝える表現がある。首相は、自分たちの実施するロックダウンを「生じた大変な事態」として表現し、そのうえで、その事態から引き起こされる日常生活の大きな変化に同情したり（1・8・9）、理解を示したり（12・14）しているのである。特に（9）では、東独の独裁下の自己の経験を語り、同情心に訴えている。また、医療関係者やスーパーで働く関係者、市民への感謝の意（6・12・21）を「私の気持ち」として述べたりすることで、誠実さが伝わるようになっているが、これもこうした緩和テクニックの一つとも言えよう。

　首相は「私」という一人称を何度も用いた（2・3・4・6・8・9・10・11・12・14・17・18・21）が、首相の私があなたたち（市民）を説得するという強い意気込みが示される（2・3・10・18）と同時に、市民の協力によりこのロックダウンは成功すると確信すると表現することで（2・3・18）、「市民」を尊重しているという印象も与えられる。つまり、「私」を主語として、市民に対して優しい自分や強い自分を描きながら、ロックダウンの受け入れを市民に迫っていると思われる。

2.6　私たち・身近な人の描き方

　この演説では人称代名詞の「私たち」が多用される。「私たち」には自分たちだけを指す「除外の私たち」と、周囲の人たちを含む「包括の私たち」がある。つまり、政府を指す「私たち」と、市民を含む「私たち」がある。政府を指す「私たち」が用いられる場合、市民は「あなたたち」として政府に協力を呼びかけられる立場にある（2・3・9・18）。また、政府としてしっかり市民に対応していることをアピールする場合にこの「私たち（政府）」が用いられる（10・18）。しかし、「包括の私たち」という形をとりながら、実は「あなたたち（市民）」を指していると思われるものが多い。「私たちは〜しなければならない（wir müssen）」（7・8）や「もし私たちがそうしなければ（wenn wir

nicht …würden）」（12）、「私たちならできる（wir können, wir werden）」
（10・13・16・19）などの表現が頻繁に用いられている。ある行動を義務として述べたり、仮定法を使って市民の行動が悪い結果を招く恐れがあることを訴えたり、可能形や未来形を使って聞き手の行動する意思に働きかけたりして、繰り返し繰り返し畳み掛けるように実行を迫っている。政府が「あなたたち」にロックダウンの実行を迫るより、「私たち」という表現を用いることで、権力関係をあいまいにすることができる。これも一種の緩和テクニックとして機能しており、実は市民にロックダウンの事態を受け入れるよう迫っているのだが、あくまでも市民をロックダウン実施の主役に立てて、積極的に取り組む「私たち」像を作りあげていると考えられる。

　「私たち」とともに、「皆」や「一人ひとり」「例外なく」などが多用され、これもすべての市民の命が大切だというメッセージとともにロックダウンに全員従うよう求める強い表現となっている（2・3・7・12・13・14・16・17）。

　また、身近な人を表す表現が何度か登場する。例えば、（5）では感染者数は単なる数値ではないとして、身の回りの親しい人を指す表現（具体的な親族名）を使って、感染の不安を煽っている。誰にでもウイルスの影響が及びうるから（12）、つまり、あなたたちも身近な人も感染の危機があるのだからと、命のための連帯を求めている。何人の愛する人たちを失うのか（19）、という表現を用いて、だから、ロックダウンに協力させようとする流れになっている。そして、あなたたちとあなたたちの愛する人を大切にというのが締めになっているが（21）、ここにおいても、上からの流れから読むと、あなたたちが協力しなければ、大切な人が失われるかもしれないという、暗黙の脅しになっているといえる。

2.7　演説全体から見えてくるもの

　ロックダウンを政府が行う「行為」として描いていたなら、政府は自ら講じた対策に対する責任を負うことになる。そして、市民にその行為に対する協力を仰ぐことになる。しかし、ロックダウンを「状況化」（1・8・9）することで、大変な状況に同情や理解を示すことが可能になる。また、ロックダウンの実行者を市民とすることで、そして、感染やそれに伴う死の不安を煽ること

で、協力する責任を市民に負わせることができるし、時に従わない市民を非難することもできる（11・13）。また、孤独もロックダウンを行う結果生まれる状態であるが、その孤独防止まで市民にその責任を負わせている（16・17）。

　さまざまな緩和テクニックを使うことで、誠実な印象を与える演説となったが、この演説の核の部分は政府の決定したロックダウンは市民一人ひとりの命を守るための唯一の手段だとして正当化し、一人ひとりにロックダウンに従うよう強要するという内容である。

　一方で、皆が政府に守られているという民主主義の形態を示しながら、実際は例外なく皆に一定の行動を強制するという民主主義を否定するものとなっている。そして、政府の方針以外の意見は噂だから受け入れてはいけないという言論の自由に反するメッセージが含まれていることも重要な点であろう。市民の命をコロナというリスクから守るために、政府のコロナ対策以外にはないとする権力側の一方的なリスクコミュニケーションである。ロックダウンを市民に強要し、他の対応や考え方を認めないという、政府側から市民へコミュニケーションの拒絶を表明した演説だと言える。この演説内容が法律に反映されるとどのような法律になるのかを以下で見てみたい。

第3節　ベルリンの感染予防条例

3.1　ベルリンにおける新型コロナウイルスSARS-CoV-2の感染拡大を抑制するために必要な措置に関する条例

　ドイツの首都であるベルリンはベルリン州であり、同時にベルリン市である。このベルリンにおいて、コロナ関連の条例が発効したのは2020年3月18日である。当初は「ベルリンにおける新型コロナウイルスSARS-CoV-2の感染拡大を抑制するために必要な措置に関する条例(4)」という長い名称をもつ条例であった(5)。以下、コロナ関連条例と略する。これにより50名以上の集まりやイベントが禁止されるようになった。50名までの集まりでも主催者は氏名、住所、電話番号が明記された出席者リストを提出する義務が課された。

　店舗も美術館も劇場なども閉鎖された。レストランはテーブル間に1.5メートルの間隔を置くという条件で6時から18時まで営業が許された。持ち帰りや

宅配はいいが、入店時の制御（一度に多くの客が入らない）と行列の回避が求められた。観光客のホテルへの宿泊も禁じられた。食料品店、薬局、ガソリンスタンド、銀行、郵便局、美容院、クリーニング店、キオスク、本屋、ホームセンター、自転車屋、葬儀店などは例外であったが、間隔をあけることや入店時の制御、行列の回避が条件であった。ジムやプール等のスポーツ施設も閉鎖となった。

　病院関係では、病人への見舞いが禁止された。16歳以下の子どもと重病人だけは1人だけ、1日1回1時間の見舞いが許された。老人ホームも同様の条件であった。ターミナルケアの場合はその例外となった。出産時には1人の付き添いが認められ、新生児と母親への見舞いも1人1日1回1時間のルールであった。ただし、16歳以下の子どもが見舞うことは禁止された。

　日中、夜間のケアサービスも、家族が公的業務に就いている場合を除いて閉鎖となった。保育園、学校も同様であった。大学も図書館も学生食堂も閉鎖となった。ただし、試験は1.5メートル間隔で許可された。

3.2　メルケル首相演説後のコロナ関連条例

　メルケル首相の演説後の2020年3月20日には「全国規模伝染病発生時の国民保護法[6]」が政府により制定された。この法律の目的は、今回のコロナのような世界規模の感染状況にいち早く対応できるよう政府の権力を強化するものである[7]。例えば、国境を越える交通の制限や入国者の健康状態チェックなどを行うことになった。また、保健省には医薬品などの供給を確保するために政令で措置を講じる権限が与えられた。この権限強化で、メルケル首相とシュパーン保健大臣の発言力が大きく増したようである。

　そして、その法律制定後のわずか数日後の2020年3月23日にはベルリンのコロナ関連条例が修正された。変更内容は以下の通りである。

　集まりやイベントが公的業務を除き、全面禁止となった。屋外での集まりは、葬式などにかぎり親族等10名までの集まりが例外となった。ただし、公的交通機関の使用による人の集まりは不可避なものとされていた。

　店舗、美術館、劇場の閉鎖は同じだが、開店が許可されていた美容院なども禁止となった。レストランも持ち帰り、宅配以外は全面禁止となった。持ち帰

りの際の注意事項も同様である。例外として許可されていた郵便局と銀行、葬儀店の文字が消えていた。スポーツ関連ではサウナ、ソラリウムが禁止リストに加わった。

　学校、保育園の他、障害者施設も例外を除き閉鎖となった。また、学校の種類に学校外のさまざまなスクール（市民講座、音楽学校、芸術学校等々）が書き加えられた。

　この変更された条例には、ベルリンにおける人との接触制限の項目が書き込まれ、人々の生活に厳しい制限が加わった。メルケル首相は演説（表6.1）で「公共の生活をできるだけ停止する」(7)、「人を危険にさらす可能性のあるすべてのもの、個々人だけでなくコミュニティにも危害を加えかねないすべてのもの、それを今、私たちは減らさなければならないのです」(7)、「一人の人間が他の人間に感染させるリスクをできる限り制限しなければなりません」(8)、「できれば、高齢者は特にリスクがあるので、ほとんど接触しないことです」(14)、「距離を置くことでこそ、思いやりが表現できるのです」(15)、「不要な出会いを避ける」(16)、と「できるだけ」や「できる限り」などの表現を使って接触制限について語ったが、その接触制限が法律の形になると、義務と禁止が伴うことになる。以下は粗訳である[8]。

第5部　一時的な接触制限

14条　ベルリンにおける接触制限

(1) ベルリンに居住する者は（略）自宅または通常の宿泊施設に常に滞在しなければならない。市営あるいは一般の施設に収容されているかぎり、ホームレスにも当てはまる。

(2) 住居や通常の宿泊施設から出る場合、その理由を警察に提示しなければならない。住居や通常の宿泊施設以外に滞在する場合、1,5メートルの距離を置かなければならない。

(3) 第2項の意味における理由とは、特に以下のものである。

　a) 場所の移動がある場合も含む専門的、委任的、名誉職的な活動

　b) 治療が緊急に必要な場合（例：精神科医、理学療法士）、医学的、獣医学的治療の利用（医者への訪問、治療、献血）

c) 売店における個人的に必要なものの調達および禁止されているもの以外のサービスの利用

d) パートナーの訪問および私的領域における親権および面会権の行使

e) 高齢者、病人または施設外へ行けない障害者の訪問。ただし、施設内では第6条の規定に従った場合に限る。

f) 養護が必要な人や未成年者の同行

g) 近親者又は非常に親しい友人の死亡、埋葬の同行

h) 住居または通常の宿泊施設から行く、またはそこへ帰るのに直接の経路で行われるかぎりのベルリンから／ベルリンへの出入り。

I) 集団を形成することなく、一人で、または同居人と、または他の一人と、野外において行うスポーツおよび運動

j) 動物の餌やリや世話に関する行為

k) 庭または農地の管理

l) 第1条に基づいて許可または承認されたイベントまたは会議への出席

m) テストへの出席

n) 役所、裁判所、法律措置申請書、裁判所事務官、弁護士、公証人ととった緊急アポイントメント。

O) 行政、検察あるいは警察の召喚状の遵守

p) 教会、モスク、シナゴーグ、その他の信仰・信条団体の家での個人的な黙想

　わずか数日の間に非常に細かく例外事項を載せた法律を作り、自宅待機を迫ったのである。そして、身分証明書の携行も義務づけられるようになり、市民に対する警察の監視も強化された。

第17条　身分証明書の要件

　身分証明書またはその他の公的な写真付き身分証明書は、本人の居住地の住所を示す文書とともに携行し、要求に応じて警察および管轄の規制当局に提示しなければならない。

　メルケル首相の演説とこのコロナ関連条例を比べると、首相が用いたさまざ

まな緩和テクニックを除いた、核となるロックダウンの姿が見えてくるのではないだろうか。首相が理解を示しながらも市民の連帯を求めたロックダウンは、一人も例外なく、そのルールに違反できないように、市民の行動をこと細かく取り決めた法律となっている。市民の命を守るために、唯一の手段としての「距離を置く」ことが、どれほど市民の行動の自由を奪うかが法律という形で示された。

3.3　SARS-CoV-2感染予防条例

　上記のコロナ関連条例は12回の変更を重ねたが、2020年6月23日にはそれに代わるものとして「SARS-CoV-2感染予防条例（以下、感染予防条例）」[9] という条例が発効した。ベルリンは、これまでの規制を大幅に合理化・簡素化し、最も重要な要素である距離と衛生面のルールに集中させたとしている[10]。
　冒頭に「基本的な責任」「保護と衛生規則」という項目が現れる。第一条「基本的な責任」の第1項には以下の文言が記載されている。

　　すべての人は、他の人との身体上の社会的接触を最低限に保つことが求められる。[11]

　この条文が基本になって、屋内でいっしょに歌を歌うことを禁止するなど、具体的な規制が詳細に書き込まれた。
　また、「保護と衛生規則」における以前の条例との大きな違いは、これまで1.5メートルの距離を置くことを唯一の基本的な方針としていたのに対し、口と鼻を被うマスク着用の義務が発生したことである。これまでどれだけ咳き込んでいてもマスクなど付けたことのなかった人たちにマスク着用が強制されるようになったのである。マスクの着用が他の人を感染から守る、そのことで、コロナウイルスの広まるスピードを弱めることができるというのがウイルス学者の述べる理由である[12]。自分を感染から守るのではなく、他人を感染から守るということは、マスク着用を無視する人は、他人を危険に陥れるエゴイストだということになる。この新たな条例により町の風景が一変した。ロックダウンが次第に解かれ、店が再び開かれるようになったが、マスクを付けて入店

しなければいけなくなった。公共交通機関内だけでなく、駅構内でもマスク着用が義務づけられ、50 〜 500ユーロの罰金が科せられることになった。健康上マスクが着用できない人は医者の証明書を提示しなければならなくなったが、証明書を見せても、入店拒否、乗車拒否が生じている。

　レストランに入るときには、マスクを付け、席についているときだけ外してもよい、ということになった。また、氏名、住所またはEメール、滞在時間、テーブル番号を書いた用紙の提出義務も生じた。パン屋の隅で食べても、この情報を提出しなければならなくなった。

3.4　11月3日発効の感染予防法

　この感染予防条例も変更を重ね、次第に規制事項が緩和されていったが、感染者数の増加に伴い、政府は2020年11月2日に再びロックダウンを決定した。11月の1か月だけという期間限定をしたので「Lockdown-light」と名づけられた。だが、実際は（少なくとも）1月10日まで延長されることになった[13]。クリスマスプレゼントを求めて買い物客で賑わう時期の、レストランもなかなか予約が取れない時期の12月16日からほとんどすべての一般商店も飲食店と同様、閉鎖になるという、より厳しいロックダウンが行われることになった[14]。

　以下では、緩和が進んでいた10月3日とロックダウン決定後の11月3日に発効した感染予防法を比較し、規制がどのような方向に向かっていったのかを見ていきたい。

　10月3日発効の第1部の第1条「基本的な義務」の第1項が、3.3節で示したものと同じであったものが、11月3日発効の条令では、

　　すべての人は、家族外の他の人との身体上の社会的接触を絶対的に必要最小限に減らさなければならない。[15]

と、「絶対的」という強い表現が加わった。そして、劇場などの文化施設もスポーツ施設もレストランも再び閉鎖されることになった。

　また、マスク着用義務が屋内だけではなく、「最低距離を通常維持することができない場所、特に商店街その他の交通量の多い道路および広場において」

（第4条1a項）も適用されるようになった。11月24日現在、ベルリン35か所の通りと広場においてマスク着用義務が課せられた。時間の指定がないため、人通りの少ない時間帯でもマスク着用の義務があり、罰金が科せられるのだろうか。

　歌うことやシュプレヒコールをしないことを条件にすれば、「20名以下」の屋外での集まりは例外となっているが（第4条2項1）、10月3日発効の感染予防条例では「100名以下」であった。

　6歳未満の子どもにはマスク着用義務がないが、小学生から義務化されているため、学校にいる間中、授業以外では学校のどこにいてもマスクを付けなければならなくなった(16)。

　イベントや社内食堂においてはこれまで6名まで1.5メートルの距離を置かずに席につくことができたが、これが2名までとなった（第5条5項、6項）。大学はこれまでオンラインと対面授業の混合授業を推奨していたが、原則として対面授業を行わないことになった（5条12項）。

　2020年12月31日までは5,000人以上が参加する屋外イベント、1,000人以上の参加する屋内イベントが禁止されていたが、今回の条令では11月30日までとして、100名以上の屋外イベント、50名以上の屋内イベントが禁止となった（第6条1項、2項）。

　すべての飲食店だけではなく、寒い冬の風物詩であるクリスマスマーケットも年に何度か開催される市も禁止となった（第7条4項、5項）。販売店は10平方メートル当たり1名の客しか入店できなくなった（第7条5a項）。また、午後11時から午前6時までの酒類の提供、流通、販売が禁止になった（第7条6項）。酒類と夜間とコロナウイルス拡大とどのように関係しているのだろうか。

3.5　感染予防条例が前提とするもの

　以上、厳格化されていった感染予防条例を見てきたが、これらの対策が前提とするものについて考えていく。メルケル首相の演説においても、コロナパンデミックやロックダウンの前提について検討したが、ここにおいては前提となっている事態とさらにそれに対する異論について述べたい。

【パンデミックの定義】

　まず、こうした異常な対策の原因となったのはコロナパンデミックであるが、その定義づけを見る。第2節の冒頭で書いたように、WHOは、インフルエンザパンデミックは新たなウイルスが出現し世界規模で広がりを見せ、多くの人々に免疫がない場合に生じる、としている。

　しかし、Reiss and Bhakdi（2020: 120）によると、豚インフルエンザが流行した2009年以前の定義には、上述の定義に加え、「そのウイルスが事実上危険で、世界的に多くの死亡者が予想される場合」という項目があった。つまり、以前の定義に従うと、今回のコロナパンデミックは、死亡率が低いため、パンデミックには当たらないという。定義が変わったことで、今回のパンデミックが生まれたのである。

【コロナウイルスの感染者数】

　感染者の数が増加する様子が、毎日のようにメディアに流れ、市民に不安を煽っている。感染者数の増加がロックダウンの根拠となっている。しかし、感染者の数はどのようにして数えられるのだろうか。PCR検査が今回のコロナ感染の実態を測る絶対的な基盤として機能しているが、今回のコロナ対策にむけて、PCR検査を最初に開発したのはドロステン博士である（Reiss and Bhakdi 2020: 19）。

　現在、PCR検査で陽性結果が出ると、それが感染者数として数えられるが、まず、検査の回数が増えれば、陽性になる数も増える。次に、PCR検査の精密度は極めて低く、偽陽性、あるいは偽陰性となることも多いようである（Reiss and Bhakdi 2020: 19-20）。また、PCR検査で陽性反応が出ても、症状がない場合は感染しているかどうかわからない。これまで体内にあったウイルスにも反応するとのことである。さらには、PCR検査は実験室で使用するためのもので、人の診断に用いるものではないとのことである[17]。そうなると、このコロナパンデミックの根底が崩されることになる。PCR検査に異議を唱えて、訴訟を起こす弁護士たちが出てきている[18]。

【唯一のコロナ対策としてのロックダウン】

　政府と州が合意したコロナ対策としてのロックダウンだが、果たしてロック

ダウン以外に、とるべき対策がなかったのだろうか。これだけ人的接触に制限をかけ、すべての文化的、経済的営みを止めさせ、人々を不安に陥れる対策を矢継ぎ早に出す連邦政府、州政府だが、他の対策の可能性は議論されたのだろうか。また、これまでのインフルエンザと同様に症状を訴える人だけをケアすることができなかったのだろうか。

　メルケル首相は演説で、薬剤とワクチンの確立までの唯一の手段としてロックダウンを提示した（表6.1の4）。しかし、この12月2日にドイツのBiontec[19]とアメリカのPfizerが開発したワクチンがイギリスで最初に認められたことが報じられた[20]。ドイツは年末からワクチンの接種が始まった。何年もかけて開発するワクチンが1年未満で可能となったことで、これに強く反対する医師グループが存在する。筆者の知るなかでは、12月1日に元健康管理部長であるWolfgang Wodarg博士と元Pfizerの呼吸器疾患研究分野部長であり、肺専門医であるMichael Yeadon博士が、EUの薬剤認可を行っているEuropean Medial Agencyに今回のコロナのワクチン研究、特にBiontecとPfizerのワクチン研究を即刻停止するよう申請した[21]。12月12日には世界各国の多くの医師が即刻ワクチン接種をやめるようビデオで訴えている[22]。このワクチンを巡る闘いで、「1.5メートルの距離とマスク着用義務」は長引くのだろうか。演説（表6.1の4）では、ロックダウンを「薬剤やワクチン開発のための研究の時間」と位置づけたが、開発後もロックダウンは続いている。

【マスクの効用】

　マスク着用義務は6月までなかった。なぜ、急に着用義務が浮上したのか。以降、マスク着用義務の範囲が感染防止条例の強化とともに広がっていったが、マスクがコロナの（他人への）感染を防ぐという研究成果などがあるのだろうか。政府はマスク着用義務を課すことでマスクを付けないことやマスクを付けない人に対する不安を市民の間に植え付けることに成功したという点は間違いないが、マスク着用義務とコロナウイルスの拡散との関係は明らかになっていない。

　マスクの材料、形態は問わず、マスクがなければ、スカーフを巻いてもよいことになっている。口と鼻を隠せばいいのである。マスク着用は、法に従うことを示すシンボル的な意味合いを持ち、警官以外にも乗務員やスーパーの店員

までが市民を監視できるようになった。今ではスーパーの前に立って買い物客をチェックする監視役の人が雇われるようになった。

　マスク着用の長時間の強制によって生じる健康被害というものがないのだろうか。特にまだ成長期の子どもたちに何時間も自分の吐く息を吸わせると、長期的な健康被害が出そうである[23]。また、健康上の理由からマスクを付けられない子どもたちは他の子どもたちとは一緒にいられない、などマスク義務を通した差別も生まれている。

第4節　ロックダウンとリスクコミュニケーション

　以上、メルケル首相の演説とその後の法律という姿で現れたベルリンの感染予防条例を見てきた。政府が強行するロックダウン、そしてベルリンの感染予防条例の第1条1項にある「すべての人は、家族外の他の人との身体上の社会的接触を絶対的に必要最小限に減らさなければならない」という義務は、社会的人間である私たちの日常の活動を著しく否定するものである。

　こうしたロックダウン対策を基礎づけるデータなどが示されず、大手メディアに登場する専門家や政治家以外との議論はなく、納得のいく根拠もあげられず、一方的に進められる異常なまでの強硬姿勢がますます明確になった。

　政府のそうした対策に反対する市民たちがドイツ各地でデモ行進や集会を行いはじめた。当初はシュトゥットガルトという町で生まれたクヴェアデンケンQuerdenken[24]（「自由に考える」といったような意味）という市民団体が主導していたが、やがて、多くの市民が各地で生まれたQuerdenkenなどのデモに加わるようになった。医者や弁護士、フリージャーナリストたちも立ち上がり、ユーチューブで政府の対策とは異なる事実や意見を発信しているが、片っ端からその情報が削除されるという事態が起きている。また、大手メディアはデモの参加者たちを「Verschwörungstheoretiker（陰謀論者）」「Coronaleugner（コロナウイルスの存在を否定する者）」「Rechtsradikal（極右）」「Covidioten（Covid-19の対策を無視する馬鹿）」などとレッテルを貼り、デモを否定的に論じている。これは、演説（表6.1の18）で、政府の公式の情報だけを信じ、いかなる噂も信じないようにと言ったレッテル貼りと同様の動きである。「陰謀

論者」などと否定的に叙述すれば、その人たちを冷笑していることになろう
が、実はその逆で、政府が強い恐怖を抱いているのがわかる。Querdenkenの
デモに投入される警官の人数が大量に増え、デモ参加者との間に大きな緊張が
走るようになった。11月18日に行われたベルリンのデモでは、寒くなった初
冬のベルリンで放水車が大量の水をデモ参加者に放出した。また、催涙スプ
レーをデモ参加者の顔に吹き付けているシーンもあった。コロナ感染から市民
を守るという名目で、より国家権力を強める「第三次全国規模伝染病発生時の
国民保護法」が可決されるのに反対しようとやってきた人たちであった。人的
接触制限をますます強化する政府と警察権力が一体化し、デモに集まった市民
に牙をむいたのである。コロナ対策をますます強化し、法的に市民を縛ろうと
する政府や、脅威を煽る大手メディアの動きと、ドイツ連邦共和国基本法に定
められた基本的人権や民主主義が侵されていくことに危機感を募らせる市民の
間のコミュニケーションの溝は深まるばかりである[25]。

　冒頭で挙げたメルケル首相演説（表6.1の18）の言葉が、まさに政府側のコ
ミュニケーションの拒絶を示している。

　　だからこそ、いかなる噂も信じないようにあなたたちにお願いします。私たち
　　が常に多くの言語に翻訳している公式の情報だけを信じてください。

　2011年3月11日の福島の原発事故後、脱原発に舵を切ったメルケル首相
は、原発問題倫理委員会やいくつかの公開討論会を開催していた[26]。倫理委
員会は首相の諮問機関であり、17人のメンバーから構成され、そこでエネル
ギーと倫理について議論された[27]。この委員会のメンバーには原子力に関与
している人が一人も入っていなかった。どのようなエネルギーが提供されるか
は電力会社ではなく、社会が決めるべきだという理由からである[28]。倫理委
員会の基本方針は、エネルギー大転換に向けて決断する責任を負うのは市民一
人ひとりである、というものである。また、脱原発のプロセスで目標どうしの
衝突が発生する可能性があるが、それはオープンに語られ、委員会の提案する
モニタリングのプロセスのなかで透明性をもって交渉されなければならない、
としている[29]。

　ここに、政府が市民の命をコロナというリスクから守るとして一方的に強権

的に進めていくリスクコミュニケーションに対抗する民主的なリスクコミュニケーションのあり方が示されている。市民一人ひとりが責任を負う、という表現は、メルケル首相の演説でも出てきたが、大きな違いは、市民一人ひとりがディスカッションという機会を通して交渉し決定していく、という姿勢にある。そこでは市民の発言の自由が保証されている。

　人との接触を徹底して制限しようとする政府側のとるコロナ対策は、集会、職業、移動の自由等々、民主主義国家が保障する基本的人権に明らかに反するものである。だからこそ、その対策のおかしさに気づいた市民による大きなデモの動きがあるのである。

　コロナに関してただ恐怖を抱いたまま、わからないで放っておくのではなく、政府や大手メディアの言説を鵜呑みにするのでもなく、すべきことは、一人ひとりが今起きていることが何かを、自分たちの頭で考え、徹底的に調べ上げて、なぜおかしいのかを口にし、異なる意見を持つ有識者やジャーナリストとの、また、市民レベルでのディスカッションの機会を増やしていくことである。それが権力者の講じるリスクコミュニケーションに対抗する、民主的なリスクコミュニケーションである。政府のとるリスクコミュニケーションが強権的になればなるほど、事実と自由、人権を求める民主的な対抗リスクコミュニケーションの動きも止まらなくなるだろう。

注

(1)　WHOによるパンデミックの定義：<https://www.who.int/csr/disease/swineflu/frequently_asked_questions/pandemic/en/#:~:text=What%20is%20a%20pandemic%3F%20A%20pandemic%20is%20the,world%2C%20and%20most%20people%20do%20not%20have%20immunity.>（2020年10月29日閲覧）

(2)　2020年3月18日付南ドイツ新聞<https://www.sueddeutsche.de/politik/angela-merkel-rede-coronavirus-wortlaut-1.4850582>（2020年10月23日閲覧）より筆者が翻訳。

(3)　2020年12月30日現在、11月末までとなっていたロックダウンは2021年1月10日まで延長されることとなった。

(4)　ドイツ語の法律名：Verordung über erforderliche Maßnahmen zur Eindämmung der Ausbreitung des neuartigen Coronavirus SARS-CoV-2 in Berlin

(5) 以下の条令も含め、すべてこのサイトからダウンロードした。<https://www.berlin.de/corona/massnahmen/verordnung/artikel.928509.php>（2020年11月11日閲覧）

(6) ドイツ語の法律名：Gesetz zum Schutz der Bevölkerung bei einer epidemischen Lage von nationaler Tragweite

(7) 連邦参議院情報：BundesratKOMPAKT-Infektionsschutz<http://www.bundesrat.de/DE/plenum/bundesrat-kommpakt/20/988/1d.html>（2020年11月11日閲覧）

(8) オリジナルは注5を参照してほしい。

(9) ドイツ語の法律名：SARS-CoV-2-Infektionsschutzverordnung

(10) ベルリン市のプレスリリース：<https://www.berlin.de/rbmskzl/aktuelles/pressemitteilungen/2020/pressemitteilung.949728.php>（2020年10月14日閲覧）

(11) 感染予防条例第一条第一項のドイツ語："Jede Person ist angehalten, die physisch sozialen Kontakte zu anderen Menschen möglichst gering zu halten."

(12) ベルリン市コロナ対策情報 <https://www.berlin.de/corona/massnahmen/abstands-und-hygieneregeln/#headline_1_3>（2020年11月29日閲覧）

(13) 2020年12月2日付Tagesschauのニュース記事 <https://www.tagesschau.de/inland/teil-lockdown-verlaengerung-101.html>（2020年12月05日閲覧）

(14) 2020年12月13日付Deutsche Welleのニュース記事 <https://www.dw.com/de/merkel-wir-sind-zum-handeln-gezwungen/a-55920584>（2020年12月13日閲覧）

(15) 2020年11月3日発効の感染防止条例第一部第一条第一項 "Jede Person ist angehalten, die physisch sozialen Kontakt zu anderen Menschen außerhalb des eigenen Haushaltes auf das absolut nötige Minimus zu reduzieren."

(16) ベルリンの公立のギムナジウム（中学・高校）に通うある親に聞くと（12月13日現在）、生徒も教師も学校にいる間ずっと、授業中も体育の授業中もマスクを着用しなければならなくなったとのことだった。

(17) Prof. Sucharit Bhakdi explains why PCR tests are simply not fit for purpose <https://www.youtube.com/watch?v=oZreyzYo0Bs> 2020年11月15日付（2020年11月24日閲覧）

(18) 例えば、ドイツとアメリカカリフォルニアの弁護士Reiner Füllmich氏やオーストリアの弁護士Mag. Gerold Benender氏など。彼らは今回のコロナパンデミックを「テストパンデミック」と呼んでいる。

(19) 2020年12月2日付Biontec社プレスリリース<https://investors.biontech.de/de/news-releases/news-release-details/pfizer-und-biontech-erhalten-weltweit-erste-zulassung-fuer-covid>（2020年12月13日閲覧）

(20) 2020年12月2日WDRニュース記事<https://www1.wdr.de/nachrichten/impfstoff-biontech-100.html>（2020年12月13日閲覧）

(21) 2020年12月12日付2020 News（Stiftung Corona Ausschuss）<https://2020 news.de/dr-wodarg-und-dr-yeadon-beantragen-den-stopp-saemtlicher-corona-impfstudien-und-rufen-zum-mitzeichnen-der-petition-auf/>（2020年12月13日閲覧）

(22) 2020年12月12日付2020 News（Stiftung Corona Ausschuss）<https://2020 news.de/internationale-aerzte-raten-dringend-von-der-impfung-ab/>（2020年12月13日閲覧）

(23) 長時間のマスク着用が子どもたちの健康に及ぼす影響について、メルケル首相や政治家に調査をするよう依頼したが、答えてもらえず、ユーチューブで訴えている小児科医（Eugen Jansen氏）がいる。しかし、彼の録画はすぐに削除される。

(24) クヴェアデンケンのホームページ<https://querdenken-711.de/>（2020年11月29日閲覧）

(25) 2020年12月12日のRTニュースのなかで、警官が「他（Querdenken以外）の集会は許可されている」と発言していた。<https://de.rt.com/kurzclips/110473-dresden-polizei-setzt-verbot-querdenken/>（2020年12月31日閲覧）

(26) 安全なエネルギー供給に関する倫理委員会（2013: 9）

(27) シュラーズ（2011: 33）

(28) シュラーズ（2011: 44）

(29) 安全なエネルギー供給に関する倫理委員会（2013: 55-56）

参考文献

安全なエネルギー供給に関する倫理委員会（2013）『ドイツ脱原発倫理委員会報告：社会共同によるエネルギーシフトの道すじ』吉田文和／ミランダ・シュラーズ（編訳）, 大月書店.

シュラーズ, ミランダ・A.（2011）『ドイツは脱原発を選んだ』岩波書店.

ヴォダック, ルート／ミヒャエル・マイヤー（編）（2018）『批判的談話研究とは何か』野呂香代子・神田靖子他（訳）, 三元社.

Reiss, Karina and Sucharit Bhakdi（2020）*CORONA Fehlalarm? : Zahlen, Daten und Hintergründe*. Goldegg Verlag GmbH（スチャリット・バクティ／カリーナ・ライス（2020）『コロナパンデミックは本当か？：コロナ騒動の真相を探る』大橋眞（監修）, 鄭基成（訳）日曜社）

参考資料

PCR-Tests vor Gericht- Punkt.PRERADOVIC mit Mag. Gerold Beneder <https://www.youtube.com/watch?v=q4Otf58H5SM> (2020年11月20日閲覧)

Interview mit Rechtsanwalt Dr. Fuellmich: PCR-Tests und „die Basis" Epoch Times Deutschland <https://www.youtube.com/watch?v=1sf55v0zJts&t=94s> (2020年11月20日閲覧)

第7章

コロナの時代と対話

西田　光一

第1節 ┃ はじめに

　本章では、コロナ時代の対話に伴うリスクの要因を分析し、そのリスクを防ぐために対話に求められる具体策を検討する。特にコロナに関連して名詞句で人を区分する話し方に着目し、私たちのことばの使い方を、人々の分断と排除を招く医療モデルから、持続可能な暮らしに戻ることを意図して、不要不急を伴う環境モデルに変えることを提案する。

　現在のコロナウイルスの感染状況を伝えることばは固定化が特徴である。第1に、報道内容の定型化がある。コロナについてのことばが定型化するにつれ、人々の思考が固定化していく。第2に、コロナ対策により、人々が行為より属性によって分類され、各自の居場所に固定化されていく。その結果、感染者の隔離や排斥により、人々が分断されている。第3に、医療か経済かといった極端な2択を前に人々の選択が固定化されている。どちらも大事だが、どちらかを選べという2択を迫られると、社会は必然的に分断する。

　本章では、丸山（1961）の「であること」と「すること」の考え方の違いをヒントに、「であること」を表す名詞句で人を区分する話し方が人々を分断す

るリスクを伴うことを指摘する。特に、名詞句で人を体系的に区分する医療モデルの話し方を私たちの暮らしに入れることのリスクを解き明かす。コロナウイルス感染対策と環境問題の共通点を基に医療モデルの対案を探究し、オンライン通信の娯楽や活動体の記録など、誰もが「すること」ができることばの使い方から、コロナについてのコミュニケーションに伴うリスクを防ぐ具体策を「環境モデル」として提案する。不都合なことに寛容な環境モデルで対話を持続可能にすることで、人々が分断されるリスクを解消し、コロナとともに生きる時代に求められる方針が得られることを示す。

　本章の構成は以下のとおりである。第2節では、コロナの時代にリスク視され、排除されている人たちに焦点をあて、その起因を丸山（1961）の「であること」と「すること」の区分から明らかにする。名詞句による人の分類は人が「○○であること」という属性に基づいており、人々が分断される発端となることを示す。第3節では、コロナ関連の報道のことばを分析する。コロナに関する表現の定型化に応じ、コロナに対する思考が固定化していくことを指摘する。第4節は未来への提言であり、コロナに関するコミュニケーションによって人々が分断されないためのことばの使い方を具体的に示す。第5節では本章の提言が権力側に傾かないことの意義を説き、そのためにことばの使い方の環境モデルを私たちの暮らしに実装していく。第6節は結論である。

第2節 ┃ コロナでリスク視され、排除されている人たち

　2020年3月、卒業式等の年度末の行事が次々と中止されていくなか、私は茨城県にある大学の図書館に出張し、資料収集する計画があった。しかし、出張の直前になり、その図書館から学外者は利用お断りと連絡されてきた。理由はコロナ感染防止のため遠方からの来訪者を入れないということだった。ただし、学内の教職員、学生は図書館の利用ができていた。

　同様の措置は日本各地で見られたが、利用できなかった身としては不可解なところも残った。確かに私は北九州市に在住しており、新幹線で東京に出てから茨城県に出るわけで、途中でコロナ感染のリスクもあったと思う。とはいえ、出張先の大学は関東一円から多数が通勤、通学してきており、ことさら学

外者だけがコロナウイルスを持ち込むようには思えない。もっとも、仮にコロナ感染が発生したとしても、学内者からの経路であれば、後から追跡することも可能だが、短時間だけ滞在の学外者からの経路であれば追跡は難しい。そう考えれば、しかたがないことだった。だが、学内者と学外者というラベルの貼り方と、それに応じて認められる行動範囲の違いが私のなかでは最後まで尾を引いた。私には「であること」と「すること」という丸山（1961）の対立概念が思い出され、それが本章の論点の発端になっている。

2.1　「であること」という属性重視のコロナ対策

すでに広く知られているとおり、丸山（1961）は、自由に関して、「自由である」という状態ではなく、「日々自由になろうと『する』ことによって、はじめて自由でありうる」という「すること」重視の価値観を説いた。これは「武士である」ことが地位を保証した江戸時代と、特定の目的で仕事をすることによって地位が与えられる現代の違いを表すものでもある。しかし、コロナの時代には「であること」重視の身分制社会が復活してきている。

コロナ対策では、「学外者」のように人を分類する名詞句が頻出する。各論に入る前に、少し専門的になるが、名詞句の属性的用法と指示的用法について解説しておこう。それが、コロナとともに生きる時代に「であること」と「すること」の区別が持つ意義と深く関わるからである。

2.2　名詞句の属性的用法と指示的用法

名詞句の属性的用法と指示的用法は、Donnellan（1966）以来、言語哲学と語用論でよく議論される区分である。要約すると、「この事件の犯人はコンピュータに詳しい」といった文の「この事件の犯人」が2通りに解釈できることを言う。属性的用法は、犯行現場のコンピュータから関連のデータがすべて消去され、復元不可能にしてあるのを刑事が見て「この事件の犯人はコンピュータに詳しい」といった場合の解釈である。刑事は誰が犯人か知らないが、現場の形跡を見て、それが誰でも、この事件の犯人である以上は、コンピュータに詳しいと思ったわけである。このように指示対象を特定せずに、属

性に焦点を当てた解釈で使う名詞句を属性的用法という。一方、指示的用法は、事件の容疑者としてデビッド・グリーンが逮捕され、刑事がグリーンの経歴にIT大手の開発部にいたことを知り、「この事件の犯人はコンピュータに詳しい」と言う場合である。刑事は「この事件の犯人」を使ってグリーンを指示している。ここでは、グリーンは容疑がかけられているだけで、真犯人ではなく、この名詞句がグリーンの属性を表していない可能性もある。ただ、刑事の発話を聞いて、「この事件の犯人」がグリーンのことだと周りの人に伝われば、この用法としては十分である（西山 2003: 66-68）。

　属性を表す名詞句と個体を指示する名詞句が同形になる点に自然言語の不完全なところが現れてくるが、現実的には属性的用法と指示的用法は切り離せない。一般に名詞句は、「男性」のように単純な内容のものは属性的解釈が優先され、「逃亡した男性」「国外逃亡した男性」「プライベートジェットで国外逃亡した男性」のように内容を濃くしていくほど、個人が特定可能な指示的解釈が優先されるようになる。体の性に加え心の性が問われる今では、単純に女性でない方の性は男性と割り切れなくなっており、「○○は男性である」に該当するというだけでは「○○」に入る人の集団も限定できない。だが、「○○はプライベートジェットで国外逃亡した男性である」の「○○」に入る人は極めて限定されるからである。ここから、名前ではなく、一般語彙の名詞句で人を表すということは「であること」を基準に人を見ていることだとわかる。なお第4節で、性差のように従来、固定化していた2択が3択に増えてきたという時代の流れが持つ意義を詳しく議論する。

　また、内容は単純な名詞句でも、話し手は聞き手の自覚を利用して、属性的用法を指示的用法として解釈させるように促すことができる。先の例では、話し手である茨城県の大学図書館としては、「学外者は利用お断り」の「学外者」は属性的用法なはずである。いや、指示的用法であってはならない。指示的用法であるならば、図書館が特定の個人を指して、例えば「西田光一は利用お断り」というペナルティを科すことになるからである。正直に言うが、当該の件で私はペナルティを科されるようなことはしていない。

　話し手の単純な表現にかかわらず、「学外者は利用お断り」の「学外者」は聞き手である私には指示的に解釈される。当該の図書館から見て私が学外者であることは動かしようがないため、「あなたは利用お断り」または「西田光一

は利用お断り」という特定の個人に置き換えられるからである。

2.3　指示的用法から生まれる差別

　属性的用法から指示的用法への転換は、コロナ関連の報道に頻出の名詞句にも当てはまる。3月に京都産業大学でクラスター感染が発生した後、「京産大の学生というだけでアルバイト先から出勤停止を言い渡されたり、解雇されたりした」と報道された。学生に加え、職員の子どもまでも差別にあったという(1)。個人の本当の属性とは関係なく、「京産大の学生」や「京産大」で指示される人は誰でも差別されるリスクがあったわけである。

　9月30日の読売新聞「コロナ禍　外国人材を直撃」によると、「新型コロナウイルスの感染拡大による経済の失速は、来日して働く外国人材の若者らを直撃し」ている。外国人材は会社の寮で暮らして働く人が多く、「解雇されると住む場所も失うケースが珍しくない」という。働き先の飲食店などが休業に追い込まれた影響が大きい。関係する不動産業者のことばでは、「電話口で外国人だと伝えるだけで断る店や大家は少なくない」として、差別が生じている。

　個人的に責められることは何もなくても、「京産大の学生」や「外国人」が聞き手自身の「であること」の自覚を介して指示的に解釈されるため、本人が聞くと「京産大の学生は出勤停止」や「外国人はお断り」ということが「あなたは出勤停止」や「あなたはお断り」というのに等しくなる。

　ある人が「○○であること」を理由に「○○ではない人」とは違うマイナスの処遇を受けることは明白な差別である。1956年までアメリカは白人と黒人で公共バスの座席が区別され、白人は白人であるというだけで優先的に座席が与えられ、黒人は黒人であるというだけで座席が制限されていた。今では人種差別は許されないと誰でも理屈のうえではわかっているに違いない。それでも、コロナを前にすると、「であること」に基づく差別待遇が正当化されるようになる。

　コロナ対策では他にも居住地や出身地が問われることが多くある。日本人だから留学できない。外国からも日本に来られない。先にも述べたように、私は普段は北九州市から勤務先のある山口市に新幹線通勤している。しかし、4月初頭の緊急事態宣言を受け、山口県は県境をまたいだ往来を自粛するようにと

の方針を発し、その結果、福岡県民である私は福岡県に留まって在宅勤務にするか、山口市に移って毎日、通勤するか選択しなくてはならなかった。私は、通勤のため、急遽、職場の近くに単身で仮住まいすることにした。当時は北九州市内で感染者が増えていたが、山口市内は少なかった。仮住まいの生活は北九州市の状況が落ち着いた7月下旬まで続いた。

　コロナが続くなか、私を含め居住地で行動が制限されている人は数多くいる。もっと深刻な事例も発生している。8月11日、「東京から青森に帰省したら中傷ビラ」という青森県からの記事があった。「なんでこの時期に東京から来るのですか。……さっさと帰ってください‼ 皆の迷惑になります。」などと書かれた手書きの手紙が東京からの帰省者が居住していた家の庭に投げ込まれていたという[2]。これは自粛警察と言われる活動の一例である。

　なぜこの人が咎められたか、本当の理由はわからない。しかし、記事を読む限り、都民であることがネガティブに働いたと推察できる。青森の帰省者にも、先の出勤停止になった学生にも自分に落ち度はない。だが、周囲の人々も悪意で排除しようとしたのではなかったと思われるところに問題の深さがある。それが周囲の人々の、さらに周囲の人々との人間関係を保つための選択だったのだろう。広い範囲の人々がコロナに寛容になるには、コロナに対し「であること」に基づく考え方の対案を開発しなくてはいけない。

2.4　何がリスクか

　コロナに関わるコミュニケーションが人々を分断するリスクを伴う理由は、ある人が話す前から、学外者であるとか都民であるといったように、その人が何であるかで、その人に対する対応が決まってくるからである。

　丸山自身が示唆するとおり、「であること」と「すること」は英文法の概念をヒントにした区分と思われる。実際、文法的に考えて私たちのコロナに対する判断と行動が整理できるところを示したい。

　人を評価する際に、「であること」は時間的に安定した属性なので単純で一貫した基準になるが、「すること」は時間で変化するので、評価も複合的になる。例えば、「デビッド・グリーンが花瓶を壊した」という行為の評価は、グリーンが花瓶を壊そうとして壊したか、壊す意図はなかったかで変わり、もと

もと半分割れていた花瓶だったので少し触ったくらいで壊れたか、中に危険物質が入っていて、それを除去するという正義の目的で壊したのかでも変わってくる。このように行為には前後に計画や目的があるので、「すること」を基準とすると、人を分類していくのが煩雑になってしまう。

　そのため、医療や行政の対策では、「すること」より「であること」を基準にする方が一律的で効率的である。事実、病院をはじめとする医療の業界は、「であること」によって人々が細かく体系的に分類されている。医者、看護師、患者などの人の区分は「内科医であること」「眼科医であること」「心臓外科医であること」「内科の看護師であること」「糖尿病の患者であること」というように名詞句で細分化され、それぞれの「であること」に応じて病院内で「すること」の範囲が決められている。

　医療業界の制度は医療を確実に実施するために作ってあり、一般社会に通用するものではない。だが、「であること」基準の人の区分が医療の分野を超えて私たちに適用されるところから、コロナ関係のコミュニケーションのリスクが生じる。「すること」基準とは違い、「であること」基準は「感染者であること」と「非感染者であること」のように明確に、反論の余地なく人々を分類する。その結果、「であること」による人の分類が一般市民の生活をコントロールすると、異なる分類を超えたコミュニケーションが絶たれ、社会に分断をもたらす。これが、後で述べるように、コロナとの付き合い方に「いいかげん」に「すること」を取り入れる工夫がほしい理由である。

第3節 ┃ コロナ関連の言説分析

　第3節では、コロナ関連の主に報道のことばを分析し、その定型性が私たちの思考を固定化させていることを指摘する。また、コロナから発展した近い将来に関する言説を批判的に検討し、コロナに関するコミュニケーションから人々が分断されないための具体策を浮かび上がらせたい。もっとも、ことばは薬ではないので、コロナに効くことばは表現としてはない。つまり、これを言えばコロナを克服できるというマジックワードはない。ただし、コロナで社会を閉塞させないための文法はある。つまり、コミュニケーション上で、コロナ

による人々の分断というリスクを防ぐことばの使い方がある。

　リスク回避のコミュニケーションの文法を具体的に見ていく前に、コロナによって私たちのことばが閉塞してきている実態を見ておきたい。

3.1　コロナ報道の定型性

　現在、コロナ関連の報道は生活のすべての側面に入っている。コロナに関する記事は新聞の各面に見られるが、コロナ自体は話題が豊富なわけではない。頻出キーワードは以下のようなものに限られてくる。

（1）飛沫感染。コロナウイルスは人間の唾液に含まれており、人が人と対話する際に感染者の唾液が飛沫となって周囲の人の目、鼻、口といった穴に入り込むと感染する。そのため、飛沫感染が以下のコロナ問題のすべての起点である。

（2）3密。「密閉、密集、密接」は人と人の交流が楽しくなる基本である。ただ、それが否定されてくるところにコロナの問題の深さと広がりがある。2020年、「密」という字に「コロナに感染しやすい状況」という新しい意味が加わった。

（3）ソーシャルディスタンス。はじめは馴染みの薄かったこのカタカナ語も今では市民権を得て、権威を担うようにもなった。レジで並ぶのにも前の人と離れて立ち、職場でも机と机の間を開けるように求められている。新幹線の座席は回転させなくなった。対面を避ける話し方が定着してきており、新しいマナーである。

（4）マスク着用。今では外出や勤務時間の必須アイテムとも言えるマスク。しかし、口紅を塗るのが外出前の楽しみという女性もいる。男性で口髭の世話に熱心な人も少なくない。個性の表現が制約されていることになる。今ではマスクが衣服着用のマナーに等しい扱いを受け、入店にマスク着用が義務づけられているところも多いが、感覚過敏でマスクが着用できない人もいることを忘れてはいけない。

（5）クラスター感染。コロナウイルスの代表的な感染経路が仲の良い仲間がこぞって感染というパタンである。ここに怖さが由来する。自分の感染の原

因は親友ということが繰り返され、人々の分断が進む。

（6）緊急事態宣言。戦争で疎開を経験した母が、疎開先でもお店は開いていたが、4月7日から5月25日までの緊急事態宣言の間は、どこへ行っても店が開いていなかったと話していた。新型コロナウイルス感染症対策専門家会議が達成した極点と言える施策である。

（7）不要不急。まだ記憶に残る方も多いと思うが、2009年に当時の民主党政権は国家予算の配分変更で「不要不急」な事業を洗い出していた。「コンクリートから人へ」というスローガンもあり、大規模な公共工事が見直された。あれから10年余り。不要不急の適用対象が国家等の公金の使い方から個人の行動に変わったわけである。

（8）リモートワーク。オンライン授業。ソーシャルディスタンスの拡大版で、会社や学校のあり方が大きく変わった。これは一時的な措置というより、今後の勤務、教育のモデルを模索する実験にもなっている。一方、通勤通学に要していた時間が転換された「おうち時間」から新しい価値観が生まれつつある。

（9）第2波。第3波。リスクは未然に防ぐのが合理的である。しかし、コロナ対策では合理的になるあまり、閉鎖的にもなっている。これは都会よりも地方の特徴である。また、リスクを一方的に抑えようとすると、それまで動いていた別の活動が消えていく結果にもなる。

（10）その他、コロナ破産、コロナ離婚、コロナバッシング、GO TO トラベルキャンペーンやGO TO イートキャンペーンなどの合成語。合成語は、今まで別々に成り立っていた状況が急遽、1つになったことを表す。コロナの前までは、例えば外食はキャンペーンにするほどのことではなかった。合成語の組み合わせは、私たちの社会でコロナに弱いところがどこにあるかを示すものでもある。

　ことばは思考の道具である。個人が思考により新しいことを創造する際は、新しいことばを作り出す。他の人が言ったことばと同じことばを繰り返すのはオリジナリティが不要な暗唱の場合くらいで、創作や報道で断りなく文章を丸ごと写すのは剽窃や盗作といった罪に当たる。しかし、コロナ報道では使うべき単語も、その単語を組み合わせて作る談話も定型化している。

次の3本の記事を読み比べてみよう。3本は約1か月ずつ離れているが、展開は同一である。3本とも冒頭の部分で、中盤以下はカットしてある。

（11）読売新聞8月5日「沖縄最多83人感染　国内1,237人」　国内では4日、新型コロナウイルスの感染者が、40都道府県と空港検疫で新たに計1,237人確認された。1日当たりの感染者は神奈川、沖縄、熊本各県で過去最多となった。死者は埼玉、京都、大阪、鹿児島で計5人だった。
　　　東京都では309人の感染が確認された。都によると、20～30歳代が193人で62％を占めた。

（12）読売新聞9月8日「国内感染294人　東京77人」　国内では7日、新型コロナウイルスの感染者が、25都道府県と空港検疫で新たに294人確認された。死亡者は、沖縄県4人、東京都3人など、6都府県で11人だった。
　　　東京都の新規感染者は77人で、1日当たりの感染者が80人を下回るのは7月8日（75人）以来、約2か月ぶり。20～30歳代が36人で、重症患者は24人になった。

（13）読売新聞10月14日「国内の感染9万人超す」　国内では13日、新型コロナウイルスの感染者が新たに501人確認された。クルーズ船「ダイヤモンド・プリンセス」の乗船者を除く累計は9万人を超え、9万256人になった。死者は、東京、千葉、長野の3都県で計4人だった。
　　　東京都内では新たに166の感染者が確認され、2日ぶりに1日当たり100人を超えた。入院中だった60歳代と70歳代の男性2人の死亡が判明した。

　コロナ関連の記事で大事な要素は数字、場所、属性である。確かに感染者数が多い場所に行くのは躊躇する。しかし、数字の正確な意味は一般人には把握しにくいのも事実であり、「東京」などの地名の言い方は短絡的に過ぎる。東京をはじめ大都会は多くのコロナ感染者を抱えつつも、日常が続いており、コロナから治っている人も多いことに報道での言及は少ない。
　これは、例示した3日間に限らず、コロナの感染が拡大してから、一貫した特徴である。感染者数と場所とともに、性別や年齢などの属性は最も統計処理しやすいデータである。個々のコロナ感染の背景には、具体的な個人とその人

間関係があるが、その部分は私たちには報道されない。コロナに関する個別性が捨象され、データ化された情報だけが必要なものとして与えられているところから私たちのコロナに関する思考が偏っていく。

　私も身近なところでコロナ感染が発生しており、そこには「都内の60歳代の男性」のように部分的に切り取られた属性ではなく、氏名、性別、年齢などすべてを備えた個人がいて、私も電話したりメールを送受信したりできる。個人情報保護のためだが、報道ではコロナ感染者は個人ではなくデータであり、本人との対話が閉ざされたものとして表されている点に注意したい。

3.2　ストーリー展開の定型化と思考の固定化

　Wray（2002）は、競馬などの展開が速い状況の中継ではアナウンサーは極めて流暢に話すことができると指摘している。プロが話していることもあるが、サッカーや野球などのスポーツ番組でもアナウンサーは早口で流暢であり、私たちも速さについていかれる。株式ニュースも話すスピードが特徴だが、これが授業だったら、教員は早口として非難されるところである。

　Wrayの言うとおり、流暢な話し方が可能で容認される理由は、スポーツ中継や株式ニュースでは使われる語彙が限定的で、ルールが決まっているため、話の展開が読めるからである。表現の定型化は思考の固定化に至る。

　2月にクルーズ船でコロナが集団発生してから8か月あまりの経験を経て、私たちは今ではコロナに関して流暢に話せるようになっている。だが、流暢なだけで、上で挙げた（1）から（10）のお決まりのことばを繰り返しているだけとも思える。コロナについて新しいことばを創造する努力が足りない。

　定型表現は時代の価値観を反映する。江戸時代のいろはがるたには「癩の瘡恨み（かったいのかさうらみ）」が入っていた。当時はハンセン病と梅毒が今より身近な病気だったとしても、この定型表現は今の価値観では決して許されない偏見である。しかし、病人を排除する精神は、21世紀の私たちにも宿っている。次の感染拡大の波を恐れ、コロナ感染者を排除しようとする動きは、コロナバッシングとして根深く行われている。

　コロナを封じ込めるという言い方にも気をつけたい。コロナウイルスが試験管に入っているだけならば、簡単に封じ込められる。しかし、コロナウイルス

は人体に入っており、コロナの封じ込めは、感染者の封じ込めでもある。こう考えると、コロナの封じ込めは、まだ容認できるとしても、撃退したり消滅させたりすることは科学的にも人道的にもできないことがわかる。相手が人間だからである。

学校でクシャミがいじめの原因になっている。クシャミの人をシャットアウトする決め台詞が「コロナ、来るな」である。子どももコロナが飛沫感染すると知っているから、周りの人のクシャミから自衛したい気持ちは強くある。簡単で覚えやすいが、この台詞が伴うリスクにも目を向けてほしい[3]。

「コロナ、来るな」はいじめの意図がない文脈でも使われている。大阪の介護付き有料老人ホームの標語が「コロナ来るな　スマイリー日本」だという[4]。老人ホームは高齢者が多いところだから、余計にコロナウイルスが入ってこないように備えていることだろう。ただし、上で述べたように、空気中に漂っているコロナウイルスは、最初から単体で空気中に存在していたものではなく、人体の中から呼気や発声とともに外に出てきて漂っているものである。「コロナ、来るな」は「コロナに感染している人、来るな」に等しく、これが定型表現として定着してしまうと、今も江戸時代と同じく、非感染者は感染者を排除するという価値観が固定化することにもなる。しかも、コロナはハンセン病や梅毒より誰でも感染するリスクがはるかに高く、誰もが誰もを排除しあう分断社会を招くことになりかねない。

人々の分断を招くリスクのあることばの実例を、島根県の公式HPからも見ていこう。7月3日、16日と同様の趣旨の文書が公開された。以下は16日のものの部分的引用である[5]。

（14）①東京都との往来については、改めて必要性を十分に検討し、慎重に判断してください。

②なお、仕事や就職活動、葬儀、介護など、必要な往来を控えていただく必要はありません。

③ただし、東京に行かれた際には、新宿区歌舞伎町に類する繁華街への夜の外出や、接待を伴う飲食店等の利用はできるだけ控えてください。

島根県の感染対策の徹底には敬意を表しつつ、このような公式発表から東京

のイメージが歌舞伎町の繁華街に固定されていくような懸念を覚える。都内の感染者数が毎日、報道されるなか、東京で新規感染者215人（10月31日）といった数字という場合の「東京」には範囲が広いことが忘れられがちである。12月31日時点の東京の感染者は累計で6万312人を数える。もちろん島嶼部も東京都だが、感染者数は少なく、同時点で19名である。23区は圧倒的に多く、世田谷区の4,544人と新宿の4,510人の2区で全体の15％以上を占め、34万人強が住む新宿区では人口の1％以上に達する人が感染している。多摩地区は八王子市の1,187人と多い市もあるが、あきる野市の169人、東村山市の216人と広い範囲で比較的少なくなっている[6]。

　報道では、「東京都の感染者」という短絡的な言い方になり、各自治体の細かい区分は言及されないが、地方から見て東京都の全域がコロナ感染のリスクが高いと思えるような言い方には注意したい。これは東京よりはるかに広い北海道にも言えることで、10月31日各社配信の「北海道の新規感染者81人　過去最多」といった報道では、道内の地域差にも言及してほしい。

　さらに、8月7日には島根県知事からのお願いとして、次のように発表があった。

　（15）発熱等の症状のある方や、最近2週間以内に感染リスクが高い場所に行かれた方は、帰省を控えてください。

　島根県の立場では、「発熱等の症状のある方」や「最近2週間以内に感染リスクが高い場所に行かれた方」は属性的用法であって、個人を特定する意図はないと思われる。だが、この発表を聞いた人は、「近所の○○さんは発熱等の症状のある方である」や「隣家の○○さんは最近2週間以内に感染リスクが高い場所に行かれた方である」といった「であること」基準で、当該の名詞句を指示的用法に解釈することだろう。こういった名詞句が属性的用法から指示的用法に転じた瞬間に特定の個人を排除する動きが始まる。

　連座という考え方がある。現代では公職選挙法違反で、自分の秘書などが違法行為を犯した政治家に適用される罰則だが、歴史的には個人が犯した罪に対する罰が、その個人が属す集団に拡大されて適用されることを言う。単純化した例だと、長屋の住人の1人が罪を犯すと、その1人に加え、その長屋の住人

も罰せられるという制度であり、身分固定に効果があった。

　これは時代劇のなかの話ではない。先述の大学の学生へのコロナバッシングなどから、各地域のコミュニティは閉じていて、今なお連座の意識があることがわかる。福島第一原発事故の後も、福島県民であるというだけで風評被害が生じた。コロナ感染の初期段階でクラスター感染ということばを広めた報道も同大学に所属する人たちに災いしたが、正当な根拠のない「であること」重視は、時代錯誤の連座に苦しみ悲しむ人を増やすだけである。ただ、これは怖い敵ではない。個人が「すること」に基づく思考で克服できる。

　コロナに関する報道が定型的になる理由は数多い。まず、コロナはウイルスで思考がないから、他の増え方ができず、決まったようにしか増殖しない。コロナウイルスの動きに変化が起きるのはワクチンが普及してからだろう。

　また、コロナは有効なワクチンが開発途上の感染症で、その対策がコロナにかからないようにするという一点張りにならざるを得ず、医療的にも行政的にも画一的な対応になっている。一般人の希望も、早くワクチンが出来たら良いというところに落ち着いて当然で、誰もが画一的な思考に陥るのに十分な材料が揃っている。もっと言うと、2020年では、まだワクチンがない以上、コロナの感染防止では、医療サイドの言うことに従うのが合理的判断である。

　そのため、今まではずっと専門家会議をはじめとする医療を与える側が話す役割だった。一般市民も医療サイドに立って話す。それは確かに、コロナに対し、合理的に考え、合理的に行動し、周囲にも合理的な判断を求めようとすることではある。だが、その結果、コロナを語ることばが定型化し、誰もが同じ言動に行きつき、批判ができないように追い込まれていく。合理的な思考の固定化で、批判と寛容の精神が失われていくことが危惧される。

　専門家会議が発言力が大きかった理由は、彼らが医療の専門家であるからである。私は医療のことはまったくの門外漢である。だが、ただの素人である私がコロナに対して何らかの意見を述べることが意味を持つとすれば、意見を述べるという「すること」重視の価値観を伝えたいからである。

3.3　コロナ時代の社会変革の言説

　コロナの時代に、社会全体を変革していこうとする提案が多くあるが、コロ

ナ以前に戻さず新しい社会に変えていこうという点で一致している（藤原
2020、内橋 2020）。進歩的な発想だが、それが特定の人たちだけを利するような考え方ならば、注意しなくてはいけない。以下のやや長めの引用は遠藤（2020: 63-64）のもので、この方向での言説の典型例と言って良い。

　（16）ポストコロナの生産性戦略
　　会社は「不要不急」なものだらけだったことが露呈した
　　──止まったからこそ、いろいろなものが見えてきた
　　　コロナの影響で、多くの企業は操業停止を余儀なくされ、立ち止まらざるをえない状況に追い込まれた。
　　　それによる「需要蒸発」というネガティブインパクトは甚大だが、その一方で、日本企業に長年巣食っていた「問題の真相」があらわになった。
　　　止まると、いろいろなことが見えてくる。動いているときには、見えないものがいっきに顕在化する。
　　　ひとことでいえば、会社は「不要不急」なものだらけだったのである。
　　　行く必要のない「不要な通勤」、結論の出ない「不要な会議」、ただ飲み食いするだけの「不要な出張」、意味や価値のない「不要な業務」、だらだらとオフィスにいつづけるだけの「不要な残業」……。
　　　すべてが止まったからこそ、会社という組織がいかに「不要不急」なものに汚染されているかという「不都合な真実」があからさまになった。

　遠藤が危機意識を持ち、叱咤激励の意味で敢えて挑発的に書いているとは思う。だが、不要不急は何をもって決めるか。今はなくて済ませられることを表すこのことばは、誰から見た判断かで多様な解釈ができる。例えば、サラリーマンにとって取引先との連絡は仕事の本質的な部分だが、飲み会はそうではない。しかし、飲み屋の従業員にとってはサラリーマンの飲み会の開催は生活の糧である。コロナ時代の人々の分断のリスクを高める根源は、不要不急と聞いて、あれとこれが不要不急であると決められる妙な納得感が私たち自身にあることである。不要不急を決めていくのは多面的で、全員が納得する結論は本当は得られないのに、一定の権力的な価値観で私たちは決めている、あるいは、決めたことにしている。

上記の引用に続け、遠藤は次のように論じる。

（17）コロナによって「必要な人」と「不必要な人」が顕在化した
　　そして、それはたんに会議や出張、業務だけにとどまらない。
　　いざ会社が本格的に再始動するときに、「本当に必要な人は誰なのか」
　「本当に役に立つ人は誰なのか」が明白になる。
　　逆にいえば、「不要な人」「役に立たない人」、つまり「いらない人は誰な
　のか」が白日の下にさらされてしまう。
　　世界経済や日本経済が堅調であれば、「不要な人」を救う手だてはあるか
　もしれない。しかし、（中略）中長期的な経済の低迷が予測されるなか、企
　業が「いらない人」を抱えている余裕などない。

　「必要な人」と「不要な人」という属性的用法の名詞句による人の分類は、
個々の社員には指示的用法に転じ、自分が会社の営業成績を伸ばすのに必要か
不要かの2択となって現れる。営業成績という単一の基準で、不要不急に該当
するものの選別と、必要な人と不要な人の区分が決められるという価値観が、
私たちの暮らしに根ざすものではないことは確かである。私たちの暮らしは決
して単一の原則で縛られていない。
　一般に単一の原則で貫徹させている集団や業界は閉鎖的であり、内部に権力
の強い上下関係がある。宗教団体、英才教育、スポーツ・芸術の業界などが当
てはまるが、私たちに最も身近なところでは医療業界がある。病院は医療に関
係しないものは一切が不要不急であり、医療に関わる人のみが必要であり、そ
れ以外は不要である。また、医療を間接的に支える立場より、医療を直接実行
する立場に権力が集中する。ことばも、内部でのみ通用する専門用語に特化
し、そこでの話の展開も定型化している。とてもわかりやすい仕組みだが、医
療に関わらない一般の人はそこには入っていかれない。
　上で言及した閉鎖的な集団は、いずれも集団の都合にあわせ人を名詞句で分
類する特徴がある。信者、異教徒、合格者、不合格者、Ａクラス、Ｂクラス、
入賞者、脱退者などの名詞句により、その人が「○○であること」が、その人
の「すること」を規定し、当該の集団では「○○であること」を決める立場に
権力が集中する。この種の集団には部内者と部外者の区分が重要であり、部内

者用のことばが多い。例えば、「信者」は一般に通用するが、「門徒」は浄土真宗の用語である。このように人を分類する話し方では、広い範囲の人々が対等な立場でつながるコミュニケーションはできない。

　ただし、すべての名詞句が人を分断するわけではない。例えば、「お父さん、お客さん、患者さん」など「さん」を付けた呼びかけの名詞句は話し手が直接指示できる個人を表し、その個人を「お父さんであること」といった属性に還元しない。呼びかけの名詞句は第4節で議論する直示語と同じく、話し手と聞き手が共有する対話の場から意味を与えられるからである。これは、上で見てきた属性的用法の名詞句が呼びかけで使えない点と対照的である。

　1点だけ言語学的な考察を付け足しておくと、呼びかけ用法の有無は、直示語や名前のように独自の内容がなく指示しかしないことばと、名詞句のように独自の内容を表すことばの違いに対応しており、名詞句への「さん」付けは後者を前者に転用する文法操作である。前者で人を表す場合は、その人が個人として対話ができる範囲にいるが、後者で表される人は対話の相手ではなく、むしろ属性に分解されデータ化の対象になってしまう。

　コロナの時代に医療業界が身近になってきた。コロナに対応して社会を変えていこうとする動きが、私たちから不要不急なものを一方的に削ぎ落し、必要な人と不要な人に分類するように迫るものだとすれば、その源は私たちが医療業界と同化して、自己を権力化するところに求められる。もっと言えば、コロナを話題とするコミュニケーションによって人々が分断されるリスクの源は、私たち自身が医療を離れたところでも医療をモデルとして不要不急を判断するようになってきたという思考の固定化にあると言って良い。

　次節で詳説するが、医療業界のことばの使い方は、対話を資源化し、一定の期間ですべて消費する点が特徴である。医者と患者は治療期間中に治療に関係することだけを話す。医者の話は患者が必要とする資源であり、患者のなかには貴重な資源を求めて特殊な分野の医者の話を聞く人もいる。当然、対価が発生する。また、患者は医者と治療期間中にのみ対話し、回復したら、もう話さない。対話という資源が一定期間で消費しつくされるわけである。

　このような対話の資源化と消費は専門的な職業集団では広く見られるが、医療業界が最も身近でわかりやすい。医療モデルのことばの使い方の対極に環境モデルのことばの使い方があり、コロナに関するコミュニケーションのリスク

を回避するには環境モデルのことばが必要なことを見ていく。

　コロナの時代に社会をより良い方向へ変えるように努めていても、1つの方向だけに合うように変えようとするのは良くない。社会は個人のものでも特定の集団のものでもないからである。特定の基準で「必要な人」と「不要な人」に2分し、「必要な人」だけを残した組織は、必ずさらなる排除を生む。今度は「必要な人」のなかで事故にあったりコロナにかかったりと、自分の責めに帰さない原因でフルに働けなくなった時に、かつて自分が「不要な人」を切り捨てたのと同じ理由で自分が切り捨てられていくからである。

　全国各地で医療従事者を応援し、感謝を伝える意味で青色のライトアップが行われている。医療従事者がコロナ対策の最前線にいて、自らも感染のリスクに直面しながら働いていることに感謝するのは当然である。とはいえ、医療従事者に「ありがとう」ということがコロナで生じた人々の分断という問題を解決することにはならない。ややうがった見方では、多くの失業が発生するなか、医療従事者は強く求められる職業に就いているとも言える。むしろ、私たちが感謝すべき相手は、コロナで客が激減しつつも営業を続け、私たちの暮らしを支えている生産業、商業、輸送業、運送業など、社会の各セクションにある。医療が大切な現在にあってなお、医療と同じ基準の人の分類を私たちの暮らしに適用することが正当で、社会の正義にも適うという意識があると、人々は自分の「であること」に閉じた範囲でしか動けなくなり、自分にはないものを持つ「自分とは異である」人とは話せなくなる。

　私たちの普段の暮らしで「不要不急」ということばに不当な権力を与えないためには、医療モデル以外のコミュニケーションの基準が求められる。私たちは今では、医療モデルのように不要不急が一律に決められるという想定を身につけてしまっている。だが、私たちの日常が医療モデルと価値観を同じくする必然性はなく、逆に一律に不要不急を決めなくて良い話し方が有用なことがあり、持続的な人間関係では自然でもある。暮らしには余分が重要ということである。これは、コロナによる人々の分断のリスクを抑えるには環境的なコミュニケーションのモデルが求められるという意味である。

第4節 ┃ 未来への提言
―誰もが「すること」が可能なコロナ対策―

　コロナに対し、「であること」に基づく判断基準に身を任せていると、定型的な思考に陥り、批判力を失っていく。一方、コロナに対し「すること」では、まずは医療があり、医療の言うとおりに「すること」がある。次に実力行使的な自粛警察と呼ばれる活動や、反動的にノーマスクを主張する「クラスターデモ」と呼ばれる活動が見られる(7)。どちらも、そうすることで人々が分断される結果をもたらす。この節では、医療のように専門家が特権を持つのでも、実力行使で特定の相手を攻撃するのでもなく、普通にできることから、コロナに対抗しつつ人々がつながるように「すること」を探求したい。それはコロナを治すことも、注目を集めて立場を利することもないが、コロナの時代に対話を持続可能にするうえで有効な対策になる。

4.1　リスクを防ぐことばの使い方の開発

　コロナに対する有効な「すること」には、身近な例ではソーシャルディスタンスやオンライン授業に代表される空間の分散がある。従来の常識では、近い距離は近い関係を表す。そのため、会計担当と経理担当は机が近い。だが、そういうリアルな空間配置はバーチャル空間が一般化すると不要になる。ただし、空間の分散は、大きなレベルでは東京をはじめとする大都市から地方への機能移転を含み、その実現には費用と年単位の時間がかかる(8)。

　反対に、コロナの対策で、最も安上がりで短期間でできることは、新しいことばの使い方の開発である。コロナで人々が分断されないようにすることばの文法を作ることで、コロナに関するコミュニケーションが伴うリスクを抑えることができる。実際に社会を変えていく前に、ことばの使い方を変えることで、どのような効果が表れるかパイロット調査の意義もある。

　ここでは今回のコロナに対して提案された意見のなかから本章の議論に参考になるものを3つ紹介したい。3つとも関連する点だけを要約してある。

（18）「異」から「違」へ：異物は自分の外側にあって、取り除こうとするものだが、違和感は自分の中にあって、嫌だが付き合わなくてはならないものである。コロナを異物の「異」と捉えると排除の対象となり、差別を生み出す。むしろ、コロナを違和感の「違」と捉え、調整しながら一緒に乗り切ることで差別を減らしていかれる。（磯野真穂「『異』から『違』へ」読売新聞8月29日）

（19）空白と余白：「空白」はあるべきものがない状態だが、「余白」は活力の源として人生や組織に意識的に取り入れたいもので、コロナによる臨時休校は学校に初めてもたらされた余白でもあった。不安を排除しようと空白を埋めるより、不安を受けとめ空白に耐える能力を培おう。（川上 2020）

（20）寛容の精神の受容：寛容とは、人間は常にベストの選択肢を選ぶことのできる存在ではないと理解した上で、「人間が判断し行動するとき、『ベター』と思われる選択肢を探すべきであって、『ベスト』のそれを求めるべきではない」という理念のことを言う。今回のコロナがきっかけで社会が少しでも寛容を受け容れる余地が広がれば、不幸中の幸いだろう。（村上 2020）

　これらのことばは、いずれもことばだけでは文字にとどまり、実体がない。そこで、以下では、ことばを行動に結びつける3つの具体策を提案し、コロナとともに生きる時代の方針としていきたい。

（21）2択の質問を3択に変える。名詞句で人を分類するのは医療モデルの拡大適用であり、2択につながる。名詞句で人を分類せず、「すること」を基準に評価する。「あなたの属性は何ですか」と聞くのではなく、「あなたは何をしていますか」という話の聞き方に変えていく。

（22）異なる立場の話を聞く。今まで私たちは医療サイドの話ばかり聞いてきた。これからはコロナ体験者の話をもっと聞こう。コロナで失われていく活動体を記録し、小さな活動体にもことばを与えよう。これはコロナを環境問題として、ともに生きていくという意味がある。

（23）コロナからエンターテイメントを作る。コロナに対し一般市民ができることは今は2種類しかない。1つ目は学習である。報道で見て、読んで、

聞いて知識を増やす。2つ目は自衛である。マスク着用、手指の消毒、ソーシャルディスタンスの確保、出張の自粛などでコロナに感染しにくい生活を送る。2つともいいかげんさが許されない。だから、3番目にコロナの時代を楽しむことが欲しいわけである。

以下で順に見ていくように、(21)、(22)、(23) はことばを行動に結びつける方法であり、上記の (18)、(19)、(20) に、それぞれ対応している。

4.2　「異」を「違」に変える生き方

この節では (18) のことばを (21) の方向で行動に結びつける方法を提案する。

地球上の生物では人間だけが生き方を変えられる。他の生物は何億年も同じ生き方を続けている。一方、人間は、1876年、グラハムベルの電話の発明、1903年、ライト兄弟の有人初飛行といった転換点から、この100年で生き方を大きく変えた。人間の行動力は極めて大きく広くなったが、地球全体のバランスを崩す結果にもなった。飛行機は便利で、世界中に移動できる。その飛行機のおかげで、今やコロナが世界に拡大してしまっている。この100年で急速に生き方を変えてきた人間の知見と反省を基にすれば、自分の外にある「異」を自分の内の「違」に変える生き方も実現できる。

4.2.1　今までなかったものを自分に取り込む

ワークライフバランスという生き方の指針がある。今までは1日の時間の使い方で職場でのワークと私生活の意味のライフの配分は理想的には半々でバランスを取ることが考えられた。しかし、コロナの時代ではワークとライフに公衆衛生が入り、3分割でバランスを取ることが必要になってきた。

イギリスのEU離脱の基になった住民投票以後、2択型の投票によって社会に合意より分断が増える結果になった事例が多い。51対49で採決された合意が本当の合意である保証はない。2択の投票の場合、一方に決められない人は棄権という消極的選択しかなく、その声はかき消されてしまう。

4.2.2　無理を強いる２択

　医療か経済かという２択は、コロナ感染の初期から報道に出現しており、時期と立場で論調が大きく変わる。緊急事態宣言の段階では、これは命か経済かのように究極の選択とされていた。例えば、『週刊新潮』は５月７日・14日号の特集で、「『小池知事』煽動でいつまで『命の経済』を止めるのか」と題し、４月26日時点で、コロナで亡くなった方が348人だったのに対し、２月から３月で経済問題を理由に自殺した方が464人と上回ったことに言及し、緊急事態宣言のなか、「経済の息の根を止め、その煽りで多くの命を奪う決定を、感染症の専門家だけにゆだねていいのか」と論じている。『文藝春秋９月号』（８月７日発売）は「徹底討論『経済』か『感染防止』か」という小林慶一郎、館田一博、三浦瑠璃、宮沢孝幸の討論記事を載せ、以下で再言及するように三浦の経済重視の立場を盛り込んでいる。一方、『サンデー毎日』は８月30日号に白井聡の「『人命』より『経済』を優先する安倍政権への根源的批判」と題する論考で「（コロナウイルスの）鎮圧に成功しない限り、本格的な社会活動の再開も不可能だ」という医療優先の姿勢を伝えている。この２択問題はコロナ対策が進んできた段階で選択の色が弱まり、10月10日の日本経済新聞は矢野寿彦の「『命か経済か』には解がない」と題する論説を掲載し、「感染者ゼロはもう目指さない。足元で全国の感染者数は１日500人前後で推移しており、これを一定数以下にコントロールできているとし、よしとする」という現実的かつ常識的な見解に落ち着いてきている。

　ジャーナリズムの特徴で、読者の関心を引くために目立つ論陣を張ることがある。強い２択を迫る設問は、この目的に適い、上で引用したタイトルも意図的に危機感を強めた印象を受ける。ただ、ことばで強い２択を表しても、暮らしに無理を強いるものは長続きせず、現実と乖離してしまう。

　問題の２択では、ヨーロッパでは都市のロックダウン、南北アメリカの大国ではマスクなしの集会を続行というように国によって大きく揺れている。そのなかで、日本は医療も経済もどちらも大事という優等生的で、常識的な方針を選んだ。どちらかの極に偏する方が強硬的でわかりやすくはある。医療も経済もという方針は現場が悩まなくてはならない難しさも伴う。

　医療か経済かの２択は社会問題に直結している。先の討論記事で三浦が指摘

するとおり、コロナの死者よりコロナで経済的に苦しんだ結果の自殺者の方が増えてはいけない。12月31日の時点でコロナの国内感染者は22万304人だが、死者は3,414人であり、予断を許さないが、死亡率は1.5%に留まっている[9]。日本の高度で裾野の広い医療を誇りに思う。

　一方、2020年は自殺者が多い。警察庁のまとめによると、国内の自殺者は2019年6月は1,640人、2020年6月は1,573人のように、2020年前半までは2019年の方が多かった。それが2019年7月1,793人、8月1,603人、9月1,662人、10月1,539人、11月1,616人、12月1,494人に対し、2020年7月1,864人、8月1,931人、9月1,888人、10月2,231人、11月1,891人、12月1,694人と6か月連続して前の年を上回り、2020年には計2万1,077人が自殺で亡くなっている。2019年は計2万169人の自殺者だった。これは今後の検証課題だが、自殺の原因にコロナによる倒産や失職、チャンスの喪失があったとしたら、早急に策を講じなくてはいけない[10]。

　コロナで亡くなった方々の多くは他の病気を抱えた高齢者だった。残念ながら、高齢の感染者はコロナ以外にも亡くなる理由を抱えていた。しかし、自殺は多くの場合、自殺以外の死因がない点で悲しみの度合いが高い。救えた命ということがわかり、後に残された人たちの後悔が大きいからである。

　だが、医療と経済の関係は本当に2択しかないかという疑問が生じる。この2択の前では、仮に医療を取れば世の中の仕事がなくなるかのような不安が生じてしまう。よく考えれば、医療にも経営は当然あり、経済の一部をなす。さらに、ゲーム産業のようにコロナの時代がゆえに業績を伸ばしている業界もあり、医療と他の経済活動の関係は単純な2択ではなく、大きく分けても、「A 医療と衛生産業」「B 3密を避けられる業態の業種」「C 3密を伴う業態の業種」のような3択が見えてくる。現実には、もっと多く細分化されるが、目下の論点はAを優先する方針とCを優先する方針が両立するかというところにあり、そこにBを用意しておけば、仮にAとCが不一致となっても、仕事ではBの割合を増やし、Cの場所を分散させていくという無難な対処法が見えてくる。要するに、2択より3択の方が逃げる余地が残る点で安心が得られる。

4.2.3　3択の一般化

　働き方の他にも2択から3択へという転換は、コロナ後の新世界全般に求められる新たな価値観である。エネルギーでも、生産か消費かという2択に加え、転用という新しい選択が生まれてきた。例えば、自転車で通勤通学が増えれば、今まで石油を使っていたところが自分の体力に置き換えられる。家畜の排泄物をエネルギーに転用する研究も進んでいる。今まで捨てるだけだったものを有効活用する動きはますます加速化するだろう。

　教育でも対面と通信の方式に加え、オンラインが入って3択になった。オンライン授業はコロナ収束までの一過的な措置で終わらない。

　ことばを伝える手段も、従来の対話と産業メディアに加え、オンラインという第3のチョイスが出来てきた。対話はことばの基本だが、場所と時間を同じくする相手にしか伝えられない。メディアはTVや新聞、インターネットなどで組織的、営利的にことばを製作し、配信する制度であり、個人では運営できない。組織が運営する以上、話題が限定される。コロナに関して定型的な報道を続けるうちにメディアも医療モデルのことばを使っている。

　一方、オンライン通信は個人間で気安くできて、安上がりでもある。コロナでオンライン通信が普及する前は、自分の身体に近いスマートフォンに比べパソコンは、あくまでも異物だった。それが今では自分の声の一部になっている。異物を従来との違いとして自分の内部に取り込むことは、自分の範囲を広げることである。話す手段を変えるのと同じく、話す相手を変えるのも異を違に変えることになる。オンライン通信を始めて、話す範囲が広がった人は、その分、自分の範囲が広がったわけである。さらに、オンライン通信で情報源を増やすと、コロナに対するイメージの固定化も防げる。

4.2.4　人を表すことばも「であること」から「すること」へ

　もう1点、ことばの使い方で2択から3択へ増やす方法がある。これが名詞句で人を分類する代わりに、動詞で表す方法である。「であること」には時間上の変化がないため、「であること」と「でないこと」の2択しかない。「すること」には、時間上の変化があるため、「すること」「しないこと」「しつつあ

ること」のように3択以上が用意できる。例えば、名詞句で「感染者は入院です」と言うのと、動詞で「あなたが感染していれば入院です」と言うのでは実質が違う。名詞句で人を分類すると、たとえ回復した後でも「感染者」のレッテルが貼られるリスクがある。しかし、動詞では一時的なことしか言わずに済む。同様に、名詞句で「外国人はお断り」と言うのと動詞を入れて「あなたが外国からきている場合は、お断り」と言うのでも違う。前者は国籍で人を分断するが、後者は国籍を問わないからである。全般的に名詞句の方が短く表すことができ、それを動詞で言い換えると字数が増えるが、人を「であること」で分断しない表現の方が、その人の立場の選択肢が広がり、コミュニケーションリスクを減らすメリットがある。

4.3　空白を余白に変える活動記録

　コロナ対策に有効なことばの使い方の2番目は、(19)のことばを(22)の行動に結びつけるように、ことばで空白を余白に変えることである。地味で、一見、影響力が小さいように見えることばの使い方からでも、未来への行動計画と将来の環境対策の知見が得られる。特にコロナで計画が流れて空白が生じた時は、今まで話を聞いてこなかった人たちの声を聞く機会にしたい。

　感染拡大が止まらない現状では、コロナ感染から回復した人の数も確実に増えていく。今はまだ新規感染の数ばかりが報道され、感染中は一方的に避けられていても、回復後はコロナを体験した人たちは一定の数に達したところで集団の発言力を持つようになる。病状にも因るが、1人で隔離された2週間、黙々と絵を描いたり、作品を創作したりする人も少なくないはずである。これからコロナ体験の成果、特に医療とは独立した面での成果が世の中に出ることで、コロナにあって一度、分断された人たちの発言力が強くなる。コロナで居場所を奪われた人たちの声ももっと聞きたい。

4.3.1　リスク視される活動体

　3月24日、2020年開催予定だった東京オリンピックの延期が決定された。夏の高校野球は中止になった。このような世界規模、全国規模のイベントを筆頭

に、地域の例祭、就職関連のセミナー、大学のサークル活動など、コロナを理由に中止されたイベントは身のまわりに数多くある。中止の理由は、すでに定型化しているとおり、イベントでは人が3密になって飛沫感染のリスクが高くなるからである。個々のイベントは活動体として独自の継続的なライフを持っており、今年で7回目や20回目で、人間で言えば7歳、20歳を迎えていたのに、今回、人が集まらなくなり解散、終了に至ったものや、なかには企画だけで流れたものもあるだろう。イベントに限らず、コロナで閉店、倒産、規模縮小を余儀なくされた事業という名の活動体も数多い。この意味で2020年は、大量の活動体が死んでいく悲しみの年である。

　小さな活動体も維持にはコストを伴い、経済の一部だったので、個々の活動体が死ぬ分だけ、経済が縮小していく。どのような小さな活動体も、それが消えると、それまで成り立っていたバランスが崩れ、メンバーの生活に空白が生じるわけである。コロナによる大小の活動体の大量絶滅の時代は、近未来に深刻化した時の環境問題のシミュレーションに適している。

4.3.2　空き時間から新しい創造を

　コロナのため、予定していた留学の計画が消えたり、定期的なサークルの会合が中止されたりして空き時間が生じたとき、何をすることが有効か。例えば、留学の予定が消えた人は、その時間を代替策として同じ趣旨の勉強に充てるべきか、それとも、強いて急に新計画を決めず、現在、できることをコツコツするように切り替えるべきか。川上（2020）は、すぐに答が出ず、対処もできない事態を前に「空白に耐える能力」を培うことを提案している。

　コロナで計画変更を余儀なくされた人は、身の周りの小さな活動体について、その活動内容と、それが自分にどれだけ大事だったかを細かく記録しておこう。活動体が休止に追い込まれていった間の日記でも良い。「記録する」こともコロナに対抗するのに有力な「すること」である。記録は、すぐに答が出ないが、続けていって価値が発揮されるため、空白に耐える能力を培うのに直結している。不要不急とされ排除された活動体にことばを与えることで、医療モデル以外の要不要の価値基準を発信することができる。

4.3.3　小さな動物から学ぶ

　自然界では体が小さく数が多い動物も大きな役割を果たす。昆虫、特に植物の虫媒に関与するハチ、甲虫などの種類はネオニコチノイドなどの農薬のせいで大量に減りつつある。果物、コーヒー、チョコレートなど、美味しいものは昆虫が関与してできる。人間の都合で昆虫を減らした結果、人間が好むものが得られなくなるとしたら皮肉なことである。人間が地球に出てくる前から植物と昆虫の協調は完成していた。後発の人間はそれに依存して生きている。私たちは自然のしくみにもっと謙虚になるべきである[11]。

　小さな活動体の死の重みがわかる人は、小さな動物が環境のバランス保持に果たす役割の大きさもわかる。小さな活動体の連鎖で経済がまわっていることと、小さな動物の営みに自分たちの生活が支えられていることは軌を一にして理解できるからである。コロナで生活に空白が生じた人は植物や土の中を覗いて昆虫の小さくて大きな世界を見てみると良い。同様に、コロナで生じた空白をよく見れば、自分が今まで何と何をつないでいたか見えてくる。そこから次に何と何をつなぐことが自分の役割かも見えるはずである。

　ここに環境問題とコロナの接点がある。ライブハウスも、対面授業も、夜の街の接待も、人に良くしようとして、続けてきたことだが、コロナ感染のリスクがあるとして縮小してきている。公害は原因が有害物質という本当の異物だったから躊躇なく除去できたとしても、コロナは感染源が人であり、人が人のリスクになる点で公害より対処しにくい環境問題である。

　自然界には単に「であること」で存在するものはない。植物も山や洞窟でも「すること」が多くある。植物は光合成をしたり、落葉したりして、空気と土壌の構成を変えていく。山や洞窟は隆起したり溶解したりして地形を変えていく。動きが小さいため見えにくくても影響力が大きな「すること」は「であること」に溢れたコロナの時代にこそ、詳しく見ておきたい。

　コロナは展開が速く、身近なので多くの人が本気になる。しかし、本気になるだけだと、人が人をリスク視するようになり、排除と分断が生まれる。いいかげんが良い加減というゆるい取り組みでも長く続けていかれる方が効果的である。同じことは環境問題への取り組みにも言える。コロナと共に生きていく時代の生活方法は、徐々に環境のバランスを回復させていくうえでの知見にな

る。ただし、不都合なものは排除するという方針では環境問題は解決しない。コロナも、一方的に排除するという対策は無理だろう。不都合なものでもうまく付き合うという方針が次に見る寛容の実践である。

4.4　いいかげんを良い加減へ

　コロナの話題で人々の分断を防ぐ3番目の方法は寛容の精神の実践である。上記の（20）のことばを（23）の行動として具体化する方法を提案したい。医療や行政に従事されている方々、工場や交通機関で集団で働いている方々、食品やホテルなど職場で衛生を厳密に求められている方々には無理なことと承知しつつ、コロナに対する寛容の実践は、教育や研究開発の現場では可能であり、必要なことでもある。教育関係で言えば、学校で生徒や学生のコロナ感染のリスクをゼロにしようと徹底すると、学校関係者の「心と身体がもたなくなる」という別のリスクが生じうるからである（新保 2020）。

4.4.1　オンライン通信で遊べるように

　今まではコロナでは誰もが緊張し、萎縮することばが続いた。これからはコロナについても人々をリラックスさせることばを作っていきたい。

　指揮者の佐渡裕は、オンラインで「すみれの花咲く頃」を指揮し、それに合わせて視聴者が自分の演奏や歌唱、ダンスなどを投稿し、編集してみんなで1曲が演奏される動画を公開している。リアル開催では、音楽は時間と空間を同じにする人たちが集まって共作するものだが、コロナの時代には、それが無理になっている。そこで、佐渡が言うには、指揮者は時間と空間が別々な人たちでも、自分の指揮棒で演奏上の時間を同期させる役割が果たせると考え、この動画作成を思いついたのだという[12]。

　音楽のオンライン上の同期演奏は、参加者の入力の空間と時間は別々で良い。出力で演奏が同期できれば曲が完成するからである。一方、オンライン授業は、参加者の空間は別々だが、時間は同期している。さらに1歩進み、オンラインでバーチャル空間を共有する工夫もある。樋口・堀田（2020）は、ZOOM授業ではじゃんけんが盛り上がると指摘している。これは相手の手と

自分の手が画面を通じて同じ空間にある意識が共有できるからだろう。

4.4.2　ZOOMでスイカ割り

　バーチャルな空間を参加者が共有する工夫として、ZOOMでスイカ割りをしてみよう。夏の浜辺をZOOMのバーチャル空間に置き換えるだけで、遊び自体は簡単である。主役は目隠しをして、スイカでなくても良いが、身の周りにターゲットを置いてから何回かクルクル回転し、ターゲットの位置がわからないようにする。もっとも、浜辺とは違い、室内にコンピュータやカメラがあるので、硬い棒でターゲットを狙うようなことはしない方が良い。ただ、他の参加者は画面を見て主役に、「もっと右、そっちそっち」「少し後に行って、これでもう1歩左ね」といった指示を順番に出していく。できるだけ少ない指示で正確にターゲットを捕らえた人が勝ちというゲームである。

　これには2重の意味がある。最初は単純にオンライン通信を娯楽にすることが目的である。オンライン通信にはパソコン、インターネット、通信サービスの契約などの初期投資が必要で、毎月の経費もかかる。私を含め、1970年代までに生まれた世代には、通信では経費が最初の意識にのぼり、つい短時間で有用な情報を交換することを優先してしまう。かつて私が最初にアメリカに行ったころは、海外にかけられる公衆電話で、できるだけ多くの硬貨を片手に持ちながら、家族に要件を伝えていた。実際、国際電話は高額だったこともあって、時は金なりを実感した。今ではインターネットが整備され、通信時間と送受信する情報の容量に費用をさほど気にせずにすむ環境ができている。それで、オンライン通信で遊ぶ余裕も生まれてきた(13)。

　仮にコロナの流行がインターネットが整備される以前の時代だったら、オンラインがない以上は、かつてのヨーロッパのペストの時と同じく、日本でも都市はロックダウンされ、地方への退避が強制されただろう。あるいは、インターネットの整備で、情報と同じく人も自由に大量に短時間で世界中に移動できると妄信していたから、コロナが世界中に蔓延したとも言える。

　ZOOMスイカ割りのような娯楽の次の目的は、オンラインでも、ことばをいいかげんに使うことが許され、空間の共有が実感できる点である。これがオンライン通信の参加者同士が仲良くなるための必須条件である。オンライン通

信を授業や業務で使う限りは、参加者のことばが情報的になり、ていねいに使わなくてはいけない。いいかげんさがない分、仲良くもならない。

　コロナが飛沫感染するため、対面の対話が制限されるようになったということは、ことばの基盤が脅かされているということである。Lyons（1977）が言うように、人間の言語には、それが対面での対話から始まったとしか考えられないことばがいくつか含まれている（山口 2009）。それが直示語と呼ばれる「ここ、そこ、あそこ」などの語群である。これらの語群は対話でジェスチャーを伴い、話し手の使い方次第で何でも指すことができ、ことばの内容を決めずに使えるという意味で、いいかげんなままで使える。

　これらの「コソア」の直示語は、ベストよりベターな伝達手段である。例えば、「ここ」は、ベストな言い方では「山口県山口市宮野」といった固有名で正確に指示すべきところを、それができない時に、またはそれが不要な時に、ベターな選択で簡便に済ませる指示表現である。コンピュータなら常に固有名で厳密に指示できるが、人間同士の対話では表現はいいかげんでも互いにわかれば良いという合意があるので、直示語が使える。

　厳密には直示語も用法が分類され、「ここに置いたはずだが」のように話し手が自分1人で内容を決められる「ここ1」と、対話で「ここはコロナが少ないからさ」のように話し手と聞き手が共有する空間を指す「ここ2」が区別できる（Levinson 1983: 65-68）。リアルな空間の共有がないオンライン通信では「ここ1」は使えても、「ここ2」は使いにくい。だが、ZOOMスイカ割りでは、主役への指示で「あと2歩下がって。良いわ。ここなら届くはずよ」のようにバーチャル空間を共有して「ここ2」が使えるようになる。その分、オンライン通信の参加者間で経験共有の度合いが深められる。

　オンライン上の参加者がいいかげんなことばを使いあう環境が整うと、ことばが遊びに使えるようになる。オンライン通信は若者の専有物ではない。例えばZOOMは、シニア世代には句会で使うのに便利である。特に連歌のように参加者同士で共作できるものが良い。オンライン通信は同時に2人以上が話すと聞き取りにくい。しかし、句会は1人が発表するのを周りの人がきちんと聞くのでオンライン通信に向いている。幅広い年齢層がオンライン通信を楽しむところから新しいエンターテイメントも創出されるだろう。

4.4.3　コロナをエンターテイメントに

　不謹慎だが、コロナに思考が侵略されないためには、コロナをエンターテイメントの材料にする必要もある。2011年3月の東日本大震災の後、NHKの連続テレビ小説『あまちゃん』はコメディを基調としつつ、震災の被災地が要所に組み込まれていた。エンターテイメントは笑うものばかりではない。怖いものや悲しいものを含みつつ、最後に解決が見えてくるストーリーが受容される。小松左京（1964）『復活の日』、宮崎駿（1984）『風の谷のナウシカ』はどちらも空気を吸うことで人が倒れていく世界を描き、苦しいストーリーだが、最後には希望の解決が示される点で、コロナ版エンターテイメントの参考になる[14]。特に『復活の日』は「復活されるべき世界は、大災厄と同様な世界であってはなるまい」という終結が示唆的である。

　刑事モノ、医療モノ、学園モノといったTVドラマは常に人気があり、時代を超えて制作が続いている。警察、病院、学校という舞台設定はドラマにしやすい素材が揃っていて、面白く演出できることに加え、若い人の憧れを具体化するという教育的な役割も大事である。現実には刑事、医者、教員といった職業は社会的には重要でも難しいことが多く、苦しい立場のこともある。しかし、これから職業を選択しようとする若い人がドラマを見て、「ああ刑事って、かっこいいな」とか「こんな医者に私もなりたい」「学校の先生だからできることがある」などと思うようになれば、そのドラマの社会貢献は大きい。その意味で、できれば医療以外の市井を舞台に主人公がコロナに取り組み、コロナの時代に世界を新しくする希望を描くドラマが作られることを望む。小さな活動体の記録からは、コロナの話題で立場の違いを超えて人々が共感するエンターテイメントが作られる素材が多く得られる。

第5節　コミュニケーションのより大きなリスクを防ぐために

　第5節では、本章の提言からコロナを語ることでリスクの再生産を防ぐとともに、本章の立場が権力側に傾いて別の分断を生み出さないようにする方針と、それが私たちの暮らしにもたらす意義を説いていく。本章が扱ってきたコ

ミュニケーションのリスクは、私たちが直面する大きな問題に比べれば、まだ小さいとも言える。例えば、情報隠蔽、不正アクセス、フェイクニュース拡散など、事件性のあるリスクが実際に発生している。これらはいずれもことばの資源化に起因しており、ことばを資源化せずにコロナを語ろうとする本章の立場は、これらの巨大なリスクを防ぐ第一歩である。以下では、ことばの資源化に伴うリスクを防ぐ工夫は、巨視的には、環境問題の解決にむけた長期的な取り組みと軌を同じくすることを明らかにする。

5.1 コロナと環境問題の接点

　コロナに関しては、病気に関する面では専門家がいるものの、まだ経験が浅すぎて、経済、社会、教育、スポーツ、飲食、ファッションなどの生活面では専門家が育ちつつある段階で、ベテランはいない。例えば、ファッションの専門家は帽子はデザインしたことがあっても、フェイスシールドはまだ扱っていないだろう。これが幸いし、医療の立場を避ける話し方によって誰もが専門家の権威を振りかざさずにコロナに対する自分の立場を伝え、相手の言い分を聞くことができる。コロナとともに生きる時代が当分続くことが見えてきた現状では、その認識の広い共有が極めて重要である。今まで自分が入っていた活動体がコロナで休止や解散に追い込まれた体験の話は、どの話し手と聞き手にも共通の話題を作るのに恰好の材料を与えてくれる。

　コロナを避けるだけならば、感染者ゼロの閉じたコミュニティを作ることが現実的である。しかし、これは排他的になるため、それ自体が権力化し、コミュニティの外部の人々をリスク視することになる。特に病院は閉じたコミュニティの代表であり、私たちの暮らしで医療体制をモデルにすると、不要不急が強く選別される。誰もが排除されないように、もっと広く、フラットで人と人がつながるようにコミュニティを形成し、維持していく必要がある。これがコロナを環境問題として考えることの理由である。

　私たちは地球環境を破壊しながら生活している。環境破壊は工場や農業を批判すれば解決するという問題ではない。現代の生活を送るかぎり、都会にいても農村にいても誰もが環境を破壊している。これは誰もが環境破壊を止めることができるという意味でもある。同様に、私たちは物流と貿易に依存してお

り、ウイルス感染拡大に自分たちも関与している。ただ、環境破壊よりウイルス感染の方が進度が速く、日常生活にすぐに影響するというだけの違いである。コロナの感染拡大は自分も一因であるという自覚がコロナを排除しない姿勢を生む。ここにコロナと環境問題に共通の対応策がある。

5.2　ことばの使い方の環境モデル

　環境対策の基本は、限りある資源を消費しつくさないように、できれば資源を使わずに済ませ、資源を使う場合でも、使用量を減らしたり、再利用で長続きさせたり、使える資源の範囲を広げたりして持続可能にすることである。これは環境的なことばの使い方にも当てはまる。

　相手と対話の関係を持続させるため、ことばを資源化しないように使う一番の方法は、不要不急の話をすることである。これは空白を余白に変える話し方であり、最も気楽で、相手との関係も長く続く。医療モデルで不要不急とされるものが最も必要なわけである。

　法律、報道、研究開発などの専門家集団では、ことばは資源化し、実益につながらない話はしない傾向がある。ことばの資源化を防ぐには、同じ業界の人とのみ話さないようにすることが不可欠である。異業界の人と話すということは、専門用語が違う集団の人と話すということであり、話し方によって自分を専門家ではなくすということでもある。これも異を違に変える方法であり、自分の範囲を広げることにつながる。

　ことばを資源化する部分があるとしても、相手との対話の関係が消費されないようにことばを使うこともできる。次のような実践から環境的にことばを使う文法が身につけられる。今はインターネットを通じ対話の相手はいくらでも広げられるが、対話のチャンネルをむやみに増やすのは資源の大量消費と同じく無責任で、持続不可能になる。相手は同じでも繰り返し対話を続ける方が資源を再利用できる。話題を増やし、ことばを定型化させない。また、特定の個人を話題に取り上げる時は名詞句で分類せず、その人のイメージを固定化させない。動詞を使って、その人がすることに焦点をあてる。相手への質問は2択にせず、3択を用意し、話の展開の選択肢を増やす。

　一般に収入や宗教などは、初めて会う人とはしないタブーの話題である（西

田 2020b)。タブーの話題はいつも話さないわけではなく、関心を共有するメンバーの閉じたコミュニティの内部では熱心に話し合う話題でもある。コロナの感染も、初めて会う人同士では避けられる話題だろう。しかし、コロナは日々の健康と直結しており、タブーにする方が無難な話題ではない。また、宗教とも違い、関心を共有する人同士で集まって盛り上がる話題でもない。コロナが広く話されるべき話題だからこそ、それでコミュニケーションリスクを再生産しない工夫として環境的な話し方が重要になる。

　コロナ感染が全国的に続くなか、Go Toキャンペーンで旅行して、特に都会から地方へと旅行した後で、後悔が残らないようにするには寛容の精神が都会の人と地方の人の双方に必要である。その一番の対策は、小さな立場にも発言権を与え、双方が不要不急の話をすることである。

第6節 ｜ 結 論

　本章では、名詞句で「○○である」という属性を表す用法と、その属性で人を指示する用法の区別は言語哲学の問題にとどまらず、「であること」が「すること」を規定するという医療モデルのことばの使い方を下支えしており、そこから人々が分断されるリスクが生じることを論じてきた。また、コロナに関する表現の定型化が思考を固定化させ、医療業界のように単一の原則が支配する集団のなかでは、ことばが資源化し、持続的なコミュニケーションができなくなることを見てきた。これらのリスクを防ぐため、ことばの使い方で医療モデルの代替としての環境モデルを提案し、その具体策を検討してきた。

　コロナを封じ込めるといった単一の目的の達成に必要か不要かで人を区別していくと、そこで不要とされた人とは話さなくなり、そこで必要とされた人とも、その目的以外の話題では話さなくなる。これが医療モデルの拡大適用である。これでは人と人の対話が続かなくなり、排除を生み出す。

　本章はコロナに対する医療の役割を軽視していない。ただし、私たちの普段の暮らしは医療が介入しないところで続いている。そのため、コロナの時代でも、普段の暮らしを医療と同じにしてはいけない。その第一歩が暮らしのことばを積極的に医療のことばとは違うものにすることである。

　暮らしのことばのモデルを医療ではなく環境に置くことで、私たちがコロナについて語る対話が持続可能になる。それぞれの立場に言い分があり、全体がバランスを保って結びつくという環境の一部にコロナを位置づけると、コロナはエネルギー消費と同じく、不都合でも私たちの各々が取り除けない生活の一部に入る。コロナをなくそうとする活動、コロナを広めるリスクがあっても生活に必要なことはリアルにする活動、両者をつなぐオンラインの世界を拡充する活動という3者のバランスを保つかぎり、私たちは医療モデルの権力の下で話すことがなくなる。これは権力の分散であり、私たち自身が権力化しないための歯止めでもある。環境モデルは、矛盾しあいつつ相互に補完する立場の話し手を可能な限り多く受け入れる包容力がある。コロナの時代には、従来とは違う話し方に寛容になり、お互いの属性を問わず、不要不急の話題で対話を楽しみ、空白の時間を新たな創造に充てたい。

付記

　本章の執筆は科研費18K00542および18H00680、平成31年度および令和2年度の山口県立大学研究創作活動の支援を受けている。本章の内容は西田（2020a）と部分的に重なるが、全面的に書き改めてある。注記しない限り、月日は2020年のものである。コロナに関する感染者数等の数値、対策や報道も2020年12月末日までのものである。コロナ対策は政治問題でもある。ただし、本章で取り上げた個人、事例、団体に対してコミュニケーションのリスクという点で一定の意見を持つことはあっても、政治的関心はないことを明らかにしておく。執筆にあたり、編者の名嶋義直氏からのご助言に感謝したい。議論の不備はすべて筆者の責任である。

注

(1)　京都産業大学の学生への差別は4月10日の毎日新聞が出典であり、「学生に『バイト来るな』大学に『住所教えろ』クラスター発生の京産大へ差別相次ぐ」とのタイトルで以下のWebサイトで部分的に読むことができる。<https://mainichi.jp/articles/20200410/k00/00m/040/075000c>（最終閲覧日2021年3月13日）

　　また、4月19日に東洋経済のWebサイトに掲載された以下の真鍋厚氏の「コロナ感染者を罵倒する人々への強烈な違和感」と題する記事も京産大の学生をはじめコロナ感染者への誹謗中傷を取り上げている。<https://toyokeizai.net/articles/-/345214>（最終閲覧日2021年3月13日）

(2) この記事の出典は8月11日の毎日新聞であり、「東京から青森に帰省したら中傷ビラ『こんなものが来るとは』」というタイトルで以下のWebサイトで部分的に読むことができる。<https://mainichi.jp/articles/20200811/k00/00m/040/148000c>（最終閲覧日2021年3月13日）

(3) この記事の出典は、『AERA 2020年9月21日号』「ネガティブな感情が生む『コロナいじめ』クシャミで『コロナ！』」である。

(4) この標語の出典は、以下の大阪市の桂ケアサービス株式会社のWebサイトである。<https://katsuragroup.com/news/abeno/4760/>（最終閲覧日2021年3月13日）

(5) （14）と（15）は島根県のホームページの以下のWebサイトの「これまでに出された知事メッセージ」から選んだものである。<https://www.pref.shimane.lg.jp/emergency/shingata_taisaku/previous_message.html>（最終閲覧日2021年3月13日）

(6) 東京都内の感染者数は、下記1番目のNHKのWebサイト「特設サイト 新型コロナウイルス」の「都道府県ごとの感染者数の推移」のデータと、下記2番目の新宿区のホームページの以下のWebサイト「東京都の公表情報（都内の区市町村別患者数等）」を参照してある。<https://www3.nhk.or.jp/news/special/coronavirus/data/>（最終閲覧日2021年3月16日）；<https://www.city.shinjuku.lg.jp/kusei/cln202002_kns01_me01.html>（最終閲覧日2021年3月16日）

(7) 8月9日、東京で、マスク無着用の集団の「クラスターデモ」が行われた。デモ参加者はマスクせずに集団で山手線に乗り、その様子を公開し大きな反響を呼んだ。ネット上では攻撃的な内容の動画も公開されている。マスクをつけない自由を守るという主張の集団行動だという。この出典は、『女性自身』が8月10日に「国民主権党党首がマスク無着用の『クラスターデモ』実施 辛辣な声が殺到」というタイトルでライブドアニュースの以下のWebサイトで配信したものである。<https://news.livedoor.com/article/detail/18713602/>（最終閲覧日2021年3月13日）

　　ここでは詳論しないが、クラスターデモを主宰する立場には、社会のオンライン化が進む方向への反対やマスク着用によって顔が隠され一般市民の自然な交流が阻まれることへの反対があるようだ。人々の自然なコミュニケーションを回復しようとする点では本章の立場と重なる部分がある。しかし、これが現状でマスクを着けずに集団で公共交通機関に乗り込むという示威行動によって達成されるかどうかは意見が分かれるところと思う。

(8) ここでは詳論は控えるが、リアルな距離が捨象されるバーチャル空間を介したオ

ンライン通信の増加で、今後、方言がどう変容していくかは観察の価値がある。日本の各地の方言差は江戸時代までの旧藩のエリア区分に応じたところがあり、リアルな空間で近いところの人々は使うことばも近くなるという慣習の産物だからである。

(9) 感染者数、死者数の数値は、厚生労働省の以下のWebサイトの「新型コロナウイルス感染症の現在の状況と厚生労働省の対応について（令和2年12月31日版）」による。<https://www.mhlw.go.jp/stf/newpage_15828.html>（最終閲覧日2021年3月15日）

(10) 自殺者の数値は警察庁の以下のWebサイトの「自殺者数」による。<https://www.npa.go.jp/publications/statistics/safetylife/jisatsu.html>（最終閲覧日2021年3月13日）

(11) 昆虫の役割については、以下のDeutsche Welle（DW）の2018年6月18日に"We cannot survive without insects"というタイトルで上げられた以下のWebサイトの記事を参考にしてある。<https://www.dw.com/en/we-cannot-survive-without-insects/a-44297313>（最終閲覧日2021年3月13日）

　執筆の段階で、殺虫剤と食品を通じた健康被害を扱った林（2020）の議論が参考になった。同書を教えていただいた安渓遊地氏に感謝したい。

(12)「HPACすみれの花咲く頃プロジェクト」については以下の兵庫県立芸術文化センターのWebサイトで紹介されている。<https://www1.gcenter-hyogo.jp/news/2020/04/0421_SUMIRE%20Project.html>（最終閲覧日2021年3月13日）

　11月3日にNHKで放映された「インタビュー　ここから『佐渡裕』」という番組でも同プロジェクトが紹介された。

(13) 同僚の斎藤理氏のご指摘による。

(14)『風の谷のナウシカ』に関しては読売新聞7月19日の細谷雄一「地球を読む」を参考にした。

参考文献

内橋克人（2020）「コロナ後の新たな社会像を求めて」村上陽一郎（編）『コロナ後の世界を生きる：私たちの提言』岩波書店, pp.280-290.

遠藤功（2020）『コロナ後に生き残る会社 食える仕事 稼げる働き方』東洋経済新報社.

川上康則（2020）「『非日常』に晒された子どもたちの心理とポスト・コロナ時代の教師のあり方」東洋館出版社編集部（編）『ポスト・コロナショックの学校で教師が考えておきたいこと』東洋館出版社, pp.86-91.

新保元康（2020）「『ゼロリスク』のリスク」『教職研修』編集部（編）『ポスト・コロ

ナの学校を描く：子どもも教職員も楽しく豊かに学べる場をめざして』教育開発研究所, pp.140-149.

西田光一（2020a）「国際文化リテラシーの育成と実践」西田光一（編）『国際文化学の再設計：異文化理解と多文化共生のための教育実践』山口県立大学国際文化学部国際文化学科, pp.1-24.

西田光一（2020b）「グライスの枠組みの動的な運用方法と失言が不適切な理由」田中廣明・秦かおり・吉田悦子・山口征孝（編）『動的語用論の構築へ向けて 第2巻』開拓社, pp.200-221.

西山佑司（2003）『日本語名詞句の意味論と語用論：指示的名詞句と非指示的名詞句』ひつじ書房.

林真司（2020）『生命の農』みずのわ出版.

樋口万太郎・堀田龍也（2020）『やってみよう! 小学校はじめてのオンライン授業』学陽書房.

藤原和博（2020）「社会は『一律』から『個人』の時代へ」『教職研修』編集部（編）『ポスト・コロナの学校を描く：子どもも教職員も楽しく豊かに学べる場をめざして』教育開発研究所, pp.44-48.

丸山真男（1961）『日本の思想』岩波書店.

村上陽一郎（2020）「COVID-19から学べること」村上陽一郎（編）『コロナ後の世界を生きる：私たちの提言』岩波書店, pp.57-68.

山口治彦（2009）『明晰な引用、しなやかな引用：話法の日英対照研究』くろしお出版.

Donnellan, Keith S.（1966）Reference and Definite Descriptions. *The Philosophical Review*, Vol. 75, No. 3, pp. 281-304.

Levinson, Stephen C.（1983）*Pragmatics*, Cambridge University Press.

Lyons, John（1977）*Semantics 2*, Cambridge University Press.

Wray, Alison（2002）*Formulaic Language and the Lexicon*, Cambridge University Press.

第8章

食品中の放射性物質って安全なんですか？

―「おおよそ100mSv」の意味と、守られない私たち、管理される私たち―

名嶋 義直

第1節　なぜ「食の安全安心」について考えようと思ったのか

1.1　放射能汚染に巻き込まれて

　筆者は仙台市在住時に東日本大震災と福島第一原子力発電所事故に遭った。原発事故の情報は事故後の翌日から車のラジオ等を通して断片的に入ってきた。それらの情報に不安を感じ、3月13日に家族を県外に避難させた。避難先で子どもは小学校に入学し、1学期が終わって夏休みに入り家族が仙台に戻ってきた。幼い子どもを放射能汚染地域で育てていくこととなり、親の責任としてリスクをどう見積もるかという問題に真剣に向き合う必要に迫られた。そして、一個人の力では環境は変えられないが自分たちの食べるものを選ぶことはできるので、できる限り自分たちの食の安全を確保しようと考え、仙台を離れるまで食べ物に注意し内部被曝回避に取り組んできた。

　筆者は批判的談話研究が専門であり、放射能やリスクコミュニケーションの専門家ではない。しかし原発事故後から、親としていろいろな情報を集めて自分なりに学び、考え、リスク回避を実践してきた。その経験を踏まえて政府関

係機関が公的なイベントで配付している資料を見たときに、非常に興味深いものが見えてきた。本稿は、言語学研究者による批判的談話研究の実践であると同時に、家族を守り安心安全な食生活を送るためにリスク評価とリスク管理の必要に迫られて政府主体の「官製リスクコミュニケーション」に向き合った、一市民による「対抗するリスクコミュニケーション」の実践でもある。

1.2 「安全安心」のリスクコミュニケーションから見えてくるもの

本稿で考えてみたいことは以下の3点である。

(1) 「食の安全安心セミナー」配付資料を分析し、そこから見えてくるリスクコミュニケーションの姿を明らかにする。

(2) そこに観察される権力の意図や姿勢、イデオロギー[(1)] について考える。

(3) 官製リスクコミュニケーションに代わる「対抗するリスクコミュニケーション」のあり方について考える。

結論を先に言うと、「食の安全安心セミナー」配付資料に見るリスクコミュニケーションは一種のまやかしである。リスクコミュニケーションというものがどういうものかについてはこのあと述べるので、ここでは「権力」と「イデオロギー」について、本稿なりの定義を示す。本稿では支配的な力を持ち、他者に対する影響力を持つ集団や個人を「権力」と呼ぶ。したがって、それはいわゆる国家権力的なものに限定されない。簡単に言えば、相対的に見て力を持っている側は、持っていない側との関係で、権力的な位置づけとなる。例えば、親は子どもから見て権力であり、教師は学生から見れば権力であると言うことができる。「イデオロギー」ということばは「○○主義」のような政治理念を意味することも多いが、本稿で言う「イデオロギー」とは、人々に一定の影響を与える一定の集団や個人が持つ価値観や理念、思考構造、行動様式などを指す。決して狭い意味での「政治」に限定しているわけではない。権力とイデオロギーとを掛け合わせた例を挙げておこう。例えば、ある知識人がテレビに出演して「放射能汚染は気にするほどではない。その数値は科学的に安全の範囲内です。自然界にも放射線があって飛行機でアメリカに行く時にも被曝す

るしバナナや胡瓜にも放射能が含まれていて事故以前から私たちは被曝しているんです。だから野菜も魚も気にせず食べます」と語ったとしよう。その知識人は、著名でありテレビに出て自分の考えを発信することを許されているという点で一定の影響力を持っており、一般人から見て権力側に立っている。そしてその言動は科学重視のイデオロギー性を帯びていると言える。原発事故による被曝が「余分なもの」であることには言及せず、著名人でありテレビでの発言であるという影響力を利用して人々に働きかけ、科学重視のイデオロギーで一般人の考え方や行動を支配していくのである。

　さて本稿の読み方であるが、まず、資料をもとに自分で考えてリスクコミュニケーションを実践したところ何が見えたかという解説として読んでいただき、それを通して、その官製リスクコミュニケーションに組み込まれた権力性やイデオロギー性を読み取ってほしい。そして、情報を批判的に検討することの重要さや批判的読みの具体的な目のつけどころを考えていただければ幸いである。

第2節　「官製リスクコミュニケーション」を取り上げる

2.1　内閣府「食の安全安心セミナー」の配付資料を分析する

　分析するデータは、2013年10月4日に宮城県庁で開催された「食の安全安心セミナー」（主催：消費者庁・内閣府食品安全委員会・厚生労働省・農林水産省・宮城県）で配付された資料の一部、「資料1　食品中の放射性物質による健康影響について」（作成：食品安全委員会、平成25年10月）である。この資料1は、このセミナーのなかで一番最初に提示されたものであり、その後の各省庁の話を聞くにあたって、前提になるものと考えることができる。リスクコミュニケーションという言葉がはっきりと使用されているのもこの資料1である。そこで本稿ではこの資料1を見ていく。資料は筆者が実際にセミナーに出席して入手したが、宮城県のホームページからもダウンロード可能である(2)。興味のある方は資料の現物をダウンロードし、本稿と突き合わせて読んでいただきたい。そうすれば、筆者がどういうところに目を向け、どういうことを考

え、どう批判したのかということをより深く理解できるはずである。そして何よりも読者の皆さん自身がこの資料に目を通し、リスクコミュニケーションの当事者になっていただきたい。なぜそうお願いをするかというと、後から述べるように、この「食の安全安心セミナー」において、いわゆる私たち市民は、リスクコミュニケーションの当事者に入っていないと考えざるを得ない。そのため、主体的に放射能汚染と向き合って生きていくためには、読者自身で、1.2節で述べた三番目の目標である「対抗するリスクコミュニケーション」を実践する必要があると考えるからである。

2.2　批判的談話研究の姿勢で分析する

　分析は批判的談話研究（Critical Discourse Studies、以下CDSと略す）の姿勢で行う。CDSとは、社会の問題に目を向け、弱者側に立ち、権力の意図と実践を明るみに出し、それと向き合う方法を考え、最終的には社会変革のために行動することを目標とする「学問的姿勢」を指す。ヴァン・デイク（2010）はCDSについて「一定のアプローチ等を指すのではなく、学問を行ううえでの一つの─批判的な─見解なのである。すなわち、いわば『姿勢を伴った』談話分析だと言える。その焦点は社会問題にあり、特に権力の濫用や支配の再生産および再生産における談話の役割にある」（p.134）と述べている。そのCDSの姿勢について、野呂（2014: 134-139）は以下のようにまとめている。

（1）研究目的：最終的な目的は分析者が問題視する社会状況の変革。
（2）学問の客観性・中立性：批判的なまなざしを向ける。
（3）真理、真実：真理や真実を述べる談話行為は政治的な意味付与の闘争。
（4）分析者の立場：中立はあり得ない。立場を明らかにして分析に臨む。
（5）内容か形式か：両方。言語学的側面も社会学的側面も両方分析する。
（6）言語外のコンテクスト：幅広い歴史的、社会的コンテクストも分析する。
（7）談話に対する考え方：表現し伝えることで社会的な何かを実践している。
（8）談話と権力：談話は権力の安定と崩壊に関わる「せめぎあいの場」。
　　　権力の再生産の場でもあり、権力との競合や挑戦の場でもある。
（9）多元的研究：学際的な研究手法で、多元的に談話を分析する。

　CDSの枠組みには複数の特色あるアプローチがあるが、本稿では特に特定の枠組みを採用することはしない。分析の焦点は、文章や語句に図や表も加えた表象全般とする。以下の分析では、解釈誘導の「可能性」を指摘することを目標としている。誘導の実態があると断定するものではない。本稿で言う誘導とは「解釈をある方向に導いたり、導くことに寄与する手がかりを提示したりすること」であり、「だます」というような否定的な意味合いは持っていない。

第3節 ▎ 放射線・放射性物質についての説明を分析する

3.1　リスクコミュニケーションのイメージ

　では資料のページごとに分析を行っていく。資料の1ページ目は表紙である。図8.1に示す。なお、全ての図は白黒印刷であり、小さい字が読みにくい場合もある。注（2）を参照のうえ、ウェブサイトで現物をカラーで見てほしい。

図8.1　資料 p.1「食品中の放射性物質による健康影響について」

　タイトルは「食品中の放射性物質による健康影響について」である。当時の社会状況から当然のこととして、この資料では放射能に汚染された食べ物を食

べると体にどういう影響があるのかということが書かれているものと予想される。下の部分には資料を作成した食品安全委員会の名前がある。左上にも「内閣府　食品安全委員会」の名称が確認できる。この書類が行政機関、それも内閣府という政府の中核的な部署によって作られた権威性のあるものであることが示されていると言えよう。平成25年10月（2013年10月、原発事故から2年半が経過した頃）という日付が確認できる。このセミナーの開催時期であることから、開催日時の記録的な意味で掲載しているものと考えられる。

　表紙中央には種々の食材の写真が配置されている。会場で受け取った配付資料はコストの問題もあってか白黒印刷であったが、会場で投影されたスライドやウェブサイトにアップされている資料には明るい色のカラー写真が使用されており、みずみずしく新鮮な野菜は健康的なイメージを喚起させる。あとでも述べるが、視覚的情報から受けるイメージは影響力が大きい。逆に言えば、そういうイメージに誘導されないように批判的な見方を意識することが望ましい。表紙の写真には多種多様な野菜が観察され網羅的なイメージを与えるが、その当時に放射能汚染が問題になっていた魚介類・果物・米・牛乳などの食品はその中にない。それに比べると写真にある農作物、特に野菜の汚染は、原発事故当初こそ問題になったが、徐々に話題に上がらなくなったものである。椎茸や野生のキノコ類の汚染は問題になったが写真に写っているものは普通にスーパーで流通しているぶなしめじの類であると推察され、当時すでに多くの人は汚染を気にしていない種類のものであった。

　以上から、放射能汚染を喚起させうる要素を視覚的な情報として掲載しない一方、放射能汚染を喚起させない要素を掲載することで、食品の放射能汚染という否定的イメージ喚起を回避することを可能にしていると分析できる。実際、この資料1においては、「食品中の放射性物質による健康影響について」というタイトルであるにもかかわらず、「汚染」という語は一度も使用されていない。「放射性物質を摂った」・「放射性物質を含む食品」・「体内に入った放射性物質」・「食品からの被ばく」などと表現されている。つまり、この資料1において食品の放射能「汚染」は存在していない形になっている。確かに自然界に放射性物質は存在するし、食品にも自然由来の放射性物質が含まれている場合もある。それらが体内に入れば被曝する。資料が述べていることは嘘ではない。しかしこの資料1では原発事故による「放射能汚染」について一切触れ

ていない。福島第一原発事故という「歴史的・客観的事実」さえ資料1には記載されていないのである。このように、取り上げられていないものに目を向けることは、作成者の談話実践意図をいわば裏から考えるということでもあり、批判的な情報受信態度として重要である。

3.2　リスクコミュニケーションの構図と問題点

　ここでこの資料を作成した談話主体である食品安全委員会について確認しておく。食品安全委員会は内閣府内に設置されている委員会である。HPの記載によると、「国民の健康保護が最も重要であるという基本的認識の下、規制や指導等のリスク管理を行う関係行政機関から独立して、科学的見地に基づき客観的かつ中立公正にリスク評価を行う機関」（下線引用者）ということである[3]。関係行政機関から独立していると言いながら内閣府の下に設置されていることに矛盾を感じる。また、ここで確認しておきたいのは食品安全委員会が「リスク評価を行う機関」であるということである。HPによると、「食品安全委員会は7名の委員から構成され、その下に12の専門調査会が設置されてい」る。当然のことながら専門家集団である。市民は会合の傍聴は可能であったが、リスク評価に関しては直接関わっていないということになる。HPで議事録を確認すると[4]、「放射線物質の食品影響評価に関するワーキンググループ」が、9回の会合を実施しているが（それに先立ち、2013年3月29日には緊急提言をまとめている）、議事録から確認できるメンバーは医学系の大学教員をはじめとする専門家である。なお、HP上で確認できる当該ワーキンググループの最終会合は2013年7月26日である。それ以後はリスク評価を行う必要がなかったのであろうか。そして今もその必要はないのであろうか。

　筆者のような「食の安全安心セミナー」に出席した市民は、専門家集団が「科学的見地に基づき客観的かつ中立公正にリスク評価を行」った結果の説明を受けたわけである。専門家に放射能汚染のリスクについて教えてもらったとも言えよう。セミナーの主催は消費者庁・内閣府食品安全委員会・厚生労働省・農林水産省・宮城県という政府・行政・官僚組織なので、教えるのは政治的権限を持っていたり専門的知識を持っていたりする、いわば力のある集団であり、教えてもらい学ぶのは市民という構図である。これが「食の安全安心セ

ミナー」というリスクコミュニケーションの当事者の位置づけと関係性である。

　そもそもリスクコミュニケーションとはどういうものなのだろうか。厚生労働省はHPにおいて「1 リスクコミュニケーションとは」と題して次のように述べている[5]。

> 「リスクコミュニケーション」とは、消費者、事業者、行政担当者などの関係者の間で情報や意見をお互いに交換しようというものです。関係者が会場などに集まって行う意見交換会、新たな規制の設定などの際に行う意見聴取（いわゆるパブリック・コメント）が双方向性のあるものですが、ホームページを通じた情報発信などの一方向的なものも広い意味でのリスクコミュニケーションに関する取組に含まれています。（下線引用者）
> <https://www.mhlw.go.jp/stf/seisakunitsuite/bunya/kenkou_iryou/shokuhin/syokuchu/01_00001.html>（2020年10月19日リンク確認）

　つまり、普通は相互行為的な双方向のやりとりを言うが、ウェブサイトやセミナーなどで一方的に情報を知らせるものについても、広い意味ではリスクコミュニケーションと考えるということである。一方、吉川（2012: 201）は、リスクコミュニケーションは双方向ということが大きな特徴で、リスクがあるということを一方的に伝えるようなものはリスクコミュニケーションではないという趣旨のことを述べている。さらに、リスクコミュニケーションにおいてコミュニケーションする対象はリスクだけではなく、制度設計や制度をどう変えていくか、暮らしをどう変化させていくかということも含まれ、それらを双方向でやりとりをしてつくり上げていくのがリスクコミュニケーションであるということも述べている。

　果たしてこの食品安全委員会の資料1ではそのような「制度設計や、制度をどう変えていくか、暮らしをどう変化させていくかということ」も双方向でコミュニケーションされていくのであろうか。そのような問題意識を持ちながら2ページ以降を見ていこう。

　HP文章には「消費者、事業者、行政担当者などの関係者の間で情報や意見をお互いに交換」とあるにもかかわらず、セミナーで配付された資料の2ペー

ジを見る限り、消費者・生産者・販売者に該当するような立場の人々は図のなかには出てこない。それらの集団や人たちはここで言うリスクコミュニケーションのなかで意思決定にはまったく関与していないということになり、吉川（2012）の考え方に基づけば、それはリスクコミュニケーションとして充分ではないことになる。

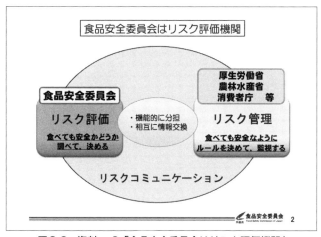

図8.2　資料 p.2「食品安全委員会はリスク評価機関」

　ではそこで行われているのは何か。政府・行政・官僚組織・専門家の間でのみ協議や意思決定を行い、決定した内容を一方的に私たちに知らせる・教えるという行為である。政府・行政・官僚組織の担当者は、消費者・生産者・販売者等を管轄する部署から構成され、「決定」し「与える」側に立っている。消費者・生産者・販売者等は、一方的に「決定」を「受け取る」側に位置づけられている。政府・行政・官僚組織は「リスク管理」を担当し、専門家からなる食品安全員会は「リスク評価」を担当するという役割分担がなされており、「機能的に分担」し「相互に情報交換」しているという。分担したうえで情報交換しているから、リスクコミュニケーションしているのだと言っているが、それは言い換えれば、なにか問題が生じてもどちらか片方の組織が責任を回避できる体制を構造的に生み出しているということでもある。そういう意味では、責任回避したい組織としてのリスク管理がよくできている。市民を除いた

専門家と政府・行政・官僚組織の関係者間でリスクがしっかりとコミュケーションされている。

　同様に、このあと見ていく資料には、政府・行政・官僚組織などの権力が市民より上に位置していて、専門的な科学の知識を私たちに教えているという一方的な「教化」的姿勢がしばしば垣間見える。「政府・行政・官僚組織・専門家は市民より優位である」というイデオロギーの実践である。また、この資料では、政府・行政・官僚組織・専門家という市民より優位にある立場の人が、科学データゆえ正当である、多数のデータゆえ妥当である、国際的な指標や国際的な数字であるがゆえ正しいのだという姿勢で私たちに一方的にコミュニケーションしてくる。何に権威を見出すのか、何が大切なのか、何を信じるべきなのかという点においても、イデオロギー性を見出すことができる。それも「教化」という形の「支配」と言ってよいであろう。

　注4でも紙幅の関係で具体的な引用等は行えないと断りを書いたが、特に後の注15・16・17で触れるように、「放射線物質の食品影響評価に関するワーキンググループ」議事録を見ると、少し細かい内容の議論になった時に、リスクそのものの質を議論することよりも、何をコミュニケーションして、何をコミュニケーションしないか、何を知らせて、何は知らせないかということ、つまり「リスクをどう知らせるか知らせないか」ということについて議論を行っているところが複数箇所あった。ワーキンググループ内の閉じた世界のなかで委員同士によるメタ的なリスクコミュニケーションが行われていたわけである。そこからわかることは、私たちに知らされているリスクもあるし、知らされていないリスクもあるということである。しかし、そのことはセミナーの配付資料を読むだけでは知りえないものである。そこに現れているのは食品安全委員会が私たち市民に知らせてもよいと決めたことだけであり、伝えないという判断をされたリスクはコミュニケーションされないからである。

　私たちに知らされていないリスクがあり、それらが説明会においても配付資料においてもコミュニケーションされていないという点からみて、このリスクコミュニケーションは充分ではない。なによりも、取り上げるリスク選択の決定に市民が関わっていないことはやはり問題である。また、もし専門家や行政側が意図的にあるリスクを知らせないようにしているのであれば、誠実なリスクコミュニケーションではなく、不誠実で何らかの別の意図のあるコミュニ

ケーションであり、被曝によって市民に損失をもたらす恐れがある。国民を守るという行政の責任を放棄したネグレクト行為であるという点で一種の虐待行為であるとも言えよう。

3.3　放射線・放射能・放射性物質とは

　資料3ページは「放射線、放射性物質とは」という中表紙である。4ページでは放射線の種類ごとに科学的な通説を説明しているが、そこには日々の生活において食品の汚染で問題になる放射線がどのタイプなのかという説明はない。

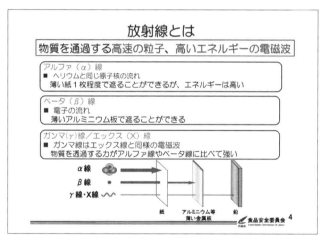

図8.3　資料 p.4「放射線とは」

　ここでもその説明は生活から切り離された純粋な科学の世界の知識であり、私たちが暮らしている社会で現実に放射能汚染が存在しそれをどう避けていくかということが喫緊の切実な問題となっていることを前提としたうえで放射線のリスクをコミュニケーションしているわけではない。例えば、今回の原発事故に起因する放射性物質が出す放射線の種別はどれなのかといった今ここでの市民生活に必要な情報は書かれていない。

　5ページは放射線・放射能・放射性物質という3つの語の意味を説明している。ここでもいくつか着目すべき点がある。

2つの図が上下に並んでいて同じ登場人物が出てきているが[6]、左側のモノ（ランタンや放射性物質）からの距離が違う。モノの位置と矢印の長さは両図でほぼ同じなので、意図的に登場人物の場所を変えていることになる。そのため、上の図の「光」の矢印は家族にほぼ達しているが、下の図では、放射線の矢印は遠くに配置されている家族に届いていない。黒い石のような放射性物質からの矢印の先端は家族から離れている。そのため被曝を免れている印象を持つ。色にも違いがある。光は黄色、放射線は赤色である。一般的に私たちは、赤色には力強さといった肯定的な印象を持つが、危険なもの・危ないものという印象を持つ場合もある。そういう意味では放射線を示す矢印に赤色が使用されているのは妥当である。その放射線を表す矢印であるが、中心に位置する矢印の太さは同じでも、周辺に配された矢印は両図で太さが違う。光は少し幅のある矢印が使用され、放射線はそれに比べると少し細い矢印が使用されている。太いものは力強く、細いものは弱さを感じさせる。矢印が届いていなかったり細かったりということから安全が確保されているという意味に受け取る人が出てくる可能性もある。本稿は白黒印刷だが逆にそれによって、図8.4では太い矢印の見え方の違いがはっきりと現れている。

図8.4　資料 p.5「放射線・放射能・放射性物質とは」

　以上を総合すると、放射線は赤色から危ないものをイメージさせるが、中心

302

の矢印が人間に届いておらず、周辺の矢印も細くて弱いというイメージを喚起させ、結果的に安心安全をイメージさせることになるのではないだろうか。そこに誘導の意図が介在する可能性が充分にある。なぜなら、作成者は色も形もレイアウトも選択できたはずだからである。実際、なぜランタンの矢印と放射性物質の矢印に距離や太さの違いを設けたのか、合理的な説明ができるだろうか。このような点を見ると、図の視覚的情報に対して批判的な思考を行わずただ直感的に読み取っていると、誰かが意図している方向に誘導されてしまうということがおこるかもしれない。

　続いて6ページを見てみよう。

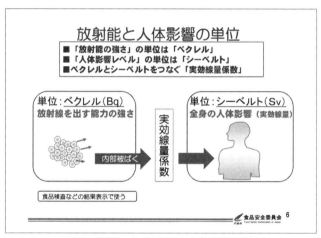

図8.5　資料 p.6「放射能と人体影響の単位」

　6ページは5ページの図で説明したことを内部被曝という具体的な状況で説明しなおしている。しかし、そこには食品の関与は言及されておらず、かろうじて左側の図から「実効線量係数」に向けられた緑色の矢印の中に白抜きで「内部被ばく」と書かれているだけである。右側の図では人体が描かれているが、「実効線量係数」から人体に向けた緑色の矢印には「内部被ばく」とは書いていない。あたかも内部被曝が「実効線量係数」によって無力化されリスクがなくなるかのように見える。この図では放射性物質を吸い込んだり[7]汚染された食品を食べたりすることが内部被曝の原因の一つであるという重要な事

実が明示的に説明されていない。そのため「放射性物質を体内に摂り込む」という事実がイメージしにくくなっている。どのような絵を描くか資料の作成者は主体的に選択が可能なはずである。したがって、口や鼻に「内部被ばく」と書いた矢印を直接向けなかったということは、結果的であったとしても、資料を見た人にその具体的なイメージを持たせることを意図的に妨げていると言える。

3.4　放射性物質を摂った時の人体影響

　7ページは放射性物質を摂ったときの人体への影響を計算する数式についての説明である。

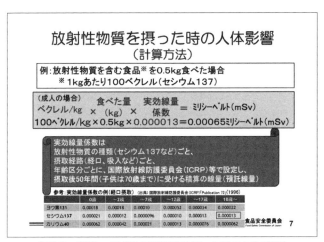

図8.6　資料 p.7「放射性物質を摂った時の人体影響」

　そこに書かれているものは、図8.5と同じように、放射能に汚染され被曝の危険性に晒されている「いま、ここ」にある社会[8] とは切り離された「科学的な通説」である。それは現在の科学の世界では数字としては確かに正しいとされているものである。しかしその見せ方を批判的に検討しておく必要がある。焦点を当てているのは図8.5に出てきた実効線量係数というもので、食品の1キログラムあたりの放射線量（単位：ベクレル、Bq）に食べた量を積算し、それに実効線量係数を掛けると被曝の影響の大きさ（単位：シーベルト、

Sv）がわかるという説明である。計算例を見れば、報道で言及されるBqの値が1キロ単位であるため、食べた分量が1キロ未満だと掛け算することで数値が小さくなり、小数点第5位や第6位まである実効線量係数を掛けて産出されるSv値はさらに小さくなる。計算例の数字は100Bq/kgのものを500グラム食べても0.00065mSvである。そのようなごく小さな値であれば食べても大丈夫だと思う人が出てこよう。

　しかし、原発事故由来の放射性物質には、例えばヨウ素131やセシウム134やセシウム137、ストロンチウム90などがあるが、大きな字で示している計算例ではセシウム137だけを計算している。ヨウ素131は実効線量係数の表の中には小さな字で表示してあるだけである。セシウム134は計算例にも実効線量係数の表にも言及がない。一般に、核種によって内部被曝の影響にも異なる点があると言われているが、そのことも充分に触れられていない。実効線量係数も桁数や数値そのものを数えるとわかるが、年齢によって受ける影響が異なるし個人差もある。誰でも一律にその影響が計算でき、かつ同じ数値になるわけではない。計算例を見て数字が小さくなるから大丈夫だと考えてしまうのは思慮に欠ける判断であろう。また、計算例は経口による内部被曝のみを想定しているが、計算例の下には他の摂取経路（吸入など）があることも書かれている。呼吸で吸い込んでしまった放射性物質は肺に入るが、肺は消化器官ではないので、食べ物を介して経口で体内に摂り込んだ場合よりも、排出に時間がかかると言われている。しかしそのリスクについては語られていない(9)。先に見たセシウム137だけを大きく取り上げるという核種の言及の仕方と似ているが、情報を書いて明示的に説明していることと情報は書くが説明はしていないこととがある。このページの説明は内部被曝による人体影響を過小評価させる恐れがあり、その点でリスクを適切にコミュニケーションしていないと言えよう。

　確かにそこに明示的に述べられていることは科学的には嘘ではない。しかし言われていないこともある。表や文章としては明示しているので知らせる意図は持っている。けれども、それに私たちが気づくかどうかは見る人・読む人に任されている。少なくともリスクを適切にコミュニケーションしているとは言えない。明示的に取り上げて注意喚起することを妨げる理由はないにもかかわらずそれを充分に行っていないからである。私たちには文章だけでなく、表やグラフを批判的に読む情報受容力や分析力、つまり批判的なリテラシーが要求

されるわけである。

3.5　放射性物質が減る仕組み

　8ページでは、時間が経つと体内に摂り込んだ放射性物質が減っていくという説明がなされている。危険なものが減るということはリスクが減ることであり、望ましいことである。

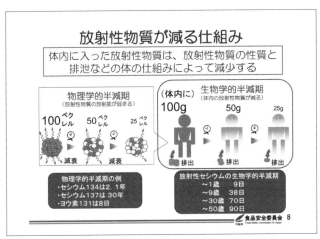

図8.7　資料 p.8「放射性物質が減る仕組み」

　放射性物質が減る仕組みには2つあると述べられている。一つは放射性物質そのものの性質としての物理学的な半減期による減少であり、それに加えて、さらに徐々に人体から排泄されていくという生物学的半減期というものもあることが図解されている。これも科学的な見地としては広く認められていると言える。その点で嘘でもないし誘導でもない。だが、ここでも見せ方に目を向けると誤解を生じさせかねないものになっていることに気づく。

　一つ前の7ページの分析では実際の摂取量や実効線量係数を掛けていくことでSv値が小さい数字になることから安心感が醸成される可能性を述べた。その次に準備されたこの8ページでは2つの仕組みで体内に摂取した放射性物質がさらに減っていくという話になる。現代日本語の横書きは左から右に書くの

で、左に書いているものから右に書いてあるものという順番で説明が展開すると、私たちはそこでどのようなことを考えてしまう可能性があるだろうか。放射性物質を一旦体の中に摂り込んでも、1キロや500グラムというようなたくさんの量を食べたわけでもないし、50年・70年の影響を考えても0.00065mSvというような微々たる数字だし、それに加えて、放っておいても物理学的半減期で減っていくし、さらには生物学的半減期で体の中からも代謝されてどんどん出ていくわけだから、もう内部被曝はほとんど気にしなくても大丈夫、汚染されていても何を食べても大丈夫と安心してしまうのではないだろうか。

　図8.7でも確認できるように8ページの図では放射性物質や人の絵のオレンジ色が減ったり薄くなったりするように描かれていて、「減る」という変化と「影響が弱くなる」という変化をイメージさせやすくなっている。それを見ると「気にしなくても大丈夫だ」とリスクを受け入れてしまっても不思議ではない。資料を7ページから8ページへと読んでいくと、まず実生活では同じ食材を一度に1キロも食べないため実際の摂取量が減り、さらに実効線量係数の計算で減り、体内に入った放射性物質も物理学的半減期で減って、生物学的半減期で減って、と三段階や四段階で摂取量が少なくなったり被曝が小さくなったりするように見えるレイアウトや説明の組み立てになっている。

　しかし、それは私たちが勝手にそう思っただけであり事実はそうではない。専門家の話によると、この物理学的な半減期や生物学的な半減期による放射能の減衰は、実は先ほどの実効線量係数の中にもすでに織り込み済みであるという。またよく見れば図8.7でも物理学的半減期の部分の一部（右下）が生物学的半減期の部分から取り出したように描かれていて、生物学的半減期の計算に物理学的半減期のプロセスが組み込まれているように見える。しかし、その織り込み済みのことをこの資料は文章で明示的に説明していないし、同時に、そのような誤解を未然に防ぐための注釈や説明も何も行っていない。資料作成者は、レイアウトや説明の順番、説明の仕方を考慮したり、必要に応じて注釈をつけたりすることができたはずである。にもかかわらず、自然と読んでいけば、少ししか摂っていない、影響が小さくなった、何もしなくてもどんどん減っていく、大丈夫だ、と思う人が出てきても不思議ではない情報提供の順番になっている。誘導の恐れを妨げていないという点で充分なリスクコミュニケーションになっていないだけでなく、市民に対し低減させたり回避したりす

ることができたリスクを負わせるものとなっていると言えよう。

3.6 内部被ばくと外部被ばく

　そもそも被曝の経緯ということだけを見てもわかるが、内部被曝と外部被曝とは明らかに異なる特徴を持つ。にもかかわらず、筆者がセミナーで聞いた登壇者の言葉は「内部被曝も外部被曝も同じ単位で測ります」「どちらも人体への影響は同じなので単位は同じです」というものであった。資料1の9ページにも同じ単位であると書いてある。しかし「人体への影響は同じ」とは書いていない。

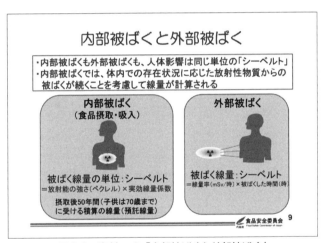

図8.8　資料 p.9「内部被ばくと外部被ばく」

　もちろん内部被曝は外部被曝とは異なり、放射性物質が体の中に入ると体の中を移動し、その先々で放射線を出して人体に働きかけるし、排出されるまで一定時間がかかり、その間は内部被曝が継続する。だから実効線量係数を掛けて長期にわたる預託線量を計算するのだと説明している。図を見ると内部被曝の方は放射性物質から出ている矢印が短いもので構成されている。距離が短いことから影響が小さく思えるが、実際は逆で、内部被曝の場合、放射性物質と体の細胞との間の距離が小さいため、配付資料の4ページ（図8.3）で見たよ

うに、遠くまでは届かない α 線や β 線の放射線でもすぐに臓器に放射線が届き細胞の破壊が生じうるし、内部被曝で体の内部に放射性物質が入れば図8.8のように四方八方に放射線が発せられてしまい影響を受ける部位が広がる。さらに悪いことに、到達距離が短い α 線や β 線は、遠くまで届く γ 線よりも物質を透過する力は弱いが、エネルギーが大きく、それゆえに細胞を破壊する影響力も大きい。α 線や β 線の放射線が4ページの図（図8.3）でも太い線で描かれているのはそのためであろう。α 線はプルトニウムなどの核種が放出するが、β 線はセシウムも放出する。セシウムは食品の放射能汚染検査で測定対象になっているもので私たちの生活に大きな影響を与えうる物質であろう。したがって、被曝の単位は同じであっても、人体への影響は内部被曝と外部被曝とでは異なると考えるのが、リスクの管理としては望ましい姿勢である[10]。

　しかしその内部被曝の怖さが果たして9ページ（図8.8）のような説明で専門家ではない市民にどの程度伝わるであろうか。なぜ内部被曝の方が影響が大きいとか、より注意が必要であるとかはっきりと書かないのであろうか。筆者には、なるべく「悪」影響が伝わらなさそうな表現を選択しているように思える。長期にわたる内部被曝のリスクを適切にコミュニケーションしているとは思えない。

　また、内部被曝と外部被曝は被曝の防御方法も被曝の過程も異なり、よって被曝後の影響も異なる。そもそも外部被曝は放射性物質との接触を避け、仮に被曝しても洗って放射性物質を取り除けばよい。一方、内部被曝の場合は、飲食物の摂取や呼吸という行為が被曝の原因となるが、体内摂取後に血液に入り込み、内臓や骨にも取り込まれる恐れもある。そこで内部被曝の度合いが激しい場合は投薬して放射性物質の体外排出を促したり肺の洗浄を行ったりする[11]。また呼吸や飲食は毎日継続して行う生命維持のために不可欠な行為であり簡単に防御することができない。しかしそのような説明はない。それを明示的に説明するのが内部被曝と外部被曝に関するリスクコミュニケーションではないだろうか。これまでの資料に関しても説明していることと説明していないこととがあるということをすでに述べたが、ここでも同じことが指摘できる。そして説明していないことの方がリスク管理のためにより重要なことなのである。

3.7 もともとある自然放射線から受ける線量

　この10ページが私たちに語りかけてくることは「自然界にも放射線があり、私たちは日々被曝しているのです（だから必要以上に被曝を怖がらなくてもいいのです）」というメッセージであろうか。そこで提示している情報自体は一般的に科学的に受け入れられている内容であろう。しかし、それをどのような見せ方で提示するかという点で問題があるし、そもそも原発事故由来の食品の放射能汚染が懸念されている今の社会において、このような内容を権力側にいる人間や組織が、公的に開催されたセミナーにおいて、一方的に知らしめるという方法でコミュニケーションすること自体が大きな問題である。ここで行っていることは、リスクをすりかえて不確かな安全へと誘導するコミュニケーションである。

　以下に何が問題なのか列挙していく。

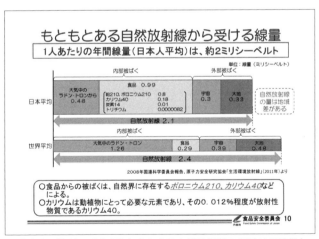

図8.9　資料 p.10「もともとある自然放射線から受ける線量」

　まず本質論としてであるが、「放射線はもともと自然界にある」ということで、原発事故由来の放射線を「特別ではないもの」にしている。しかし、原発事故由来の放射線はプルトニウムやセシウムなどの人工核種によって発せられ

るものである。それらの人工核種は原発の燃料として使用されるウランの核分裂によって生じるものであり、もともと自然界には存在していない。適切に管理されていない人工核種やそれらから発せられる放射線は、明らかに私たちの日常生活において余分であり、特別であり、不要であり、有害なものである。

　「自然」という表現が情報の受け手に与える影響も大きいと思われる。例えば、「自然の恵み」・「自然体」・「自然食品」という語からイメージするように、私たちは「自然はよいもので安全」というイメージを持っている。「自然放射線」という表現からは「自然」の持つ肯定的イメージが喚起され、それによって「放射線」の持つ否定的なイメージを中和することが期待できるであろう。また「人間は自然には勝てない」という諦観もある。「自然の脅威」や「自然災害」という語に「どうしようもない」「受け入れるしかない」というニュアンスがあるのはそのせいであろう。つまり2つの意味で「自然放射線」ということばは私たちに被曝への感性を鈍らせる効果があるのである。

　資料では、動植物にはカリウムが必要であり、そのカリウムの中にはカリウム40という放射性物質があると説明している。この説明は、カリウム40は放射性物質であるが自然放射線で生物に必要なものであるがゆえに「いいもの」である、という解釈につながる。私たちの認知性向は、あるカテゴリーに属する要素は同じような特徴を持っているとみなす面があるので、カリウム40以外の放射性物質も肯定的に捉える恐れがある。しかし、先に述べたように、もともと自然界にあって放射線を発する核種と原発事故由来の人工核種（セシウム134,、セシウム137、ストロンチウム90等）とは別物であり、後者による被曝は生物にとって不可欠なものではなく、余分であり、危険であり、それゆえ利益もなく不要なものである(12)。

　生物が種の保存のため、長年の進化の過程で自然界の放射線に対するある程度の適応能力や耐性を身につけてきたと考えることには生物学的にみても一定の合理性がある。であれば当然のことながら、自然界には存在していない人工核種について人はそのような適応をしていないと考えられる。人工核種は適切な管理によってその危険を避けるべきものである。にもかかわらず、自然界の核種と原発事故由来の人工核種の違いについてはこのページにも他のページにも言及がない。このような書き方は、すべての放射性核種が自然由来とは限らないこと、ウランの核融合に伴って発生する人工核種というものがあること、

それらは区別して考えるべきものであることを明確には説明していない。そのため、原発事故によって外部に放出された人工核種による被曝が生物にとって不要で危険なものであるにもかかわらず(13)、自然放射線と人工核種による放射線とを区別して説明しないことで両者を同一視させ、すりかえを誘発させることによって原発事故由来の放射線とそれによる被曝に対する妥当ではない解釈を導き、抵抗感や危機感を緩和し、許容度を上昇させ、リスク回避の動機づけを低下させる恐れがある。リスクを適切にコミュニケーションしていないだけではなく、むしろリスクを高めているとさえ言える。内閣府食品安全委員会の委員たちにそのような人工核種や放射線についての専門知識がないはずがない。このような説明を意図的に行っている（または意図的に行っていない）とすればリスク管理に対する認識が甘すぎると言わざるをえない。

　次にグラフにおける問題点を指摘する。資料10ページ（図8.9）の2つのグラフを見てわかるように、日本の内部被曝は食品由来が多い。そして資料ではその部分を緑色で示している。私たちは、緑という色に自然なものという感覚や安全というイメージを持ちやすい。社会が不安がっている食品からの内部被曝の部分を安全さをイメージさせる緑色で表示しているわけである(14)。これが資料4ページ（図8.3）の放射線を表すために使われていた赤色や、資料8ページ（図8.7）で放射線や体内に摂り込んだ放射性物質を表すのに使われていたオレンジ色で書いてあったらどう感じるかを想像すれば、この緑という色の選択に食品からの内部被曝に対し肯定的イメージを構築させる一定の効果が見込めることが理解できるであろう。

　またグラフでは自然放射線量の世界平均と日本平均を記載し、その差をアピールするかのような説明の方法とレイアウトを取っている。それによって、日本の自然放射線被曝は世界平均以下であるというメッセージを発することに成功している。そこから、日本はもともと自然界からの被曝が少ないのだから多少原発事故由来の被曝が増えても大丈夫であるという解釈を生じさせる恐れがある。しかし、繰り返しになるが、自然放射線の多い地域に住んでいる人は何世代もの長期間にわたり、それに適応するために動物的に進化してきていると考えられる。つまり、そのような地域に住む人には放射線に対する一定の耐性がある。よって、突然の原発事故で被っている被曝をそれと一緒に考えることは、リスクを低く見積もることになる。また、自然界に存在するカリウム

40などの核種による内部被曝と原発事故由来の人工核種による内部被曝とは決して同一視できない。人工核種による被曝は、何度も言うように、余分で不要で有害なものであり、かつ、自然由来の放射線被曝の上に加わってくるものである。自然界由来の放射線による被曝量が国際平均より少なくても、その上にプラスされる人工核種による被曝の量が小さくなるわけでは決してない。人工核種による被曝は確実にその人の被曝量を増加させるのである。あえて繰り返すが、原発由来の被曝は余分であり利益はなく不要なのである。

　それを避けたいと思う人が回避行動をとれるように適切な情報提供を行うのが原発事故後の社会で求められる適切なリスクコミュニケーションではないだろうか。専門家がリスクの存在を伝達するのであれば、そのようなところに注意を促す記述や説明をすることが望ましい。しかしそれを行うことが妨げられていないにもかかわらず行っていないという点において、10ページ（図8.9）の資料もリスクを適切にコミュニケーションしていないだけではなく、避けるべきリスクを放置していることで結果的にリスクを増やしていると言える。

3.8　放射線による健康影響の種類

　11ページでは放射線による健康被害の種類を説明するために、確定的影響と確率的影響というものについて解説が行われている。次ページの図8.10である。

　説明の都合上、右側の情報から分析する。右側上半分に書かれている確率的影響とは、「発症の確率が線量とともに増える」と書いてあるので、被曝すればするほど発症の確率は上がるというタイプの影響である。一方、右側下半分で使われている図は確率的影響についての説明ではなく、被曝したとしても体が自分の力で修復をするため「DNAが損傷しても生体防御機構により、ほとんどガンまで至らない」という人間が持つガン抑制機能についての説明である。つまりこの図の上半分と下半分は全然違うことをあたかも1つのことのように説明しているのである。

　生体防御機構による修復過程は、左から右に矢印を使って「DNAが傷つくことがあるが、ほとんど修復される」→「まれに修復されないケース」→「さらにまれに細胞ががん化するケース」→「ごくまれに増殖したケース」という段階で示されている。その矢印はオレンジ色で示されているが、右にいけばい

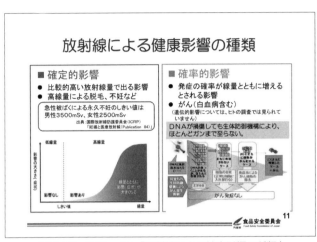

図8.10　資料 p.11「放射線による健康影響の種類」

くほど細く、そして色も薄くなっている。また、図の背景は暗い青色で描かれた縦長の二等辺三角形が頂点を右に倒した形で配されており、右に行くほど頂点に近づくため面積が狭くなっていて、それ自体が一つの大きな右向きの矢印として機能している。その三角形全体の色の濃さも左から右に進むにしたがって徐々に薄くなっていく。そのため、この図を見ると、確率的影響と上に大きく書いてあるので、下半分は厳密には確率的影響の説明ではないにもかかわらず、右に行くにしたがって、発症するケースが確率的に少なくなるという読みを誘発しやすくなっている。文章による説明からは、被曝するとDNAに傷がつくけれどもほとんど修復される、まれに修復されないものもあるが、そのなかで発症するに至るのはさらにまれ、発症後増幅するのはごくまれである、という解釈が生まれる。その解釈は「被曝し傷ついたDNAのなかで、どの程度の割合で修復されないか、がんになるか、がんが増幅するか」ということであって、ここで述べている放射線被曝量に比例するという確率的影響とは基本的には異なることである。なぜなら仮にがん細胞が増殖する確率が「ごくまれ」であっても、被曝線量が増えれば増えるほど発症する確率が上がるということが確率的影響だからである。両者に相関関係があるとは書かれていない。

　さらにこのページには他にも発症の確率が下がるということ示しているように読めてしまう箇所がある。図の一番下に白い横長の長方形があり「がん発病

なし」と書いてある部分である。そこに上で述べた右向きの矢印として機能している大きな暗い青色の三角形が一部重なっている。左は三角形と長方形が重なり長方形に斜めに暗色が塗られているが、三角形の斜辺が左下から右上に斜上する関係で、右に行けば行くほど暗色がかかる部分が少なくなり、途中から白地になる。三角形の暗い青色がかかっている部分は「がん発症なし」に斜めの暗い影がかかっているように見えるが、中央から右側は三角形が重ならないため影がかかっていない。そのかからない部分は白色の醸し出す健全なイメージも作用し「がん発症なし」をことさらにアピールしているように見える。

　この図は、下半分の三角形の部分に配置された説明の部分に、左から右への展開方向で「まれ」「さらにまれ」「ごくまれ」という表現が出てきたり、右に行けば行くほど三角形も小さくなり暗い影の面積も狭くなり矢印の太さや色の薄さなどに目を引かれるものとなっていたり、右に行けば行くほど下の長方形の囲みの「がん発症なし」に当てはまらない部分が増えていくように見えたりすることが相まって、あくまで図の上半分でしか説明していない「確率的影響」というものがどんどん低くなり、「発症の確率が少なくなる」と受け取ってしまう恐れがある非常に誤解しやすい図になっている。この右側全体が安心やおだやかさをイメージさせる緑色の線で囲まれている点も指摘しておく。

　資料左半分の確定的影響を説明する図にも気になるところがある。確定的影響のグラフでは閾値〔しきい〕を超えた部分が赤色となっていて、そこから右に行けば行くほど影響の大きさ（症状）も大きくなり、それと比例して徐々に色も濃くなり、危険度が上昇している印象を受ける。その裏返しで、閾値付近の薄いピンク色や閾値以下の部分（無色）には安心を感じさせる効果が期待できる。グラフの縦軸で影響の大きさを示している以上、線量の低さと比例して色の濃さを調整し、色を薄くすることで安心感を醸成しかねないデザインとし、それによって「発症して影響を受ける」ということの持つ本来の意味を感じにくくさせているのではないだろうか。これも過剰な演出に思える。誤解しやすく、その誤解を解く注釈もないという点で、リスクを適切にコミュニケーションしていない。こちらの情報は全体が青線で囲まれている。注14で示したウェブサイトによると、青は落ち着きを感じさせる色で危険などをイメージさせるものではない。

　確定的影響のグラフと確率的影響の図とを比較すると次のようなことも見え

てくる。確定的影響のグラフでは上で述べたように赤色が用いられている。一方、確率的影響の図では赤色は最初の被曝時の放射線に用いられているだけで、文字の色も緑色が多用されている。何度か触れているが、注14に参照先URLを記したウェブサイトを見てもわかるように、緑色は安全をイメージさせる。一番右の非常に望ましくない事態「ごくまれに増殖したケース＝がん」の部分だけ青色になっている。青色は信頼性を感じさせる色である。このように色に着目しても、資料作成者が私たちのイメージへ働きかけるなんらかの意図があるのではないかと考えられる。図や表を見るときにはこのような点にも目を向ける批判的姿勢で臨むことが必要であろう。

3.9　ここまでのリスクコミュニケーションについて

　ここまで分析した資料は11ページ、取り上げられているトピックは以下の通りである。

> リスクコミュニケーションの定義、食品安全委員会の位置づけ、放射線・放射能・放射性物質の定義、単位の説明、人体への影響、放射性物質減少の仕組み、内部被曝と外部被曝の違い、自然放射線、健康影響のタイプ

　この資料1は全部で18ページである。つまり、食品安全委員会が「食の安全安心セミナー」で配ったもの18ページのうちのほぼ3分の2の11ページまでは、放射線や放射性物質に関する一般的な科学の話に終始している。逆に言えば、本題である「食品」の安全安心に関する話は3分の1の分量でしかないことになる。11ページまでは本題を理解するための前提だと言えるが、それを考慮しても、「食の安全安心」という本題に係るリスクコミュニケーションは充分だと言えるだろうか。ここまでは、「一般的な安全」については語っているが汚染された食品や汚染の可能性がある地域でとれた食品などの「個別的・具体的な安全」については何も語っていないに等しい。果たしてこれが妥当な、少なくともこの時点で原発事故による放射能汚染の影響を受けている市民が望んでいたリスクコミュニケーションの姿であろうか。大いに疑問を感ずるところである。

　12ページ以降は「食品中の放射性物質に関する食品健康影響評価（食品安全委員会のリスク評価)」に移る。12ページはそのタイトルが表示されているだけなので、13ページから分析を行う。

第4節　食品健康影響評価についての説明を分析する

4.1　放射性物質に関するリスク評価とリスク管理の取組

　この13ページで説明されているのは、食品安全委員会がどのように放射性物質に関するリスク評価とリスク管理を行ったのかという経緯である。2ページの説明をより詳細に行っていると言える。

　図右のリスク管理側（厚生労働省・農林水産省・地方自治体・生産者等）から評価の要請があり、図左のリスク評価側（食品安全委員会）が緊急の取りまとめをして結果をリスク管理側に通知し、そのあとも引き続きリスク評価を行って、最終的に取りまとめて結果を通知したという。この13ページの図はその評価と管理の分担・両者のコミュニケーションの流れを示している。これは政府・行政・官僚組織・専門家による意思決定プロセスであり、かろうじて

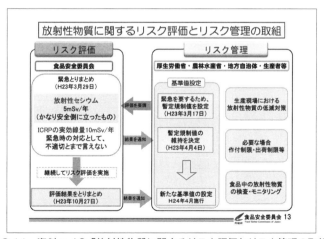

図8.11　資料 p.13「放射性物質に関するリスク評価とリスク管理の取組」

リスク管理側に「生産者等」という表現が入っているが、評価の意思決定過程に消費者・生産者・販売者などの「市民」は不在であることがはっきり見て取れる。市民はリスク評価に主体的に関わることはできず、その評価の見積もりや、それに基づく意思決定を、ただ受け入れたり対策や対応を実行したりする「順応者」としての位置づけしか与えられていないわけである。

　同セミナーではこの資料1を使った食品安全委員会の説明のあと、厚生労働省医薬食品局食品安全部が「食品中の放射性物質の対策と現状について」という資料2を配付して説明を行っていた。こちらはもう少し消費者側の問題意識を踏まえていた。これは逆に言えば、食品安全委員会の説明が政府・行政・官僚組織・専門家による意思決定であり、そこには消費者が不在であることをよりはっきりと裏づけている。筆者はそこに「政府・行政・官僚組織・専門家＞市民」というイデオロギー性を見る。

　また食品安全委員会は、3.2節で確認したように、HPでその独立性を謳っていた。確かに食品安全委員会がリスク管理側の外に存在し、評価要請を受けて評価を行いその結果を通知するという点は外形的に組織の独立を保っていると言えよう。しかし、食品安全委員会は内閣府のなかに設置されており、リスク管理側は省庁や地方公共団体等であるということを考えれば、共に「行政・官僚組織」というカテゴリーに入るものであり、その独立性がどの程度実態を伴っているものなのかは、常識的に見ても、疑問に思われる。

4.2　食品健康影響評価にあたって①

　14ページでは、食品安全委員会が評価結果をとりまとめるまでに何をしたかということが説明されている。次ページの図8.12である。

　資料を読むとそこで行ったのは文献の精査であることがわかる。約3,300の文献、UNSCEAR・ICRP・WHOなどの国際機関名も確認できる。そういう国際的で権威的な論文を多く精査し、4ページ（図8.3）にあるような放射線の種類別に議論したり、子どもの被曝と大人の被曝とをどの程度の関係で見積もるのか議論したりということを、何人もの委員が集まって1回に2時間から2時間半程度の時間を使って行い、意見が対立したときは調整をしたりしていたわけである[15]。それに関して指摘しておきたいのは、権威化に寄与する語や表

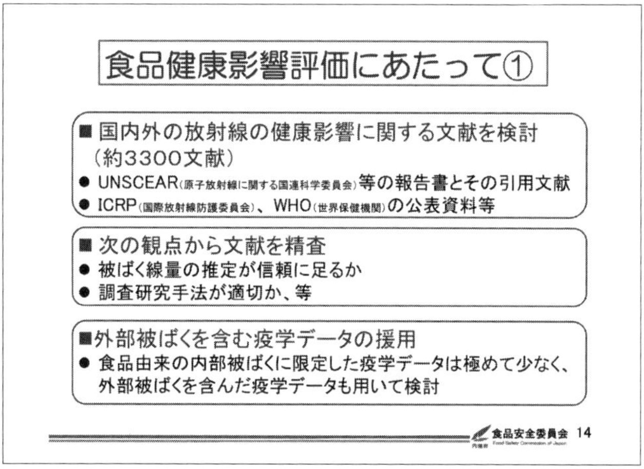

図8.12　資料 p.14「食品健康影響評価にあたって①」

現の多用が観察される点である。「国内外」という調査範囲の網羅性・「文献、論文」という専門性・「ICRP、WHO」などの国際性・「約3300文献」という数の多さなどの表現が、実質的な内容を一切示していないにもかかわらず精査行動に権威性を持たせることに成功している。そのような権威的な文献の信頼性・適切性を幅広く多数検討したということは、普通の市民にとっては取りまとめられた結果の正統性と信頼性、ひいては正当性を保証するものとなる。

　一方で、その正統性や信頼性に自らが疑問を投げかける説明もある。食品由来の内部被曝に限定した疫学的なデータは極めて少ないため、外部被曝を含んだ疫学データを用いたという点である。つまり、内部被曝の問題についてリスク評価をするのに、ほとんど外部被曝の資料を使っているということである。議事録を見ると、この疫学的データに依拠する姿勢を委員の一部は「サイエンスだ、科学だ」と言っている[16]。確かにデータを根拠になんらかの結論を導き出しているという点で科学的な姿勢であることは認める。しかし、内部被曝のデータがないのであれば、内部被曝についてはわからないと考えるのが誠実な科学やサイエンスではないだろうか。資料9ページで外部被曝と内部被曝の違いを解説しておきながら、外部被曝データで内部被曝の影響を推測するという自己矛盾をおかしている。注10で取り上げた学術的知見も併せて考えると、外部被曝より内部被曝の方がその影響がより深刻であると考えられる。し

たがって、ここで説明されている結論の導き出し方には問題があると言わざるをえない。

　データが少なくて被曝の影響がよくわからない時にどうしたらいいかについては、いろいろな考え方があるだろうが、自分たちにとって都合の良い観点からの正当化はリスク評価の信頼性や適切性の低下をもたらす。厳しい言い方をすれば、データに依拠するという科学的態度を装い、その権威でもって結論を正当化しつつ、非科学的態度でコミュニケーションを実践していると言える。一種のごまかし、まやかしである。果たしてそれが科学やサイエンスと言っていいのかどうか筆者は疑問に思う。ここから私たちが学ぶことは、データの提示に惑わされることなく、そのデータの妥当性を批判的に検討するという姿勢が重要だということである。決して科学的データであることや数の論理が自動的にそれらのデータや分析の正統性や信頼性を保証するわけではなく、結論の正当性は批判的に検討して自分で考えることが重要なのである。

4.3　食品健康影響評価にあたって②

　15ページで説明しているのは健康影響のモデルについてである。資料は、被曝による健康影響のモデルにはいろいろなモデルがあることを述べ、個々のモデルを検証するのは難しいということを理由に、広く受け入れられている閾値（しきい）がないモデルを一つのモデルとして提示をしている。次ページの図8.13の右側のグラフがそのモデルである。

　しかし「（参考）」と書かれている、影響の生じる確率と線量の大きさとの関係を示したグラフを見ると、「100mSv（50〜200mSvとも）」と書かれたところを始点にして点線が縦に描かれていてそれを境に右が高線量域、左が低線量域となっているため、あたかも100mSvが閾値（しきい）になっているような読みを誘発させる。ただし、閾値（しきい）とは書かれていないし、その点線の縦線を超えて低線量域に入っても被曝の影響を示す斜めの線は続いているので、厳密には閾値ではないと言えよう。ただ、100mSvより左側の低線量域ではその斜めの線は赤の点線になっており、100mSvを超えて右側の高線量域では赤の実線で示されている。50mSvや200mSvのところにも点線を入れることもできたはずである。そうすれば放射線による被曝のリスクを低く見積もるモデルもあれば高く見積

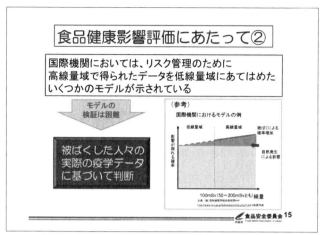

図8.13　資料 p.15「食品健康影響評価にあたって②」

もるモデルもあることがわかる。しかしそれを行わなかったため、かなりの程度で実質的に100mSvが閾値の表示となっていると読まれてしまうであろう。「国際的に閾値なしモデルが広く使われていて、100mSv以下の低線量被曝でも影響はありうると考えられている」という予備知識がないと、100mSv以下は「影響力が弱く、大丈夫だ」と思ってしまう。誤解を招きやすくリスクを適切にコミュニケーションしていない点で問題である。

　なによりも「いくつかのモデル」があると言いながら提示しているものは一つだけというのは、一方的で恣意的な押し付けにもなりかねない。いくつかのモデルがあると説明するのなら、グラフもそれぞれのモデルのものを複数提示することが望ましい。例えば、福島大学放射線副読本研究会（監修）・後藤（編著）（2013）は本資料と同一と思われる直線のモデルの他に4つのモデルを紹介しているが、それら計5つのモデルはすべて一つの図の中に一つの座標軸を共有して描かれている（p.38）。つまり他モデルを紹介することにそれほど労力はかからないにもかかわらず、本資料では意図的に提示をしていないと考えられるのである。

　また「被ばくした人々の実際の疫学データに基づいて判断」と書いてあり、「実際の疫学データ」というところに正統性を感じるが、資料14ページにあったように、「食品由来の内部被曝疫学データは極めて少ない」ため、外部被曝

のデータを援用していることにかわりはなく、信頼性が揺らぐのは同じではないだろうか。「疫学データ」ということで「事実ゆえに信頼性がある」と思いがちであるが、それが逆に、データの質（信頼性）の問題を見えにくくしていると思われる。外形としての科学的態度（例えば、客観的な根拠や数値が存在すること）にこだわり、内実としての科学性（データからわからないことはわからないという結論を出すこと）をないがしろにしているのではないか。ここでもリスクをコミュニケーションする姿勢に疑問を感じる。

4.4　食品健康影響評価の基礎となったデータ

その100mSvという数字がどこから出てきたかを説明しているのが16ページの図8.14である。簡単に言うと、自然放射線量が高い地域（インド）の疫学的なデータと、広島・長崎のデータとを用いて判断をしたということである[17]。

本稿が先に指摘してきた諸問題がやはりここでも問題となる。繰り返しになるが、注10で紹介した最近の学術的知見から考えても、まずなによりも外部被曝と内部被曝は別のものであるにもかかわらず、疫学的データだからといって影響を同一視してよいのかという問題がある。また、資料10ページ（図8.9）のところですでに指摘をしていることであるが、自然界からの放射線と原発事故由来の放射線とでは核種が違うという問題もある。資料4ページ（図8.3）にある放射線の種類（α線、β線、γ線）と各々の内部被曝の影響を同一視してよいかという問題も意見が分かれるものであろう。注18のような文献では核種ごとに影響のある臓器に特徴があると言われているからである。核種の違いで影響が異なると言われているが、それもここでは考慮されていない。さらに言えば、疫学的データは白血病とがんに関するものだけでよいのだろうか。他のリスクについても語る必要があるのではないか。チェルノブイリの事例を見れば、非常にさまざまな健康への影響が観察され報告されている[18]。因果関係が立証されていないから考慮しない、ではなく、因果関係があるかもしれないからそれも考慮に入れるというリスク評価の方向もありうるはずである。健康影響の予防という観点から言えば、後者の方が被曝や健康被害のリスクを負う側にとっては望ましいのではないだろうか。

その100mSvという数字の持つ実際の意味、それは安全・危険の境界なの

か、ということが市民としては知りたいことであろう。このページではまだそれは語られていない。しかし一方で、「100mSv以下で確かめられず＝安全安心」という読み手の解釈も妨げてはいない。そしてそのヘッジ行動（批判されたときに備えて自分を守るために予防線を張るような言動）は、あとで見るように、最後の資料18ページ（図8.16）において巧妙な言い回しで実践されている。

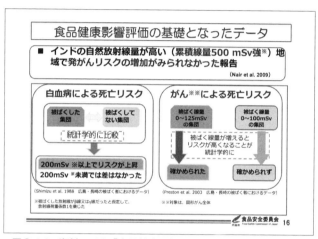

図8.14　資料 p.16「食品健康影響評価の基礎となったデータ」

　色使いにも目を向けておきたい。この16ページ（図8.14）では、被曝した集団と「0～125mSvの集団」はオレンジ色で塗られ、被曝していない集団と「0～100mSvの集団」は青色で塗られている。オレンジ色は一種の警告色であり、その対比もあって青色の集団の方に、信頼感や安全安心感を感じさせる効果が期待できると言えよう。次ページで実践される「100mSv以下への着目」がすでにこのページで前触れとして開始されており、誘発された私たちの認識が次ページへの橋渡しとして機能する形になっている。そしてこの100mSvは現行の基準値である。いわば、ここまでのリスクコミュニケーションの内実は現実を追認するものとなっているということである。市民とのリスクコミュニケーションの結果、基準値を引き下げよという声が出てきたら政府・行政・官僚組織・専門家は大いに困るであろう。新聞報道によれば、むしろ基準値は引き上げる方向で検討されているからである[19]。したがって、自

らに都合のいい方向へ、自らの判断の正当化へ誘導する不誠実なリスクコミュニケーションが行われているとみることができる。以上から、ここでもリスクを適切に充分にコミュニケーションしているとは言えない。

4.5　食品健康影響評価の結果の概要

　この17ページは資料14ページから16ページまでのまとめのような位置づけの資料であり、ここまで読んできた人には既知の内容なので、そのまま読み進めてしまいがちであるが、実はこれまでの説明を覆すような大きな変更がさりげなく実践されている。それを指摘したい。図は次ページの図8.15である。

　この資料は全部で18ページある。その終わりから2枚目の17ページではじめて「追加」という表現が使われている。一番上の囲みの中の2行目である。そこには非常に大きな転換がさりげなく書き込まれている。これまでに自然放射線の話をしてきたにもかかわらず、ここでは自然放射線も医療行為で受ける放射線も除外されている。つまり、私たちは普段の生活で自然界から、また医療行為でも放射線を受けていると説明し、その前提でどの程度の線量で健康影響が出るのかという話をして100mSvという数字が提示されたと思っていたのに、ここからはそのような原発事故とは無関係な被曝は累積線量から除外され、余分な「追加の累積線量が、おおよそ100mSv以上」であるという話に変わる。この余分な被曝は同時代に日本社会を生きる人にとっては言うまでもなく原発事故に由来するものである。逆に言えば、この算定方法を当てはめれば、普通の生活をしていても自然放射線や医療行為で受ける放射線による被曝があるため、「追加の累積線量」を100mSvに抑えたとしても実際の全体的な累積線量はそれ以上になる。別の言い方をすると、仮に被曝による全体的な累積線量を100mSvに抑えた場合、そこから通常の生活をしていても受けうる自然界からの放射線や医療行為で受ける放射線の線量を差し引くと、原発事故由来の余分な「追加の累積線量」は必然的に100mSv以下になる。一方、「追加の累積線量」を100mSvまで認めるということは、これに自然界からの放射線や医療行為で受ける放射線の線量が加算されることになり、必然的に全体として100mSv以上の累積線量になる。どちらも100mSvと言っているので同じに思えてしまうが、これは大きな差である。ここまでの説明で一つの安全安心の

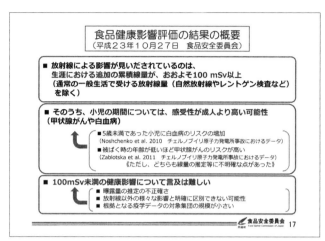

図8.15　資料 p.17「食品健康影響評価の結果の概要」

基準であるかのような見せ方をしてきた100mSvという数字を媒介してこのようなリスクを増やす方向ですり替えが行われているのである。

　また、資料15ページ（図8.13）や16ページ（図8.14）でも100mSvという数値が使用されているが、この17ページ（図8.15）では「おおよそ」という表現が一緒に使われている。「おおよそ」が使われているのも、「追加」の事例と同じく、17ページの図8.15がはじめてである。「おおよそ」という語を使用して幅を持たせることで100mSv以下を排除していないとも言える。仮に後世において、100mSvよりも基準値を低く設定すべきであったという批判を受けたとしても弁解・反論する余地を残しているとも考えられる。この「おおよそ」を、注17で言及した、議事録から読み取れる保身とも思える「科学的」言動と併せて考えると何が見えるだろうか。

　図8.15の真ん中の囲み部分では小児における健康影響に関してチェルノブイリでのデータに基づく論文を紹介しているが、病名は白血病と甲状腺がんのみである。しかし、「放射線以外の影響と明確に区別できない可能性」があっても、「根拠となるデータの対象集団の規模が小さい」としても、注18で挙げた文献が指摘しているように、チェルノブイリの人々が、子どもはもちろんのこと、大人も、さまざまな病気を発病していることは事実である。そこに住む人にとってはそれが評価すべきリスクであり、管理すべきリスクであり、それゆ

えにコミュニケーションされるべきリスクである。しかしこの資料ではそのような実情がコミュニケーションされていない。専門家や科学者の見積もるリスクと、政府・行政・官僚組織が提示するリスクと、市民の感じるリスクとの間に相違やギャップを感じざるをえない。そしてなによりもその市民はこの評価決定を行ったリスクコミュニケーションからは排除されていたのである。実社会の状況と切り離して科学的知見の説明に終始し、そのギャップを埋めようとしない姿勢が、本当に市民と充分にリスクコミュニケーションをしていると言えるのか疑問である。

4.6 「おおよそ100mSv」とは

　その「おおよそ」を付けられた100mSvという数字の持つ実際の意味、「100mSvという数字は、ここまでは安全・ここからは危険ということなのか」という市民としてもっとも知りたいことを、この資料は最後の18ページでどうコミュニケーションしているのだろうか。図は次ページの図8.16である。

　18ページでは「おおよそ100mSvとは　安全と危険の境界ではない」という趣旨の説明が確認できる。17ページに続いてここでも「おおよそ」が使用されている。その数字は「管理機関が適切な管理を行うために考慮すべき値」であるとも述べている。管理機関のための数字であって市民のための数字ではないかのような書き方である。「適切な管理を行うために考慮すべき」とあるが、「適切な管理」とは何を指すのか誰が行うものなのか不明である。「おおよそ100mSv」という数字が「管理機関が適切な管理を行うために考慮すべき値であって、市民にとって安全と危険の境界を意味する値ではない」ならその意味は何なのか。「リスク管理」というものは「安全と危険」を見積もることから始まるのではないのか。「おおよそ100mSv」については「これを超えると健康上の影響が出る可能性が高まることが統計的に確認されている値」とも書かれている。「これを超えると～」はまさにその数値が境界ということではないのか。「健康に影響が出る」ということは危険ということではないのか。説明を読んでも疑問が募るばかりである。「市民にわかる言葉」でコミュニケーションしていないのは、資料2ページの図8.2が示すように、食品安全委員会のリスクコミュニケーションには市民がその関与者として含まれていないこと

の現れであろう。ここにも、政府・行政・官僚組織による、政府・行政・官僚組織のためのリスクコミュニケーションが見えている。それを動機づけているのは「政府・行政・官僚組織・専門家優位のイデオロギー」であろう。

図8.16　資料p.18「「おおよそ100mSv」とは」

　安全だとも言わないし危険だとも言わないのならば、この「おおよそ100mSv」という基準値は私たちの生活にとって何の意味もなさないのではないだろうか。実はそうではない。この数字は私たちを支配する側にとっての有効な道具、誘導や説得の装置となっているからである。「管理機関が適切な管理を行うために考慮すべき値」と書いてあるのはそういうことであろう。

　このページの記述には論理面でも問題がある。資料17ページ（図8.15）では3つめの囲みの部分で「100mSv未満の健康影響について言及は難しい」と述べているが、ならば、18ページ（図8.16）でも結論としてそれも明示しないと、「100mSv以下なら安全安心」という、一種の誤解として生じうる推論を排除できない。しかも、「これを超えると健康上の影響が出る可能性が高まることが統計的に確認されている値」とだけ書かれていて、これより低くても「影響が出ないことが確認されているわけではない」ことは述べていない。充分起こりうる不適当な解釈を未然に防ぐための工夫がなされていないということで、結果的に「100mSv以下なら安全安心」という、上で見たように食品安

全委員会の「安全と危険の境界ではない」という直接的な結論とは異なる推論を誘発してしまう。そしてそれはこのリスクコミュニケーションのための説明会が開催されていることからわかるように、食品安全委員会が市民に納得のうえで自発的に受け入れてほしいと思っている数字の持つ意味なのである。

資料17ページ（図8.15）では、それまで自然放射線も医療行為で受ける放射線も計算に入れているかのような説明をしてきたにもかかわらず、それらを除外し「追加」の被曝に限定して話を展開したことを先に指摘したが、驚くことに、最後の18ページ（図8.16）ではさらに限定がかけられ、この「おおよそ100mSv」は「食品からの追加的な実際の被ばく量に適用されるもの」と位置づけられている。その根拠は述べられていないが、推察するに、リスク管理側からの当初の依頼が食品に関するリスク評価だったということであろう。つまり、本来は食品による内部被曝のリスク評価をするべきであるにもかかわらず、その過程では、適切なデータが極めて少ないからという理由で自然放射線や外部被曝などの疫学的データを援用し、最後はあたかも本来のリスク評価を行ったようにつじつまを合わせているわけである。

しかし、「おおよそ100mSv」が「食品からの追加的な実際の被ばく量に適用されるもの」という限定を受けるということは、放射能に汚染された地域で生活せざるを得ない人々にとっては、累積線量が他地域に比べてさらに増えることになる。「食品からの追加的な実際の被ばく」として100mSv、それに加えて生活環境の汚染によって被る外部被曝や吸気などによって生じる内部被曝、通常の自然界由来の被曝、医療被曝などが積算されるからである。仮に今回の原発事故による放射能汚染の影響を一切受けていない地域に住んでいる人なら、累積線量は通常の自然界由来の被曝と医療被曝による被曝分しか生じない。100mSvという基準を「追加」被曝だけではなく「食品からの追加的な実際の被ばく」に限定して適用するということは、ある地域の人が他の地域の人よりも多く被曝することを容認し、住民間に被曝による累積線量の差を生じさせていることになる。かつ、その差別化を正当化し、被曝量が増えた側の人に対しては「安全安心」という推論を導き出せる説明を行うことで一種の誘導を実践し、自発的同意を取り付け、そのリスクを認識しないように仕向けている。

一方、福島大学放射線副読本研究会（監修）・後藤（編著）（2013）は被曝について次のように述べている（pp.10-11）。

　　人工的な放射線は身近にあるべきではなく、管理されるべき対象です

　　無用な放射線は浴びないに越したことはありません

　　低線量被ばくの影響は完全には解明されていません

　　リスクの公平性について考えましょう

　　情報を鵜呑みにしない判断力や批判力を育むことが大切です

　４番目の「リスクの公平性について」はさらに「放射能に汚染された地域での無用な被ばくには、便益は伴っておらず、負担にも不公平性があります」（p.10）と書いている。本稿が分析している資料を通して行われているリスクコミュニケーションは、無用で有害で避けたほうがいい被曝を市民の一部に強いることを容認しており、リスク負担の不公平さを生じさせている。これは明らかに差別であり虐待であり、それに対する救済の政策を取らないなら、もはや一種の棄民政策に他ならない。人権を侵害しているとさえ言えるであろう。

　しかし現実には、巧妙に仕組まれた誘導の前に、批判的リテラシーに欠ける私たちは自ら納得し同意し、その差別的・虐待的な棄民政策をすでに受け入れているのである。「基準値以下だから安全安心」「政府が言っているから大丈夫」という思考に至るのはまさにその現れである[20]。

　とはいえ、資料14ページから17ページまでを読めばわかるが、100mSvという数字は原発事故前から一つの指標として研究の世界に存在していたわけであるから、食品安全委員会のリスク評価はそれをあたかも食品だけの話として利用するための見せかけの論理をすりかえや限定によって構築したにすぎない。そういう意味では食品安全委員会も、それを受けて政策を決定した政府や官僚組織もその責任を「科学」に負わせ、自分たちの行った意思決定の責任を自分たちで負わなくてもいい形にすることに成功している。そしてそれは新たな「100mSv安全神話」の構築でもある。その100mSvという数値が現行の基準値として広く理解されている現状を考えると、この食品安全委員会が「リスクコミュニケーション」と自称している行為は自分たち側の主張を追認させる意図に基づく談話行動の実践であると言える。本来語るべきリスクを、充分に適切に、コミュニケーションしていないという点でリスクコミュニケーションとして問題がある。独立性・中立公正性、そして何よりも人権問題であり倫理性という観点からも大いに問題である。

第5節 ▎ 官製リスクコミュニケーションを読み解く

5.1 イデオロギーについて

　今回のリスクコミュニケーションにはいくつかのイデオロギーが観察された。まず、消費者・生産者・販売者が意思決定過程に不在であり、政府・行政・官僚組織・専門家間での閉じたリスクコミュニケーションになっている点から、「政府・行政・官僚組織・専門家優位のイデオロギー」をそこに見出すことができる。

　また、Van Leeuwen（2007）が指摘しているような、権威づけられた特徴を明示して論を正当化していく「正当化のストラテジー」も観察された。具体的には、依拠するデータが科学的であることや国際的であることをアピールしたり、参照した論文数が多数であることや統計的に裏付けられていることなどを説得材料にしたりといったものである。根拠を示して正当化することそれ自体は何も悪いことではないが、正当化できないものについても権威でもって無理な論理づけを行ったり根拠をまったく考慮しなかったりするという負の側面にもつながりかねない。逆の方向から言えば、科学的でないものを排除したり、国際的でないものを低く評価したり、少数のものを無視したりという行動を正当化しかねない恐れもある。実際、資料15ページでは複数のモデルがあると言いながら提示されているのは一つだけであった。

　こじつけのような論を主張したり、データを恣意的に使用したり、自分にとって都合のいい前提を設定したり、不適切な条件で比較をしたりということも起こりうる。資料16ページの説明のように内部被曝の影響を考察するのに外部被曝のデータを活用したり、資料17ページのように被曝によって発症する可能性のある病気を限定的に示したりするのは、ある境界を超えれば、科学的を売り物にした誤解を誘発しかねない非科学的な解説になる恐れがある。

　そしてそれは「倫理軽視のイデオロギー」へと展開していくであろう。他者のための科学ではなく、自分たちのための科学、自分たちの権威づけのための科学、権力のための科学、科学万能イデオロギーを維持するための科学、そう

いうものになってはいけないが、その恐れを食品安全委員会のリスクコミュニケーションははらんでいるように思われるし、実際にはそういうものになっている箇所があるのはすでにここまで繰り返し指摘してきたとおりである。

5.2　コミュニケーションする姿勢や態度について

　上で指摘したようなイデオロギーは、実際に行われるコミュニケーションにおいて、どのような姿勢や態度となって現れているのだろうか。

　まず指摘したいのが、存在する複数のリスクのなかからコミュニケーションする対象となるリスクを何らかの基準で選択し、それ以外のものについてはコミュニケーションしないという姿勢や態度である。あるものについてまったく言及しないという場合もあれば、積極的には取り上げないが一応書いておくという場合もあろう。しかしどちらも積極的に取り上げないという点で本質的に同じであり、コミュニケーションのもう片方の参与者、例えば市民側から言えば、情報が不足し、場合によっては偏りも生まれる。それによって妥当なリスク評価やリスク管理ができず、不公平にリスクを負うことにもなりかねない。

　次に指摘したいのは、「安全」についての姿勢や態度である。定説になっている安全については語り、安全ではない可能性を帯びた論争的な事象については語らない姿勢や態度、政府方針に合致したもの、影響を小さく見積もるのに都合のいいものについては語り、他の考え方や影響を見積もる際に都合の悪いものについては語らない姿勢や態度である。そのような姿勢や態度は、自らの優位性を保つための自己保身的な行動であろう。その結果、予定調和的だったりバイアスが掛かったりしたリスクコミュニケーションが生まれる。

　安全ということに関しては「2つの安全」ということも述べたい。私たちは2つの質の異なる安全を「安全」という一つの同じ言葉で考えているように思われる。一つは、具体的なものから切り離された、抽象化・一般化された「総称としての安全」である。「カテゴリー名称としての安全」と言ってもよい。もう一つは、東北地方や関東地方など、汚染された地域に住んでいる人々が自分の生活のなかで実際に向き合っていく「個別的・具体的な安全」である[(21)]。安全というカテゴリーを構成する「個々の安全の諸事例」とも言えよう。しかし、政府・行政・官僚組織・専門家などの姿勢や態度にはこの2つの安全を明

確に区別し、意図的に片方だけを取り上げたり他方を取り上げなかったりという姿勢や態度が観察される。今回分析した資料のなかでコミュニケーションされているものはどちらの「安全」であろうか。すでに指摘したように、「個別的・具体的な安全」についての言及は食品安全委員会の資料にはない。そこにあるのは「総称としての安全」である。厚生労働省・農林水産省・宮城県の資料には非常に具体的な、例えば野菜の種類別検査値などが出てくる。しかしこの食品安全委員会の資料とはすぐには結びつかない形である。「総称としての安全」と「個別的・具体的な安全」とは切り離せないものであるにもかかわらず両者が有機的にリンクしていない。つまり、安全についてのリスクコミュニケーションを役割分担しているものの、実際には分断が生じている。政府・行政・官僚組織・専門家が役割間でコミュニケーションしてうまく連携させているかというと、少なくとも今回のセミナーの資料からは、そうは見えない。それは、見方を変えれば、お互いの責任回避につながるものであり、何かあってもお互いが責任を免れて生き残ることができるリスクヘッジである。これも「政府・行政・官僚組織・専門家優位のイデオロギー」の現れの一つであろう。

　この「食の安全安心セミナー」全体のリスクコミュニケーションを図式化すると図8.17のようになる。

「食の安全安心セミナー」におけるリスクコミュニケーション

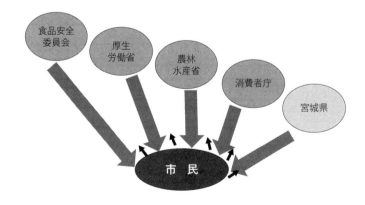

図8.17　「食の安全安心セミナー」におけるリスクコミュニケーションのモデル図

当事者の関係省庁と地方自治体たちは上の楕円のように並んでいる。その対極に参加者としての市民がいる。このなかには生産者・消費者・販売者も入っている。太い矢印が上から個別に降りてくる。つまり、それぞれが持っている知識を私たちに提供し、納得するよう安心するよう仕向けてくる。しかし、横の連携はリスクコミュニケーション実施時にはほとんどない。リスクコミュニケーションというのは双方向だという定義づけが一般的であるが、市民が何か言えるかというと、上に向けた小さな矢印が示すように質疑応答の限られた時間で限定的なことしか言えず、それを言ったところで、上から降りてくる「教化」が変わるわけではない。そこにあるものもまた閉じたコミュニケーションである。その内容は関係省庁や自治体などの関係者間で調整・決定・分担済みであり、市民の役割はそれを受け取り納得し順応することだからである。

5.3　ヘゲモニーについて

　本稿の前半で吉川（2012）に触れて、本来のリスクコミュニケーションは双方向的であるということを確認したが、確かにこのセミナーは市民と双方向で向き合うものであった。まず政府側が資料を使って説明をし、そのあとでフロアとの質疑応答があったからである。しかし、繰り返しになるが、種々のリスク評価の決定プロセスに市民は不在であった。さらに批判的な目でみれば、この双方向性のセミナーも、基本的には「情報を与える政府・行政・官僚組織・専門家」と「情報を受け取る市民」という役割分担で構成されていることがわかる。質疑応答は時間も発言者も限られていて、充分に双方向でコミュニケーションしているとは言えなかった。むしろ、知識を有している政府・行政・官僚組織・専門家が、情報提供や説明という談話実践を通して、知識のない市民を「教育し」「納得させ」それによって「教化し」「行動させ」、それを通して「支配する」ということを行っていると言えよう。それはイタリアの社会運動家であったグラムシがいうところの「ヘゲモニー」である。ヘゲモニーとは通常、国家の覇権や覇者の権力という意味で使われるが、グラムシはそれを「広範な民衆から多少とも恒常的に同意を獲得して成立している一社会階級の全社会に対する指導機能」という意味で使っている（日本社会学会（編）2010: 42）。そして、ヘゲモニーには「政治的強制力にもとづく『支配』」という政治

的指導としてのヘゲモニーだけではなく、「国民からの自発的合意を調達するための『知的文化的指導』」という文化的知的ヘゲモニーがあるという（見田他 2012: 1145）つまり、自らの政治上の「主導権や支配権」を獲得し維持し強化する手段として「他の社会集団に対する政治的・文化的指導」が行われ、自発的な同意を得ることで支配を盤石にする、ということである。各種の社会学事典によると、グラムシは特に後者の文化的知的ヘゲモニーの重要性を主張しているとのことである。今回のリスクコミュニケーションは、社会学的に見れば、この「文化的知的ヘゲモニー」であると言える。

第6節 ▎ 未来に向けての提言
―対抗するリスクコミュニケーションを―

6.1　そこで行われていたのはディス・リスクコミュニケーション

　まとめると、本資料の発信を通して行われていたのは、政府・行政・官僚組織・専門家という権力が自らの優位性を脅かされないために、言質をとられたくない心理や立場を悪くしたくない心理から生じるであろう「自己保身」という意図を根底に持ち、安全安心／危険を明言せず、どのようにリスク評価を決めたかという情報提供のみの説明に終始するという談話実践であった。それは市民に対するリスクコミュニケーションではなく、また「いま、ここ」にあるリスクのコミュニケーションでもなく、政府・行政・官僚組織と専門家とで構成される閉じた空間の中に存在するリスクについて議論している「メタ・リスクコミュニケーション」であり、市民に対しては擬似リスクコミュニケーションであった。今回のセミナーは「政府・行政・官僚組織・専門家優位のイデオロギー」に裏付けされた、数字の意味を後付けする一種のアリバイ作り的行動であり、自分たちのリスク（責任を追及されるリスク）を低減させる「リスク管理」のヘッジ行動であった。それは市民の自発的なリスク評価を緩やかな方向に誘導するための教化であり介入であり、権力の、権力による、権力のためのリスクマネージメントであった。そこでコミュニケーションされていた内容は、市民が望むリスク低減には効果不充分であり、場合によってはリスク増になりかねない恐れも潜在的に有していた。それはある集団に対し必要以上の被

曝を正当化し、それを回避する必要性を低く見積もらせ、自発的な追加被曝への同意と納得とを取り付ける結果となるという点において、厳しい言い方で言えば、差別や虐待であり、棄民政策の正当化の実践とも言えるものであった。

　以上の意味で、それはリスクコミュニケーションではない。それとは逆の「ディス・リスクコミュニケーション」である。そこで行われているリスクコミュニケーションは適切なものではない。倫理面でも思慮に欠け、不誠実と言ってよいであろう。もう少し具体的に言うと、安全というバイアスを受け入れさせてしまうような恐れがあり、新たな安全安心神話をつくり上げていくことにかかわっていると言わざるを得ない。

6.2　私たちの、私たちによる、私たちのためのリスクコミュニケーションを

　「フェイクニュース」ということばがすっかり定着したように、私たちはそういうごまかしやまやかしのディス・リスクコミュニケーションのなかで今という社会を生きている。安全安心と思わせたり危険不安を掻き立てたりするようなディス・リスクコミュニケーションが向こう側から押し寄せてくるのが現実である。権力側の行っているリスクコミュニケーションのなかにディス・リスクコミュニケーションが含まれるならば、私たちはそのディス・リスクコミュニケーションに対しどう向き合えばよいであろうか。

　私たちがすべきことは、そのディス・リスクコミュニケーションを無批判に受け入れたり排除したり無視したりすることではない。一旦はそれを受けとめたうえで、批判的に検討し、自分が主体となって、他者と情報交換しながら、リスク評価とリスク管理を行っていくことである。権力側が発している情報を使いつつも、私たちが自分たちで本当の意味でのリスクコミュニケーションを行おうということである。それを「対抗するリスクコミュニケーション」と呼びたい。ただ、それは1人ではできない。いろいろなところでネットワークをつくり、情報も集めなければならない。入手した情報を考える基礎的な知識も必要で、そのために勉強会やセミナーに参加することにも意味がある。本を読むことも必要であろう。今はネット上でいろいろな情報が手に入るが、情報というものはネット由来のものに限らず玉石混交なので、質を見極める知識を持ったうえで取捨選択をすることが重要である。そして判断を下し、評価を行

い、それをまた他者とコミュニケーションしていくということの繰り返しでしぶとくねばりづよく対抗していくしかない。

　私たちは自分を守るために、自分たちで真のリスクコミュニケーションを行わなければならない。しかし、権力側のディス・リスクコミュニケーションに観察されたもの、政府優位・行政優位・官僚組織優位・科学優位・専門家優位という考え方、その支配的なイデオロギーは、実は、私たちのなかにも確実に、そしてかなり強固に存在する。決して政府・行政・官僚組織・専門家だけが持っているわけではない。私たちのなかにあるからこそ、権力側はそういう部分に対して、時には明示的に特には暗示的に働きかけることで、私たちを誘導し、同意を取り付け、自発的に行動させることができるのである。だから、まずその「内なるイデオロギー」から自由にならなければならない。そのうえで、権力側が語ったことと語っていなかったことについて批判的に考えることが求められる。そのためには、考えるために活用する知識も必要であるし、情報も集めて、自分たちで評価して、それらを管理して他者とコミュニケーションしていくことが重要である。そして、私たちの気持ち・私たちの意見・私たちの手に入れたデータを、不誠実なコミュニケーションを実践してきた権力側に、向こう側の高みに立って優位を決め込んでいる権力側に、私たちから投げかけて対話していかなければならない。

　以上のことを踏まえると、ベストではないかもしれないが、より望ましいリスクコミュニケーションのモデルというものを考えることができるのではないだろうか。図8.18である。図にはさまざまな矢印があるが、それはコミュニケーションを意味している。権力側、つまり政府・行政・官僚組織・専門家、それらの関係性も縦割りではなくもっとコミュニケーションが必要であろう。一方で、私たち消費者・生産者・販売者等ももっとコミュニケーションが必要である。地方自治体も権力的ではあるが、中央政府に比べれば多少は市民寄りとも言えるので、両方を媒介するような形で位置づけたほうがいいかもしれない。双方を媒介し、調整するような立場で一旦は外に出て独立性を保ったほうが安全ではないだろうか。中央政府と地方自治体とが結びつき、中央が地方を支配するようになると、地方自治体は単なる中央政府の意図を実践するだけのものとなり、政府による市民の管理・支配を代行することになるからである。

　このような形を構築していくことはそう簡単なことではないと思われるが、

教化による支配を意図したヘゲモニーとしてのディス・リスクコミュニケーションを無批判に受け入れていると、私たちは容易に誘導されてしまう。それに対抗するところから「私（たち）の、私（たち）による、私（たち）のためのリスクコミュニケーション」が始まるのではないだろうか。

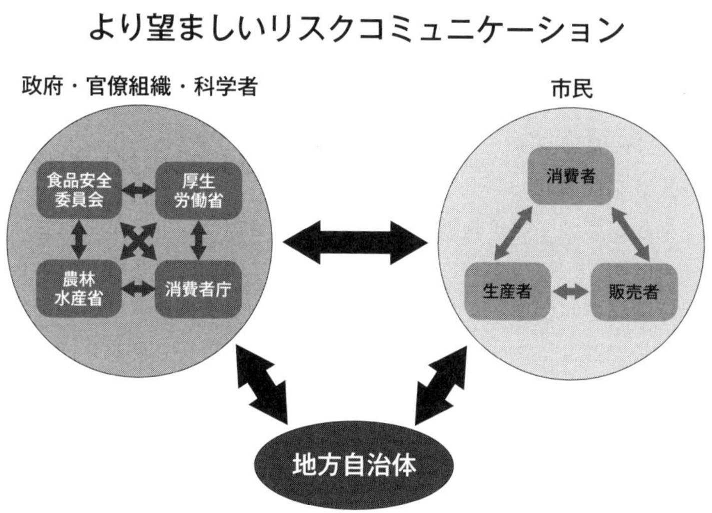

より望ましいリスクコミュニケーション

図8.18　より望ましいリスクコミュニケーションのモデル図

6.3　最後に

　言語学的観点から言えば、発信されている情報には必ず発信者による何らかの取捨選択がある[22]。単語一つとっても、もっと小さいものでは「〜が」や「〜は」といった助詞の類のものでさえ、そこには意図的な選択がありうるからである。したがって、発信されている情報には発信者や他者の意図が関わっている。ゆえに、絶対的な「真」はない。あるのは相対的な「真」である。その相対的な「真」の程度を見積もるには批判的なリテラシーが必要である。

　「安全と安心とは別のものであり切り離して考える必要がある。ゼロリスクということはありえない」と権力によるリスクコミュニケーションのなかで諭されることがある。しかしいくら「少しリスクはあるが安全だから安心して」

とコミュニケーションされても安心できない場合もある。一般市民のリスクコミュニケーションの最終到達点は「安心を得ること」である。だからこそ安全と安心とが別のものであることを一旦は肯定的に捉え、逆転の発想でもってそれらを再度リンクさせ、そのうえでどの程度安全なら自分は安心と言えるのかを考える積極的なリスクコミュニケーションを実践したい。どの程度の安全では安心が得られないのかを考えることも重要である。不安は回避行動の動機づけになるからである。

　他者が安全だと言っているものを私が不安がってはいけないことはない。リスクを評価するのは私なのである。最後の最後に自分を守るのは自分自身である。そのためにリスクを評価し、管理するのも自分自身であるべきである。主体的なリスク評価とリスク管理の放棄は自分自身の放棄、主体的に生きることの放棄に他ならない。そして自分自身を守れなければ、大切な他者も守れない。主体的に生きて行くために、「私（たち）の、私（たち）による、私（たち）のための、リスクコミュニケーション」を「いま、ここ」から始めよう。

注

(1) 野呂・山下（編著）（2009）のp.18も参照願いたい。

(2) 「食の安全安心セミナーについて」<https://www.pref.miyagi.jp/site/annzennanshinn/semina2.html>（2020年10月19日リンク確認）。そのページの「平成25年度食の安全安心セミナーの開催状況」＞「仙台会場」（平成25年10月4日）」＞「（資料1）『食品中の放射性物質による健康影響について』（内閣府食品安全委員会）」から資料がダウンロード可能。<https://www.pref.miyagi.jp/uploaded/attachment/603001.pdf>（2020年11月6日リンク確認）。本文中の図8.1から図8.16まではその資料から引用したものである。

(3) 「食品安全委員会とは」から一部抜粋。<http://www.fsc.go.jp/iinkai/>（2020年10月19日リンク確認）

(4) 食品安全委員会（2011）「放射性物質の食品健康影響評価に関するワーキンググループ（第1回〜9回）会合結果」<http://www.fsc.go.jp/senmon/sonota2/#a7>（2020年12月26日リンク確認）。なお、筆者は議事録を一通り読んだうえで本稿を執筆しているが、全9回のワーキンググループの議事録は、299ページと大部であり、議事録に言及する際も引用箇所が広範囲となって煩雑になるため、具体的

なページ表記は割愛する。

(5) 2017年7月閲覧時にはページ冒頭の「リスクコミュニケーション」「消費者、事業者、行政担当者などの関係者の間で情報や意見をお互いに交換しよう」の部分を赤字で際立たせていたが、2020年10月現在はそのような強調は施されていない。

(6) 筆者は2016年6月13日に日仏会館で開催されたリスクコミュニケーションに関するシンポジウムに登壇した。その際このスライドを見せたときに、フロアから指摘があったが、実はこの2つの図では、上下で家族の配置が異なっていて裏返しのようになっている。意図的なものか単純なミスかはわからない。

(7) 2017年6月6日に茨城県大洗町の日本原子力研究開発機構大洗研究開発センターで生じた被曝事故は吸気による内部被曝である。<https://www.jaea.go.jp/04/o-arai/>（2020.10.19 リンク確認）

(8) いわゆる基準値以下であろうと汚染と被曝というものは厳然たる事実として存在するというのが筆者の立場である。

(9) 2017年6月6日に茨城県大洗町の日本原子力研究開発機構大洗研究開発センターで生じた吸気による内部被曝事故では発生から約2か月の間に内部被曝量が比較的多かった3人が4回目の入院をしたとのことである。呼吸による内部被曝の影響の大きさを感じさせる。朝日デジタル <http://digital.asahi.com/articles/ASK7S5QP5K7SUBQU013.html>（2017年7月24日配信）

(10) 2017年8月3日に配信された毎日新聞記事によると、動物実験の結果であるが、外部被曝よりも内部被曝の方が被曝の影響が大きいことが確かめられたという研究成果が発表され、ドイツの学術雑誌に掲載されたという。以下その記事から特に本稿に関連する箇所を3つに分けて抜粋して引用する。最初の抜粋部分では「内部被曝の影響を否定的に捉える国の姿勢」が指摘されている。2番目の抜粋部分では「内部被曝の方が外部被曝より影響が大きく、症状も異なること」が確かめられる。3番目の抜粋部分は広島での原爆による被曝の聞き取り調査内容である。注16でも指摘しているように、本委員会議事録で確認できる範囲では、広島の原爆被曝のデータは今回のリスク評価基準を決める会合おいて「目安」を設定する際のデータとして活用しており注目に値する。以下は記事からの抜粋である。①日本とロシアなどの放射線被ばく専門家でつくる研究グループによる動物実験で、放射能を持ったマンガンを体内に取り込んで内部被ばくしたラットの内臓に、一定の時間がたっても異常が見られたことがわかった。原爆投下後の爆心地周辺では、人々が粉じんと一緒に放射能を持ったマンガンを吸い込んだ可能性が高い。国は原爆による内部被ばくの影響に否定的だが、研究グループは「健康被害の潜在的リスクを示唆する」としている。（記事より抜粋）

②1時間装置に入れたラットが、体外から浴びた放射線量が約6ミリシーベルトだったのに対し、粉じんを吸い込んだりしたことによる肺の被ばく線量はその約16倍、小腸は約220倍に達した。肺には出血や気腫が見られたほか、小腸の細胞が異常に増殖した。細胞増殖は60日たっても顕著だった。（記事より抜粋）

③内部被ばくによる影響を調べる研究では、広島大の大滝慈（めぐ）名誉教授（統計学）らが昨年2月、原爆投下直後に救護のため広島市内に入った元少年兵を対象にアンケートしたところ、粉じんを浴びたグループの急性症状の発症頻度が、浴びていないグループの10倍以上だったことがわかっている。（記事より抜粋）　毎日新聞 <https://mainichi.jp/articles/20170803/k00/00m/040/134000c>（2017年8月3日配信）

(11) 茨城県大洗町の日本原子力研究開発機構大洗研究開発センターで発生した内部被曝に関する記事のなかに以下のような専門家の談話があることからも確かめられる。朝日デジタル「作業員1人肺から2万2千ベクレル　国内最悪の内部被曝」<http://digital.asahi.com/articles/ASK67424PK67ULBJ006.html>（2017年6月7日配信）

　　　　被曝医療に詳しい、国際医療福祉大クリニックの鈴木元院長は「2万2千ベクレルは量としては多い。肺に入ったプルトニウムは、1週間から10日かけて化学薬品を霧状にして吸入させたり、点滴したりして排出させる。その後、体内に残っている量を調べて健康への影響のリスクを判断しなければならない」と話す。（下線引用者）

(12) 今回の考察対象外であるが、医療被曝についても似たようなことが言える。原発事故由来の人工核種による被曝に比べれば、医療被曝は疾病の早期発見や治療などそれによって得られるメリットもあるが、被曝であることに変わりはなく、避けるに越したことはない。日本学術会議もそのような趣旨の提言をしている。東京新聞2017年8月3日配信「医療被ばくの低減を　日本学術会議が提言」という記事には「学術会議によると、日本人1人当たりの年間平均被ばく量は約6ミリシーベルトだが、このうち医療被ばくの量は約3・9ミリシーベルトと世界で最も高い水準」「放射線を利用した医療機器による患者の医療被ばくが増えているとして、政府に実態把握や低減策の推進を求める提言をまとめた。放射線を利用した医療は病気の治療に役立っているが、被ばく量が多くなると、発がんリスクが高まることが懸念される」という説明がある。<http://www.tokyo-np.co.jp/s/article/2017080301001708.html>（2020年10月19日時点リンク切れ）

　しかし、医療面でのメリットにだけ焦点が当たり、危機感を持っている人は決して多くない。そこを利用して、原発事故による放射能汚染の程度を示す際にも

医療被曝線量と対比させて被曝が軽微であるかのような提示の仕方をする場合がある。2016年3月7日の読売新聞社説「福島の除染　放射線を正しく理解したい」でも「人間は自然界から常に放射線を浴びている。世界には、年間20ミリ・シーベルトを大きく超える地域もある。病院のＣＴ検査では、1回で8ミリ・シーベルト前後の放射線を浴びる」という説明がなされていた<http://www.yomiuri.co.jp/editorial/20160306-OYT1T50090.html>（2016年3月6日 配信、2020年10月19日時点でリンク切れ）。原発事故による放射能汚染地と世界の他地域とを比べて「もっと自然被曝線量の多いところもある」と述べることは、人工放射線と自然放射線という比較対象のレベルが違う点、年間被曝線量と短時間の医療被曝線量を同レベルで比較するなどの点でも問題となる主張である。なお、医療被曝に関しては「高木学校」<http://takasas.main.jp/>を参照するとさまざまな資料が得られる。

(13) だからこそ核廃棄物をどこに保管しどう処理するかということが、高レベル廃棄物であれ、低レベル廃棄物であれ、世界的に大問題となっているのである。

(14) 色の持つイメージについては「色カラー」というウェブサイトを参照した。「代表的な色のイメージ」<http://iro-color.com/episode/about-color/>（2020年10月19日リンク確認）

(15) 全会合の議事録を読んでの概略である。

(16) 議事録のなかには、例えば広島とか長崎の原爆のデータを使うことを主張している箇所（第3回・第6・第8回・第9回議事録）があるが、その時の論理は以下のようなものである。言及箇所が何箇所にも渡っているため引用せず筆者がまとめたものを記す。

　　　確かに瞬間的に外部被ばくをしているかもしれない、しかし、そこに住んでいた人たちは、その後そこで食べたり飲んだりしているわけだから、調査に上がってきているデータは、内部被曝のものも含んでいるというふうに考えてよいのではないか。

(17) 議事録（第8回・第9回）を見ると、文献を精査しながら、恐らく100mSvから125mSvの間の何かが作用しているのだろう、しかしその間のどこで区切るかは難しい問題であるという議論を行いながら、最終的には100mSvという数字にしようという結論が出ていた。また、これも議事録を見ると、100mSvまでが大丈夫だというような見せ方はしないようにしようという趣旨の発言をしている委員が何人もいたが、前後の文脈を見ると、結局それは100mSvの下がどうであるかということよりも、自分たちが100mSv以下は大丈夫だと言ってしまったら、少し問題になるのではないかという自己保身というか、責任逃れというか、そのような文脈での発言が非常に多い印象を受けた。委員のなかには、いや、低線量は

かえって健康にいいのだという、いわゆる「ホルシミス効果」に言及する人たちもいて、学者が学会で議論を戦わせているような雰囲気の委員会になっている部分があった。

(18) ヤブロコフ他（2013）、ホリッシナ（2013）などを参照。

(19) 執筆時で約7年前の記事であるが、原稿執筆時点ではまだ引き上げられていない。四国新聞社「食品の放射性物質基準、緩和検討／規制委員長『厳格さ疑問』」<https://www.shikoku-np.co.jp/national/science_environmental/20140305000624>（2014年3月5日配信）

(20) 福島大学放射線副読本研究会（監修）・後藤（編著）（2013）が「情報を鵜呑みにしない判断力や批判力を育むことが大切」だと主張するのもそういうことである。

(21) より正確に言えば、流通システムが発達している日本では、食品の放射能汚染は東北地方や関東地方だけに限った問題ではなく、日本全国（輸出を考えれば世界的）の問題である。

(22) 今村（2017）も同じ趣旨のことを述べている。

参考文献

今村和宏（2017）「平和と脱原発を考えるためのメディア・リテラシー」名嶋義直（編）『メディアのことばを読み解く7つのこころみ』ひつじ書房, pp.29-50.

ヴァン・デイク, テウン・A・（2010）「第5章　学際的なCDA―多様性を求めて―」ルート・ヴォダック／ミヒャエル・マイヤー（編著）（2010）『批判的談話分析入門：クリティカル・ディスコース・アナリシスの方法』野呂香代子（監訳）, 三元社, pp.133-165.

グラムシ, アントニオ（2013）『知識人とヘゲモニー「知識人論ノート」注解：イタリア知識人史・文化史についての覚書（グラムシ『獄中ノート』著作集Ⅲ）』松田博（編訳）, 明石書店.

黒沢惟昭（2007）『現代に生きるグラムシ：市民的ヘゲモニーの思想と現実』大月書店.

福島大学放射線副読本研究会（監修）, 後藤忍（編著）（2013）『みんなで学ぶ放射線副読本：科学的・倫理的態度と論理を理解する』合同出版.

松田博（2007）『グラムシ思想の探求：ヘゲモニー・陣地戦・サバルタン』新泉社.

吉川肇子（2012）「リスク・コミュニケーション－『リスク伝達』を超えて－」中谷内一也（編）『リスクの社会心理学：人間の理解と信頼の構築に向けて』有斐閣, pp.195-213.

日本社会学会社会学事典刊行委員会（編）（2010）『社会学事典』丸善.

名嶋義直・神田靖子（編）（2015）『3.11原発事故後の公共メディアの言説を考える』ひつじ書房．

野呂香代子・山下仁（編著）（2009）『「正しさ」への問い：批判的社会言語学の試み』三元社．

野呂香代子（2014）「批判的談話分析」渡辺学・山下仁（編）『講座ドイツ言語学 第3巻』第7章，ひつじ書房，pp.133-160．

見田宗介（顧問），大澤真幸・吉見俊哉・鷲田清一（編）（2012）『現代社会学事典』弘文堂．

ホリッシナ，オリハ・V（2013）『チェルノブイリの長い影　現場のデータが語るチェルノブイリ原発事故の健康影響』西谷内博美・吉川成美（訳），新泉社．

ヤブロコフ，アクセレイ・V／ヴァイシー・B・ネステレンコ／アレクセイ・V・ネステレンコ／ナタリヤ・E・プレオブラジェンスカヤ（著）（2013）『調査報告　チェルノブイリ被害の全貌』星川淳（監訳），チェルノブイリ被害実態レポート翻訳チーム（訳），岩波書店．

Van Leeuwen, Theo（2007）"Legitimation in Discourse and Communication", In *Discourse & Communication*, 1（1）, 91-111. Reprinted in Wodak, Ruth（ed.）（2013）*Critical Discourse Analysis* vol.1, London: Sage, 327-349.

いわゆる「処理水」についての
チラシを読み解く

―「対抗するリスクコミュニケーション」の実践―

名嶋 義直

　2021年4月13日、復興庁が「ALPS処理水について知ってほしい3つのこと」というチラシと動画を公開した。公開後、放射性物質トリチウムを「ゆるキャラ」的に描いたことなどに批判の声があがり、翌日復興庁は公開を休止しキャラクターデザインを変えると発表した。HPではチラシや動画が見られなくなり、代わりに下のメッセージが掲載された（改行箇所は引用者が変更）。

> ［一部省略］ALPS処理水の安全性等について、科学的な根拠に基づく情報を分かりやすく発信することが重要です。放射線というテーマは専門性が高く、分かりづらいことから、できるだけ多くの国民の皆様に、一般の消費者の方々に関心を持っていただき、科学的根拠に基づく正しい情報を知っていただくため、イラストを用いて分かりやすく解説した本件チラシ・動画を国民の皆様に向けて、4月13日に公開いたしました。このたび、国民の皆様の様々な声や感想を頂いたところ、それらを踏まえトリチウムのデザインを修正いたします。このため、当該チラシ及び動画の公開を一旦休止いたします。
> <https://www.reconstruction.go.jp/topics/20210413141933.html>（2021年4月16日閲覧）

　筆者は公開当初に復興庁HPでチラシを閲覧し批判的視点で分析してみた

が、この問題はキャラクターをデザインし直せばよいという単純な問題ではないと考える。ある行為の正当化という意図に基づき、巧妙に作られた言説がチラシ全体に組み込まれ、科学的知見やデータとともに私たちに働きかけてくる。キャラクターはその働きかけの中で、ある種のコミュニケーションを実践するための手法にすぎず、問題をキャラクターだけに矮小化しては重大なリスクを見落とすおそれがある。

　復興庁はキャラクターを「トリチウムの化学記号Ｔ」を使った無機質なものに置き換え、HPにて4月22日に再公開した(1)。筆者は当初公開時のチラシと再公開後のチラシとを比較したが、文章による説明に全く変化はなかった。復興庁がこの問題をキャラクターだけの問題として捉えていることが改めて明確に確認できた。再公開されたチラシにおいても重大なリスクは語られないままであり、リスク関係者である「市民」に対し充分なコミュニケーションがなされていない。そこで本補遺を執筆し、緊急的に「対抗するリスクコミュニケーション」を実践することとした。再公開後の4月23日現在でも各社新聞記事等で旧版のチラシやそのキャラクターを確認することができる。分析資料として以下に示す。

図1　朝日新聞掲載のチラシ表(2)

図2　毎日新聞掲載のチラシ裏前半部分（後半未掲載）(3)

　チラシの表の上には「1 トリチウム（三重水素）は身の回りにたくさんあり

ます」と書いてある。しかし詳しくは後述するが、東京電力HP上に開設されている「処理水ポータルサイトQ&A」[4] にあるように、処理する前の「汚染水」は原発事故由来であり、冷却水が核燃料に直接触れて汚染されたり、その水に地下水や雨水が混ざったりして生じるため、処理後でもトリチウム以外の放射性物質を含んでいる。トリチウムが「水素のなかま」で「水と一体」で「身の回りにたくさん」あっても、「処理水」は決して自然界に存在している「水」と同じではない。トリチウムが自然界にあり水道水や体の中にもあるから「処理水」も安全安心だと考えるのはまったく非論理的・非科学的思考である。

　続いてその下には「2 トリチウムの健康への影響は心配ありません」と書かれていて、その右や下に3つの特徴が述べられている。

　まず「トリチウムから出る放射線はとても弱いので、皮膚も通れません」とある。しかしこれは第8章の図8.3と図8.8を見るとわかるが、外部被曝に関係することであって、内部被曝の場合はそれだけで安全だとは言えない。トリチウムが出す放射線はチラシによるとβ線のようであるが、β線は飛距離が短くてもエネルギーはγ線より大きいため、体内で放射線の進める距離が短くても容易に細胞に放射線が届き細胞を損傷させうる。リスク視されて食品の放射能検査で調べるセシウム134や137もγ線の他にβ線を出す。一説にはトリチウムが生体に与える影響はセシウムの約1,000分の1とも言われるが、絶対量が大きければ影響も大きくなる。β線だから健康に影響がないとは言えない。

　チラシは内部被曝について「体内に入っても蓄積されず、水と一緒に排出されます」と述べる。第8章の図8.7で見た「生物学的半減期」のメカニズムである。人の体の半分以上は水であり、その水は循環して徐々に入れ替わっているという。トリチウムが「水と一体」ならば、まさに水と一緒に一定期間体内に留まることになる。しかしトリチウムがどの程度の期間体内に留まり循環して徐々に排出されるのかについては何も説明がない。排出されるまで体内に留まっている間に放射線を発すれば細胞を損傷させる恐れがある。

　さらにその下に「放射線は細胞を傷つけますが、細胞には修復機能があります」と書いてある。しかし第8章の図8.10にあるように、損傷が修復しない細胞もあり、癌になる場合やさらにその癌細胞が増殖する場合もある。癌は確率的影響で生じる病気であり被曝線量が増えるにしたがってリスクも増える。しかしチラシからは修復できず病気になるリスクがあるようには読めない。

人が大量に「処理水」を飲むことはないが、東電が言うように「東京ドーム1杯分」を30年以上放出し続ければ、12.3年というトリチウムの物理学的半減期を考慮しても原発事故由来のさまざまな人工核種が確実に環境に蓄積する。海の生物はそれらを摂取し内部被曝を続ける。それを人間が食べ続けるとどうなるか。第8章でも書いたように、低線量長期内部被曝の疫学的データはほとんどなく科学的によくわからないとされる。チラシ裏面下に書いてあるように、「トリチウムが原因と思われる影響は見つかってい」なくても、次で示すように、「処理水」に多くの原発事故由来の人工核種が含まれている以上、「処理水」の長期海洋放出が「健康への影響は心配ありません」とはならない。

　そもそもチラシの見出しにある「ALPS処理水」という名称は大きなリスクを見えなくする。東京電力は先掲の「処理水ポータルサイトQ&A」内でALPSは「62種類の放射性物質（トリチウム除く）」を国の規制基準未満まで除去ことができる設定であると述べ、放射性濃度が比較的高い7核種を取り上げ、処理前と処理後でどのくらい「処理」できるかを棒グラフで示している。東電は「処理後を見ると、環境へ放出する場合の国の規制基準（告示濃度限度）を下回る濃度まで低減できている」とする。しかし、グラフは「告示濃度限度比」を示しているので、処理前と処理後の差を点線矢印で示し大きく減少したように見せているが、決して放射性物質がなくなったわけではないことがわかる。

　東電は同じQ&A内で、その62種類以外の放射性物質の濃度について「基準に照らして十分に低いと評価している」と答えている。「処理水」にはトリチウムとその62種類以外の核種が一定の割合で含まれているのである。チラシは「3 取り除けるものは徹底的に取り除き、大幅に薄めてから海に流します」「トリチウム以外の放射性物質について［中略］規制基準を満たすまで取り除きます」と書くが、62種類以上もあることは説明していない。そもそも「規制基準を満たすまで取り除」けるのだろうか。2018年9月28日配信の朝日新聞記事は処理後も基準値を上回る放射性物質が水中に残っていたことを報じている。

「汚染水、浄化後も基準2万倍の放射性物質　福島第一原発」
<https://digital.asahi.com/articles/ASL9X6HQ3L9XULBJ014.html>

「処理水」にはトリチウム以外にもさまざまな核種が62種類以上含まれ、大

幅な基準値超えの恐れもあるというリスクが存在すると考えられるのである。

　しかしチラシはトリチウムだけに焦点を当て、そのリスクには全く触れない。キャラクター化したトリチウムを小さな容器に詰め込み、貯水タンク約千基中のトリチウムを「目薬1本分」に喩え「少なさ」を説明するが、他の放射性物質の存在には全く言及しない。「その上で100倍以上大幅に薄めます」と言うが、薄めても放射性物質の種類もその絶対量も変化しない。

　毎日新聞記事の図ではカットされているが、チラシの最後では「世界中の原子力施設から、各国の規制基準を守ってトリチウムが海や大気に放出されています」と述べ、例として、フランスの再処理施設では福島第一原発の貯蔵するトリチウムの16倍、韓国の原発では6分の1を1年間に放出していると書いている。しかしこれらは通常運転している施設からの放出であり、核燃料が溶けて容器の外に出てしまった深刻な原発事故対応の過程で核燃料に触れて生じた福島第一原発で問題となっている「処理水」と同レベルで考えるべきではない。双方の放出する水の中にどのような核種がどの程度の量で含まれているのかという質的な比較ができてはじめて量の比較が意味を持つ。しかしここでも焦点を当てているのはトリチウムだけであり、単純な量の比較の裏には「語られないリスク」が存在している。裏面最後には「放射性物質の分析に専門性のある第三者機関の協力を得てしっかりと検査をし、その結果を公表していきます」とある。チラシには機関名が書かれていないが、当初のチラシ公表と同時期に、IAEA（国際原子力機関）が協力するという新聞記事が配信されている。権威による正当化が実践されていると考えられる。

　このチラシや動画は、政府や復興庁が「処理水」と呼ぶ「原発事故を由来とする、ある程度の処理をしてある程度の放射性物質をある程度まで取り除いたがそれでもまだ一定水準で残っている『汚染水』」の海洋放出を正当化するための言説である。これを見ると「トリチウムは安全、『処理水』も安全。だから海洋放出してもよい」という解釈や無関心な態度が生まれる恐れがあるからである。そしてそれはこの「官製リスクコミュニケーション」の結果として政府が私たちに導き出すことを期待する「意図どおり」の解釈なのである。

　市民は「専門性の高い放射線の話がわからない人」として位置付けられ、「科学的根拠に基づく正しい情報」を「科学重視のイデオロギー」で「教化」される。リスクの見積もりに関する議論や評価の過程から排除され、「他のリ

スク」については知らされず、「政府・行政・官僚優位のイデオロギー」の下で結論だけを伝達される。「ゆるキャラ」的なイラストが視覚的・情緒的に訴える「かわいらしさ」や「親しみやすさ」は、難しさを「わかりやすさ」にすり替え、私たちをわかった気持ちにさせる。「危険」は「安全」に、「不安」は「安心」に変わる（「キャラクター」の持つヘゲモニーについては、名嶋義直（2018）『批判的談話研究をはじめる』ひつじ書房、も参照願いたい）。

　このようして「文化的知的ヘゲモニー」が私たちを「安全」「安心」という「自発的同意」へと誘導する。「処理水」が「安全」「安心」で「海洋放出も問題ない」と思う人は自分で勝手に思っているだけである。実際、このチラシのどこにも「処理水」が「安全」「安心」とは書いていない。これがまさに権力による「私たちからの自発的同意の調達」なのである。

　原発事故から10年が経過してもこのような「官製リスクコミュニケーション」が平然と行われる。放射能汚染に限らず、人権や人の尊厳を脅かす権力の意図と実践が、「リスクコミュニケーション」を装って、私たちから「自発的な同意を調達」しようとする。これは決して過去のことではなく「いま、ここに生きる、私たち」の社会のことなのである。私たちは、「官製リスクコミュケーション」に流されないようにしなければならい。その言説を無批判に受け入れず、情報を集めて批判的に考え、「対抗するリスクコミュニケーション」を主体的に行っていかなければならない。「排除の言説」から「共生の対話」へという言説的転回こそが私たちの未来であり希望なのである。

注

(1)　復興庁HP「ALPS処理水について知ってほしい3つのこと」<https://www.reconstruction.go.jp/topics/main-cat14/20210421171004.html>（2021年4月22日リンク確認）

(2)　「トリチウムのキャラ、復興相が一転謝罪　チラシ作り直す」<https://digital.asahi.com/articles/ASP4N3JWXP4NUTIL00P.html?iref=pc_photo_gallery_bottom>（朝日新聞Web版 2021年4月20日配信）

(3)　「復興庁、電通に3年で10億円　原発事故の風評払拭事業」<https://mainichi.jp/articles/20210415/k00/00m/040/247000c>（毎日新聞Web版 2021年4月15日配信）

(4)　東京電力HP「処理水ポータルサイトQ&A」<https://www.tepco.co.jp/decommission/progress/watertreatment/>（2021年4月22日リンク確認）

おわりに

　本書の最後として、各執筆者から読者の皆さんへメッセージを送ります。時間と空間をリアルタイムで共有していなくても、双方向のコミュニケーション、「対話」ができることに希望と未来を見出したいと思います。

名嶋義直（はじめに、序章、第8章、補遺）

　「正しく怖がる」「コロナとの戦い」「コロナに負けない」、新型コロナウイルスが広がりだすと、こんなことばが社会を飛び交うようになりました。それは10年前に東北で見聞きした「放射能を正しく怖がる」「放射能との戦い」「放射能に負けない」と同じ光景でした。「Go To Eat」「Go To トラベル」キャンペーンも私の中ではあの時の「食べて応援」や「東北へ行こう」キャンペーンと重なりました。ならば、放射能汚染をめぐって行われてきた「リスクコミュニケーション」と呼ばれる実践も、コロナをめぐって今この社会で行われているのではないだろうか、そんな疑問からリスクコミュニケーションについて考える本書が生まれました。一言でリスクといってもコトは複雑です。リスクを見極め見積もる批判的な資質が求められます。誰かのもっともらしい言説を鵜呑みにするのがいちばんのリスクです。ということでこの本も批判的姿勢で読んでもらえると嬉しいです。

太田奈名子（第1章）

　コロナウイルスだけを敵視するのは危険だと思って本書の担当章を書き終えたが、感染者と医療従事者のことを考えれば考えるほど、そのような論旨が正しいのかどうか、わからなくなるときもあった。気がつくと私は、高校時代から15年ほど連絡を取っていなかったある医療従事者の友人に手紙を出していた。彼女からの返事には、「折れかけていた心が修復されました。思わぬ再会や友人のありがたみを再確認できることを考えると、Covid-19も悪い事だけで

はないかもしれないなぁ …」。ずっと本との対話に集中してきた研究者の卵が書いたものではあるが、どのような形であれ、誰かに想いを馳せ、人と人との対話を生むような読み物として本章が読者の皆さんに届いていたら嬉しい。

韓 娥凜（第2章）

　現在、世界中の人々は、Covid-19という感染病に対する漠然とした不安に襲われている。さらに、この不安は不確かな情報やデマと混ざり合い助長されている。根拠無きデマは危機状況において人々を煽動し、特定のグループに対する差別を正当化する道具として利用されてきた歴史がある。コロナ禍以前も日本ではヘイトスピーチを繰り返す右翼集団が急激に成長していて、日本社会に暮らすマイノリティ集団への差別を煽っていた。加えて、コロナウイルスが日本以外で発生したことは、排外主義団体が日本以外にルーツを持つ対象をリスク視できる都合のいい大義名分になる。自分たちの立場を守るために、他者を排除し、リスク視する行為そのものが長期的には日本社会にとって本当のリスクであることを我々は忘れてはならない。この社会で共に生きる様々な構成員を「ウチ」の共同体として認め、二分化する見方に惑わされないよう心掛ける必要がある。

村上智里（第3章）

　本書では、私たちが言葉とどう向き合っていくべきかという問いに対する議論が繰り広げられた。私が執筆した3章では、「外国人児童生徒」に対する、一見当たり前のように見える言説の奥に教育制度の構造的問題が存在することを指摘し、自分自身のイデオロギーに向き合うことの必要性について述べた。では、常識とされる言説はどうすれば変えられるのか。それは、その言説の影響力に気付き、抵抗することである。そうすれば、その言説から解放され、その言説の価値を変えていくことができる。私たちはCovid-19の出現によって、これまでの社会のあり方が根底から揺さぶられるような経験をしたが、これを、これまでの常識に抵抗する機会を得たと前向きに捉え、その抵抗の仕方を模索していきたいと思う。このような時代に本書の執筆に参加させていただ

いたことに感謝するとともに、本書が読者の皆さんの言葉との向き合い方について考えるきっかけになれば幸いである。

義永美央子（第4章）

　私の担当章では「女子の制服」に焦点を当て、その変遷や人々の制服の捉え方を通時的に考察しました。そこで明らかになったのは、月並みな言い方ですが、「歴史は繰り返す」そして「私たちは身につけるものを通じて互いに監視し、評価している」ということです。制服を通じた生徒の管理は明治時代から行われています。さらに制服はそれを着る人の属性や特性を示す記号となり、他者の視線にさらされることで生じる様々な評価を、着る人自身も内面化していきます。こうした制服の機能は様々なリスクをはらんでいますが、身につけるものを自ら選びとることが、自分らしさを表すコミュニケーションのきっかけになる可能性もあります。何をどのように身につけるのか、改めて考えてみませんか。

林　良子（第5章）

　「しょうがい」という語を用いるときに、「障害」「障がい」「障碍」のうちどの表記を使うべきか悩み、ためらいながら書いた経験、またこれらの表記を見るために何となくムズムズするような気持ちになった経験はありませんか。この自分なりの疑問の背景を調べ始めて見えてきたことを多くの方々に共有できればと思いこの章を執筆しました。調査を進めていくうちに、このことが2020年の東京オリンピック開催と実は関連していたことが明らかになったのには、自分でも驚きました。言語と関連する最近の社会の動きとして、本稿で取り上げた障害をめぐる言説の他に、小学校での英語教科必修化、大学入学テスト改革、入管法改正（特定技能制度）による日本語教育の変化などいくつも重要なトピックが挙げられますが、いずれも2020年に照準を合わせて計画され、コロナ禍等によりどれも計画していたような理想的な形で進まなくなるということが起きています。私たちは激しい変化の時代の真っ只中にいるのは確かですが、そこで使われていることばを手がかり足がかりにして、急流に流さ

れないよう生きていきたいと切に思います。

野呂香代子（第6章）

　2020年3月にロックダウンが始まって以来、コロナが怖くてずっと家に閉じこもっていた。しかし、やがて、政府やメディアの動きに不自然さを感じるようになった。一つは、繰り返し現れ、不安を煽るディスコースである。不安に支配されると、異常な事態が自分の中でノーマル化してしまう。こうしたディスコースには距離を置いて接することが必要である。もう一つはメディアで繰り返し使われる、ある集団を否定的に指示する言葉である。コロナ対策に対して頻繁に起きるようになったデモに対して、様々なメディアが「陰謀論者」という言葉を何らの説明もなく用いていた。言葉の中身が明確化されないまま否定的響きをもつ言葉が登場するときは、権力側にとって都合の悪い動きと何らかの関連があるようである。権力側が当然視しようとする事態、その事態がたとえどんなに大規模でも、それが成立している前提を一つ一つ疑ってみること、徹底して調べることが重要である。

西田光一（第7章）

　今回の執筆動機を記しておきます。「あれもできる、これもできる」と言えるほど器用ではないと知りつつも、言語学の社会貢献は何かと考えていた最中にコロナが始まりました。コロナ対策では個々の行動変容が求められています。人の行動を変えるには、ハード面では鉄とコンクリート、薬や武器といったモノが強力です。ただ、強制的でもあります。一方、ソフト面で、ことば、音楽、スポーツ、スケジュール管理といった手段の方が長期的には大規模に楽しく人を変えていきます。後者は形がないプログラムですが、形があるモノを変える力があり、使い方により攻撃力も伴う点に注意が要ります。コロナ対策の行動変容もハード面から一律に強いられるよりはソフト面から自主的に生じることを期待したい。今回の経験で、将来的に地球環境や経済格差などの問題にもソフト面から取り組む視野が拓けました。言語学がことばの外の世界に出ていく道も、ここにあると思います。

編著者・著者紹介

名嶋 義直（なじま・よしなお）――編著、はじめに・序章・第8章・補遺

琉球大学グローバル教育支援機構教員。専門は研究面では批判的談話研究、教育面では民主的シティズンシップ教育。主な業績に『10代からの批判的思考』（編著、明石書店）、『批判的談話研究をはじめる』（ひつじ書房）、『民主的シティズンシップの育て方』（編著、ひつじ書房）など。2016年より沖縄在住。

太田 奈名子（おおた・ななこ）――第1章

日本学術振興会特別研究員（PD）、東京大学・東洋大学非常勤講師。専門は、批判的談話研究、メディア史。主な業績に、「占領期ラジオ番組『真相箱』が築いた〈天皇〉と〈国民〉の関係性」（『マス・コミュニケーション研究』94、2019年）、"The voiceful voiceless: Rethinking the inclusion of the public voice in radio interview programs in Occupied Japan." (2019) *Historical Journal of Film, Radio and Television* 39 (3) など。

韓 娥凜（はん・あるん）――第2章

京都外国語大学ほか非常勤講師。大阪大学大学院文学研究科博士後期課程修了。専門は社会言語学、批判的談話研究。『日韓政治ディスコースの構築と正当化のメカニズム：批判的談話分析による異文化間対照の試み』で博士学位を取得。政治家のことばに潜むイデオロギーや力関係に関する言語学的研究に取り組んでいる。

村上 智里（むらかみ・ちさと）――第3章

大阪大学大学院言語文化研究科言語文化専攻博士後期課程在籍。専門は日本語教育、応用言語学。主な業績に『일본어능력시험을 대비한 상급일본어문형（日本語能力試験のための中上級日本語文型）』（共著、제이앤씨（J&C））など。現在は外国にルーツを持つ子どもの言語教育をテーマに研究に取り組んでいる。

義永 美央子（よしなが・みおこ）――第4章

大阪大学国際教育交流センター教員。専門は日本語教育学，応用言語学。主な業績に『ことばで社会をつなぐ仕事―日本語教育者のキャリアガイド―』（共編著、凡人社）、『ことばの「やさしさ」とは何か―批判的社会言語学からのアプローチ―』（共編著、三元社）など。二人の子を持つ母親として，ワークライフバランスを模索中。

林 良子（はやし・りょうこ）――第5章

神戸大学大学院国際文化学研究科教員。専門は音声科学で、コミュニケーション障害の側面から日本語やその他の言語の音声コミュニケーションの分析を行っている。近年はインターネットを用いた海外日本語教育現場との遠隔共同授業を通した異文化コミュニケーション教育の実践にも取り組んでいる。

野呂 香代子（のろ・かよこ）──第6章

　ベルリン自由大学言語センター日本語教師。関心分野は、批判的談話研究、民主的シティ
ズンシップ教育としての日本語教育。主な業績に『民主的シティズンシップの育て方』
（名嶋義直（編著）、ひつじ書房）、『3.11原発事故後の公共メディアの言説を考える』（名嶋
義直・神田靖子（編著）、ひつじ書房）、『批判的談話研究とは何か』（共訳、三元社）など。

西田 光一（にしだ・こういち）──第7章

　2017年度より山口県立大学国際文化学部に勤務。論文に「談話内のことわざの代用機能と
グライスの協調の原理の再評価」（『語用論研究』20、2019年）、「グライスの枠組みの動的
な運用方法と失言が不適切な理由」（『動的語用論の構築へ向けて 2』開拓社、2020年）な
ど。専門は英語学、名詞句と代名詞の語用論を経て本作に至る変遷あり。

リスクコミュニケーション
――排除の言説から共生の対話へ

2021 年 6 月 6 日　初版第 1 刷発行

編著者　　名嶋 義直
著　者　　太田 奈名子
　　　　　韓 娥凜
　　　　　村上 智里
　　　　　義永 美央子
　　　　　林 良子
　　　　　野呂 香代子
　　　　　西田 光一
発行者　　大江 道雅
発行所　　株式会社　明石書店
　　　　　〒 101-0021
　　　　　東京都千代田区外神田 6-9-5
　　　　　電　話 03-5818-1171
　　　　　FAX　03-5818-1174
　　　　　https://www.akashi.co.jp/
　　　　　振　替 00100-7-24505

装丁　金子 裕
組版　朝日メディアインターナショナル株式会社
印刷・製本　モリモト印刷株式会社

世界を動かす変革の力
アリシア・ガーザ著　ブラック・ライブズ・マター共同代表からのメッセージ
人権学習コレクティブ監訳
◎2200円

「人種」「民族」をどう教えるか
創られた概念の解体をめざして
中山京子、東優也、太田満、森茂岳雄編著
◎2600円

日常生活に埋め込まれたマイクロアグレッション
人種、ジェンダー、性的指向：マイノリティに向けられる無意識の差別
デラルド・ウィン・スー著　マイクロアグレッション研究会訳
◎3500円

無意識のバイアス
人はなぜ人種差別をするのか
ジェニファー・エバーハート著
山岡希美訳　高史明解説
◎2600円

ホワイト・フラジリティ
私たちはなぜレイシズムに向き合えないのか？
ロビン・ディアンジェロ著
貴堂嘉之監訳　上田勢子訳
◎2500円

見えない性的指向 アセクシュアルのすべて
誰にも性的魅力を感じない私たちについて
ジュリー・ソンドラ・デッカー著　上田勢子訳
◎2300円

「発達障害」とされる外国人の子どもたち
フィリピンから来日したきょうだいをめぐる、10人の大人たちの語り
金春喜著
◎2200円

第三の性「X」への道
男でも女でもない、ノンバイナリーとして生きる
ジェマ・ヒッキー著　上田勢子訳
◎2300円

にほんでいきる　外国からきた子どもたち
毎日新聞取材班編
◎1600円

芝園団地に住んでいます
住民の半分が外国人になったとき何が起きるか
大島隆著
◎1600円

在野研究ビギナーズ　勝手にはじめる研究生活
荒木優太編著
◎1800円

談論風発 琉球独立を考える
歴史・教育・法・アイデンティティ
前川喜平、松島泰勝編著
◎1800円

放射線被ばくによる健康影響とリスク評価
欧州放射線リスク委員会(ECRR)2010年勧告
欧州放射線リスク委員会(ECRR)編　山内知也監訳
◎2800円

反原発へのいやがらせ全記録
原子力ムラの品性を嗤う
海渡雄一編
◎1000円

原発危機と「東大話法」
傍観者の論理、欺瞞の言語
安冨歩著
◎1600円

新装版 人間と放射線
医療用X線から原発まで
ジョンW.ゴフマン著　伊藤昭好、今中哲二、海老沢徹、川野真治、小出裕章、小出三千恵、小林圭二、佐伯和則、瀬尾健、塚谷恒雄訳
◎4700円

〈価格は本体価格です〉